物権変動の
法的構造

大場 浩之

成文堂

はしがき

　本書は，日本の物権変動論に新たな知見を提示するために，ドイツ法を比較対象としながら，物権変動の法的構造について分析を加えたものである。
　日本の物権変動論は，実体法についてはフランス法を，手続法についてはドイツ法を継受した。このため，実体法と手続法が複雑に交錯した，難解なテーマと評されている。そして，このテーマをめぐって，さまざまな見解が提示されており，状況は混迷の度合いをますますきわめている。
　物権変動論といっても，そこにはさまざまな論点が含まれている。私は，すでに前著『不動産公示制度論』（成文堂・2010）において，所有権の移転時期と二重譲渡の法的構成に関する私見を提示した。すなわち，できる限り登記を基準とした解釈論の展開である。
　これをうけ，本書においては，つぎの2つの概念について，具体的に検討を行った。すなわち，物権行為概念と ius ad rem（物への権利）概念である。
　物権行為の独自性は，日本の判例と通説においては否定されていると考えられている。しかし，物権と債権の区別を前提とする日本の民法典の構成からして，物権行為の独自性を正面から否定することはできるのであろうか。物権行為は無用な概念なのであろうか。
　また，物権と債権の関係性を厳密に検討していくと，その狭間にある曖昧な制度や概念をどのように理解するべきか，という問題に直面する。その格好の素材を提供してくれるのが，ius ad rem である。ドイツ法は，物権債権峻別論を前提として，物権行為の独自性を肯定し，ius ad rem を認めない。しかし，歴史上，ドイツ法においても，物権と債権の境界が自覚的に曖昧にされていた時代があった。また，現行法上も，実際には物権と債権の狭間にあるように思われる概念がいくつも存在する。
　本書は，一見すると硬直した体系をもっているように理解されているドイツ法を比較対象として，物権行為と ius ad rem の関係性について，物権変動論を素材に研究した成果である。

本書は，三部構成となっている。第一部では，物権行為論について，日本法の状況を概観した後，ドイツ法における同概念の生成過程を Friedrich Carl von Savigny の法理論にさかのぼって考察し，BGB（ドイツ民法典）への採用を経て，現行法の解釈論における同概念の位置づけまでを分析した。第二部では，ius ad rem 論について，ローマ法にさかのぼって考察し，さらにドイツ法における同概念の生成と衰退を検討し，その法的性質と現行法における位置づけを分析した。第三部では，物権行為と ius ad rem の関係性について，意思主義と形式主義，物権と債権，および，履行請求権と損害賠償請求権，の３つの分析基軸をもとに検討した。

本書を完成させるにあたっては，成文堂の阿部成一社長と編集部の飯村晃弘氏にとくにお世話になった。紙媒体による出版事情が厳しい今日において，このような研究書を公刊することは，きわめて困難である。それにもかかわらず，私の仕事に対して惜しみない助力を頂戴した。心から感謝申し上げたい。

私事ながら，家族に最大限の感謝を伝えたい。すでに他界した父二郎は，私が大学院にまで進学することを力強く後押ししてくれた。幸いにして今も健在な母ハル子は，私が学者の道を志すにあたって，その道標を絶えず示してくれている。いつも優しい笑顔で私の帰宅を温かく迎えてくれる妻智帆は，私の研究生活と大学人としての仕事を献身的にサポートしてくれている。感謝の念に堪えない。

2019 年 7 月吉日

城山ホテル鹿児島から桜島を望みつつ

大　場　浩　之

目　次

はしがき　i
初出一覧　xi

第一部　物権行為

第一章　序　論 …………………………………………………… 3
一　はじめに …………………………………………………… 3
　1　問題の所在（3）
　2　課題の設定（6）
　3　本章の構成（7）
二　不動産物権変動の要件としての意思表示 ……………… 8
　1　判　例（8）
　2　学　説（10）
　3　小　括（18）
三　物権行為概念の必要性 …………………………………… 21
　1　民法の体系との整合性（21）
　2　取引における当事者の意思（25）
　3　小　括（30）
四　おわりに …………………………………………………… 35
　1　結　論（35）
　2　今後の課題（38）

第二章　概念の起源 ……………………………………………… 40
一　はじめに …………………………………………………… 40
　1　問題の所在（40）
　2　課題の設定（42）

3　本章の構成〈43〉

　二　物権と債権の峻別……………………………………………44
　　1　ALRにおける理解〈44〉
　　2　Savignyの理解〈47〉

　三　意思による支配と物権行為…………………………………49
　　1　titulus et modus acquirendiの理論〈49〉
　　2　意思理論〈52〉
　　3　iusta causaとtraditioの関係〈55〉

　四　物権行為の無因性……………………………………………59
　　1　内的無因性〈59〉
　　2　外的無因性〈63〉

　五　おわりに………………………………………………………67
　　1　結　論〈67〉
　　2　今後の課題〈71〉

第三章　概念の受容……………………………………………73

　一　はじめに………………………………………………………73
　　1　問題の所在〈73〉
　　2　課題の設定〈74〉

　二　部分草案………………………………………………………75
　　1　Johowの見解〈75〉
　　2　評　価〈76〉

　三　第一草案………………………………………………………77
　　1　第一委員会における議論〈77〉
　　2　第一草案の内容〈78〉
　　3　評　価〈79〉

　四　第二草案………………………………………………………82
　　1　第二委員会における議論〈82〉
　　2　第二草案の内容〈83〉
　　3　評　価〈84〉

五　おわりに……………………………………………………………86
　　　　1　結　論(86)
　　　　2　今後の課題(87)

第四章　概念の展開……………………………………………89
　　一　はじめに………………………………………………………89
　　　　1　問題の所在(89)
　　　　2　課題の設定(90)
　　　　3　本章の構成(92)
　　二　判　例………………………………………………………92
　　　　1　分析の視角(92)
　　　　2　独自性(93)
　　　　3　無因性(97)
　　　　4　評　価(102)
　　三　学　説………………………………………………………106
　　　　1　分析の視角(106)
　　　　2　独自性(106)
　　　　3　無因性(108)
　　　　4　評　価(114)
　　四　物権行為論の到達点………………………………………121
　　　　1　理論的根拠(121)
　　　　2　実質的根拠(122)
　　　　3　二重契約における生存利益(123)
　　五　おわりに……………………………………………………127
　　　　1　結　論(127)
　　　　2　今後の課題(130)

第二部　ius ad rem

第一章　歴史的素描 …………………………………………………… 135
一　はじめに ……………………………………………………………… 135
　1　問題の所在 (135)
　2　課題の設定 (137)
　3　本章の構成 (140)
二　ius ad rem の起源 …………………………………………………… 140
　1　ローマ法 (140)
　2　ゲルマン法 (147)
　3　教会法とその後の展開 (151)
三　ius ad rem の確立 …………………………………………………… 153
　1　自然法 (153)
　2　普通法 (156)
　3　ALR (158)
四　ius ad rem の衰退 …………………………………………………… 160
　1　EEG (160)
　2　BGB (163)
五　おわりに ……………………………………………………………… 167
　1　結　論 (167)
　2　今後の課題 (168)

第二章　法的性質 …………………………………………………… 170
一　はじめに ……………………………………………………………… 170
　1　問題の所在 (170)
　2　課題の設定 (172)
　3　本章の構成 (174)
二　所有権と占有権 ……………………………………………………… 175
　1　所有権の移転方法 (175)
　2　所有権と占有権の分離 (178)
　3　小　括 (182)

三　登記と引渡し………………………………………………184
　　1　所有権移転時期との関係 (184)
　　2　公示制度としての特徴 (189)
　　3　小　括 (193)
　四　善意と悪意…………………………………………………194
　　1　第一譲受人の行為態様 (194)
　　2　第二譲受人の行為態様 (197)
　　3　小　括 (201)
　五　おわりに……………………………………………………203
　　1　結　論 (203)
　　2　今後の課題 (205)

第三章　法的位置づけ……………………………………208
　一　はじめに……………………………………………………208
　　1　問題の所在 (208)
　　2　課題の設定 (209)
　　3　本章の構成 (211)
　二　占有改定……………………………………………………212
　　1　具体例 (212)
　　2　ius ad rem (214)
　　3　小　括 (217)
　三　期待権………………………………………………………218
　　1　具体例 (218)
　　2　ius ad rem (219)
　　3　小　括 (221)
　四　譲渡禁止……………………………………………………222
　　1　具体例 (222)
　　2　ius ad rem (223)
　　3　小　括 (226)
　五　先買権………………………………………………………227
　　1　具体例 (227)

2　ius ad rem（228）
　　3　小　括（229）
　六　不法行為に基づく請求権……………………………………………231
　　1　具体例（231）
　　2　ius ad rem（232）
　　3　小　括（234）
　七　おわりに………………………………………………………………235
　　1　結　論（235）
　　2　今後の課題（236）

第三部　物権行為と ius ad rem の理論的関係

第一章　意思主義と形式主義……………………………………………241
　一　はじめに………………………………………………………………241
　　1　問題の所在（241）
　　2　課題の設定（244）
　　3　本章の構成（245）
　二　意思主義と形式主義…………………………………………………245
　　1　意思主義（245）
　　2　形式主義（247）
　　3　小　括（248）
　三　物権行為………………………………………………………………249
　　1　意思主義（249）
　　2　形式主義（251）
　　3　小　括（254）
　四　ius ad rem……………………………………………………………258
　　1　意思主義（258）
　　2　形式主義（263）
　　3　小　括（266）
　五　おわりに………………………………………………………………267
　　1　結　論（267）

2　今後の課題 (269)

第二章　物権と債権……………………………………………272
　一　はじめに…………………………………………………272
　　1　問題の所在 (272)
　　2　課題の設定 (275)
　　3　本章の構成 (277)
　二　物権と債権………………………………………………277
　　1　物　権 (277)
　　2　債　権 (280)
　　3　小　括 (282)
　三　物権行為…………………………………………………283
　　1　物　権 (283)
　　2　債　権 (286)
　　3　小　括 (288)
　四　ius ad rem………………………………………………288
　　1　物　権 (288)
　　2　債　権 (291)
　　3　小　括 (295)
　五　おわりに…………………………………………………296
　　1　結　論 (296)
　　2　今後の課題 (299)

第三章　履行請求権と損害賠償請求権………………………303
　一　はじめに…………………………………………………303
　　1　問題の所在 (303)
　　2　課題の設定 (306)
　　3　本章の構成 (307)
　二　履行請求権と損害賠償請求権…………………………307
　　1　履行請求権 (307)
　　2　損害賠償請求権 (309)

3　小　括(311)
三　物権行為……………………………………………………313
　　　1　履行請求権(313)
　　　2　損害賠償請求権(316)
　　　3　小　括(319)
四　ius ad rem………………………………………………320
　　　1　履行請求権(320)
　　　2　損害賠償請求権(323)
　　　3　小　括(327)
五　おわりに……………………………………………………328
　　　1　結　論(328)
　　　2　今後の課題(329)

あとがき……………………………………………………………332
事項索引……………………………………………………………335

初出一覧

はしがき
書き下ろし

第一部
第一章
「物権行為に関する序論的考察―不動産物権変動の場面を基軸として―」早法 84・3・325 以下（2009）
第二章
「物権行為概念の起源―Savigny の法理論を中心に―」早法 89・3・1 以下（2014）
第三章
「BGB への物権行為概念の受容」五十嵐敬喜＝近江幸治＝楜澤能生編『民事法学の歴史と未来―田山輝明先生古稀記念論文集―』（成文堂・2014）161 頁以下
第四章
「不動産所有権の二重契約における生存利益の保護―ドイツ物権行為論の展開を手がかりとして―」浦川道太郎先生・内田勝一先生・鎌田薫先生古稀記念論文集編集委員会編『早稲田民法学の現在―浦川道太郎先生・内田勝一先生・鎌田薫先生古稀記念論文集―』（成文堂・2017）95 頁以下

第二部
第一章
「ius ad rem の歴史的素描」松久三四彦＝後藤巻則＝金山直樹＝水野謙＝池田雅則＝新堂明子＝大島梨沙編『社会の変容と民法の課題（上巻）―瀬川信久先生・吉田克己先生古稀記念論文集―』（成文堂・2018）193 頁以下
第二章
「ius ad rem の法的性質」早法 94・4・63 以下（2019）

第三章

「ドイツ現行法における ius ad rem の法的位置づけ」道垣内弘人＝片山直也＝山口斉昭＝青木則幸編『社会の発展と民法学（上巻）―近江幸治先生古稀記念論文集―』（成文堂・2019）247頁以下

第三部
第一章
書き下ろし
第二章
書き下ろし
第三章
書き下ろし

あとがき
書き下ろし

第一部　物権行為

第一章　序　論

一　はじめに

1　問題の所在

　日本の民法典の特徴の1つとして，物権概念と債権概念が明確に区別されていることがあげられるだろう。この点につき，物権および債権のそれぞれの変動が生じる要件として，別々の行為が要求されるべきなのかという問題に関しては，これまで，とりわけ物権変動の場面において物権行為の独自性を肯定するべきかという定式のもとで議論が行われてきた[1]。

　しかしながら，この定式は，物権変動の要件として方式を要するか，物権変動が生じる時期はいつかなどといった，ひとまずそれぞれ別個の問題として把握されることが許されるはずの諸問題と一体的に論じられるようになり，さらには，物権変動論と題される民法176条から178条までの解釈論として，日本の民法学界においてもっとも華々しく，かつ，もっとも混迷をきわめた論争の1つに吸収されていった[2]。

　本来，物権行為の独自性をめぐる議論と，物権変動論におけるその他の議

---

1) 物権行為ないし物権契約に関する研究のうち，代表的なものとして，岡松参太郎「物権契約論」法協26・1・58以下（1908），横田秀雄「物権契約ヲ論ス」法曹記事22・11・1以下（1912），吾妻光俊「独逸民法に於ける物権契約の抽象性」法協51・5・43以下（1933），田島順「物権契約の問題」論叢44・2・1以下（1941），山本進一「わが民法における物権行為の独自性と有因性（1～2・完）」法論29・1・以下，29・4＝5・43以下（1955～1956），石田喜久夫「引渡主義について—物権行為理解のために—」民商39・1＝2＝3・183以下（1959），原島重義「債権契約と物権契約」契約法大系刊行委員会編『契約法大系Ⅱ（贈与・売買）』102頁以下（有斐閣・1962），有川哲夫「物権契約理論の軌跡—サヴィニー以後一世紀間—」原島重義編『近代私法学の形成と現代法理論』303頁以下（九州大学出版会・1988），谷口貴都『ローマ所有権譲渡法の研究』（成文堂・1999），および，於保不二雄「物権行為について」同『民法著作集Ⅰ・財産法』119頁以下（新青出版・2000）などがある。また，物権変動論との関連で物権行為についてふれる文献には枚挙に暇がない。

論は区別されうる性格を有している。その限りにおいては，日本の議論が物権変動論として統一的な理論を提供しようとする試みに引きつけられすぎた点を直視し，その傾向に再考されるべき余地があることを認識する必要があるように思われる。すなわち，直接，物権行為の独自性を物権変動論の場面においても貫徹するべきか否かという問いを立て，そして，この問いに正面から答える試みがなされる必要があろう。

　そして，日本における物権変動論の過程を無視することもまた許されない。つまり，意思主義と形式主義の対立をめぐる議論や，物権変動が生じる時期に関する議論とともに，民法176条の解釈論に内在する具体的な問題の1つ

---

2) 物権変動論に関する研究ついては，すでに膨大な蓄積がある。とりわけ，鳩山秀夫『物権法』（東京大学講義録・1918），末弘厳太郎『物権法・上巻』（有斐閣・1921），石田文次郎『物権法論』（有斐閣・1932），我妻栄『物権法』（岩波書店・1932），および，末川博『物権法』（日本評論新社・1956）などの体系書によって議論がリードされてきた経緯がある点に，その特徴があるといえる。さらに，その他の論考の中から代表的なものをあげるだけでも，石坂音四郎「物権ノ設定移転ニ関スル我国法ノ主義」法学新報21・2＝3・27以下（1911），藤本秀磨「独逸法系不動産登記簿の公信力に就いて（1～3・完）」法協53・4・103以下，53・5・114以下，53・6・116以下（1935），山中康雄「権利変動におけるいわゆる対抗要件（1～2・完）」法政15・3＝4・41以下，16・3＝4・51以下（1948），吉原節夫「『特定物売買における所有権移転の時期』に関する戦後の判例について―民法176条の研究(1)―」富大経済論集6・3＝4・540以下（1961），同「物権変動の時期に関する判例の再検討（1～2・完）―民法176条の研究(2)―」富大経済論集7・2・164以下，8・1・1以下（1961～1962），原島重義「不特定物の売買における目的物の所有権移転時期」法政28・3・275以下（1962），同「『対抗問題』の位置づけ―『第三者の範囲』と『変動原因の範囲』との関連の側面から―」法政33・3＝4＝5＝6・43以下（1967），太田知行『当事者間における所有権の移転―分析哲学的方法による研究の試み―』（勁草書房・1963），浜上則雄「フランス法における不動産の二重譲渡の際の第三者の悪意」阪法51・1以下（1964），篠塚昭次「物権の二重譲渡」法セ113・44以下（1965），広瀬稔「無因性理論についての一考察―ドイツ普通法学における所有権譲渡理論を中心として―」論叢77・2・44以下（1965），有川哲夫「『土地所有権取得法』（1872年）の研究（1～4・完）―所有権譲渡理論を中心として―」名城19・3＝4・111以下，20・3＝4・76以下，22・2・1以下，24・1・19以下（1970～1974），鎌田薫「フランス不動産譲渡法の史的考察（1～4・完）」民商66・3・55以下，66・4・64以下，66・5・117以下，66・6・75以下（1972），同「不動産二重譲渡の第二買主の悪意と取引の安全―フランスにおける判例の『転換』をめぐって―」比較法学（早稲田大学）9・2・31以下（1974），同「フランスにおける不動産取引と公証人の役割（1～2・完）―『フランス法主義』の理解のために―」早法56・1・31以下，56・2・1以下（1980），同「対抗問題と第三者」星野英一編集代表『民法講座・第2巻・物権(1)』67頁以下（有斐閣・1984），同「不動産物権変動の理論と登記手続の実務―日本的『フランス法主義』の特質―」法務省法務総合研究所編『不動産登記をめぐる今日的課題』57頁以下（日本加除出版・1987），石田喜久夫『物権変動論』（有斐閣・1979），半田正夫『不動産取引法の研究』（勁草書房・1980），三宅正男「売買による所有権移転の考え方（1～13・完）」判時996・3以下，999・3以下，1002・8以下，1009・6以下，1012・8以下，1015・7以下，1019・9以下，1022・3以下，1026・10以下，1029・9以下，1032・9以下，1036・7以下，1039・9以下（1981～1982），松岡久和「判例における背信的悪意者排除論の実相」奥田昌道編集代表『林良平先生還暦記念論文集・現代私法学の

として，同条の意思表示を物権的意思表示と解するべきか否かという問いについて検討する必要性も存在するのである。

　しかし，以上のような物権行為概念に関する問いを立てることが承認されるとしても，すでにその問題は一定の結論に到達し，議論は収束しているとの反論が予想される。すなわち，物権変動の場面において，とりわけ，不動産所有権の移転の場面において，物権行為の独自性を否定する見解が通説として落ち着いているとの理解である[3]。

　たしかに，所有権の移転の場面のように，前提として売買契約などの債権行為が存在する場合には，理論構成の当否はひとまずおくにしても，債権行

課題と展望・中』65 頁以下（有斐閣・1982），同「不動産所有権二重譲渡紛争について（1〜2・完）」龍谷 16・4・65 以下，17・1・1 以下（1984），池田恒男「登記を要する物権変動」星野英一編集代表『民法講座・第 2 巻・物権(1)』137 頁以下（有斐閣・1984），滝沢聿代「物権変動の時期」星野英一編集代表『民法講座・第 2 巻・物権(1)』31 頁以下（有斐閣・1984），同『物権変動の理論』（有斐閣・1987），同『物権変動の理論Ⅱ』（有斐閣・2009），幾代通『不動産物権変動と登記』（一粒社・1986），加賀山茂「対抗不能の一般理論について―対抗要件の一般理論のために―」判タ 618・6 以下（1986），海老原明夫「一九世紀ドイツ普通法学の物権移転理論」法協 106・1・1 以下（1989），七戸克彦「登記の推定力（1〜3・完）」法研 62・11・28 以下，63・1・35 以下，63・3・43 以下（1989〜1990），同「ドイツ民法における不動産譲渡契約の要式性―『ドイツ法主義』の理解のために―」法研 62・12・277 以下（1989），横山美夏「不動産売買契約の『成立』と所有権の移転（1〜2・完）―フランスにおける売買の双務契約を手がかりとして―」早法 65・2・1 以下，65・3・85 以下（1989〜1990），川井健『不動産物権変動の公示と公信』（日本評論社・1990），松尾弘「ローマ法における所有概念と所有譲渡法の構造―所有権譲渡理論における『意思主義』の歴史的および体系的理解に向けて(1)―」横浜市立大学論叢（社会科学系列）41・3・201 以下（1990），同「不動産譲渡法の形成過程における固有法と継受法の混交（1〜3・完）―所有権譲渡理論における『意思主義』の歴史的および体系的理解に向けて(2)―」横国 3・1・1 以下，3・2・33 以下，4・1・103 以下（1994〜1995），鷹巣信孝『物権変動論の法理的検討』（九州大学出版会・1994），石田剛「不動産二重売買における公序良俗」前田達明編集代表『民事法理論の諸問題・下巻・奥田昌道先生還暦記念』129 頁以下（成文堂・1995），同「不動産物権変動における公示の原則と登記の効力（1〜3・完）―プロイセン＝ドイツ法の物権的合意主義・登記主義・公信原則―」立教 46・129 以下，49・124 以下，51・53 以下（1997〜1999），多田利隆『信頼保護における帰責の理論』（信山社・1996），同『対抗の法理と信頼保護の法理』（成文堂・2019），「民法学の過去・現在・未来」研究会「物権変動論の最前線―不動産の二重譲渡問題を中心に―」姫路 20・149 以下（1996），鈴木禄弥『物権変動と対抗問題』（創文社・1997），および，今村与一『意思主義をめぐる法的思索』（勁草書房・2018）などがある。また，筆者による研究として，大場浩之『不動産公示制度論』（成文堂・2010），および，同「仮登記制度と不動産物権変動論―物権債権峻別論を基軸として―」私法 76・139 以下（2014）を参照。

3) 判例も，物権行為の独自性を否定しているように思われる。民法施行前から物権行為の独自性を否定する態度を示していたものとして，大判明 28・11・7 民録 1・4・28 以下がこれまでしばしば引用されてきている。また，所有権の取得時期との関連で，物権行為の独自性を否定する見解として，松岡久和『物権法』（成文堂・2017）94 頁以下を参照。

為としての契約の中に所有権移転の意思表示も含まれるとするなどの解釈を通じて，物権変動の発生を認めることも可能であろう。しかしながら，抵当権が設定される場面のように，債権行為を前提とすることが困難な場合には，抵当権の設定という行為は物権行為であると評価するほかはないのではなかろうか[4]。そのような理解が可能であるとすると，物権変動という同一の枠内で検討されるべき問題である，所有権の移転の場面と抵当権の設定の場面において，前者については物権行為の独自性を否定し，後者についてはそれを肯定するという解釈に対しては，矛盾であるとの評価を下さざるをえない。

2　課題の設定

そこで，本章においては，不動産物権変動という枠組みの中で物権行為概念を債権行為としての契約と別個独立に観念することが必要なのか，という問題について，理論上および実務上それぞれの観点から，序論的な考察を加えたい[5]。

そもそも，物権債権峻別論を前提とする物権行為概念を正確に把握するためには，それを確立したFriedrich Carl von Savignyの法理論を中心として，その前後のドイツにおける歴史的展開過程を詳細に跡づけることが必要である。そしてその上で，それが日本の民法理論にどのような影響を与えたのかということを検討しなければならない。

しかしながら，本章においては，その序論としての特徴に鑑み，不動産物権変動という具体的な場面を措定して，日本における物権行為概念の必要性の有無に絞って検討を加え，主として，今後の物権行為に関する研究全体にわたる問題意識を醸成することに集中したい。とりわけ，筆者のこれまでの研究成果との連続性を意識しつつ，物権行為と債権行為の理論的関係を明ら

---

4) 抵当権が設定される際には，多くの場合，消費貸借契約が締結されることになるであろうが，消費貸借契約の中に当然のこととして抵当権設定行為が内包されるとする理解は採用し難いであろう。
5) 筆者はこれまで，不動産公示制度を研究の基軸に据えつつ，その歴史的変遷過程，非占有担保制度と登記制度の関係，および，不動産物権変動論と登記制度の関係などにつき，研究を進めてきた。本章は，これまでの研究成果をふまえた上で，不動産物権変動における契約内容に焦点を移しながら，主として物権行為と債権行為の理論的関係を解明することを目的とした一連の研究作業の序論部分に該当するものである。

かにすることを目的とした研究作業の基礎を築くことを目的とする[6]。

具体的には，まず，これまで不動産所有権の移転時期として論じられてきた問題を素材としながら，日本において物権行為概念がどのように性質決定されてきたのかという点に関して確認作業を行う。つぎに，物権行為概念の必要性について，理論的な側面からの考察として民法の体系との整合性という観点から検討を加え，さらに，実務的な側面からの考察として，当事者意思の探求を行いたい。これらの作業を通じて，債権行為としての契約と概念上明確に区別されうる物権行為という概念がはたして存在するのか，また，存在するとしてその必要性があるのかという問いに対する，一定の私見を提示したい。

3　本章の構成

以上に述べた問題意識および課題設定を前提として，本章では，まず，不動産物権変動の要件としての意思表示と題して，判例および学説の展開過程を中心にしながら，物権行為概念が日本においてどのように把握されてきたのかについて概観する。つづいて，民法の体系との整合性および取引における当事者の意思というそれぞれの観点から，物権行為概念の必要性について検討を加えることにしたい。

---

[6] これまでの研究成果として，大場浩之「日本とドイツにおける不動産公示制度の歴史的変遷（1～5・完）―担保制度との関係を中心に―」早稲田大学大学院法研論集104・53以下，105・71以下，106・77以下，107・101以下，108・77以下（2002～2003），同「日本とドイツにおける登記制度の発展―登記法制定後を中心に―」早稲田法学会誌54・1以下（2004），同「ドイツにおける登記と土地債務（Grundschuld）の関係（1～3・完）―公示制度と非占有担保制度の理論的関係の解明を目的として―」早法80・4・143以下，81・1・47以下，81・2・135以下（2005～2006），および，同「ドイツにおける仮登記（Vormerkung）についての考察（1～6・完）―不動産物権変動論との関係を中心に―」早法81・4・249以下，82・1・55以下，82・2・71以下，82・4・1以下，83・1・73以下，83・2・1以下（2006～2008）を参照。なお，これらは，大場・前掲注2・『不動産公示制度論』に収められている。

二　不動産物権変動の要件としての意思表示

1　判　例
(1)　原則としての契約成立時説
　不動産物権変動が生じるための要件として，判例が債権行為としての契約とは別個独立に物権行為あるいはそれに準じた行為を必要とはしていないということは，明白である。ただし，判例は，物権行為の独自性を認めるか否かについて正面から判断を下しているわけではない。具体的には，所有権の移転時期をどの時点で確定させるかという事案に対する判断において，当事者間に特約が存在せず，かつ，目的物の所有権移転に対する障害が存在しない限りにおいて，原則として契約の成立時に所有権の移転が発生し，その契約の中に，物権変動を生じさせるための意思表示が包含されていると解しているにすぎない[7]。したがって，当事者間の特約に応じて物権変動が生じる時点を契約成立時からずらすことは可能である。また，判例は，物権行為概念の存在そのものを正面から否定しているわけでもない。

　このように，判例は，物権行為概念の存在自体を許容しないわけではないので，当事者間の特約において物権行為あるいはそれに準じた行為について定め，それを物権変動の発生要件と絡めることは否定されないであろう。物権変動が生じる要件として物権行為が観念され，その上で，物権行為がなされなければ物権変動の効果は発生しないのかという問題と，物権行為概念の存在それ自体が理論的に認められるかという問題は，それぞれ区別して論じることが可能である。

(2)　事実認定における契約の成立時点
　以上のように，判例の見解を原則としての契約成立時説であると評価することは可能であるし，また，妥当でもあろう。判例は，さまざまな事案にお

---

[7]　代表的な判例として，大判大2・10・25民録19・857以下，大判大6・12・27民録23・2262以下，大判大10・6・9民録27・1122以下，および，最判33・6・20民集12・10・1585以下などを参照。これに対して，物権行為概念の存在を意識しているように思われる裁判例として，最判昭23・2・10裁民1・73以下を参照。

いて，契約成立時説を確認する判断を積み重ねてきている[8]。しかしながら，このことから，代金支払や登記名義の移転などの外部的徴表とは無関係に，意思表示が合致したにすぎない時点をそのまま契約成立時と認定し，同時に物権変動の発生時とすべきであると判例が解していると判断するのは，正当ではない。

というのも，判例は，具体的なケースに応じて，当事者間で意思表示が合致した時点を契約成立時と認定しない場合があるとも評価しうるからである[9]。したがって，原則としての契約成立時という理論的な判断を判例はけっして覆してはいないが，その実際的な運用はかなり可変的なものであり，結論にだけ着目すると，物権変動の要件としてなんらかの形式を要求する見解に限りなく近づいていくことになるだろう。これでは，契約成立時とする基本的判断がどれだけの実用性および必要性を有しているのかという点に関して，疑問の余地が生じてくると考えることもできる[10]。

また，さらにいえば，契約成立のための要素を，契約当事者の意思表示の合致を離れて他に求めることを認めるようになれば，そもそも契約の成立とはなにか，また，契約とはいったいどのようなものであるべきなのかといった，契約の存在理由自体を問うことになりかねない。すくなくとも，これらの問題に応答しなければ，契約成立時を意思表示の合致の時点からずらすという解釈は，理論的な説明の面で不十分ではないだろうか。

判例の分析を通じて得られたこれらの事実は，判例が，場合によっては所有権の移転時期を当事者間での意思表示の合致だけではなく，なんらかの方

---

8) たとえば，売買予約の完結権行使につき大判大 7・2・28 民録 24・307 以下，特定物の贈与につき大判大 15・4・30 民集 5・344 以下，特定物の遺贈につき大判大 5・11・8 民録 22・2078 以下，および，不特定物売買につき最判昭 35・6・24 民集 14・8・1528 以下などを参照。

9) この点に関して判例を詳細に研究したものとして，吉原節夫「『特定物売買における所有権移転の時期』に関する戦後の判例について―民法 176 条の研究(1)―」富大経済論集 6・3＝4・540 以下 (1961)，同「物権変動の時期に関する判例の再検討 (1～2・完)―民法 176 条の研究(2)―」富大経済論集 7・2・164 以下，8・1・1 以下 (1961～1962)，同「特定物売買における所有権移転の時期」民商 48・6・827 以下 (1963)，および，同「所有権移転時期に関する最近の論争に寄せて」富大経済論集 27・3・654 以下 (1982) などを参照。

10) この点につき，鎌田薫「フランスにおける不動産取引と公証人の役割 (1～2・完)―『フランス法主義』の理解のために―」早法 56・1・31 以下，56・2・1 以下 (1980)，および，横山美夏「不動産売買契約の『成立』と所有権の移転 (1～2・完)―フランスにおける売買の双務契約を手がかりとして―」早法 65・2・1 以下，65・3・85 以下 (1989～1990) などを参照。

式と結合させる必要があることを認めている証左でもあろう。ただし、そうであるからといって、物権行為概念の必要性を認めるべきか否か、さらには、物権行為と方式を結びつけるべきか否かという点に関して、判例が肯定的な評価を下していると解することはできない。判例は、あくまで、所有権の移転時期について判断を行っているのであって、物権行為概念の必要性に関しては、正面から言及していないのである。

2 学 説
(1) 民法典制定当初の見解

民法176条は、フランス法の影響を強く受けた旧民法財産編296条[11]および331条[12]の趣旨に則って設けられた規定である[13]。このため、民法典が制定された当初の学説の見解の多くは、売買などの契約のみによって物権変動が生じるとする、フランス法主義に沿うものであった。旧民法に規定された条文の内容を確認する限り、Gustave Émile Boissonade が、物権変動の要件としてなんらの方式を要求することなく、当事者の意思を重要視したことは明らかである。そして、この規定内容を引き継ぐかたちで制定された民法176条の文言からすれば、そこでも意思の重要性を看取することができる。しかし、この当事者の意思表示の法的性質については、立法者もとくに言及していない[14]。したがって、立法者が物権行為概念を認めていたのかどうかは不明である。

このような状況下で、当時の学説が民法176条における意思表示の法的性質についてそれほど強い関心を示さなかったのは、理解できるところである[15]。また、物権変動の一連の流れの中で、代金支払や登記名義の移転など

---

11) 旧民法財産編296条1項は、「合意トハ物権ト人権トヲ問ハス或ル権利ヲ創設シ若クハ移転シ又ハ之ヲ変更シ若クハ消滅セシムルヲ目的トスル二人又ハ数人ノ意思ノ合致ヲ謂フ」と規定されていた。
12) 旧民法財産編331条は、「特定物ヲ授与スル合意ハ引渡ヲ要セスシテ直チニ其所有権ヲ移転ス但合意ニ附帯スルコト有ル可キ停止条件ニ関シ下ニ規定スルモノヲ妨ケス」と規定されていた。
13) この点については、廣中俊雄編著『民法修正案(前三編)の理由書』218頁(有斐閣・1987)を参照。
14) 立法者の見解として、梅謙次郎『訂正増補・民法要義・巻之二・物権編』5頁以下(有斐閣・1911)を参照。
15) たとえば、岡松参太郎『注釈民法理由・物権編』467頁(有斐閣・1897)を参照。

の外部的徴表をどのように位置づけるかといった点について考察がなされなかったのも，やむをえないといえるであろう。債権行為としての契約によって直接的に物権変動が生じると理解されていたとするよりも，そもそも物権的意思表示と債権的意思表示の区別がなされていなかったのであるから，正確には，たんに意思表示のみによって物権変動の効果が発生すると考えられていたと解するのが正当であろう。その間をつなぐ論理に関心が寄せられていなかったのである[16]。

(2) **ドイツ法の影響**

しかしながら，その後明治後期になって，日本の法学界が拠って立つ基盤は，フランス法からドイツ法に大きく転じることになる。日本法と同様に，ドイツ法においても物権と債権は区別されている。より注目されるべきなのは，物権変動の場面でも売買契約などの債権行為と物権変動を生じさせるための物権行為が別個の概念であるとされ，かつ，形式主義が採用されているという点である（BGB（ドイツ民法典）873条）。このような，物権債権峻別論を物権変動の場面においても明確に貫徹したドイツ法のシステムは，当時の学界で民法理論全体にわたってドイツ法理論の影響が圧倒的であったこととも相まって，日本における解釈論としても，急速に通説を形成するにいたった。

ただし，ドイツ法と同様に物権行為の独自性を肯定するとしても，債権行為との関係性をどのように説明するかについては種々の主張がありうる。たとえば，債権行為と物権行為の相違を強く意識するのであれば，債権行為としての契約が締結されても，物権行為がその中に包含されることはありえず，債権行為と物権行為が同時になされることは否定されないとしても，両者は明確に区別されるべきものと考えられることになる[17]。一方で，物権行為概念の独自性は認めつつも，債権行為と一体的になされることも肯定するのであれば，物権行為が債権行為に包含されることもありうると解することも可

---

16) ただし，旧民法財産取得編24条1項が，「売買ハ当事者ノ一方カ物ノ所有権又ハ其支分権ヲ移転シ又ハ移転スル義務ヲ負担シ他ノ一方又ハ第三者カ其定マリタル代金ヲ弁済ヲ負担スル契約ナリ」と定められ，契約たる売買と物権たる所有権を直接関連づける体裁がとられていたことは注目に値する。

17) たとえば，川名兼四郎「物権ノ設定移転ヲ論ス」法協21・2・209（1903）を参照。

能である[18]。さらに，行為を意思表示のレベルで分析し，1つの意思表示の中に物権的意思表示と債権的意思表示が併存すると解する見解も現れた[19]。

　以上のような，学説継受とも称されるドイツ法理論の輸入によって，物権行為の独自性肯定説が日本において主張されたのであるが，この議論にはある特徴がある。それは，物権変動における形式主義をめぐる議論とはひとまず切り離した上で，物権行為の独自性に関する議論が展開されたという点である。ドイツ法上のシステムの特徴は，物権行為の独自性が肯定されただけではなく，その無因性も肯定された上で形式主義と結合した点にある。そしてそのことによって，取引の安全が図られたのである[20]。日本における当時の議論は，主として，民法 176 条の意思表示の法的性質論として行われたのであった。もちろん，その中にあっては，意思主義を採用した日本の民法典の解釈を，できる限り形式主義に基づいた結論に近づけようとする試みが行われたことも事実である[21]。しかし，登記や引渡しなどの方式が物権変動の効力発生要件として規定されることがなかった日本において，ドイツ法と同一の議論を行うことがきわめて困難であったという点は，否定できないであろう。

　ただし，日本の規定内容がドイツのそれと相応しないからといって，ドイツ法理論を参考にすることが許されないというわけではない。自国の法制度の内容や理論，さらには，実務の状況などを考慮することなく他国の理論に盲従し，それを直輸入することは厳に戒められなければならない。しかし，他の法理論に示唆を得て，自らの法制度に合わせたかたちでその変容を試み，

---

18) この見解については，岡松参太郎「物権契約論」法協 26・1・58 以下（1908）などを参照。
19) この点につき，横田秀雄「物権契約ヲ論ス」法曹記事 22・11・18（1912）などを参照。
20) さらに，ドイツにおいては登記官の審査権限が形式的なものにとどまっているということにも注目すべきである。物権行為と債権行為が明確に分離され，物権行為だけを形式的に審査することのみで登記官の義務は果たされることになる。これは，取引の迅速性につながる。さらに，債権行為と物権行為の関係が遮断されることによって，債権行為としての契約が無効であった場合に物権変動の効果が覆されることを阻止し，その結果として，取引の安全性が担保されることになる。ただし，ドイツにおいても，物権行為の無因性を貫徹することについては批判もある。この点につき，ドイツにおける無因性原則の修正に関する判例および学説について詳細に検討するものとして，石田剛「不動産物権変動における公示の原則と登記の効力（3・完）―プロイセン＝ドイツ法の物権的合意主義・登記主義・公信原則―」立教 51・64 以下（1999）を参照。
21) たとえば，石坂音四郎「物権ノ設定移転ニ関スル我国法ノ主義」法学新報 21・2＝3・27 以下（1911）を参照。

場合によってはその導入を検討することまで否定されることはあるまい。その点，形式主義の採用をめぐる議論とは別個に，民法176条の意思表示の問題として物権行為の独自性について検討を加えた当時の学問的営為は，評価されるべきであろう。BGBと同様の体系を採用した日本の民法典においては，物権と債権が峻別されていることが前提とされているのであるから，物権編に規定されている176条の意思表示が物権的意思表示なのではないかという問題提起があっても，十分に首肯しうるところである。

(3) **末弘説の登場と末川博による反論**

しかし，ドイツ法の継受に由来する物権行為の独自性肯定説は，その後，大きく後退することになる。1921年に公刊された末弘厳太郎による『物権法・上巻』の影響力は，多大なものであった。判例の実践的な意義を重視し，ドイツ法に過度に傾斜した当時の学界状況に対して警鐘を鳴らす意図も込められていたといえるその著作において，末弘は，物権変動の場面において物権行為概念を認める必要はないと結論づけた。すなわち，原則として，物権変動の発生を求める法律行為がなされた場合においては，1つの行為の中に，債権的効果の発生とともに，それによって直ちに物権変動の効果を発生させる意思があると解すべきとしたのである[22]。

たしかに，当時の学説がドイツ法的な解釈に大きく傾き，物権変動に関する解釈についても，日本の規定内容とかけ離れた形式主義の採用に向かって流れていたにもかかわらず，判例の見解は変わっていなかった。つまり，物権行為の独自性を肯定することなく，物権変動の効果の発生時についても契約成立時を変更してはいなかったのである。これは，規定の文言にきわめて忠実な解釈であり，民法176条と177条の母法であるフランス法に沿った見解でもある。末弘の見解は，このような判例の見解にさらなる根拠を与えるものでった。

末弘は，物権行為の独自性を否定する根拠について，概略，つぎのように述べた。すなわち，物権行為の概念を認めるか否かという問題は，物権変動の効果が発生するために特別な公示方法を必要とするか否かという問題と区

---

22) この点につき，末弘厳太郎『物権法・上巻』85頁以下（有斐閣・1921）を参照。

別して論じることができない性質のものであって，日本の制度のように，登記などの公示方法が物権変動の効力発生要件となっていないのであれば，物権行為の独自性を認めることも必要がないとしたのである[23]。あまりに概念法学に傾斜しすぎていた当時の学界状況に一石を投じた末弘のこの見解は，判例理論との整合性も手伝って，瞬く間に新たな通説を形成するにいたる[24]。

この末弘説に対して反論したのが末川博であった。末川の見解は物権行為の独自性を肯定するものではあるが，日本の取引慣行を重視し，それまでのドイツ法理論に立脚した物権行為の独自性肯定説とは一線を画した点にその特徴がある。

末川によれば，日本の取引の実態を観察してみると，契約によって直ちに物権変動が生じるとは考えられておらず，通常は，登記名義の移転や代金の支払などがあった時点で所有権の移転が行われると考えられているとする。つまり，契約がなされたにすぎない段階では，物権変動を生じさせる債務を負うだけであると解するのである。そして，登記の移転のような外部的徴表があった時に物権変動を生じさせる意思が表示されるのであって，その意思は，債権行為とは明確に区別されるべき性質のものであるとした[25]。

末川説が主張するところの物権行為は，ドイツ法における物権行為が登記などの方式と密接に関連しているのとは異なり，方式との関連性が必然的に要求される性質のものではないので，その点において，ドイツ法に傾斜していた解釈論に基づく物権行為の独自性肯定説とは異なる。たしかに，末川説も，特定物の所有権移転時期を主たるテーマとして位置づけた上で物権行為の独自性について論じたので，その時期を実態に即して決定することの必要

---

23) 末弘説の根拠に関しては，末弘・前掲注22・86頁以下を参照。判例の見解と当時の学説の支配的な見解が大きくかけ離れており，かつ，相互の批判的分析が十分であったとはいえなかった状況において，末弘厳太郎の当時の通説に対する実践的立場からの批判は重要であった。

24) たとえば，我妻栄も，物権行為と方式の密接な関連性を指摘した上で，物権変動の効力発生にあたって方式を必要としない日本の法制度において，物権変動の独自性を肯定するべき必然性に対して疑問を呈している。この点につき，我妻栄著・有泉亨補訂『新訂・物権法』56頁以下（岩波書店・1983）を参照。また，民法176と177条がフランス法を継受した歴史的経緯や同条の立法者意思を重視した解釈論を展開し，判例理論を支持するものとして，滝沢聿代「物権変動の時期」星野英一編集代表『民法講座・第2巻・物権(1)』53頁以下（有斐閣・1984）を参照。

25) 末川博の見解として，末川博「特定物の売買における所有権移転の時期」民商2・4・549以下（1935），および，同『物権法』59頁以下（日本評論新社・1956）を参照。

性から，事実上，物権行為と外部的徴表が一致することを否定してはいない。しかしながら，末川説における物権行為は，ドイツ法的な形式主義に直接的に立脚する性質のものではないので，日本独自の法概念であると評価するのが適切であろう。

末弘と末川のそれぞれの主張は，物権行為の独自性を肯定するか否か，さらには，特定物の所有権が移転する時期はいつかといった論点の解釈について正面から対立するものではあるが，核となる問題意識が，物権行為の独自性を認めるか否かではなく，物権変動の効力発生時を定めることにあったという点は共通している。その上で，判例の立場と対象となる規定の母法とを重視した解釈論を展開したのが末弘であり，日本の取引慣行を重視して外部的徴表の存在を基準としたのが末川であったと評価できるであろう。

つまり，物権変動の発生時を契約成立時とする解釈論を採用するのであれば，物権行為という概念を債権行為としての契約と別個に観念する必要性は乏しくなり，これに対して，物権変動の発生を契約にかからしめることなく，外部的徴表と絡めて決定しようとするならば，契約とは別個の概念を認めやすくなるということになる。当時の論争において，物権行為の独自性を認めるか否かという問題は，物権変動の効力発生時と密接な関連性を有しつつ論じられていたのであり，その限りにおいては，付随的な議論であったということもできる[26]。

(4) その後の有力学説の概観

物権行為の独自性に関して正面から取り組むのではなく，物権変動の効果の発生時を主たる考察対象として検討を進めていくと，次第に，物権行為の独自性を認めるか否かにかかわらず，物権変動の効力発生時が定められるようになっていく。

たとえば，川島武宜は，末川説と同様に取引慣行を重視して，判例の見解

---

[26] 民法176条と177条の解釈論として，不動産物権変動論は日本の民法学界において最も議論が積み重ねられ，かつ，混迷をきわめたテーマの1つであるといっても過言ではないが，その多くは，物権変動の発生時期や対抗問題の法的性質，それに伴う民法177条の物権変動および第三者の範囲に関してなされたものであって，物権行為の独自性について正面から論じる営みは相対的に少なかったといわざるをえない。その理由は，当時の論争におけるのと同様に，その他の関連問題とともに付随的および二次的に，物権行為に関して論じられることが多かったことにあると思われる。

である契約成立時説を批判した。川島によれば，売買契約に代表される有償契約の最も本質的な内容は，同時履行の抗弁権（民法533条）に象徴される対価的給付の相互規定的牽連関係であるとされる。そして，売主は買主からの給付である代金支払がなされない間は，自らが負っている債務の履行としての所有権の移転も行わないというのが，この債権関係の本質的な内容であって，それはそのまま物権関係にも反映されなければならないとする。その上で，売買契約においては，代金の支払がなされない限り，所有権の移転も発生しないとする解釈論を展開するのである[27]。

　この結論は日本の取引の実態にも合致するとされ，その限りにおいては，末川説と同様の立脚点に立つものといえる[28]。しかし，末川説と異なるのは，川島説では物権行為の独自性が否定されているという点である。川島によれば，民法176条の意思表示を物権的意思表示と解するのは，民法典の由来およびその構成に鑑みて困難であるとされる。むしろ，目的物が特定されている場合においては，売買契約の効力を完成させるために当事者は契約の履行に必要な事実行為をなすにすぎないと解するのである[29]。

　川島説のように，物権行為の独自性を認めることなく物権変動の効力発生時を契約成立時からずらす試みは，その後，多くの学説の支持を集めるにいたった[30]。物権行為の独自性を認めるか否かという問題と，物権変動の効力発生時をどの時点に確定するかという問題が，それぞれ別個独立して論じられうる性質を有しているということが学界の共通認識となった結果，論争の主たるテーマは，物権変動の効力発生時，とりわけ，売買に基づく所有権の移転時期に移ることになる。この問題の方が，結論の相違によって法律効果が大きく異なることから，より議論の実益を有すると考えられたためであろう[31]。

　これに対して，物権行為の独自性について直接的な考察を加えた上で，所

---

27) 川島武宜の見解に関しては，川島武宜『新版・所有権法の理論』222頁以下（岩波書店・1987）を参照。
28) ただし，川島は，その後，取引当事者の意思を重視して，動産の場合には引渡しがなされた時，また，不動産の場合には登記がなされた時にも所有権の移転が生じることを肯定した。この点については，川島武宜『民法Ⅰ・総論・物権』151頁以下（有斐閣・1960）を参照。
29) この点につき，川島・前掲注27・219頁以下を参照。
30) たとえば，舟橋諄一『物権法』86頁以下（有斐閣・1960）などを参照。

有権の移転時期についての私見の提示を試みたのが，石田喜久夫である[32]。この見解によれば，物権と債権を峻別するパンデクテンシステムを日本の民法典が採用した以上，債権行為に基づいて物権的効果が発生すると解するのは論理の飛躍であるとして，物権行為の独自性を肯定しなければならないとされる。そして，所有権の移転時期については，かならずしも，登記の移転や代金支払の時点に固執する必要はないとする解釈論を採用する[33]。つまり，物権行為の独自性を肯定しながらも，いわゆる外部的徴表との直接的な関連性を否定するのである[34]。

　以上のように，石田説も，物権行為の独自性をめぐる問題と物権変動の効力発生時についての問題を直結させてとらえているわけではない。すくなくとも，いわゆる形式主義を物権行為の独自性を肯定する結果として採用するわけではないのである。この点においても，物権行為をめぐる議論が物権変動の効力発生時にまつわる議論と切り離して行われうる性質をもつものであるということを，確認することができるだろう[35]。

　その後の学説の展開は，とりわけ対抗問題を中心としてなされてきたと評価しうる。かならずしも，物権行為の独自性が正面から議論されてきたとはいい難い。その理由は，これまで行われてきた議論が，実益とはやや離れた，純粋に理論的な性質を帯びていたことにもあったと思われる。しかし，そうであったからといって，物権行為概念をめぐる議論そのものを放棄してしまってよいのであろうか。かりに物権行為概念を認めないとしても，日本の民法典の体系や実務の状況に応じた，理論的で実益も伴う解釈論を提示する

---

31) 所有権の移転時期の問題は，その後，そもそも所有権の移転時期を確定させること自体が不要であって，また，不可能でもあるとする鈴木説によって，さらなる深化をみることになる。鈴木説については，鈴木禄弥『物権法の研究』109頁以下（創文社・1976）の諸論考を参照。そこでも，物権行為の独自性に関する問題は自覚的に回避されている。
32) 石田喜久夫による物権行為の独自性についての問題に関する一連の研究として，石田喜久夫『物権変動論』1頁以下（有斐閣・1979）の諸論考を参照。また，山本進一「わが民法における物権行為の独自性と有因性（1～2・完）」法論29・1・1以下，29・4＝5・43以下（1965～1966）も参照。
33) この点については，石田・前掲注32・121頁以下を参照。
34) この点に関して，石田・前掲注32・125頁を参照。
35) 物権行為の独自性を認めるべきか否かという問題と，意思主義と形式主義のどちらを採用するべきかという問題は，別個の異なる問題であると主張するものとして，原島重義「債権契約と物権契約」契約法大系刊行委員会編『契約法大系Ⅱ（贈与・売買）』102頁（有斐閣・1962）などを参照。

中で，そのような結論にいたるべきであろう。いぜんとして，この問題の重要性は消失していないと考えられる。

3 小 括
(1) 判例と学説のまとめ

これまで，不動産物権変動の要件としての意思表示と題して，判例および学説を検討してきた。ここで，小括として，それぞれの特徴と問題点について言及しておきたい。

判例は，一貫して物権行為の独自性を否定してきていると評価してよいだろう。すなわち，民法176条の意思表示を物権的意思表示とは解していないのである。判例によれば，取引当事者間に特別な合意がない限り，契約の効力発生と同時に物権変動の効果も生じるとされる。契約の効果として物権変動が生じるのであって，その間に物権行為の介在を必要としていない[36]。以上のことを前提として，物権変動の効力発生時は原則として契約の成立時であるとされている。

しかしながら，判例が具体的な事案に即した解決を模索する中で生み出されてくるものである以上，事案の解決に直接的な影響を及ぼし難い物権行為の独自性をめぐる問題に対して，判例が正面から取り組むことは期待できない。これまで積み重ねられてきた判例の見解は，いずれも物権変動の効力発生時を主たる論点として提起された事案に対して提示されたものであって，物権行為の独自性について否定的な評価を下していることは読み取れるが，それがはたして判例の見解として一般的に認められるのかという点については，再考の余地がないわけではない。

つづいて，学説に目を転じると，そこでは判例とは異なって，幾度も大勢の転回がみられたと評しうる。民法典制定当初は，民法176条と177条の母法に忠実な理解が立法者によって明らかにされたことも手伝って，契約のみで物権変動の効果が発生すると解され，物権行為についてふれられることは

---

36) ただし，判例の見解は原則論として物権行為の介在を必要としないのであって，当事者間の合意があれば，物権的意思表示の存在を認めるのではないかと推察される。絶対的に物権行為の独自性を否定するという性質の理論構成ではないであろう。

なかった。しかし，その後のドイツ法継受の動きに呼応して，物権行為と債権行為の明確な峻別と，さらには形式主義をも解釈論の中に取り入れようとする動きが顕著となった。これに対する批判として最も強い影響力を誇ったのが末弘説であって，それにより，形式主義を採用していない日本の法制度において，物権行為を要求する必要はまったくないとされ，判例の立場を理論的に支えることになった。一方で，末川説は，取引慣行に着目して，物権変動の効力発生の基準として外部的徴表の重要性を訴え，これを伴う行為がなされた時に物権変動を行う意思表示があるのであって，その意思表示は債権的な意思表示とは区別されるものであるとした。そして，物権行為の独自性を否定しつつも，取引慣行に着目して，有償性の原理から代金支払を物権変動の効力発生の基準と解したのが川島説である。ここにいたって，物権行為の独自性を認めるか否かにかかわらず，物権変動の効力発生時を契約成立時からずらすことが可能となった。

このように，民法176条の意思表示の法的性質論は，不動産所有権の移転時期というきわめて具体的な問題から分離されてしまったために，最近ではその魅力を失ってしまったように思われる。対抗問題をめぐる華々しい議論と比較すると，その事実は明らかであろう。

(2) **それぞれの問題点**

物権行為の独自性という観点からすれば，判例と学説の見解は落ち着いているように思われるが，その仔細に立ち入って考察してみると，問題点がいまだに存在していることが散見される。

まず，判例については，物権変動の効力発生時について原則論としての契約成立時説を維持しているが，個別の事案ごとに検討してみると，そこでは，多くの場合において，すでに代金の大部分が支払われているなどの事実を読み取ることができ，その代金支払の時点で物権変動の効力が発生すると認定されているケースもある。このことを，当事者間の特別な合意があった場合ととらえるのか，事実認定のレベルで契約成立時を代金支払時と確定したと理解するのかについては，判断が難しいところではあるが，いずれにしても，判例が物権変動の効力発生時を判断するに際して，なんらかの外部的徴表を考慮していることは疑いがない。そうであるならば，原則論としての契約成

立時説を再考する余地が生まれてくるであろうし，また，外部的徴表となじみやすい物権行為の概念についても検討を加える必要性が出てくるであろう[37]。

つぎに，学説においては，物権行為の問題と物権変動の効力発生時の問題は別個のものであるとの理解が一般化したことによって，現在，抽象的な性質を有する物権行為論は影を潜めているのであるが，不動産物権変動の場面を離れて，民法全体の体系の問題，さらには，一般人の取引観念の問題として考えてみた場合に，はたしてその問題性は軽視されてよいのであろうか。民法176条と177条の規範内容を検討してみても明らかなように，日本では形式主義が明確に採用されていない以上，ドイツ法上の物権行為概念をわが国の民法解釈論として直輸入することはきわめて困難であろう。しかしながら，物権と債権を区別する体系を日本の民法典も採用しているのであるから，債権行為とは区別される性質を有する物権行為概念を考察することは自然な試みでもある。また，人的な関係を規律するにすぎない債権関係から，なぜ直接的に，物的な関係が創設されることになるのか。やはり，そこにはなんらかの理論的な架橋がなされなければならないのではないか。さらにいえば，一般人の意識として，物権行為概念は本当に観念されていないと評価しうるのであろうか。

そこで，つぎに，判例と学説の検討を通じて明らかとなった分析基軸である民法の体系と取引当事者の意思という観点から，物権行為概念の必要性に関して検討を加えたい。

---

[37] とりわけ，契約成立時説を採用する関係上，物権行為の独自性を否定する解釈を展開してきた判例にとって，契約成立時説の採用に対して再考を促すことは，民法176条の意思表示の法的性質についても再検討を求める契機となるであろう。

三　物権行為概念の必要性

1　民法の体系との整合性
(1)　物権債権峻別システムの採用

　不動産物権変動の場面において，物権行為の独自性を認めるか否かという問題と，物権変動が生じる時期はいつかという問題を別個に考えることが可能になったからには，物権行為概念が必要か否かという点について検討するにあたって，より直接的にその問題に取り組む必要性が出てくる。

　物権行為概念を認める根拠としてまずあげられるべきなのは，日本の民法典が，物権と債権の峻別を前提とするシステムを採用しているという点であろう[38]。物的関係を規律する物権法制と人的関係を規律する債権法制は，それぞれが対象としている次元を異にし，とりわけ，その法的効果の面に関しては，原則としてその相違点は明らかなのであるから，債権関係である契約を直接的な根拠として物権的な効果が生じると解することに対しては，十分に異論を差し挟む余地がある。すくなくとも，そのように解するためには，なんらかの理論的な別概念を持ち込む必要があるのではないか[39]。

　さらに，ここで問われている物権行為概念とは，具体的には，民法176条の意思表示の法的性質のことである。同条が物権編に位置づけられていることは周知の事実なのであるから，その意思表示の法的性質を物権的なものとして把握することは，むしろ自然な流れであるといえる。すくなくとも，同条の意思表示を債権的意思表示ととらえるためには，物権行為の存在を認める必要性はないとする根拠だけでは十分ではなく，より積極的で理論的な理由づけが必要なのではないか。

　また，抵当権設定行為に代表されるように，終局的に物権変動の効果が発

---

[38] 物権債権峻別論を前提として議論を組み立てていることを明示しているものとして，石田・前掲注32・126頁以下を参照。

[39] たしかに，取引当事者の意思を分析すれば，契約が締結された時点において，債権の発生だけではなく物権変動の効果までもが意図されているというケースも看取されうるであろう。しかしながら，このようなケースであっても，概念的および理論的に，物権行為概念の存在を認めることは可能であろう。

生するにもかかわらず，契約を前提とすることなく行われうる行為も存在する。一方でそのような行為の存在を認め，他方で契約のみで物権変動の効果が発生することをも認めるという点に対しては，そこに理論的な破綻が存在すると評価しえないであろうか[40]。

たしかに，日本の民法典は，物権と債権を区別しつつも，それぞれの条文の沿革を辿ってみると，フランス法など，ドイツ法以外の影響を強く受けていることが指摘されている。Boissonade の手によるいわゆる旧民法の強い影響力もまた，現行民法典がフランス法的な特徴をも兼ね備えるにいたった最大の理由の1つであろう。

また，民法176条がフランス法を母法としていることは事実である。その点，意思のみで物権変動が生じることを認める法制を日本の民法典が採用したことも，理解されなければならない。その限りにおいて，例外を許さない形式主義を採用したのではないことは，確認される必要がある。

しかしながら，意思主義の採用が，物権行為概念を否定することに直接的につながると解するならば，それは論理の飛躍というものであろう。民法176条がフランス法を母法として制定されただけであって，民法典全体がフランス法のみを継受したわけではないのである。したがって，意思主義を明確に採用したということ，およびドイツ法的な形式主義を採用したのではないということを理解した上で，民法典の体系やほかの法制度との整合性を保ちながら日本独自の解釈論を展開することは，許容されているといわなければならない[41]。

---

40) 債権契約の効力として物権変動が発生すると解することは，債権契約と離れて物権変動のみを目的とする行為の存在を認めないということと同義ではないとする見解も存在する。この点につき，末弘・前掲注22・77頁以下，および，川島・前掲注27・220頁以下を参照。
41) したがって，かりに物権行為の独自性を肯定する解釈論を採用するとしても，それは，ドイツ法における解釈論とまったく同じ物権行為の独自性肯定説にはなりえない。そのような解釈論は許容されないであろう。それゆえ，物権行為の独自性を肯定する場合にも，債権行為との関係性をどのように解するかについては，議論の余地が十分にありうる。さらに，物権行為と方式を切り離して考察することも当然に考えられるのである。この点において，日本の物権行為論は，ここにいたって，より理論的に純化された議論状況を呈することになったと評価しうる。これらの点につき，舟橋諄一＝徳本鎭編『新版・注釈民法(6)・物権(1)（補訂版）』235頁以下（山本進一）（有斐閣・2009）を参照。

(2) **物権概念と債権概念の相違**

　物権行為の独自性を肯定するという解釈論を採用するためには，その前提として，当然のことながら，物権概念と債権概念が法的に異なる性質を有するものであるということが認められている必要がある。

　この点については古くから様々な議論が積み重ねられてきているが，一般的には，物権は物に対する直接的な支配権であり，債権は特定人に対する請求権であるとする理解が定着しているということができるだろう。このことから，物権の直接性，絶対性，排他性および不可侵性などが導き出され，反面において，債権の間接性と相対性，さらにはその排他性と不可侵性の否定などが明らかにされる[42]。

　このように一般論としてではあっても，物権概念と債権概念はひとまず区別されうる性質を有している。ここで主として想定している不動産物権変動の場面を例に出すならば，売買契約は当事者間に債権関係を発生させる契機となるものであって，所有権の移転は物権変動の効果である。債権行為である契約によって直接的に物権変動の効果が発生すると解する判例の立場に従うならば，債権的意思表示に基づいて物権的効果が生じるということになるが，はたしてそれでよいのだろうか。異なる効果を発生させる要件としての意思表示もまた，法的性質が異なるのではないかという疑問が生じてくる。すくなくとも，概念としては区別されうるのではないか。

　上記の疑問は，民法176条がフランス法を母法とするものであることを確認しても，すぐに氷解することはない。フランス法において物権的意思表示が観念されないのは，直接的にはフランス民法の体系ないし思想に由来するのであって，その代表的な関連条文である711条と1138条のみの解釈によって自動的に導き出されるものではないのである[43]。

　したがって，日本の民法176条の意思表示の法的性質を検討するに際して

---

[42] もちろん，これらの特徴は一般的なものにすぎず，公示された賃借権などが排他性を有することなど，例外をあげることもできる。
[43] フランス民法典中の関連する条文の翻訳については，滝沢・前掲注24・37頁を参照。それによれば，711条は，「所有権は，相続，生存者間または遺言による贈与，および債権の効果として取得され，移転される」と規定され，1138条は，「物を引き渡す債務は，契約当事者の合意のみによって完了する」と規定されている。

も，その母法であるフランス法の探求はもちろん必要ではあるが，その作業のみによって問題が解決されるわけではないということになる。日本の民法典の体系との整合性，すなわち，物権と債権の峻別を前提としたシステムを採用した事実との整合性を図るという営みも，不可欠のものとなってくるのである。この点を明らかにするために，物権と債権の法的性質を根本的に再認識する必要性があるということは，もはや自明であろう。

(3) 不動産物権変動における効果

以上のように，物権と債権の法的性質はそれぞれ異なるものであるとする一般的な理解を前提とすると，債権行為である契約からなぜ直接的に物権的効果が帰結されるのかという疑問が，ますます明らかとなってくる。

不動産物権変動の代表的な場面として想定されるのは，不動産所有権の移転が意図されるケースであるが，物権の性質を最も具現化している所有権が売主から買主に対して移転するということは，まさに，物の直接的支配権の移転がなされることを意味する。このようなきわめて物権的な効果を発生させるために，債権行為である契約の要件が充足されるだけで十分であるとする解釈論を採用することに対しては，批判の余地があるのではないだろうか[44]。

また，物権行為の独自性を認めることなく，債権行為である契約のみに基づいて物権変動が生じるとする理解と，物権行為と債権行為の区別を前提とした上で，両者が結合して1つの行為として行われることを許容すると解する見解は，同義ではない。ドイツ法のように，物権行為と方式を密接に結合させる制度を採用しているのであれば，債権行為と物権行為は明確に峻別された上で，両者が1つの意思表示の中に併存することはありえないという理解にいたる。しかし，日本の法制度においては，厳格な形式主義が採用され

---

[44] たとえば，川島は，「フランス民法におけるように，わが民法においても，物権行為は債権行為から独立した別の存在として構成されておらず，この二つのものは一つの契約の中に未分化のまま統一されているのである。単に契約当事者の対内関係のみを問題とするかぎり，観念的な所有権の基礎の上においては債権契約と物権契約とは本質的な差異を有しないからである。だから，所有権は売買契約の効力として移転する」と主張する。この点については，川島・前掲注27・220頁を参照。しかし，この見解に対しては，民法176条の母法がフランス法であるからといって，完全にフランス法的な解釈を採用しなければならないのか，また，債権契約と物権契約との間に本当に差異は存在しないのかなどの疑問を提起できるのではないか。

ていないので，物権行為の独自性の問題は民法176条の意思表示論に還元され，債権行為との関係性についても，ドイツ法とは異なる理解にいたる筋道が模索されうることになる。この場合に，物権行為の独自性をそもそも否定することと，物権行為の独自性を認めながら，それと債権行為が1つの行為で同時に行われうると解することは，理論上，まったく異なるものと考えられる[45]。

ただし，物権行為の独自性を肯定するとしても，物権行為が債権行為とともに1つの行為に包含されることを認めるか，1つの意思表示の中に物権的意思表示と債権的意思表示が併存することを認めるのであれば，物権行為に独自の性質を見出し難くなることは事実である。理論的に必要な概念であっても，実際上の必要性に乏しければ，そのような概念の存在をそもそも否定する見解が当然に現れてくる[46]。

しかしながら，物権行為の独自性をめぐる問題は，すべて理論的な問題に収斂されてしかるべきなのだろうか。たしかに，この問題はきわめて理論的な色彩の濃い特徴を有している。しかし，そうであるとしても，実務においてまったく要求されていない概念であると即座に解することはできないであろう。実際上の必要性について結論を出すためには，もう1つの分析軸である取引当事者の意思について検討を加えなければならない。

2　取引における当事者の意思
(1)　外部的徴表の重要性

不動産の所有権が取引の対象となるケースにおいて，当事者間で所有権の移転が行われたと一般に理解されている時点は，いったいなにを基準にして

---

45) 物権行為に基づく効果と債権行為に基づく効果がそれぞれ異なるからといって，直ちに，2つの行為が包含されて同時に行われてはならないという結論にいたるのは，拙速にすぎるであろう。また，それに対して，物権行為と債権行為が同時に行われることを認めるのであれば，物権行為概念の存在を肯定する必要性がないのであるから，そのような行為を認めても無意味である，と解することもまた，回避されるべきではないだろうか。

46) たとえば，原島説によると，物権契約の独自性を認めてそれがなされた時に物権変動の効果が生じると解するとしても，結論としては，物権契約の独自性を認めることなく，外形的行為がなされた時に物権変動の効果が発生すると解する見解と変わりがなく，また，物権契約の独自性を認めても，それが債権契約との関係で有因的構成をとるのであれば，そのような構成は無用な二重化であるとされる。この点に関しては，原島・前掲注35・110頁以下を参照。

決定されるのか。すくなくとも，契約の成立のみで所有権の移転がすでに行われたと解することはほとんど考えられないだろう。原則論としての契約時移転説を堅持している判例でさえ，実際は柔軟な判断を行っている[47]。

一般人の意識として，売買契約を前提とした不動産所有権の移転の場合に，最も重要な要素となるのは代金の支払であろう。同時履行の抗弁権（民法533条）を引き合いに出しつつ，理論的な観点からも代金支払の重要性を強調した川島説の見解は，きわめて鋭い[48]。その後，川島説は，取引当事者の通常の意思に鑑みて，代金の支払がなされていなくても，目的物の引渡しや登記名義の移転があった場合にまで，所有権移転の基準となる要素を拡大していった[49]。

このような取引当事者の一般的な意識を重視した解釈論をはじめて構築したのは末川であるが，末川説の特徴は，外部的徴表を伴う行為がなされた時に所有権を移転する旨の意思表示があったとし，その点をとらえて，債権行為とは別個に考えられるべき物権行為概念を措定すべきであると解する点にある。川島の見解が，同じく取引当事者の意思を重視しても，物権行為の独自性を認めないことに鑑みると，取引当事者の意思を重視して外部的徴表の存在を解釈論に採用するからといって，物権行為の独自性について判断する直接の契機にはなりえないことが理解される。

しかしながら，民法176条の母法がフランス法であることから，日本における物権行為論がドイツ法とは異なる方向へと歩みを進めることになるとしても，物権行為概念の源泉がドイツ法にあることは疑いがない。そして，ドイツ法においては，物権行為と方式が密接に結びつけられているのであるか

---

47) この点につき，川島・前掲注28・154頁以下を参照。
48) ただし，川島説が主張するところの代金支払は，外部的徴表としての意味を有するのではなく，債権契約の有償性から導き出されるものであることには注意を要する。この点につき，川島・前掲注27・227頁を参照。
49) しかしながら，川島説が，代金支払だけではなく，引渡しや登記までも所有権移転のメルクマールとして肯定するにいたったことに対しては批判がある。とりわけ，原島説によれば，代金が支払われていないのに引渡しや登記があった時点で買主に所有権が移転するという構成は，売主にとって不利益であり，有償性の原理に反するとされる。このため，原島説は，有償性の原理に加えて取引当事者間における信用授与の形態をも考慮するべきであると主張する。この点につき，原島重義「不特定物の売買における目的物の所有権移転時期」法政28・3・81以下（1962）を参照。

ら，物権行為概念を検討する前提として，すくなくとも方式に対する一般人の意識を確認しておくことは重要である[50]。

(2) **物権行為概念の理解**

以上のように，取引当事者の一般的な意識として，不動産物権変動が生じる場合にはなんらかの外部的徴表が重要視されているとしても，そのことから直ちに物権行為概念が必要であるという帰結を導くことはできない。ドイツ法とは異なって，厳格な形式主義を採用していない日本の法制度においては，物権行為と方式を分けて論じることが理論的には可能となる。それでは，一般人の意識として，債権行為とは別個の物権行為は認識されているのであろうか。

債権行為とは理論的に区別される概念としての純粋な物権行為を明確に意識しながら実際の取引関係が形成されるということは，一般的に考え難いのではないか。しかしながら，たとえば不動産所有権の売買のケースにおいては，代金支払に代表される外部的徴表を伴う行為があった時点で観念的な所有権の移転も行われたと理解するのが，取引当事者の一般的な意思であり，すくなくとも，契約が成立しただけでは所有権の移転があったとは認められないであろう[51]。

ここで重要なことは，外部的徴表そのものではなく，外部的徴表に代表されるような，債権行為としての契約以外の要素が取引当事者にとって明確に意識されているのか否かということである。この点について，肯定的な理解を証明することができれば，すくなくとも，債権行為以外の要素を検討する意義を見出すことができる。

たしかに，債権行為である契約の成立だけでは物権変動の効果が発生しな

---

50) ただし，鈴木説は，所有権移転の時期を社会一般の意識がどのように考えているのかという点に関する調査に対して，疑問を投げかけている。すなわち，「この種の調査には，実は，致命的な欠陥が存在している。けだし，『所有権の移転』ないし『買手のものになる』という問いの内容が，被調査者に共通の内容をもって理解されえたかは，いちじるしく疑問だからである」とし，買主はいつから危険を負担するかなどの個別の事項についての意識調査をする方が生産的である解した上で，売買のプロセスにおいて，所有権一般の移転時期を調査することは不可能であると帰結する。この点に関しては，鈴木・前掲注31・110頁以下を参照。

51) この点に関して，外部的徴表を伴う行為がなされた時点で契約の成立をはじめて認めるという見解に対しては，申込と承諾というそれぞれの意思表示の合致によって契約は成立すると解する，契約の成立要件一般についての理解から，疑問を呈する余地がある。

いと一般に理解されているとしても，そのことから直ちに物権行為概念が承認されるべきであると解することはできない。しかしながら，取引当事者の意識に引きつけて考えるのであれば，物権変動の効果をもたらす要件としてのなんらかの要素を析出し，それを法概念として涵養しなければならない。そのような概念を物権行為と解するか否かはひとまずおくとしても，すくなくとも，債権行為としての契約そのものとは別個の概念を検討しなければならないであろう[52]。

(3) **物権行為と債権行為の関係**

売買契約を前提とした不動産所有権の移転が企図されるケースにおいて，債権行為とは異なる別個の概念として所有権の移転を直接的な目的とする行為が措定されうるとした場合に，債権行為とそれとは区別されうる行為との関係はどのように考えられるべきであろうか。この問題は，とりわけ，物権行為の無因性を認めるか否かという定式の下で議論が行われてきた。

そもそも，物権行為の有因ないし無因が論じられるためには，物権行為の独自性が肯定されなければならない。債権行為のみで物権変動の効果が発生すると解するのであれば，そこに，物権行為の無因性を論じる余地は存在しない。また，かりに物権行為の独自性が肯定されるとしても，そのことから直ちに，ドイツ法と同様に物権行為の無因性が帰結されることにはならない[53]。

それでは，日本における取引当事者の一般的な意識として，物権行為ないしそれに準じた概念の独自性が肯定されると解した場合に，物権行為の無因性までもが認められるべきであろうか。債権行為である契約関係になんらかの瑕疵があって契約の取消しがなされたにもかかわらず，債権行為から独立した物権行為そのものには瑕疵が存在しないとして物権行為の取消しはなされずに，不当利得の問題は残るとしても，ひとまず物権変動の効果が維持さ

---

[52] 債権行為とは異なる概念を，外部的徴表と結合させることは必須ではない。ドイツ法とは異なる物権行為概念や，日本の法制度に適合した物権行為と方式との関係を見出すことは可能であろう。このことは，民法176条がフランス法を母法としていることからも明らかである。つまり，物権行為概念を承認するとしても，それは，ドイツ法と同一の概念ではありえないのである。

[53] 物権行為と債権行為が別個の概念として認められるのであれば，両者の法的性質などについても区別して考察する必要が生じてくるであろうし，また，両者の関係についても，まずは無因性を採用する見解に立脚して議論を始めることが，分析の流れとしては適当であろう。

れたままとなる結論を，一般的な意識として抽出しうるであろうか。おそらく，そのような結論は受け入れられ難いであろう。

たしかに，物権行為の独自性を認めたとしても，債権行為との関係性を切断しなければ，その実際的な意義を見出し難くはなる[54]。しかしながら，物権行為の無因性を承認しなければ物権行為の独自性を肯定することができないというわけではないし，日本の民法典が物権と債権を区別しているからといって，ドイツ法の理論を直接的に解釈論に反映させることが求められるわけでもない[55]。

また，物権行為の無因性が認められれば，物権行為の有効性が維持される割合が高まることになり，それだけ取引の安全が保たれることにはなる。しかし，このことは，ドイツ法のような厳格な方式主義を採用せず，意思表示のみで物権変動の効果が発生することを認めている日本の法制度においては，著しく静的安全が害されるということにもつながる。

さらに，物権行為と形式を切り離して論じることが可能であるとした場合には，一般的に，物権行為と債権行為の区別がそれほど明確に意識されることなく，しかも両者が同時に行われることも容易に想定しうる。そのようなケースにおいて，物権行為の無因性がはたして取引当事者に明確に意識され，かつ，一般的に利益をもたらす構成といえるであろうか。すくなくとも，取引当事者の一般的な意識からすれば，物権行為の無因性を認める解釈を採用することは困難であるといわざるをえない[56]。

---

54) たとえば，原島説によると，「有因的構成をとるなら，物権契約の構成は無用な二重化だといってよいだろう。じじつ，サヴィニーがローマ法源に拠りつつ，たんなる事実行為たる引渡 traditio に，それに固有な正当原因 iusta causa である所有権移転の意思 animus transferendi dominii をみとめて物権契約を構成したとき，その理由は先に述べた引渡行為の意味づけを必要とする，ということであつたし，それは無因性を当然に前提としたからに外ならない」とされる。この点については，原島・前掲注 35・111 頁を参照。また，原島重義「『無因性』概念の一考察—サヴィニー，ベールの理論的系譜の側面から—」私法 18・32 以下 (1957)，同「『無因性』概念の系譜について—『無因性』概念の研究・その 1—」林田和博編『法と政治の研究』451 頁以下（有斐閣・1957)，および，同「『無因性』確立の意義について—『無因性』概念の研究・その 2—」法政 24・1・71 以下（1957）を参照。
55) 物権行為概念がドイツ法に由来することは事実であるが，物権行為概念を認めるとしても，その法的内容をドイツ法と同様のものであると構成しなければならないとするのは，やや硬直的な解釈ではないだろうか。物権行為と方式との関係も含めて，日本独自の物権行為論を展開する余地はあると考えられる。

3 小 括
(1) 物権行為の独自性

　ここまで,主として理論的な観点から民法の体系との整合性に焦点をあて,つづいて,実務的な観点から取引当事者の一般的な意思を探究することを通じて,物権行為概念の必要性について論じてきた。物権行為概念を認めるとした場合に問題となるテーマは,その独自性の法的な意味づけ,方式との関係,さらには,債権行為との関係に収斂されると考えられる。そこで,それぞれのテーマに言及することを通じて,ここでの小括としたい。

　日本の民法典が物権と債権を明確に峻別することを前提としたパンデクテンシステムを採用している点に鑑みると,原則として,物権行為の独自性を認める方が体系的な見地からは整合性があるといえよう[57]。物権と債権の法的性質は,一般論としてではあっても,ひとまず区別されるべき特徴を有している。したがって,所有権の移転に代表される物権的効果を発生させるためには,契約などの債権行為だけでは十分ではないとする帰結を導くことができる。

　この場合,物権行為の独自性を認めるということと,物権行為と債権行為を同時に行ってはならないということは,同義ではない。物権行為の独自性を肯定ししつも,物権行為と債権行為を同時に行うことは可能であろうし,1つの意思表示の中に物権的意思表示と債権的意思表示が併存する可能性も模索されてしかるべきであると考えられる。日本の民法典がパンデクテンシ

---

56) さらに,民法176条の母法がフランス法であることに鑑みると,意思主義と物権行為の無因性との関係も問題となりうる。この点につき,川島は,「フランス民法が,物権移転に引渡を全く要求しないで,単に合意のみによってその効力を生ずるとしていること(いわゆる『意思主義』)は,いうまでもなく,所有権の観念性を反映するものであり,近代的社会の一つの所産である。元来その領域の大部分がローマ法の支配下にあったフランスでは,ローマ法の引渡主義が支配したのであるが,所有権の観念性の成長とともに引渡なる要件は擬制されて,公証人の作成する取引証書中の『引渡済み』の条款の記載におきかえられていたのであり,code civil はこれを正面から承認したのであった。そうして,このことによって,逆に所有権移転行為が観念的な債権契約に吸収されて単にその効果として構成され意識されるに至ったのである。したがって,フランス民法においては,債権契約から分化独立した物権取引行為は存在しない」と主張して,フランス法の意思主義を特徴づける。この点については,川島・前掲注27・199頁以下を参照。

57) 民法176条が物権編に規定されているということも,同条における意思表示を物権的意思表示と解する根拠の1つとなりうる。このように,体系的な観点から物権契約の観念を認める近時の見解として,田山輝明『物権法(第3版)』34頁以下(弘文堂・2008)などを参照。

ステムを採用したとはいえ，民法176条の母法がフランス法であることに疑いの余地はなく，また，物権行為の独自性を認めるとしても，その法的性質をドイツ法と同様に理解しなければならない必然性はない。したがって，日本独自の物権行為論を展開する必要性が見出される[58]。

さらに，物権行為の独自性を肯定する根拠として，取引当事者の一般的な意思をもあげることができるだろう。もちろん，物権行為それ自体が一般人の意識の中に深く根差しているとは評価し難い。しかしながら，すくなくとも不動産所有権の移転の場面において，一般的には，契約のみで所有権が終局的にも移転するとは考えられていないであろう。この点をとらえるならば，契約以外のなんらかの要素が不動産所有権の移転の場面に際しては必要になるということになる。この要素を法的にそのまま物権行為として位置づけるか否かはひとまずおくとしても，そのような債権行為以外の要素が取引当事者の意思として重要性を有しているということについては，疑いのないところである。

(2) 物権行為と方式の関係

ドイツ法においては，土地所有権の移転に際して物権行為としてのアウフラッスンク（Auflassung）と登記が要件とされているように，物権行為と方式が密接に結合している。また，日本においても，一般的に，代金支払や目的物の引渡し，さらには，登記名義の移転などの外部的徴表の有無が，不動産所有権の移転にとって重要な要素として認識されており，かつ，判例も，原則としての契約成立時説を維持しつつも，実際には，外部的徴表を重視して契約の成立を認定するなどして，妥当な結論を導き出すように努力していると見受けられる[59]。

---

[58] たしかに，物権行為概念の源泉はドイツ法にあり，物権行為の法的性質について正確な理解を得るためには，Friedrich Carl von Savigny の法思考にまで遡って検討を加えなければならないであろう。しかしながら，そのような作業を経た上で，物権行為概念の存在を日本の法理論において承認することになるとしても，このことは，ドイツ法における物権行為概念そのものを直輸入することになるわけではない。物権行為の独自性を肯定する場合にも，日本の法体系との整合性を保ちつつ，かつ，個別問題にも適応可能な理論を構築していかなければならない。その意味において，日本に固有な物権行為概念を創出する必要性があるのである。

[59] この点につき，ローマ法を参照しつつ，所有権移転における引渡しの重要性を指摘する見解として，江南義之「意思表示ノミニ因ル所有権移転（nuda voluntas domini ad rem transferendam）について—176条の解釈に関する一提案—」民商62・2・38以下（1970）を参照。

以上の事実に鑑みると，日本においても，取引における方式の重要性に絡めつつ，物権行為概念を肯定する余地があるように思われる。しかしながら，川島説に代表されるように，物権行為概念を認めることなく，解釈論として，外部的徴表を物権変動の効力発生の基準とする見解も，日本においては成り立ちうる。したがって，物権行為概念は，かならずしも方式と結びつけられなければならない性質のものではない。つまり，方式を要求することとは無関係に，物権行為概念を肯定することも考えられるのである。物権行為に関する明確な規定を設けているドイツ法とは異なって，日本においては，ドイツ法上の物権行為そのものとは異なる概念を見出す余地が残されている[60]。

たしかに，外部的徴表が存在することに呼応してその時点で物権行為が行われたと解することは可能であろうし，また，妥当な場合もあろう。しかし，日本においては，民法176条において意思表示のみによる物権変動の効力の発生が明確に認められているのであるから，ドイツ法のような厳格な形式主義を採用することはできない。したがって，物権行為と方式の関係の重要性を認識しつつも，両者を密接不可分のものと解することはできないのである[61]。

以上のように，日本においても物権行為概念を肯定するにあたって，不動産物権変動の場面で外部的徴表が一般的に重要視されているという点は，1つの重要な根拠となりうる。しかし，そのことを強調しすぎると，厳格な形式主義を採用していない日本においては，むしろ，物権行為の独自性を否定する方向へと進むことになる。それゆえに，より理論的な根拠づけが必要不可欠となる。

この点において，物権と債権の区別を前提としたシステムを日本の民法典が採用したこと，および，民法176条が物権編に規定されていることは，いずれも重要な理論的根拠となりうる。そして，その上で，物権と債権の法的性質の差異も考慮されるべきである。それぞれで異なる性質を有しているに

---

[60] ドイツ法においては，物権行為としてのアウフラッスンク（Auflassung）に条件などを付加することは認められていないが（BGB 925条2項），この点についても，日本においては肯定する方向で検討を行う余地がある。
[61] かりに，物権行為が存在するためにはかならず方式も伴わなければならないと解するのであれば，論理的に，日本においては，物権行為概念を肯定することも困難になるであろう。

もかかわらず，その発生要件が区別されなくてもよいと解するのであれば，物権と債権を区別する意義は大きく減退することになるのではないだろうか[62]。

(3) 物権行為の無因性

物権行為をめぐる議論として，その独自性を肯定するか否かの問題と関連して，物権行為の無因性について論じられることがしばしばある。ただし，物権行為の無因性を認めるか否か，すなわち，物権行為と債権行為の関係性をどのように理解するかという問題は，物権行為の独自性を肯定してはじめて議論されるべき必要性が出てくるということについては，注意を要する。

かりに，物権行為の独自性を肯定するとした場合には，債権行為との概念的区別を承認することになるのであるから，議論の出発点としては，両者の行為の関係性を原則として切断することから始めるのが妥当であろう。ただし，結論として物権行為の無因性を承認するためには，より積極的な理論上および実務上の根拠を提示する必要がある。

この点に関して，ドイツ法においては，物権行為の無因性が承認されており，債権行為としての契約がたとえば詐欺を原因として取り消された場合などにおいても，そのことから直接的に物権行為までもが取り消されることにはならない。別途，不当利得の問題が残るだけであるとされている。物権行為の無因性が認められた理由としては，取引安全の保護をあげることができる[63]。しかしながら，ドイツにおいても，物権行為の無因性に対しては疑問が投げかけられており，債権行為に存在する瑕疵を物権行為にも及ぼそうと

---

62) ただし，物権行為の独自性を肯定するとしても，実際の取引において，物権行為と債権行為が外形上明確に区別された上でなされなければならないわけではない。つまり，物権的意思表示と債権的意思表示が同時になされることも，否定されえない。物権行為と債権行為の概念をそれぞれ理論的に区別することは，かならずしも，両者を1つの意思表示の中に包摂してはならないとする帰結を導くものではない。その限りにおいて，日本において物権行為概念を肯定するとしても，その法的内容は，ドイツ法と比較して開かれた性質を有するものとなるであろう。

63) さらに，登記官の審査権の負担を軽減することも，ドイツにおいて物権行為の無因性が採用された重要な根拠の1つとしてあげることができる。債権行為である契約の有効性をも審査するという意味で，登記官が実質的審査権を有するものとし，その上で手続を進めていくことにするならば，登記事務が煩雑となって滞ってしまうことが容易に想定される。そこで，登記官の審査対象を物権行為のみに限定するために，物権行為の無因性が承認されたのである。この点に関しては，川島・前掲注27・206頁，および，原島・前掲注54・「『無因性』確立の意義について」・82以下を参照。

する解釈論が，判例および学説を通じて提示されている[64]。

このように，ドイツにおいても物権行為の無因性に対して批判が強いことに鑑みると，はたして日本において，物権行為の無因性を承認する必要性はあるのだろうか。厳格な形式主義を採用せず，かつ，1つの意思表示の中に物権的意思表示と債権的意思表示が併存することを認めるのであれば，完全な意味での物権行為の無因性を認めることは，理論的にはきわめて困難になる。しかも，取引当事者の意識として，債権行為としての契約がなんらかの原因で無効となった場合に，それにもかかわらず，物権行為の有効性を維持するとの結論を支持するものであろうか。ここには，理論的および実務的な側面それぞれにおいて，物権行為の絶対的無因性に対する否定的な根拠が見出されうる。

以上のように，日本の解釈論として物権行為の絶対的無因性を採用することができないのであれば，物権行為の独自性を肯定してもその意義は存在しなくなってしまうのではないかという疑問が予測される。しかしながら，物権行為としてのアウフラッスンクに条件を付してはならないとされているドイツ法（BGB 925条2項）とは異なって，日本においては，法律行為に条件を付すことが広く認められている。このため，債権行為と物権行為が有因であることをケースに応じて認めたとしても，そのことは，物権行為の独自性を否定する直接的な反証とはなりえないのではないか[65]。物権行為の無因性と有因性のいずれを採用するかについてはひとまず措くとしても，物権行為の独自性を肯定した上で，当事者間の特約によって物権行為の無因性を認めることは可能となるのであり，その限りにおいて，物権行為の独自性を肯定する意義はあると考えられる[66]。

---

64) この点につき，いわゆる瑕疵の同一性（Fehleridentität）の法理を採用することによって，物権行為の無因性を修正することを試みた判例として，RGZ 70, 55 ff. を参照。
65) この点につき，山本説によれば，「意思主義をとる民法のもとでは，物権変動の理論も一般の法律行為理論とことさら異なった存在ではないのであるから，広く法律行為の態様として有因的法律行為の概念の存在理由が認められるかぎり，この不徹底さのゆえをもって物権行為の独自性を否定することはやや実利にとらわれすぎた意見というべきであろう」とされる。この点につき，山本・前掲注41・241頁を参照。
66) 前述したように，物権行為の独自性を否定するのであれば，物権行為の有因ないし無因はそもそも問題とならないことになる。

四 おわりに

1 結論

　これまで，不動産物権変動の場面を基軸としながら，日本においても債権行為としての契約とは別個に物権行為概念を措定するべきか否かについて，理論的および実務的な観点から検討を加えてきた。すでに述べたように，ここでの考察は序論としての性格を帯びており，物権行為概念についての最終的な私見をここで提示することはできない。したがって，ここでの結論としては，これまでの検討で得られた方向性ないし示唆を摘示することができるにとどまる。その上で，今後の課題について言及し，本章を締め括りたいと考える。

　本章では，まず，不動産物権変動の要件としての意思表示と題して，民法176条における意思表示の法的性質に関する判例および学説の流れを検討した。

　判例の見解は，原則論としては，これまで一貫して物権行為の独自性を否定し続けていると評価しうる。そこでは，主として物権変動が生じる時期の問題と関連づけて，物権行為の独自性に対する判断が示されてきた。ただし，判例は現在においても，抽象的な理論構成の上では，物権行為の独自性を否定しながら契約成立時説を維持しているのであるが，その内実においては，外部的徴表に多大な関心が払われていることに留意するべきである。すくなくとも，判例は，なんら方式を伴わない意思表示のみによる物権変動の効果の発生を支持しているわけではない。判例の採用する契約時移転説が実質的な規範としてどの程度の拘束力を有しているのかについては，疑問を呈する余地が十分にあるといえる。

　これに対して，学説の見解は，民法典制定当初から様々な変遷を経てきている。民法176条の母法がフランス法であることは明白であり，また，立法者が民法176条の意思表示の法的性質について明確な見解を述べなかったこともあって，民法典制定当初は物権行為の独自性という問題意識そのものが希薄であったといえる。その後まもなく，ドイツ法理論が継受されたことに

伴い，物権債権峻別論を前提とした物権行為独自性説が急速に台頭し，通説を形成するにいたる[67]。

しかし，その学説状況は，末弘による提言によって大きく変わることになる。末弘は，ドイツ法理論に傾斜しすぎた当時の通説を批判し，意思主義を形式主義の反動として位置づけ，形式主義を採用していない日本の法制度においては，物権行為の独自性を肯定する必要性は存在しないと解した[68]。この末弘説に反論したのが末川である。末川は取引当事者の一般的な意思に着目し，その上で，なんら外部的徴表の存在しない段階においては，通常，物権変動の効果が発生するとは考えられていないと主張した。そして，そのような外部的徴表を伴う行為は，ドイツ法のように厳格な方式が要求されるものではないが，すくなくとも，債権行為としての契約とは区別されるものであり，その限りにおいて，物権行為の独自性を肯定すべきであると解した。

末川説による，取引当事者の意思を強調する姿勢は，その後の学説にも引き継がれることになる。川島のように，民法176条の母法がフランス法であることに立脚しながら物権行為の独自性を否定しつつも，有償取引における意識に着目した上で代金支払の有無を重視し，かつ，当事者の通常の意思に従って目的物の引渡しや登記名義の移転を基準として，物権変動の効果が発生する時点を定める見解が現れてくるのである。ここにいたって，物権行為の独自性をめぐる問題と，物権変動が生じる時期の問題は，区別して論じることのできるものとの認識が定着した。その上で，石田説のように，日本の民法典の体系との整合性から物権行為の独自性を肯定しつつも，かならずしも形式主義を採用しないとする見解も現れてくることになる。

以上のような判例および学説の検討を通じて明らかになったことは，日本における物権行為の独自性をめぐる議論の特殊性である。この問題は，これまで物権変動が生じる時期の問題と密接に関連づけられつつ論じられてきたが，今日においては，もはや，両者は区別して論じられるべき性質を有して

---

67) 当時の物権行為独自性説の中には，物権行為の効力発生のための要件として形式をも要求する見解と密接に結びつけられながら主張されたものと，純粋に物権行為の独自性それ自体について理論的に検討を行ったものが散見される。
68) この見解は，一貫して物権行為の独自性を否定し続けていた判例の見解とも相まって，新たな通説としての地位を築いた。

いるといえる。そこでつぎの課題として，物権行為の独自性について理論および実務の両面から直接的に考察を加える必要性が生じてくる。

物権行為概念の必要性について検討を行った。理論的な問題として浮上してくるのは，日本の民法典との整合性の問題であり，実務的な問題としては，取引当事者の意思をあげることができる。

まず，日本の民法典が物権と債権の峻別を前提とするシステムを採用していることに鑑みると，物権行為と債権行為を区別することが体系に整合的であると解される。また，物権と債権の性質に着目することも重要である。物権は物に対する直接的な支配権であり，債権は特定人に対する請求権であると一般に理解されている。そのことから生じる両者のさまざまな特徴およびお互いの相違点に留意するならば，それぞれの効果を発生させるための要件もまた，別個に考えられるべきではないだろうか。とりわけ，不動産所有権の移転の場面のように，物権的な効果をもたらす取引が行われる場合において，債権行為としての契約が行われただけで物権的な効果が発生すると解することに対しては，論理的に飛躍しているのではないかとの疑問を抱かざるをえない[69]。

しかし，理論的な観点から物権行為の独自性を肯定する可能性が開かれるとしても，取引当事者の意識においてそのような概念が考慮されておらず，かつ，不必要であるとするならば，物権行為概念の必要性は大きく減退する。その点，取引当事者の一般的な意思として，とりわけ物権変動の場面においては，外部的徴表が重視されていることに着目するべきであろう。その外部的徴表を伴う行為を物権行為そのものとして位置づけられるか否かはともかくとして，すくなくとも，債権行為としての契約以外の要素を検討する余地が残されていることは，否定できない。かりに，債権行為としての契約とそれ以外の要素の関係性を切断しないとしても，債権行為以外の要素を措定することの意義は，消失しないであろう[70]。物権行為と債権行為を別個の概念

---

[69] すくなくとも，債権行為から直接的に物権的な効果が発生するとの説明は採用し難いのではないか。債権行為に基づいて物権的な効果が発生すると解するためには，その間になんらかの理論的な根拠となる架橋を施さなければならないと考えられる。その点，物権行為概念を肯定すれば，そのような理論的な批判を回避することができる。

として見出すことと，両者の関係性を維持することは，取引当事者の一般的な意識からしても，両立すると考えられる。

2　今後の課題

本章は，不動産物権変動という特定の場面を中心としながら，物権行為概念の必要性について限定的な考察を加えたにすぎない。したがって，今後の課題は非常に多く積み残されている。

まず，物権行為概念の創始者とされる Savigny の理論を徹底的に検討する必要がある[71]。その上で，Savigny の物権行為論が BGB にどのように承継されていったのかに関する歴史的経緯を跡づけなければならない。また，今日のドイツにおいて，物権行為概念がどのように評価されているのかという点も，日本における物権行為概念を検討するにあたって有益な示唆となるであろう[72]。

つづいて，日本における物権行為をめぐる議論をより詳細に跡づけなければならない。本章で行った検討は，あくまで議論の全体像を表面的に示したものにすぎない。不動産物権変動以外の場面を想定して物権行為概念をめぐる議論を整理することも有益であろうし，また，特定の場面に拘束されることなく物権行為概念を論じた見解を総合的に検討することも考えられる。

また，物権行為概念をめぐる議論はきわめて理論的な性格を有しており，しばしば，物権行為概念を認めても実益がないとする批判を受けることがある。とりわけ，物権変動が生じる時期の問題から切り離して物権行為が論じられる場合には，その理論的な特徴はますます顕著となる。体系的な整合性など，純粋に理論的な問題を検討し，より説得的な物権行為論を確立するこ

---

70) 周知のように，ドイツ法においては物権行為の無因性が採用されているが，この点については，ドイツにおいても批判が展開されている。また，日本においても，たとえば債権行為の瑕疵が物権行為の取消原因とならないと解するのは，取引当事者の意思に反するのではないだろうか。

71) ただし，Savigny の理論もまた，それまでの歴史的経緯をふまえたものである以上，物権行為概念の生成過程を正確に把握するためには，Savigny 以前の法状況をも考察対象に加えなければならないであろう。

72) 物権行為概念を肯定するとしても，その無因性までも承認するか否かは別の問題である。この点は，ドイツにおいても批判の強い部分であるため，日本において物権行為の無因性を肯定するためには，日本の法状況に固有の必要性を見出さなければならないことになる。

とにも学問的意義は十分にあると考えるが，民法学が実務との関係を捨象することができない性格を有している以上，物権行為概念を肯定するためには，理論的な側面以外のより積極的な根拠を見出す必要性がある。

さらに，物権行為概念を措定するためには，その対立概念としての債権行為を正確に把握することが求められる。その意味では，物権行為の研究は債権行為の研究であるともいえるだろう。本章において設定した不動産物権変動の場面に代表されるように，物権行為が問題となる際には債権行為としての契約が締結されていることが多い。つまり，物権行為論は，物権と債権が交錯する問題領域でもあるのである。それゆえ，契約を中心とした債権法理論の検討をおろそかにすることはできない[73]。

そして，物権と債権の異同を考察することによって，物権債権峻別論を正面から検討する可能性および必要性も生じてくる。この問題は，物権と債権を区別するシステムを採用した日本の民法典が有している，恒常的な問題である。物権行為論は，民法典制定当初から論じられてきた古典的なテーマではあるが，大きな民法改正が実現化されている今日においては，民法典の構造を考察する糸口として，再び焦点をあてられるべき問題でもあろう。

---

[73] とりわけ，契約の成立の問題を避けて通ることはできないであろう。また，法律行為論の問題として，債権的意思表示と物権的意思表示を区別することの妥当性，さらには，両者を区別するとした場合のそれぞれの法的性質を検討する必要性も生じてくる。このように，物権行為論を検討することを通じて，民法上の様々な領域にまたがる問題が発生してくることになる。

第二章　概念の起源

一　はじめに

1　問題の所在

　日本の民法解釈論において,物権行為概念の存在を認める必要性はあるか。判例[1]と通説[2]において，その必要性は否定されている。しかし，物権と債権の峻別を前提とした体系を採用している日本の民法典の解釈論として，物権行為の独自性を承認することは，けっしてありえないことではない。

　その問題意識に基づき，前章[3]において筆者は，理論的および実務的な両面から，今日においてもなお，物権行為の独自性を肯定する可能性が残されているのではないかとの見解を示した。

　しかし，物権行為の問題を検討するにあたって，日本法の解釈論を分析対象とするだけでは，きわめて不十分である。なぜならば，比較法の観点からすれば，物権行為概念はBGB（ドイツ民法典）にきわめて特徴的なものであり[4]，また，今日の物権行為概念の内容に直接的な影響を与えたのは，Friedrich Carl von Savignyの法理論であったということが，すでに周知のところだからである[5]。このため，物権行為概念の必要性について考察を進めるにあたっては，ドイツ法における物権行為概念の位置づけを正確に認識することが，必要不可欠な作業となる。

　この点に関して，とりわけ，Savignyの物権行為論に関する分析を避けて

---

1) たとえば，大判明28・11・7民録1・4・28以下を参照。
2) たとえば，我妻栄著・有泉享補訂『新訂・物権法（民法講義II）』（岩波書店・1983）56頁以下などを参照。
3) 初出として，大場浩之「物権行為に関する序論的考察—不動産物権変動の場面を基軸として—」早法84・3・325以下（2009）を参照。
4) ドイツ法上の所有権譲渡の要件に関して，土地についてはBGB 873条・925条・925a条，動産についてはBGB 929条を参照。

通ることはできない。たしかに，Savigny 以前においても，物権と債権の峻別についてはすでに認識されていた[6]し，また，物権行為または物権契約に類似した概念を認める見解[7]も存在していた。しかし，物権債権峻別論を明確な前提として物権行為概念を構成し，さらに，物権行為の無因性理論までも確立したのは，Savigny がはじめてであったといえる。直接的には，この Savigny の理論が今日の BGB に結実しているために，日本における物権行為論を考察するにあたっても，Savigny の見解を出発点としなければならないのである。

Savigny の物権行為論については，日本[8]においてもドイツ[9]においても，すでに多くの優れた研究が存在する。しかし，日本においては，近年，物権行為論それ自体に対する関心が薄れていたためか，同理論に関する研究状況は停滞していたといわざるをえない。

その反面，ドイツにおいては，物権債権峻別論に対する関心が再燃しつつある[10]と評価でき，物権行為論を正面から取り扱う研究[11]も目立つように

---

5) ドイツにおける所有権譲渡理論に対して Friedrich Carl von Savigny が与えた影響に関する先駆的な業績として，*Wilhelm Felgentraeger*, Friedrich Carl v. Savignys Einfluß auf die Übereigunungslehre, Leipzig 1927 がきわめて重要である。とりわけ，同書 S. 41 ff. を参照。また，最近の文献として，*Ulrich Huber*, Savigny und das sachenrechtliche Abstraktionsprinzip, FS Claus Wilhelm Canaris, Band I, S. 471 ff., 2007 が有益である。

6) 水津太郎「ヨハン・アーベルの法理論―物権債権峻別論の起源―」法研 82・1・385 以下（2009）は，Johannes Apel の見解を物権債権峻別論の起源として紹介する。

7) Hugo Donellus の見解を紹介するものとして，*Felgentraeger*, a.a.O. 5, S. 7 f. を参照。

8) 原島重義「『無因性』概念の系譜について―『無因性』概念の研究・その 1―」林田和博編『法と政治の研究』（有斐閣・1957）451 頁以下，同「『無因性』確立の意義について―『無因性』概念の研究・その 2―」法政 24・1・71 以下（1957），および，同「『無因性』概念の一考察―サヴィニー，ベールの理論的系譜の側面から―」私法 18・32 以下（1967）をはじめとする，原島重義の一連の研究は，日本におけるサヴィニー研究の先駆的業績である。また，海老原明夫「一九世紀ドイツ普通法学の物権移転理論」法協 106・1・1 以下（1989）も，きわめて示唆に富む。

9) たとえば，Immanuel Kant からの影響との関係で，Savigny の物権行為論について論じるものとして，*Hans Brandt*, Eigentumserwerb und Austauschgeschäft -Der abstrakte dingliche Vertrag und das System des deutschen Umsatzrechts im Licht der Rechtswirklichkeit-, Leipzig 1940, S. 68 ff. などがある。

10) *Jens Thomas Füller*, Eigenständiges Sachenrecht?, Tübingen 2006, S. 526 ff. は，物権債権峻別論に基づく物権の諸原則を徹底的に分析した上で，物権概念を技巧的な産物であるとして厳しく批判する。

11) たとえば，*Dieter Haag Molkenteller*, Die These vom dinglichen Vertrag, Frankfurt am Main 1991 などを参照。

なってきた。このようなドイツにおける学界の新たな動きを，日本の物権行為に関する研究は，十分に咀嚼できていないと考えられる。

2　課題の設定

そこで本章では，以上の問題意識に鑑み，最近のドイツにおける Savigny の物権行為論に関する研究を紹介しつつ，Savigny の物権行為論がどのように形成されていったのかについて，考察を加えることとしたい。

具体的には，Savigny 以前の物権行為論と Savigny の物権行為論の相違を明確に示すために，①物権債権峻別論に対する Savigny の認識を明らかにすること，②意思による支配の重要性がどのように物権行為の独自性の肯定へと結合したのかについて検討すること，および，③Savigny の物権行為論の特徴である無因的物権行為論がどのように形成されるにいたったのかについて分析することの三点を，具体的な課題として掲げることとする。

そもそも，物権と債権の区別が認識されていなければ，物権行為と債権行為の区別も認識されえない。この点において，Savigny 以前の物権行為論も物権債権峻別論にひとまず依拠していたということができる。しかし，Savigny 以前の議論においては，所有権譲渡についての両当事者間の契約の重要性が語られることはあっても，その契約が債権的な売買契約といかなる意味において概念上異なるのかという点について検討されることは，ほとんどなかった[12]。このことは，Savigny 以前の見解と Savigny 自身の見解の物権債権峻別論に対する認識が，それぞれにおいて異なっていたことを示唆している。

また，Savigny が物権債権峻別論とともに意思による支配を重視しつつ，自らの所有権譲渡理論を構築したことは，すでによく知られている。しかし，Savigny 以前の普通法においては，いわゆる titulus et modus acquirendi（獲得の権原と方式）の理論[13]が支配的であり，債権的な契約および事実的な引渡しが所有権譲渡の要件とされていた。そこでは，債権的な契約と区別される

---

12) Savigny 以前の理論と Savigny の理論は，それぞれの理論的基盤を異にしている。この点につき，*Horst Hammen*, Die Bedeutung Friedrich Carl v. Savignys für die allgemeinen dogmatischen Grundlagen des Deutschen Bürgerlichen Gesetzbuches, Berlin 1983, S. 150 ff. などを参照。

物権契約の存在は，予定されていない。この点，意思理論を介して titulus et modus acquirendi の理論を Savigny がどのように克服しようとしたのかということは，きわめて興味深い。

そして，Savigny による物権行為論の最たる特徴は，物権行為を債権的な契約とは無因なものであると位置づけた点に存すると考えられる[14]。物権行為の独自性を承認しながら債権行為との関連性を維持するという理論構成もありうるところ，なぜ，Savigny は無因的物権行為論を確立するにいたったのか。理論的な側面と実質的な側面それぞれにおいて，無因的物権行為論を採用することにより，Savigny はどのような目的を達成しようとしたのであろうか。

3 本章の構成

以上の課題について検討するため，本章では，まず，Savigny 以前の物権債権峻別論に対する理解を深めることを目的として，Savigny 以前の代表的な立法例である ALR（プロイセン一般ラント法）において，物権債権峻別論がどのように理解されていたのかについて検討する。それにつづいて，Savigny 自身の物権債権峻別論に対する認識について分析を加えたい。

つぎに，意思理論と Savigny の物権移転理論との結びつきを検証するために，Savigny 以前の支配的な理論であった titulus et modus acquirendi の理論を紹介した上で，Savigny の意思理論に対する理解について分析し，Savigny の物権行為論において重要な要素となる iusta causa（正当な原因）と traditio（引渡し）の関係について言及することとする。

そして，Savigny の物権行為論の最たる特徴である無因性理論については，内的無因性と外的無因性に区別した上で，検討を進めたい。内的無因性は，

---

13) titulus et modus acquirendi（獲得の権原と方式）の理論に関する有益な文献として，*Franz Hofmann*, Die Lehre vom titulus und modus acquirendi, Wien 1873 などがある。また，好美清光「Jus ad rem とその発展的消滅―特定物債権の保護強化の一断面―」一法 3・290 以下（1961）なども参照。

14) Savigny の無因性理論の特徴について，たとえば，*Filippo Ranieri*, Die Lehre der abstrakten Übereignung in der deutschen Zivilrechtswissenschaft des 19. Jahrhunderts, in: Hrsg. von Helmut Coing, Walter Wilhelm, Wissenschaft und Kodifikation des Privatrechts im 19. Jahrhundert, Band II, Frankfurt am Main 1977, S. 101 ff. などを参照。

債権行為と物権行為それぞれの内部における各要素間の無因性の問題であり、これに対して、外的無因性は、債権行為と物権行為の間の関係性の遮断の問題である。一般的に、物権行為の無因性とは、外的無因性のことを指すが、その外的無因性の理論が形成されるにあたっては、内的無因性の理論の確立が前提とされているため、内的無因性をも検討することが不可欠である。このため、それぞれの無因性を分けて論じることにより、Savigny の無因的物権行為論の内容が、より明確になると考えられる。

二 物権と債権の峻別

1 ALR における理解

1794 年に制定された ALR[15]は、自然法思想に基づく最初の法典であることがよく知られている[16]。ただし、自然法思想による立法とはいっても、厳密には、自然法学と普通法学の成果が合わさることによって形成されたものであった。

ALR は、物的な権利と人的な請求権を物権概念の下で一様に把握するという、自然法の特色をよく受け継いでいる。物権と債権の区別もいちおう存在してはいたが、今日における区別とは異なっていた。そこでは、債権は、人自体に関する権利として把握されており、その例として、家族関係があげられていた。また、物権は、物の給付を求める請求権と物自体についての権利を包括した権利として把握されていた。つまり、その限りにおいて、今日における対人的請求権としての債権と対物的な権利としての物権が、混合して理解されていたのである[17]。たしかに、物に関連する権利のうち、直接的

---

15) 日本における ALR（プロイセン一般ラント法）に関する先駆的な研究として、石部雅亮『啓蒙的絶対主義の法構造—プロイセン一般ラント法の成立—』（有斐閣・1969）がある。
16) 1756 年の Codex Maximilianeus Bavaricus Civilis （バイエルン・マクシミリアン法典）にも、その体系化の過程において、自然法思想の成果を見出すことができるが、成立した内容面からすれば、当時の普通法を法典化したものと理解することができる。ALR との関係でいうならば、より実務的であったと評価することもできるだろう。それに加えて、Savigny が批判の主たる対象としたのは ALR であったため、本章では、ALR における物権債権峻別論の理解をとりあげることとしたい。この点については、*Franz Wieacker,* Privatrechtsgeschichte der Neuzeit, 2. Auflage, Göttingen 1967, S. 326 f. を参照。

な権利としての ius in re（物における権利）と間接的な権利としての ius ad rem（物への権利）の区別は概念上なされていた[18]が，これらを物権概念の中で統一的に把握していたことは，今日における物権債権峻別論と決定的に異なる点である。

このように，ALR では，物権債権峻別論に対する理解が今日のものとは異なっており，さらに，物権取得理論として，titulus et modus acquirendi の理論が採用されていた。このため，動産だけではなく不動産の所有権譲渡に際しても，引渡しが要件とされていたのである[19]。厳密には，債権的な契約の締結により，いわゆる ius ad rem が発生し，その後，引渡しにより占有の移転が生じることにより，ius ad rem が ius in re に変化するものとされた。この際，独立した物権的合意なる概念はとくに必要とされなかった[20]。

ALR においては，債務は原則として現物給付によって履行されなければならないとする，自然法思想が貫徹されていた。このため，たとえば売買契約が成立すると，原則として obligatio dandi（与える債務）が債務者に発生することになる。これにより，買主は目的物の引渡しを請求することができるようになる。この請求権が，物に対する人的な権利として構成されたのである。つまり，ius ad rem である[21]。

この ius ad rem の特徴は，二重売買などの事例で第三者が現れた際にもっとも明確になる。ALR は普通法の物権取得理論を受け継いでおり，ius ad rem の概念を用いて二重売買を説明した。つまり，売買契約があっても，売

---

17) この点につき，*Heinrich Dernburg*, Lehrbuch des Preußischen Privatrechts und der Privatrechtsnormen des Reichs, Band I, 2. Auflage, Halle 1879, S. 71 f. を参照。
18) *Franz Förster/M. E. Eccius*, Preußisches Privatrecht, Band I, 7. Auflage, Berlin 1896, S. 123 ff. を参照。
19) この点につき，*Gunter Wesener*, Zur naturrechtlichen Lehre vom Eigentumserwerb, in: FS für Nikolaus Grass zum 70. Geburtstag, Innsbruck 1986, S. 443 f. を参照。当時，公示制度として存在していたのは抵当権簿のみであり，今日におけるような，所有権を対象とする登記制度は整備されていなかった。
20) ALR I 2 135 条を参照。なお，ALR においても占有改定による引渡しが認められていたため，合意のみによる所有権譲渡が認められていたとも評価しうる。この点については，*Johannes Biermann*, Traditio ficta -Ein Beitrag zum heutigen Civilrecht auf geschichtlicher Grundlage-, Stuttgart 1891, S. 350 ff. を参照。
21) *Ralf Michaels*, Sachzuordnung durch Kaufvertrag -Traditionsprinzip, Konsensprinzip, ius ad rem in Geschichte, Theorie und geltendem Recht-, Berlin 2002, S. 144 f. を参照。

主の下に動産の占有がまだあるのであれば，その動産に対する物権は売主に存し，第一買主が Titel（権原）を有する[22]。このことは，不動産の場合にもあてはまるものとされた。そして，利害が対立する複数の買主の中で最初に占有を取得した買主が，他の買主に優先することとされた。ただし，ここでALR は，占有を取得した買主が他の買主の Titel について悪意であった場合には，占有を取得したとしても物的権利を行使できないと規定していた。この点に，ius ad rem の第三者に対する効力が認められる[23]。

しかし，ここで ius ad rem の法的性質が問題となる。すなわち，なぜ，占有を取得した者が，他の買主の Titel について悪意だからといって，自らの物的権利を行使することができないのであろうか，という問題である。学説においては，第二買主に対する第一買主の権利を物的権利それ自体として位置づける見解[24]と，物的権利ではなく Dolusklage（詐害的請求）が問題となっていると考える見解[25]が対立した。このうち，ius ad rem を物的権利に準じて考える見解は，それほど有力であったとはいえない。このことは，今日の視点からすれば自明のことであろう。しかし，ALR は，そもそも今日における物権債権峻別論とは異なる基準で物権と債権を認識していたのである。ius ad rem の当時の法的性質論を検討するにあたっては，そのことを失念してはならない[26]。

ALR は，物権取得理論に関しては，普通法の原則から逃れることができなかった。つまり，売買契約に基づく当事者間の関係において，買主は売主に

---

22) ALR I 10 20 条および 22 条を参照。
23) *Edith Hildegard Heiland*, Doppelverkauf von beweglichen Sachen, Marburg 1934, S. 2 ff. を参照。
24) たとえば，*Karl Ziebarth*, Die Realexecution und die Obligation -mit besonderer Berücksichtigung auf die Miethe erörtert nach römischen und deutschen Recht in Vergleich mit dem preussischen-, Halle 1866, S. 213 などを参照。この場合，すくなくとも，ius ad rem（物への権利）を，さしあたり物自体を対象にしている物的権利に準ずるものとして，位置づけなければならなくなる。
25) たとえば，*Dernburg*, a.a.O. 17, S. 411 などを参照。また，*Josef Kohler*, Natur der Paulianischen Klage, in: ders., Gesammelte Abhandlungen aus dem gemeinen und französischen Civilrecht, Mannheim 1883, S. 320 も，ius ad rem の物的権利としての性質を否定する。さらに，*Manfred Löwisch*, Der Deliktschutz relativer Rechte, Berlin 1970, S. 108 f. は，不法行為の一般条項であった ALR I 6 8 条の解釈を通じて，ius ad rem を用いるのと同様の法的効果を導くことができたと指摘している。

対して引渡請求権を有することとされ，さらに，二重売買が行われた場合にも，第三者との関係において第一買主が保護される余地が残された。この法的効果につき，ALR は，とくになにか新しい概念を作り出したわけではなく，普通法以来の理論を ius ad rem の概念を用いて解釈したにすぎないといえるだろう[27]。

2 Savigny の理解

以上のように，ALR は，物権と債権の峻別を認識しながらも，物権取得理論に関して titulus et modus acquirendi の理論を採用し，さらに，ius ad rem の概念も認めていた。このため，今日における物権債権峻別論の理解や，それに基づく物権取得理論とは，かなり異なっていたといわざるをえない[28]。

その ALR における物権債権峻別論と物権取得理論の理解を厳しく批判し，今日のドイツ法におけるきわめて特徴的な理論の下地を創出したのが，Savigny である。彼は，物権と債権の峻別について，そもそもどのような見解を有していたのであろうか。Savigny の物権行為論を明らかにするためには，まず，彼の物権債権峻別論に対する理解について，正確に把握しなければならない。

Savigny は，自らの理論の出発点として，権利を人の意思と結びつけることから始める[29]。そこでは，人と人の意思の合致が重要視される。その上で，

---

26) さらに，直接占有者と間接占有者の優先関係も問題となる。この問題につき，ALR は，原則として直接占有者を優先させた（ALR I 7 74 条）。最初の占有取得者が間接占有者で，その後の占有取得者が直接占有者であった場合には，善意取得に関する規定が適用されることになる。この点については，*Werner Hinz*, Die Entwicklung des gutgläubigen Fahrniserwerbs in der Epoche des usus modernus und des Naturrechts, Berlin 1991, S. 217 ff. を参照。
27) 同様の見解として，*Michaels*, a.a.O. 21, S. 148 を参照。また，*Gustav Eisfeld*, Beiträge zur Geschichte des ius ad rem im neueren deutschen und französischen Recht, Schöningen 1935, S. 13 も同旨を述べる。
28) その後，ドイツ法において，ius ad rem の概念は否定されることになる。物権と債権の両方の特徴を備えているという，その特殊性，いいかえればその曖昧さが問題視され，19 世紀のドイツ法学において否定されることとなるのである。そこでは，権利の内容を体系化するのではなく，そもそも存在するとされた体系から演繹して，それぞれの権利内容を確定させるという手法が採用された。
29) *Friedrich Carl von Savigny*, System des heutigen Römischen Rechts, Band I, Berlin 1840, S. 7 を参照。

財産権の概念を用いて権利を包括的に把握した[30]。ここで、Savignyは、ローマ法における対物訴権と対人訴権の区別に依拠して、権利を、物に対する権利と人の行為を求める権利に区分したのである[31]。この点において、Savignyの物権債権峻別論は、ALRにおける物権と債権の区別よりも明確であるということができる[32]。

Savignyの以上の認識に基づけば、財産権はできる限り物権と債権に区分されるべきものであり、問題は、絶対権と相対権、すなわち、物権と債権を区分する基準をどのように明確化するべきかという点に、移ることになる[33]。したがって、債権の中における峻別、つまり、obliatio dandi と obligatio faciendi（なす債務）の区別も必要ではないということになる。なぜならば、これらはいずれも、債務者の意思に対する債権者の支配という意味で、同じ性質を有するからである[34]。

そして、物権と債権の区別を上述のように認識することによって、売買契約と譲渡行為の関係に対する関心が生まれてくる。そこから、Savignyによる物権行為概念が生成されてくることになるのである[35]。

さらに、Savignyによる物権行為概念は、債権契約との関係が無因である点に、その特徴がある。物権と債権を峻別するにあたって、無因性理論の導入は重要な意味を有している。とりわけ、無因性を認めることで、物権行為

---

30) この部分に限れば、Savignyの理解は自然法思想とそれほど乖離しているわけではない。たとえば、*Helmut Coing*, Zur Geschichte des Begriffs „Subjektives Recht", in: ders., Gesammelte Aufsätze zu Rechtsgeschichte, Rechtsphilosophie und Zivilrecht, Band I, Frankfurt am Main 1982, S. 256 を参照。

31) *von Savigny*, a.a.O. 29, S. 334 を参照。

32) ただし、Savignyは、物権と債権の区別をいつも明確にできると考えていたわけではない。obligatio dandi（与える債務）とそこから派生する ius ad rem に関連して、彼は、物権と債権の間には移行過程があり、場合によってそれぞれの権利が近似する可能性があることを認めている。つまり、債権が、他人の行為を通じて、物権またはそれに類似した権利に姿を変えていくと考えるのである。この点につき、*von Savigny*, a.a.O. 29, S. 372 f. を参照。

33) *Wolfgang Wiegand*, Die Entwicklung des Sachenrechts im Verhältnis zum Schuldrecht, AcP 190 115 f., 1990 を参照。

34) この結果、obligatio dandi を特別なカテゴリーとして取り扱う必要はなくなり、ius ad rem の概念もまた、否定されていくことになる。

35) たとえば、*Astrid Stadler*, Gestaltungsfreiheit und Verkehrsschutz durch Abstraktion -rechtsvergleichende Studie zur abstrakten und kausalen Gestaltung rechtsgeschäftlicher Zuwendungen anhand des deutschen, schweizerischen, österreichischen, französischen und US-amerikanischen Rechts-, Tübingen 1996, S. 46 ff. を参照。

概念の有用性が実際上の意義を有してくることに，異論の余地はないであろう[36]。

三　意思による支配と物権行為

1　titulus et modus acquirendi の理論

　以上のように，同じく物権債権峻別論を採用していたとはいえ，ALR における理解と Savigny による理解とでは，同理論の内容において大きな隔たりがあったことがわかる。それでは，Savigny は，物権取得理論についてはどのような見解を有するにいたったのであろうか。とりわけ，なぜ，物権行為の独自性を認める必要性があったのであろうか。

　ALR に代表されるような，Savigny 以前の時代においては，物権取得理論として，titulus et modus acquirendi の理論がきわめて有力であった。すなわち，権原としての titulus と，方式としての modus が，物権移転の際の要件とされる理論である。Savigny の物権行為論は，この titulus et modus acquirendi の理論に対する反論として形成されていった[37]。このため，まず，titulus et modus acquirendi の理論を分析することから，Savigny 理論の検討を始めたい。

　titulus et modus acquirendi の理論とは，普通法における物権取得理論である[38]。同理論によれば，所有権を取得するためには，法的原因と事実上の引渡しが要件とされる。この理論の創始者は，人文主義法学に属する Johannes Apel であったとされている[39]。彼は，所有権移転に関して法的原

---

36) Savigny の意思理論に対する認識，そして，これに起因する彼の理解に基づく物権債権峻別論が，物権行為の独自性およびその無因性を導く出発点となったことは，疑いの余地がない。この点につき，*Friedrich Carl von Savigny*, System des heutigen Römischen Rechts, Band III, Berlin 1840, S. 312 ff. を参照。また，*Friedrich Carl von Savigny*, Das Obligationenrecht als Theil des heutigen Römischen Rechts, Band II, 1853, S. 256 ff. からも，そのことが窺える。ただし，無因性理論それ自体は Savigny 以前にも主張されていた。この関連で，*Frank Peters*, Kauf und Übereignung, JURA 1986 458, 1986 を参照。
37) この点につき，谷口貴都「物権契約の歴史的展開(1)」早稲田大学大学院法研論集 31・168 以下 (1984) を参照。
38) 自然法思想に基づいていた ALR ではあったが，物権取得理論に関して，合意主義ではなく，引渡主義が採用されていたことは注目に値する点である。

因を重視する法源の解釈を通じて，原因行為と引渡行為の区別の重要性と，所有権の移転を導くための法的原因の必要性を説いた[40]。Apel にとって，権利移転に必要な権原とは法的に正当な原因のことであり，契約と同視された。また，方式にあたるのは，事実上の占有取得であって，認識可能なかたちでの引渡しであると考えられていた[41]。

その後，titulus et modus acquirendi の理論は，適用対象を変えつつ，受け継がれていくことになる。まず，Johannes Oldendorp が，Apel の見解を超えて，承継取得だけではなく原始取得にまで法的原因の範囲を拡張した[42]。さらに，Dethard Horst は，あらゆる権利取得のために，titulus と modus が必要であるとの見解を主張した[43]。

この titulus et modus acquirendi の理論と対立する見解を述べたのが，Hugo Grotius である[44]。彼は，自然法思想に基づいて，所有権の移転のためには，外部に示された譲渡人の意思と譲受人の意思表示のみで十分であるとした。引渡しは，Grotius にとって，所有権移転を積極的に基礎づける根拠にすぎず，かならずしも必要な要件ではなかった[45]。

しかしながら，titulus et modus acquirendi の理論は，18世紀において通説の地位を確固たるものとした。そして，ALR におけるように，立法としても採用されることになるのである[46]。ALR において，titulus は法的原因とし

---

39) *Johannes Georg Fuchs*, Iusta causa traditionis in der romanistischen Wissenschaft, Basel 1952, S. 73 ff. を参照。また，*Molkenteller*, a.a.O. 11, S. 81 も参照。
40) *Hofmann*, a.a.O. 13, S. 21 f. を参照。したがって，権原の有効性が認められなければ，所有権移転の有効性もまた，認められないことになる。
41) *Hofmann*, a.a.O. 13, S. 11 f. を参照。titulus et modus acquirendi の理論が，契約と引渡しを区別していることから，同理論が普通法に基づいていることがわかる。ただし，Michaels によれば，アリストテレス哲学から借用された原因理論が，より重要であるとされる。その原因理論によれば，離れた間接的な原因，たとえば売買契約が有効である限りにおいて，直接的な原因としての引渡しを通じて，所有権の移転がもたらされた。この点につき，*Michaels*, a.a.O. 21, S. 137 を参照。
42) *Molkenteller*, a.a.O. 11, S. 81 f. を参照。
43) *Fuchs*, a.a.O. 39, S. 78 を参照。
44) *Felgentraeger*, a.a.O. 5, S. 4 を参照。
45) *Molkenteller*, a.a.O. 11, S. 82 f. を参照。Grotius が，譲受人の取得意思を強調し，引渡しとの区別を主張した点は注目に値する。ただし，彼は，この見解をもって，物権行為の独自性を唱えたわけではない。Grotius は義務負担行為と区別される処分行為についてはふれておらず，また，債権的な契約の締結を，所有権移転を導く意思表示と同一のものであると考えていた。彼にとって，売買契約とは所有権の移転そのものであったのである。この点につき，*Hammen*, a.a.O. 12, S. 150 を参照。

て，modus は所有権取得を可能にする認識可能な行為として，それぞれ把握された。そして，titulus の代表例は意思表示や法律であり，modus とは引渡しであると理解されたのである[47]。

titulus et modus acquirendi の理論の内容を検討してみると，同理論が，自然法思想と普通法の内容をそれぞれあわせもっていることがわかる。つまり，一方では，純粋に契約のみで所有権移転の効果を認めるという自然法の思想から，できるだけ離れたくないという傾向が見受けられるが，他方では，最終的に引渡しを通じて ius in re へと変化する ius ad rem を導き出すという効果に限って，売買契約に処分行為的な性質を認めたにすぎないのである[48]。売買契約は，所有権の移転にあたって必要不可欠な要件であったが，それだけでは十分ではなかった[49]。

以上の分析から，titulus et modus acquirendi の理論の中に，物権行為の独自性を認めるような要素は，見受けられない。むしろ，19世紀の初めまで，所有権の移転にあたっては，義務負担行為とともに必要とされるべき別個の合意なる概念は，考えられていなかったと評価できる[50]。そこで要件とされ

---

46) ALR I 9 1条, 2条および3条を参照。ただし，あらゆる権利取得に同理論が適用されるとする解釈に対しては，疑問が提起された。というのも，同理論の創始者である Apel は，そもそも承継取得のみをその対象としていたし，また，所有権を移転するという意図の下で把握されるものが法的原因としての causa であって，原始取得はそれに適合しないからである。つまり，引渡しを通じた取得が問題となる事例のみが，titulus et modus acquirendi の理論の適用対象になるとするのである。この点につき，たとえば，*Anton Friedrich Justus Thibaut*, Versuche über einzelne Theile der Theorie des Rechts, Band I, Jena 1798, S. 187 を参照。また，Gustav Hugo の見解につき，*Felgentraeger*, a.a.O. 5, S. 23 を参照。
47) Felgentraeger は，ALR の理解において中心となる概念が titulus（権原）であることを強調している。この点につき，*Felgentraeger*, a.a.O. 5, S. 21 f. を参照。
48) ius ad rem との関連で，*Michaels*, a.a.O. 21, S. 139 を参照。
49) この点につき，*Eisfeld*, a.a.O. 27, S. 9 を参照。なお，titulus et modus acquirendi の理論および ius ad rem の概念が採用されたからといって，二重売買の事例の法的処理が自動的に確定されるわけではない。実際にも，ius ad rem しか有していない第一買主は第二買主に対して請求権を有しないとする，厳格な相対効が主張されたこともある。また，先行権原について悪意の占有者は，不法行為に基づいて所有権を取得したのであり，したがって，目的物を返還しなければならないと主張する見解も存在した。しかし，第一買主が売主に対して引渡請求権を有しており，さらに，占有を先に取得した第二買主が第一買主の先行する権原につき悪意であった場合には，第一買主は引渡請求権を第二買主に対しても行使しうるとするのが，通説的な見解となった。二重売買の事例における解釈論については，*Zierbarth*, a.a.O. 24, S. 201 を参照。また，不法行為に基づく見解については，*Herbert Hofmeister*, Die Grundsätze des Liegenschaftserwerbes -In der österreichischen Privatrechtsentwicklung seit dem 18. Jahrhundert-, Wien 1977, S. 85 も参照。

ていたのは，法的原因としての titulus と，現実の引渡しとしての modus であった。いずれかの要件から，さらに，債権的な契約とは区別される意思的要素を導き出すことは，この時点では検討の対象外であったのである。したがって，契約としての物権行為も存在しなかったことは，いうまでもない[50]。

2　意思理論

以上のように，titulus et modus acquirendi の理論は Savigny 以前における支配的な見解であって，ALR においても明示的に認められていた物権取得理論であった。それでは，なぜ，Savigny は同理論と異なる物権取得理論を主張するにいたったのであろうか。

Savigny は，そもそも初期の段階から物権行為の独自性を認める解釈論を展開していたわけではない。すくなくとも，彼の初期の代表作である Das Recht des Besitzes[52]においては，物権行為の独自性に関する彼の見解は，とくに示されていない。

Savigny の物権取得理論に対する初期の認識については，彼自身の著作から知ることはできないため，彼の講義を聴講した受講生の筆記録を通じて推測するほかはない。そこでは，Gustav Hugo の見解に依拠する Savigny の講義内容が散見される。すなわち，Savigny は，初期の段階においては，titulus et modus acquirendi の理論を肯定していたのである[53]。

しかし，その後，Savigny は titulus et modus acquirendi の理論に対する批判を強めていく。その出発点となったのは，彼の意思理論に対する理解である。意思理論によれば，権利とは意思を貫徹する力のことを指す。そして，この意思は，法律上の規制が存在しない限り制限されることはないので，個人は自由に法的効果を発生させることができるというのが，原則である。このことを出発点としつつ，さらに，Savigny は，物権債権峻別論に依拠しな

---

50) この点につき，*Molkenteller*, a.a.O. 11, S. 85 を参照

51) したがって，ALR における物権移転理論，すなわち，titulus et modus acquirendi の理論は，物権行為概念を介在させることをしない，いわゆる引渡主義に基づく理論であると解することができる。この点に関する先駆的な業績として，原島重義「債権契約と物権契約」契約法大系刊行委員会編『契約法大系Ⅱ（贈与・売買）』（有斐閣・1962）106 頁以下を参照。

52) *Friedrich Carl von Savigny*, Das Recht des Besitzes, Gießen 1803 を参照。

53) この点については，*Felgentraeger*, a.a.O. 5, S. 26 ff. に詳しい。

がら，物権と債権を発生させるためには，それぞれ別々の意思が必要であると主張するにいたる。ここに，物権的意思と債権的意思を区別する，彼の概念上の根拠が存在するのである[54]。

また，Savignyの理論が，Immanuel Kantによる法の哲学的理解に立脚していることは，すでによく知られている[55]。とくに，Kantの，意思と動機を区別し，意思を通じて発生する権利の有効性に対して，動機がなんら影響を与えることはないとした点は，Savignyの意思理論についての理解に大きな影響を与えている[56]。

SavignyもKantと同様に，意思と動機を区別し，両概念はまったく次元の異なるものであると解したため，動機が法的効果に影響を与えることはないとした[57]。事実の問題としての動機と，法的な問題として抽象化された意思の，それぞれの明確な区別がここに認められる。そして，この意思こそが，法的な権利関係を発生させることができる力を有すると考えるのである。

ここで，Savignyの物権行為の独自性の理論は，Savigny以前に学界においてすでに認識されていた物権債権峻別論と意思理論を，それぞれ組み合わせて作り出されたものであることが，十分に推測される。つまり，意思は法的なものとして抽象化された概念であって，当事者の具体的な目的からは影響を受けない。たとえば，売買契約を締結する際には，そこでの意思は，売主からすれば，目的物を引き渡して代金を受領することであり，買主からすれば，代金を支払って目的物を受領することであり，いずれもそれに尽きる。そして，きわめて限定された抽象的な権利と義務が，当事者それぞれに発生することになる。そこでは，なぜ売買契約の締結を欲したのかという動機は，まったく考慮されない[58]。

---

54) たとえば，*Füller*, a.a.O. 10, S. 120 f. を参照。
55) *Hans Kiefner*, Der Einfluß Kants auf Theorie und Rechtswissenschaft, in: Hrsg. von Jürgen Blühdorn, Joachim Ritter, Philosophie und Rechtswissenschaft -Zum Problem ihrer Beziehung im 19. Jahrhundert-, Frankfurt am Main 1969, S. 3 ff. に，Franz Wieackerの見解を下地としながら，Savignyの物権取得理論に対してKantが与えた影響についての詳細な記述がある。
56) Kantの法理論については，まずもって，*Immanuel Kant*, Metaphysische Anfangsgründe der Rechtslehre, Königsberg 1797を参照。また，Kantの物権と債権それぞれの概念に対する見解については，*Gerhard Buchda*, Das Privatrecht Immanuel Kants, Jena 1929, S. 40 ff. に詳しい。
57) この点につき，*von Savigny*, a.a.O. 36, System, S. 113を参照。
58) たとえば，*Kiefner*, a.a.O. 55, S. 20を参照。

そして，物権債権峻別論からすれば，物権と債権を発生させる要件もまた，別々に考えられるべきであるということになり，物権的意思と債権的意思が区別される。そして，両者は異なる次元の概念であるから，お互いに影響を与え合うことは原則としてない。債権的意思表示の合致に基づく売買契約は，債権的な契約であって，そこから発生する権利は債権である。また，物権的意思表示の合致に基づく契約は，物権的な契約，すなわち物権行為であるから，そこからもたらされる法的効果は物権変動となるのである[59]。

このように，意思理論と物権債権峻別論を出発点とすれば，すくなくとも，Savignyの物権行為の独自性の理論を演繹的に説明することはできる。しかし，物権行為と債権行為を区別したからといって，両者を完全に無関係なものとして取り扱うべきかどうかという点については，さしあたり，別の問題として検討することが可能である。

この問題，すなわち，無因性の問題について，Savignyは，錯誤を例にあげて説明している。そして，意思は，錯誤に基づく動機からなんら影響を受けないとされる。たとえば，売買契約の動機が錯誤に基づくものであったとしても，売買契約の締結において合致した当事者の意思は影響を受けないため，当該契約の成立が妨げられることはないと解するのである。いわゆる，動機の錯誤の取り扱いの問題である。また，物権行為も債権的な契約と同様に，意思の問題であるから，やはり，動機の錯誤の影響は受けないことになる[60]。

Savignyは，意思内容に関連する内的無因性の問題について，原因行為についての錯誤に限定して説明を加えている。これに対して，外的無因性については，所有権は物に対する独立した支配であって債権関係の影響は受けないとする命題とともに，考察を進めている。つまり，物権行為の原因となった債権行為は，厳密には物権行為の枠外の問題であって，物権行為の成立に影響を与えない。このことは，内的無因性の解釈を通じて導き出されている。

---

59) *von Savigny*, a.a.O. 36, Obligationenrecht, S. 58 を参照。
60) たとえば，所有権譲渡が問題となっている物権行為の場合に，一方当事者が売買に基づく結果として所有権を譲渡し，他方当事者が贈与に基づく結果としてその所有権を受領したとしても，当該目的物の所有権の移転に関しては両当事者の意思は完全に合致している。そのため，当該物権行為の成立が妨げられることはない。Savignyの無因性理論については，*von Savigny*, a.a.O. 36, System, S. 356 を参照。

すなわち，債権行為を物権行為の動機としてとらえることによって，動機は意思に影響を与えないとする内的無因性の思考枠組みを用いて，物権行為と債権行為の無因性，いいかえれば，外的無因性という結論を演繹するのである[61]。

以上の点からすれば，Savignyの意思理論の理解が，きわめて理論的および抽象的な側面を重視つつ，構成されていることがわかる。

3　iusta causa と traditio の関係

上述したように，Savignyは，Kantの理論を足がかりとしながら法的な意味における意思を理解し，さらに，物権債権峻別論を組み合わせつつ，物権行為の独自性と無因性の理論を構築していった。

しかし，このことは，彼の演繹的な思考過程をたどったにすぎない。実際には，Savignyの物権行為論形成の過程において，その他にも重要な契機ないし要素が介在していた。それは，titulus et modus acquirendiの理論への反論であり，また，彼の理論の，普通法を法源としたさらなる立証の必要性である。

titulus et modus acquirendiの理論によれば，物権の移転のためには，権原と引渡しが要件とされる。しかし，承継取得の中でも，とりわけ現実贈与の場合を考えると，引渡しに先行する権原の存在を認識することは困難である[62]。したがって，titulus et modus acquirendiの理論を厳格に適用するのであれば，現実贈与の場合の引渡しは権原に基づかないtraditioであるということになり，物権移転の効果が発生しないことになってしまう。しかし，現実贈与の場合に所有権の移転を認めないという結論は，採用できないであろう。

そこで，Savignyは，現実贈与の事例の解釈に関して，つぎのように述べる。すなわち，現実贈与のケースでは，当事者間に債権関係はなく，ただ事

---

61) ただし，原因行為が無効であるすべての事例に対して外的無因性の適用があると解するにいたったのは，Savigny以降のことである。この点については，*Heinrich Dernburg*, Beitrag zur Lehre von der justa causa bei der Tradition, AcP 40 1 ff., 1857 を参照。

62) 現実贈与の場合においても贈与契約が前提となっていると解するのは，事実の認識として困難であろうし，また，現実贈与というカテゴリーを認める必要性はないといえるであろう。

実上の引渡しのみが存在するだけであり，traditio とは，所有権を移転することを目的とする物権的な契約，すなわち物権行為であると解すべきとする[63]。

titulus et modus acquirendi の理論に関する Savigny 以前の支配的な見解によれば，引渡しの前提としての法的権原が認められるためには，iusta causa が存在しなければならないとされており，かつ，この iusta causa は，引渡しに先行する債権関係であるとされていた。これに対して，Savigny は，現実贈与の事例を素材にしながら，当時の支配的見解を批判しつつ，iusta causa を，債権契約に基づく正当な原因ではなく，まず，引渡しによって所有権を移転しようとする所有者の意図であると主張した。そして，traditio を iusta causa と結びつけた上で，物権的な契約とみなしたのであった[64]。

Savigny によれば，traditio は様々なケースで行われうる。売買や贈与の場合はもちろん，寄託や賃貸借など，およそ目的物の引渡しがなされる場合には，すべて traditio が問題となる。しかし，その中で，所有権までもが譲渡される場合と，譲渡されない場合がある。この両者を分ける基準はなにか。それは，所有者が目的物の所有権を譲渡しようとしているのか，それとも，していないのかという，所有者の意図の問題である[65]。そして，まさにその意図こそが iusta causa であると，Savigny は当初主張した[66]。

さらに，Savigny は，契約と traditio の関係性についても言及する。契約とは，両当事者の意思の合致にほかならない。そして，traditio には，所有権や占有の譲渡についての，譲渡人と譲受人それぞれの意思の合致がみられる。このように，traditio は，契約を構成する要素をすべて含んでいるために，契約として位置づけられるべきであるというのである[67]。

---

63) この点につき，*von Savigny*, a.a.O. 36, Obligationenrecht, S. 257 を参照。
64) Savigny の見解につき，*Felgentraeger*, a.a.O. 5, S. 32 ff. を参照。そこには，Georg Christian Burchardi による，1815 年に行われた Savigny の講義の筆記録が引用されている。したがって，System des heutigen Römischen Rechts などの Savigny の一連の著作が 1840 年以降に続々と公表されるだいぶ以前の段階で，物権取得理論に関する彼自身の見解はかなり固まっていたと評価することができる。
65) *von Savigny*, a.a.O. 36, Obligationenrecht, S. 256 ff. を参照。
66) *Felgentraeger*, a.a.O. 5, S. 35 f. を参照。Wilhelm Theodor Kraut による，1820 年から 1821 年にかけての Savigny の冬学期の講義についての筆記録が引用されている。

iusta causa と traditio に関する以上の分析を通じて，Savigny は，両概念の密接な結合関係を指摘した上で，iusta causa を所有者の意図，traditio を物権契約であると位置づけた。ここに，物権債権峻別論の影響を明確にみることができる。つまり，物の譲渡は物権法上の固有の意思表示によってのみ，正当化されるということである[68]。そして，その後 Savigny は，iusta causa をさらに抽象化し，所有者の意図のみにとどまらず，所有者が traditio を通じて所有権を譲渡するにいたった様々な諸要因を含む概念として，iusta causa の法的性質を決定づけるようになる[69]。

以上のように，iusta causa を債権関係から引き離して，traditio と結びつけ，traditio とともに物権関係を構成する概念として位置づけたことは，Savigny の物権取得理論のきわめて大きな特徴である。ここに，自然法思想に基づいた，所有権譲渡の意思を重視して物権取得理論を構成しようとする合意主義と，Savigny の理論との相違がある。Savigny は，意思理論の影響を強く受けつつも，普通法上の引渡主義を受け入れつつ，titulus et modus acquirendi の理論に対する批判を展開しながら，さらに，物権債権峻別論の成果をも取り入れて，自らの理論を構築した。そこでは，彼の理解が正確であったかどうかはともかく，普通法に依拠した議論が展開されているのである[70]。

たしかに，Savigny 以前においても，物権と債権の区別は認識されていた。しかしながら，両概念は，かならずしもそれぞれ独立したものとはいえない

---

67) *von Savigny*, a.a.O. 36, System, S. 309 ff. を参照。したがって，traditio は，もはや事実上の引渡しではないということになる。
68) この結果，物権の帰属を決定づける機能を有するのは，債権的な契約ではなく，物権的な契約であるということになる。
69) この点につき，*Füller*, a.a.O. 10, S. 121 を参照。
70) Savigny 自身は，自らの物権取得理論が普通法の解釈として妥当すると主張していた。この点につき，*Felgentraeger*, a.a.O. 5, S. 34 を参照。しかしながら，実際には，普通法において物権的な契約の概念は認識されていなかった。今日の研究においては，Savigny が普通法の解釈を誤ったか，または，意図的に普通法の法源を選択して自らの理論を根拠づけたのではないかと考えられている。たとえば，*Ranieri*, a.a.O. 14, S. 90 ff. を参照。さらには，*Gerhard Dulckeit*, Die Verdinglichung obligatorischer Rechte, Tübingen 1951, S. 51 を参照。なお，物権債権峻別論に基づく物権行為の無因性を認める利点として，取引安全の保護があげられるようになるのは，Savigny の理論が構築されてからだいぶ後のことである。この点につき，*Dernburg*, a.a.O. 61, S. 1 ff. を参照。さらに，*Felgentraeger*, a.a.O. 5, S. 45 を参照。

状態であった。Savignyによってはじめて，所有権譲渡の場面においても，物権と債権を体系上区別するという考え方が採用されたと評価することができる[71]。

しかし，traditio を物権的な契約であると解するとしても，具体的に，traditio がなにを意味しているのかという問題は残されている。かりに，自然法思想に基づくように，Savigny が事実上の要素としての引渡しの必要性を放棄することができたのであれば，traditio を概念的要素としての物権契約と位置づけることが可能であったと思われる[72]。しかし，普通法に依拠して理論を構築せざるをえなかった Savigny としては，事実上の要素を捨て去ることはできなかった。このため，引渡主義それ自体に疑問が投げかけられることはなかったのである[73]。Savigny の見解は，traditio に対して，事実としての占有と権利としての占有の二重の意味を映し出していると評価することもできるだろう[74]。

Savigny の traditio に関する見解をどのように解釈するとしても，traditio の要件として，実際上の占有移転が必要とされることに疑問の余地はない。したがって，擬制的な traditio という概念は否定されることになる。つまり，目的物自体ではなく，目的物に関連する物を引き渡すことによって，traditio を成立させることはできない。たんなる象徴的な引渡しは許されないと考えられていたのである[75]。

また，Savigny が iusta causa について，当初は，所有権を譲渡しようとす

---

71) *Bernhard Windscheid*, Die actio des römischen Zivilrechts, Düsseldorf 1857 S. 20 を参照。しかしながら，Savigny が，現実贈与の事例を出発点として，自然法思想と普通法理論を組み合わせつつ，原因行為が存在しなくても譲渡の効果を発生させることのできる理論を構築したとはいっても，このことから直ちに，債権行為と物権行為の無因性が導かれるわけではない。物権行為の独自性を肯定することと，物権行為の無因性を認めることは，別次元の問題である。この点につき，*Molkenteller*, a.a.O. 11, S. 90 を参照。
72) この点につき，*Adolf Exner*, Die Lehre vom Rechtserwerb durch Tradition nach österreichschem und gemeinem Recht, Wien 1867, S. 302ff. を参照。
73) 引渡しそれ自体が意味するところは，論争の対象となった。一方では，譲受人が目的物に対する事実上の支配権を獲得するために必要な行為として，引渡しをとらえる見解もあった。また，他方では，物権契約の形式的要件として引渡しをとらえる見解も存在した。この点につき，BGB との関係で，*Arndt Lorenz*, Fahrnisübereignung und Leistungswille, München 1990, S. 50 ff. を参照。
74) *Michaels*, a.a.O. 21, S. 162 を参照。

る所有者の意図にほかならないとして，意思の問題に引きつけて考えていたにもかかわらず，その後次第に抽象化を強め，所有者の意思それ自体にとどまることなく，周囲の諸状況をも取り入れて，iusta causa として把握するにいたった点も興味深い。iusta causa を債権的な契約から切り離していく過程で，さらに意思としての特徴をも排除していったという流れは，彼の物権取得理論における物権行為の独自性をさらに理論的に純化するために，必要な作業であったのであろうと考えられる。

四　物権行為の無因性

1　内的無因性

すでに前述の通り，物権債権峻別論に基づいて，債権的な契約と物権的な契約が区別されたからといって，必然的に両者の関係性が遮断されるべきであるということにはならない。物権行為の独自性の問題と無因性の問題は，それぞれ別個に取り扱われるべき問題である。

そして，物権行為の無因性を考察するにあたって問題となるのが，内的無因性と外的無因性の区別である[76]。内的無因性とは，物権行為や債権行為自体の内部の問題であって，たとえば，処分行為と causa（原因）の関係をどのように考えるべきかという点をあげることができる。また，外的無因性とは，たとえば，物権行為の効果が，その原因行為とされた売買契約などの債権行為の消滅によって影響を受けるかどうかという問いに代表される問題である。したがって，物権行為と債権行為の関係は無因であるか否かといった問

---

75) この点につき，*Michaels*, a.a.O. 21, S. 162 を参照。しかしながら，代理占有関係についての合意がなされた場合には，一般的に，契約だけが存在するのみであるとは考えられていなかった。むしろ，代理人による実際上の占有の取得，つまり，真実の引渡しがあったものと考えられていたのである。したがって，代理占有関係が問題となっている場合には，実質的に，意思表示に基づく所有権の移転が認められる可能性があることになる。ただし，Savigny によれば，真実の引渡しの代わりに代理占有が行われている以上，traditio のためには，その後のさらなる具体的な占有移転が必要とされるが，すくなくとも，たんなる売買契約から具体的な占有移転の合意がなされたと推定することはできないとされる。この点につき，*Friedrich Carl von Savigny*, Hrsg. von Adolf Friedrich Rudorff, Das Recht des Besitzes, 7. Auflage, Wien 1865, S. 318 ff. を参照。

76) *Günther Jahr*, Romanistische Beiträge zur modernen Zivilrechtswissenschaft, AcP 168 14 ff., 1968 を参照。

いの立て方は，無因性の問題の一面だけをとらえたものであって，かならずしも正確なものではない[77]。

　Savignyの物権取得理論における物権行為概念は，titulus et modus acquirendiの理論への反論から，権原と引渡しの関係性を遮断した上で，iusta causaとtraditioを結合させるという手法で生み出されたものである。その限りにおいて，債権行為と物権行為の無因性を承認する。しかし，その無因性理論も，内的無因性の問題と外的無因性の問題を区別した上で論じられているため，本章においても，両者を分けて論じることが必要であると考えられる。

　内的無因性については，一般的に処分行為を対象として検討されることが多い。たとえば，処分行為は原因となる目的とは無関係に成立するという命題とともに，内的無因性が説明される[78]。もちろん，債権行為である義務負担行為を対象としつつ内的無因性を検討することも，理論的には可能である。しかしながら，義務負担行為は，そもそもなぜ債務の発生が求められているのかという，目的設定自体によって特徴づけられるという性質を有している。このため，原因と無関係な義務負担行為というものを，具体的には考えることができない。つまり，義務負担行為は内的に有因でなければ成立しえないのである。

　たとえば，売買契約の当事者が，契約締結にあたっての理由について認識していない場合には，当該売買契約が成立することはない。したがって，義務負担行為に関する内的無因性の議論は，あくまで純理論的な，処分行為の内的無因性の対立概念としてしか成り立ちえないものとなる[79]。これに対して，ドイツ法における処分行為は，原因との関係に依存しない。これが，物権行為は無色で中立的な概念であるとされる所以である[80]。

---

77) 日本の議論で一般的に行われているこの問題設定は，正確には，外的無因性の問題を対象としているということになる。このため，日本における物権行為の無因性を対象とした議論は，内的無因性の問題を自覚的に考慮に入れていることが少ない。
78) この点について，たとえば，*Christoph Grigoleit*, Abstraktion und Willensmängel, AcP 199 380 f., 1999を参照。
79) この点につき，*Jahr*, a.a.O. 76, 15を参照。
80) BGB 929条1文が，当事者は所有権の移転についてのみ合意していればよいと規定しているのは，物権行為の内的無因性を端的に表している。*Füller*, a.a.O. 10, S. 115 f. を参照。

内的無因性について，Savignyは，意思表示における錯誤の問題と関連させつつ検討を行っている。彼によれば，動機と意思はそれぞれ別の次元の概念であって，お互いに関係性を有しない。そして，このことはすべての意思表示に該当するとされる。つまり，物権行為もまた，意思表示の合致が要求される契約である以上，動機の錯誤はその成立に影響を与えない。これに対して，目的物や相手方当事者についての錯誤があった場合には，本質的な要素に関する錯誤が存在するのであるから，物権契約は成立しない[81]。しかし，目的物や相手方についての錯誤がなく，所有権の移転それ自体について意思の合致があるのであれば，その原因について，一方当事者が売買に基づくと考えており，他方当事者が贈与に基づくと認識しているとしても，所有権移転についての物権契約の成立が妨げられることはないのである[82]。

そもそも，Savignyは，iusta causaについての考察にあたって，それを，両当事者の所有権移転の意思と結びつけて理解していた。iusta causaを本質的に契約とみなしていたのである。しかし，その後，Savignyは，iusta causaについて，当事者の所有権移転の意思との同一性にこだわることなく，普通法においてiusta causaが原因行為として理解されていたと主張するにいたる[83]。

物権行為の内的無因性が，Savignyによるこれらの思考過程の独自の基盤から生み出され，現在においてもほぼそのままの概念で残されているということに対しては，疑いの余地がない[84]。そして，物権の譲渡の過程に関するSavignyの解釈論において，当事者の譲渡意思と原因としての目的が次第に区別されるにいたったことに鑑みれば，外的無因性ではなく内的無因性こそが，彼自身の物権行為論，そして，今日における物権行為論の出発点となっ

---

81) *von Savigny*, a.a.O. 36, System, S. 273 を参照。
82) *von Savigny*, a.a.O. 36, Obligationenrecht, S. 256 f. を参照。
83) この点に関連して，*Molkenteller*, a.a.O. 11, S. 91 f. を参照。1827年に行われた講義において，Savignyは，iusta causaは所有権移転の意思そのものではないが，両者の関係はきわめて緊密なものであるとしている。つまり，ここで，Savignyが所有権移転の意思以外の要素をiusta causaとして取り入れようとしていることがわかる。この点につき，*Felgentraeger*, a.a.O. 5, S. 36 f. を参照。
84) ただし，Savignyの物権契約理論の萌芽を，厳密にどの時点で看取することができるのかという点について確定させることは困難である。ちなみに，Molkentellerは，1815年頃ではないかと推測している。この点につき，*Molkenteller*, a.a.O. 11, S. 93 f. を参照。

たという事実につき，疑問の余地はないであろう。

ただし，内的無因性をめぐる議論は，現在においても様々な問題を提起している。たとえば，契約当事者が処分行為になんらかの目的を付与した場合である。物権行為は，所有権譲渡という一点のみについて当事者間で合意がなされていれば有効に成立すると解されているが，その反面において，物権行為を目的と関連させてはならないという命題までも，内的無因性は含んでいるわけではない。かならずしも，目的から完全に離れた無条件の物権行為がいつも要求されるわけではないのである[85]。

この問題につき，ドイツの判例および学説において，一致した見解は存在しない。つまり，内的無因性から，直接的に，物権行為と債権行為の関係性が否定されるわけではない。内的無因性は，あくまで処分行為である物権行為の内部を対象とした概念なのである。内的無因性と外的無因性との区別は，ここから生じてくる[86]。

一般的に，日本で行われている物権行為の無因性と称される議論は，正確には，外的無因性についての議論であり，そこでは，物権行為と債権行為の関係性の遮断について論じられることが多い。また，物権行為の外的無因性によってもたらされる実質的な影響としては，とりわけドイツにおいても，取引安全の保護の強化がよくあげられる。

しかしながら，Savignyは，そもそも取引安全の必要性を重視しながら外的無因性の概念を創出したのではない。取引の安全がよりもたらされるという理由づけは，Savigny以降の学説において提示された副次的なものである。

また，外的無因性の概念は，iusta causaと物権行為の関係が明らかにされなければ，そもそも成り立ちえない存在である。したがって，外的無因性の

---

85) ただし，土地の所有権譲渡に関する物権的合意，すなわちアウフラッスンク（Auflassung）が問題となっている場合には，状況は異なる。アウフラッスンクに条件または期限を付すことは，明文で禁止されている。この点については，BGB 925条2項を参照。

86) 内的無因性と外的無因性の区別の難しさ，そして，内的無因性自体の概念が不明確なことが，問題をよりいっそう複雑にしている。なお，物権法定主義の観点から，物権行為に条件を付してはならないとする結論を導き出すことも，一考の余地はある。しかし，物権行為の内容に目的を関連させようとする当事者は，新たな別の物権行為を欲しているわけではない。また，その物権行為が物権法定主義に反した内容を有しているかといえば，現在のところ，否定的に解されることになろう。さらには，私的自治の制限として無因性の問題を捉える可能性もあるかもしれない。これらの問題意識につき，*Füller*, a.a.O. 10, S. 116を参照。

概念を体系的な観点から強引に導き出すのではなく，物権行為の内的無因性について厳密な検討を進めた結果として，はじめて，外的無因性の問題に言及するというのが，議論の流れとしては正しいものといえよう[87]。

もちろん，Savignyの議論に対しては，批判の余地が十分にありうる。そもそも，内容的に抽象的でほかの要素と無因な物権行為なる概念自体，きわめて技巧的な性格を有していることは，いうまでもない。実際に行われている取引過程において，所有権譲渡の実質的な目的と区別された，抽象的な所有権譲渡の意図を意識的に理解しつつ，物権行為としての物権契約が締結されるということは，きわめて考え難いともいえる[88]。

しかし，すくなくとも現在のドイツ法において，物権行為の無因性が実際に理論上認められているのは事実である。また，日本においても，債権的な売買契約の締結の場面と，物権的効果の発生が求められている所有権移転の場面を区別することは，理論的にも実際的にも不可能なことではない。以上の議論の出発点となったのは，Savignyの内的無因性理論であった。彼の議論の流れを追うことは，今日における物権行為の無因性を検討するためには，やはり，不可欠な作業であろう。

2 外的無因性

日本における物権行為の無因性についての議論が，意識的になされていたかどうかはともかく，厳密には外的無因性を対象として行われていたことはたしかである。外的無因性が内的無因性よりも，法律関係に対して，より実質的な影響をもたらす可能性を有していることからすれば，外的無因性についての議論がさらに重要性を帯びてくることは当然のことといえる。

外的無因性とは，処分行為の運命と原因行為の運命を関連させない，すな

---

[87] 外的無因性を創出するにあたって，Savignyもまた，物権債権峻別論に依拠した物権的効果と債権的効果の区別を前提としていた。そして，その出発点となったのは内的無因性である。この点は，歴史的および論理的な観点からみて，明らかであろう。このため，外的無因性によって内的無因性を根拠づけるという，逆の観点からの作業は，物権行為の無因性をめぐる議論全体をより説得的に説明できる可能性を提供するが，やはり，原則としては，避けられねばならない。この点につき，*Molkenteller*, a.a.O. 11, S. 94 を参照。

[88] Savignyが主張する内的無因性理論に対する反論として，たとえば，*August Bechmann*, Der Kauf nach gemeinem Recht, Band III, Leipzig 1908, S. 47 を参照。

わち，物権行為の効果が債権行為の無効などによって直接的に覆滅させられることがない，という命題を示す概念である[89]。

ドイツ法においては，この外的無因性が採用されているために，比較法の観点からして，不当利得法の位置づけが，より重要視されていると評価することができる[90]。つまり，原因行為が存在しないことを理由として，不当利得返還請求権が発生する。そして，その請求権の貫徹を通じて，当初の所有権関係が回復されるというわけである[91]。

この外的無因性理論の出発点も，Savignyの見解に依拠している。すくなくとも間接的には，彼によって強調された物権契約の独自性と，その議論において暗示されていた債権関係を考慮しないとの見解が，外的無因性の端緒となった。Savignyは，一方で，所有権譲渡の場面における物権法領域でのcausaの位置づけを整序した。また他方で，traditioが無因の性質を有することを，causaが誤っていた場合や無効であった場合を例にあげつつ，すでに示唆していた[92]。

ただし，Savigny自身は，外的無因性の議論を意識的には行っていない。Dieter Haag Molkentellerによれば，Leopold August Warnkönigの議論が，

---

89) たとえば，*Othmar Jauernig*, Trennungsprinzip und Abstraktionsprinzip, JuS 1994 721 f., 1994 を参照。
90) ただし，外的無因性を肯定することと不当利得返還請求権の存在が，密接不可分に結合しているわけではないことに留意すべきである。というのも，法律上の原因がない所有権譲渡の場面以外にも，不当利得返還請求権が問題となるケースがあるからである。たとえば，物権行為が無因であっても有因であっても，さらには，そもそも物権行為の独自性を認めないとしても，占有の返還請求は当然に考えられる。このことは，物権行為それ自体が無効とされた場合にもあてはまる。したがって，外的無因性を承認しなくても，不当利得返還請求権が不要になるわけではない。つまり，不当利得法の存在は，物権行為の外的無因性から必然的に導かれるものではない。この点につき，*Füller*, a.a.O. 10, S. 123 を参照。
91) ドイツの不当利得法においては，「法律上の原因」の概念について，それを客観的にとらえるべきか，それとも主観的に把握するべきかで，論争がある。外的無因性についてもまた，その概念の定義づけによって，理解が異なってくるものとされる。そして，内的無因性との関係も視野に入れつつ，もっとも説得力がある見解は，「法律上の原因」を客観的に理解する説であると考えられている。この見解によれば，「法律上の原因」は，債権関係から創出される。この点につき，*Füller*, a.a.O. 10, S. 116 f. を参照。
92) この点につき，*Felgentraeger*, a.a.O. 5, S. 37 を参照。ただし，Ranieriによれば，Savignyの見解は，Donellusがすでに主張していた議論を前提にしていたとされる。Donellusは，外的無因性の議論を一部ではあるがすでに示唆していたのである。この点につき，*Ranieri*, a.a.O. 14, S. 108 を参照。

外的無因性をはじめて意識的に取り上げたものであるとされる[93]。そこでは，物権契約による所有権譲渡理論の枠内での独立した問題設定として外的無因性が対象とされており，Savignyが主張したiusta causaとtraditioの関係についても言及されている[94]。

Warnkönigによれば，債権にしても有効な法律行為にしても，いずれも引渡しによる所有権移転の要件ではないとされる。そのような債権や法律行為が所有権移転の動機になっていなかったとしても，また，それらが実際に存在すらしていなかったとしても，引渡しによる所有権移転の効果は全く無関係に発生するというのである[95]。

このように，Savigny自身が明確に主張した無因性理論は内的無因性に関してのみであって，外的無因性についてはかならずしも積極的な明示がなされなかったのであるが，内的無因性を採用した以上，外的無因性もまた論理的に帰結されることは当然である[96]。当事者が契約締結にいたった動機などが物権契約の内容として構成されない以上，債権契約と物権契約の関係もまた遮断されることになるのであるから，両者の関係，すなわち，物権行為とその他の行為との関係も絶たれることになる。つまり，ここに，物権行為の外的無因性が導かれるのである。その限りにおいて，Savignyが今日における物権行為の無因性理論の口火を切ったことは，間違いのないところであろう。

しかしながら，物権行為の外的無因性により，債権行為が存在しない場合であっても，当然に物権行為も覆滅させられるということにはならないが，その際，所有者の終局的な確定がどのようになされるのかという点につい

---

93) *Molkenteller*, a.a.O. 11, S. 95 ff. を参照。
94) *Leopold August Warnkönig*, Bemerkungen über den Begriff der justa causa bei der Tradition, AcP 6 111 ff., 1831 を参照。
95) *Warnkönig*, a.a.O. 94, 114 f. を参照。譲渡意思の独自性をこのように強調することによって，譲渡行為の外的無因性に関連する議論を導き出すことに成功している。ちなみに，Warnkönigは，この議論の根拠をDomitius Ulpianusに求めている。この点については，*Warnkönig*, a.a.O. 94, 116 f. を参照。また，その一方で，Warnkönigは，引渡しによる所有権移転の際の要件として，所有者の自由な譲渡権限など，その他の根拠の重要性を示唆してもいる。とりわけ，*Warnkönig*, a.a.O. 94, 121 を参照。
96) 内的無因性と外的無因性の関係について，たとえば，*Franz Schnauder*, Grundfragen zur Leistungskondiktion bei Drittbeziehungen, Berlin 1981, S. 55 を参照。

て，BGB は，なんの規定も置いていない。この問題は，実際のところどのような法律上の原因があったのかという点に収斂されることになる。つまり，いかなる内容の債権関係が存在していたのか，それとも，そもそも存在していなかったのかという点に尽きることになる[97]。

もっとも，内的無因性から外的無因性が導かれるとしても，逆に，内的有因性から外的有因性が演繹されるわけではないことに注意を要する。その限りで，内的無因性と外的無因性を区別することは，けっして形式論理的なものではない。多くの場合において，内的無因性と外的無因性は一致すると思われるが，内的に有因であるにもかかわらず，外的には無因性を保つという解釈論も成り立ちうるのである[98]。

さらに，Savigny は，自らの物権取得理論の特徴である無因性概念を説得的に根拠づけるために，普通法や，さらには，Hugo Donellus の見解を引用していた[99]。しかし，厳密には，彼の理論と，普通法および Donellus の理論は，一致するものではない。Savigny の議論が登場するまで，譲渡意思は，いつもその原因と結びつけられつつ考察されていた。そのため，Savigny の理論は，歴史法学の立場に基づいて普通法を法源として発見されたものというよりも，むしろ，彼独自の理論であるとするのが正しい。今日の視点からすれば，彼の物権取得理論に関する普通法研究は，その法源の認識を誤っていたといわざるをえないであろう[100]。

---

97) この点につき，*Frank Peters*, Der Entzug des Eigentums an beweglichen Sachen durch gutgläubigen Erwerb, Tübingen 1991, S. 106 f. を参照。その結果，現在の事実上の目的物の占有状態にとって有効な権原が存在しなければ，不当利得返還請求権の問題となる。ドイツ法においては，BGB 816 条 1 項 1 文により，善意かつ有償で目的物を取得した者は，返還請求権に対して保護されることになっている。しかし，無償で目的物を取得した者は，BGB 816 条 1 項 2 文および 822 条が存在するために，当初の所有者からの返還請求を原則として拒むことができない。この問題につき，詳しくは，*Füller*, a.a.O. 10, S. 117 f. を参照。
98) この点につき，*Füller*, a.a.O. 10, S. 117 f. を参照。たとえば，普通法においては，引渡しによる所有権譲渡は内容的に有因であったが，対外的には無因であるとされていた。その具体例として，*Jahr*, a.a.O. 76, 15 が参考になる。
99) たとえば，*von Savigny*, a.a.O. 36, Obligationenrecht, S. 256 を参照。さらには，*Christian Breyhan*, Abstrakte Übereignungen und Parteiwille in der Rechtsprechung, Leipzig 1929, S. 121 も参照。
100) もっとも，Savigny が拠って立つ歴史法学の立場からすれば，普通法を法源とする解釈論が当時の段階でなされるのは当然のことであった。したがって，Savigny は，普通法や自然法の理論を参考にしつつも，新たな物権取得理論を創設したと評価するのが適切であろう。

したがって、Savignyの物権行為論を正当化するためには、物権行為の独自性と無因性を認めることによってどのような利点がありうるのかという、機能主義の観点から、包括的に物権行為論を検証する必要がある。Savignyは、物権行為を契約と構成するにあたって、契約概念の本質と物権行為との共通点をあげているが、それだけでは、物権行為概念を論証したことにはならないであろう。

すくなくとも、Savignyの物権行為論が誕生するきっかけとなったのは、19世紀における自由主義の気風ではない。むしろ、体系を厳格に構築しようとしたロマニステンによってcausaの要件が克服されていく過程において、その演繹的な解釈論を通じて、概念的なSavingyの物権行為論へと結実したものと考えられる[101]。

また、今日のドイツ法においてすら、物権行為の外的無因性は批判にさらされている[102]。その限りにおいて、現在の観点からすれば、Savignyの物権取得理論に対して反駁できる要素は数多くあるということができる。

しかしながら、それでもなお、現行ドイツ法において、彼の抽象的な物権行為概念は厳然として維持されているのである。その最たる特徴は外的無因性にあるといえる。新たな物権取得理論を今日の観点から提唱するとしても、Savignyの見解、とりわけ、その外的無因性の理論を強く意識した上で、どのようにしてそれを乗り越えるべきかという視点を捨て去ることなく、引き続き議論を進める必要があると考えられる。

五 おわりに

1 結論

本章では、現行ドイツ法における物権行為概念の創始者であるSavignyの法理論を主たる対象としつつ、最近のドイツにおける議論の進展をにらみな

---

[101] この点につき、*Molkenteller*, a.a.O. 11, S. 105 f. を参照。
[102] たとえば、ドイツの判例が、いわゆる瑕疵の同一性（Fehleridentität）の法理を採用して、特段の事情が存在しない限り、詐欺取消しに基づく債権契約の無効に伴って、これに関係する物権契約の無効をももたらすと解していることに留意すべきである。この点につき、RGZ 70, 55 ff. を参照。

がら，物権行為概念の起源を探るという問題意識に基づいて，以下の三点を具体的な課題として設定し，それぞれに対する考察を試みた。すなわち，①物権債権峻別論に対する Savigny の認識の明確化，②意思による支配の重要性と物権行為の独自性の肯定との関係の分析，および，③Savigny の物権行為論の中核的な特徴である無因的物権行為論の形成過程の検討，の三点である。

まず，①については，Savigny 以前の直近の制定法であった ALR の内容と Savigny の認識を比較することが有益である。

ALR は自然法の特徴を受け継いでおり，現代における物権と債権の区別とは異なる認識が示されていた。とりわけ，物権が，物の給付を求める請求権と物自体についての権利を包括した権利として把握されていた点に，留意しなければならない。また，物権取得理論として，いわゆる titulus et modus acquirendi の理論が採用されていたために，不動産の所有権譲渡についても引渡しが要件とされていた。もちろん，今日における意味での物権行為概念もとくに必要とされてはいなかった[103]。

これに対して，Savigny は，ローマ法上の対物訴権と対人訴権の区別に依拠しながら，物に対する権利と人の行為を求める権利を明確に分けて認識していた。この点に，債権的な契約と物権的な譲渡契約ないし譲渡行為を区別するという，彼の基本思考の萌芽がみられる[104]。

つぎに，②の課題については，titulus et modus acquirendi の理論との対比で，意思理論との関連性を考慮に入れつつ，Savigny の物権行為論の形成過程をたどることによって，解明を試みた。

titulus et modus acquirendi の理論とは，普通法における物権取得理論であり，権原としての titulus と，方式としての modus が，それぞれ，物権を移転する際の要件とされるという内容を有するものである。具体的には，法的

---

[103] なお，ALR における物権取得理論を検討するにあたっては，ius ad rem 概念の理解が必要不可欠である。

[104] Savigny は，自身の法理論を根拠づけるにあたって，原則として普通法を法源としている。彼の演繹的思考はきわめて重要な特徴であり，物権行為の無因性が取引安全に役立つといった理由づけは，Savigny 自身が唱えたものではない。彼は，あくまで普通法との密接な関連性を自らの理論の拠りどころとしていたのである。

原因と事実上の引渡しが要件となる。実際のところ，ALRにおいても，titulusは意思表示や法律として，modusは引渡しとして把握されていた。すくなくとも，この時点において，今日におけるような物権行為の独自性は認められていなかった[105]。

実は，Savignyも，当初はtitulus et modus acquirendiの理論を肯定していた。しかし，彼は，自身の意思理論についての理解から，titulus et modus acquirendiの理論に対する反論を始める。すなわち，明確な物権債権峻別論を前提としつつ，物権と債権を発生させる意思はそれぞれ別々のものであると考えるのである。つまり，物権的意思と債権的意思の区別である[106]。ここに，物権債権峻別論と意思理論の有機的な結合によって，Savignyの物権行為論の素地が出来上がったと評価することができる。

さらに，Savignyは，現実贈与の事例をあげつつ，titulus et modus acquirendiの理論への批判を強めていく。現実贈与の場合には，権原の存在を認めることが困難だからである。この状況を回避するために，彼は，iusta causaを，正当な原因ではなく，引渡しによって所有権を移転しようとする所有者の意図であると主張し[107]，さらに，traditioをiusta causaと結合させて物権契約とみなした。Savignyによれば，traditioは契約としての要素をすべて含んでいるものと考えられたのである。このように解することによって，現実贈与の事例におけるtitulus et modus acquirendiの理論の難点を克服すると同時に，彼自身の物権行為概念が明確化されていった[108]。

最後に，③に関しては，物権行為の無因性について，内的無因性と外的無因性に分けて検討を進めた。この区別は，日本の研究ではあまり意識して行われておらず，物権行為の無因性といえば，実質的には外的無因性のみが分析の対象とされていた。しかし，ドイツにおいては，内的無因性と外的無因性を，概念的に明確に区別して議論が行われることが一般的である。Savignyの議論も，その区別を前提として分析がなされているので，本章に

---

[105] この点，ALRが自然法思想に基づく法典であったことに注目すべきである。
[106] Kantの理論がSavignyに与えた影響はきわめて大きいといえる。
[107] ただし，その後，Savignyは，iusta causaを，所有者がtraditioを通じて所有権を譲渡するにいたった様々な諸要因を含む概念として位置づけた。
[108] しかしながら，普通法を法源とするSavigny自身の解釈については，疑問の余地が残る。

おいても，ドイツ法の一般的な研究手法にならうことにした。

　まず，内的無因性とは，物権行為や債権行為自体の内部の問題，すなわち内容の問題である。物権行為の内的無因性を承認する場合には，処分行為は原因となる目的とは無関係に成立するという命題が提示される[109]。つまり，ドイツ法においては，物権行為は無色で中立的な概念であるとされる。そして，Savignyは，動機の錯誤の事例をあげつつ，内的無因性を説明する。すなわち，動機と意思は別々の概念であって相互に関連しない。したがって，意思に基づく物権行為は，内容的に独立しており，動機に錯誤があっても，債権契約に瑕疵があっても，問題なく成立するものとされる。Savignyの理論においては，外的無因性よりも，内的無因性が考察の中心とされた。したがって，ドイツ法における物権行為論の出発点は，内的無因性であったということができる。

　これに対して，外的無因性とは，一般的には債権行為と物権行為の成立後の関係性の遮断，つまり，たとえば，債権行為がなんらかの理由で覆滅したとしても，物権行為はその影響を受けることなく存続する，というものである。この外的無因性も，Savignyの見解に依拠していることはたしかである。しかし，彼の無因性に関する見解はあくまで内的無因性についてであって，直接的に外的無因性を認めていたとはいい難い側面がある[110]。さらに，今日のドイツ法の状況を眺めてみると，物権行為の外的無因性を否定する見解もかなり有力になってきている。このことは，Savignyの見解とそれに連なるBGBの規定内容，さらには，ドイツの伝統的な見解を，特殊ドイツ的なものとして無条件に把握するべきではないことを示唆している。つまり，物権債権峻別論との関係性や最近のEU法の展開をも視野に入れながら，今後克服していかなければならない課題として，物権行為の無因性理論が存在しているということである。

---

109) 債権行為の内的無因性についても，概念的には検討する余地は残されている。しかしながら，内的に無因な債権行為は実際には存在しえない。なぜならば，債権行為は，その行為の目的と結合してはじめて成り立つという性質を有するものだからである。
110) ただし，Savignyの内的無因性理論が，その後の外的無因性理論の確立，さらには，外的無因性の承認による取引安全の保護という主張に結びついていったのは，たしかである。

2　今後の課題

　本章においては，物権行為概念の創始者である Savigny の法理論を検討してきた。その目的は，日本の解釈論としても，とりわけ不動産物権変動の場面において物権行為概念を認めることができるとする主張を，より説得的に根拠づけることにあった。しかしながら，その作業のためには，まだ多くの課題が積み残されているといわざるをえない。

　さしあたり，Savigny の法理論が，BGB の立法過程において，どのように採用されていったのかという流れをたどる作業が不可欠となる。その際，Reinhold Johow による物権法部分草案，Motive，および，Protokolle の該当部分の精査は必須である。

　さらに，BGB によって受け入れられた物権行為概念が，その後のドイツの判例および学説においてどのように評価されてきたのかという点について，分析を加えなければならない。Savigny 自身の見解は，物権債権峻別論と意思理論，さらには，普通法にその法源を求めたという特色から，必然的に，きわめて理論的，抽象的および演繹的な特徴を有している。BGB 制定後のドイツ法学界が，はたしてどのような評価を Savigny の理論に与えてきたのか，そして，どのような変容を加えて，今日の物権行為論を組み立ててきているのかについて，検討を行う必要がある。その上で，ようやく，日本の解釈論に対する示唆を得ることができるであろう。

　そして，物権行為論は，ius ad rem と密接な関連を有していると推測することができる。相対的な物権とも称しうる ius ad rem 概念は，Savigny の唱える物権行為論の隆盛と時を同じくして，その歴史的な役割を終えたと評価されている。しかし，本当にそうなのであろうか。物権債権峻別論を厳格に貫徹しているとされるドイツ法においても，また，物権と債権の区別が実はさほど明確ではない点が散見される日本法においてはなおさら，本質的に ius ad rem ときわめて近似している概念が数多く看取される[111]。

　ドイツ法においても日本法においても，物権債権峻別論を前提としたシステムを採用しつつ，また，ius ad rem に相応する概念も種々採用しつつ，物権行為概念自体については，ドイツ法では肯定されているのに対して，日本法では否定されている。この相違を分けるものはなにかという問いに答える

ためには，ius ad rem の分析を行わなければならない。

さらに，物権債権峻別論自体の，理論的および実質的な側面からの検討も，今後，必要不可欠となる。ドイツ法は，EU 法との比較およびそれとの統合の観点から，自らの体系を再検討する必要性に迫られているといってよい。また，日本法についても，債権法改正が実現した今日，債権概念との対比での物権概念の位置づけ，さらには，権利論と権利体系の再構築の可能性が，これまで以上に開かれていると評価することができる[112]。われわれは民法体系の転換期に直面しているといわざるをえない。

---

111) たとえば，仮登記，物権的期待権および譲渡禁止特約など，債権にもかかわらず実質的には物権的な性質を有する制度が，日本法にもドイツ法にも多々存在している。もちろん，種々の概念を峻別するとしても，その狭間の概念なるものが存在することになるのは，やむをえない。このことから直ちに峻別自体を無意味なものと考えるのは拙速であろう。しかしながら，峻別することによって，利益よりも不利益が実質的に多くなってしまっているのであるならば，その峻別自体を正面から取り上げて，批判的に検証する必要性が出てくると思われる。
112) 物権債権峻別論の批判的な検証を経ずして，今後の日本の民法学を構築することはできないと思われる。

第三章　概念の受容

一　はじめに

1　問題の所在

　日本の不動産物権変動の場面において，物権行為の独自性，ましてや，その無因性の必要性については，判例[1]と通説[2]により否定されている。物権行為概念はドイツ法上のきわめて特殊な概念であって，理論上も実務上も，日本の民法解釈論においては不要なものであるというのが，一般的な理解であろう。

　しかし，日本の民法典が，物権と債権の峻別を前提としたシステムを採用していることは明らかである。また，所有権の承継取得の場面においては，その前提として売買契約などの債権契約があるため，その債権契約を手がかりとしながら，物権行為の独自性を認めることなく，物権変動の効果の発生を根拠づけることも可能といえるが，抵当権設定の場面のように，前提となる債権契約をかならずしも措定できない状況もありうる[3]。それぞれの場面において，物権行為の存在を認めたり認めなかったりするのは，理論的な観点からして，統一がとれていないのではないか。

　さらに，実務の観点からしても，とりわけ動産売買と比較して価値の高い不動産売買の際に，債権契約がなされただけの段階で所有権の移転が発生すると一般的に理解されているかといえば，きわめて疑問である[4]。通常は，代金支払，目的物の占有の移転，さらには，登記の移転などの外部的徴表を通

---

1) たとえば，大判明 28・11・7 民録 1・4・28 以下を参照。
2) たとえば，我妻栄著・有泉享補訂『新訂・物権法（民法講義Ⅱ）』（岩波書店・1983）56 頁以下などを参照。
3) 抵当権設定契約を，債権契約ではなく，独立した物権行為あるいは物権契約として把握する見解は，むしろ一般的であろう。

じて，当事者は所有権の移転を自覚的に意識するのではないか。

　以上の理論と実務の両面に鑑みれば，むしろ物権行為概念を認めることによって，日本の物権変動の場面をよりよく説明することができるのではないか。すくなくとも，物権債権峻別論を前提とする民法典が存在する以上，まずは，物権行為概念を認めることから議論を始める方が，論理的に正しいのではないだろうか。

2　課題の設定

　以上の問題意識に基づき，筆者は，これまで，物権行為に関する研究として，日本における物権行為論を整理する論稿[5]と，現行ドイツ法における物権行為概念の実質的な創始者と目される Friedrich Carl von Savigny の見解に焦点を当てた論稿[6]を公表してきた。

　しかし，Savigny の見解が当時のドイツ法学界において急速に浸透していったことは事実であるが，BGB（ドイツ民法典）が制定される直前の1872年に制定された EEG（プロイセン所有権取得法）においては，物権行為または物権契約についての規定は存在しない。その点から，EEG と BGB の物権行為についての立法内容に直接的な関連性を見出すことは困難であるとする見解が主張されている[7]。

　したがって，ドイツ法上の今日の物権行為概念を正しく把握するためには，つぎに，Savigny の物権行為論が BGB において採用されるにいたった経緯について，検討を加えなければならない。とりわけ，Reinhold Johow が策定した物権法部分草案，それに基づく第一委員会での議論と第一草案の内容，そして，第一草案に対する批判を受けた上での第二委員会での議論と第二草

---

[4] 判例は，所有権の移転時期の問題に関して，理論上の契約成立時説を維持しつつ，具体的な事例に応じて，契約成立時そのものを，代金支払などと関連させつつ柔軟に認定するという手法を用いているが，きわめて迂遠な方法であり，一般的には理解し難い。
[5] 初出として，大場浩之「物権行為に関する序論的考察—不動産物権変動の場面を基軸として—」早法84・3・325以下（2009）を参照。
[6] 初出として，大場浩之「物権行為概念の起源—Savigny の法理論を中心に—」早法89・3・1以下（2014）を参照。
[7] この点につき，有川哲夫「物権契約に関する学説史的考察」福岡20・4・286以下（1976）を参照。

案の内容について，それぞれ詳論することが重要である。

二　部分草案

1　Johow の見解

　Johow による物権法部分草案は，1880 年に起草された。しかし，部分草案に盛り込まれた条文自体には，物権行為や物権契約の文言は使用されていない[8]。物権行為論との関連では，当事者の所有権移転の意図の重要性だけが，そこでは明文化されていた。したがって，その意図の法的性質論については解釈に委ねられていた，とひとまずはいうことができる。

　しかし，この点について，Johow はつぎのように明確に述べている。すなわち，所有権移転の効果は，所有者と取得者がお互いに所有権移転を求める意思を表示することによって発生するものであり[9]，また，この意思表示は，所有権移転契約を形成し，いわゆる物権契約の性質を有すると主張したのである[10]。この言明から，Johow の見解が Savigny の理論から強い影響を受けていたことは，疑いの余地がない。

　また，Johow は，iusta causa（正当な原因）を所有権移転意思と同視することで，譲渡行為の固有の性質を正当化するとともに，物権行為の独自性とその外的無因性を認めることによって不当利得返還請求権の意義を高めようとしていた[11]。この点も，Savigny の初期の理論を受け継いでいた証左である

---

8) 土地所有権の移転に関しては，部分草案の 117 条と 118 条を，動産所有権の移転については，部分草案の 132 条と 133 条を，それぞれ参照。いずれの条文においても，所有権移転の要件として，当事者の所有権移転に関する意図と，登記または引渡しの存在については明文化されているが，当事者の意図それ自体の法的性質についての規定は，とくに存在しない。部分草案の内容につき，詳しくは，*Werner Schubert*, Die Entstehung der Vorschriften des BGB über Besitz und Eigentumsübertrag -Ein Beitrag zur Entstehungsgeschichte des BGB-, Berlin 1966, S. 27 を参照。
9) *Reinhold Johow*, Entwurf eines bürgerlichen Gesetzbuches für das Deutsche Reich, Sachenrecht mit Begründung, Band II, Berlin 1880, S. 740 を参照。
10) この点に関連して，Reinhold Johow は，所有権移転に関する物権契約にいたる動機が債権契約によって付与されるのではないと，明確に表明している。たとえば，*Reinhold Johow*, Entwurf eines bürgerlichen Gesetzbuches für das Deutsche Reich, Sachenrecht mit Begründung, Band I, Berlin 1880, S. 633 f. を参照。
11) この点につき，*Johow*, a.a.O. 10, S. 636 を参照。

といえる[12]。

2 評　価

　部分草案においては，物権行為または物権契約が明示的に規定されなかったとはいえ，その実質的な内容について，Savigny の物権行為論から大きな影響を受けていたことは間違いないところである。

　しかし，いくつかの点で，Johow の見解と Savigny が到達した理論とは隔たりがあった。たとえば，物権行為の無因性と不当利得返還請求権との関係性について，Johow は両者を有機的に関連づけているが，Savigny は，最終的には，無因性の根拠づけとして不当利得返還請求権をそれほど重視してはいない[13]。

　また，その無因性自体についての考え方として，Savigny が内的無因性から議論を始め，演繹的に外的無因性を導き出そうとするのに対し，Johow が直接的に外的無因性から理論の展開を試みる点も，両者の相違点である[14]。

　さらに，土地所有権の移転に焦点を絞ってみると，Johow の見解の特徴がより浮き彫りにされてくる。部分草案はアウフラッスンク（Auflassung）の概念を明示的に導入していたのであるが，このことは，EEG の規定についての解釈論を受け継いだものとして評価することができるだろう[15]。この点から，Savigny の理論とは間接的なつながりを有しつつも，同時に，EEG の規定内容およびその解釈論を BGB に導入することの重要性もまた，看取される。

　ただし，Savigny と同様に Johow もまた，引渡しそれ自体に所有権の移転をもたらす契約を見出していたことは，注目に値する。土地所有権の譲渡の際には，登記が譲渡契約の方式として認識されていた。Johow は，意識的に

---

12) さらには，引渡し自体を契約であるととらえ，その契約を通じて所有権の承継取得がなされるという記述も存在する。この点については，*Dieter Haag Molkenteller*, Die These vom dinglichen Vertrag, Frankfurt am Main 1991, S. 135 を参照。
13) たとえば，*Jens Thomas Füller*, Eigenständiges Sachenrecht?, Tübingen 2006, S. 124 を参照。
14) *Molkenteller*, a.a.O. 12, S. 135 を参照。
15) 動産所有権の譲渡よりも，土地所有権の譲渡を前提とした規定および議論が部分草案においてなされていることにも，理由があった。Johow にとって，Friedrich Carl von Savigny の理論の継受と EEG（プロイセン所有権取得法）の規定内容の重視は，いずれも，部分草案における所有権移転理論の骨格であったと評価することができる。

ではなく引渡しや登記が行われた場合にも，所有権の移転を認めるべきケースがあることを指摘し，引渡しや登記を譲渡契約そのものであるとする見解を正当化しようとしたのであった[16]。

以上のように，Johow による部分草案における物権行為概念は，Savigny の見解と EEG の規定内容をそれぞれ有機的に結合させたものであることがわかる。とりわけ，部分草案の策定の前提として，土地所有権の移転に関しては，EEG に準拠することがすでに決定事項とされていた[17]。このこともまた，Johow の部分草案にきわめて強い影響を与えたといえる。

三　第一草案

1　第一委員会における議論

Johow による部分草案を議論の素材として，第一委員会は 1881 年から審議を始めた。そこでは，無因的物権契約の承認は当然の前提とされつつ，議論が進められている。

土地所有権の移転に関して，第一委員会は，所有者と取得者の間の所有権移転に関する合意と，登記の必要性を要求している。このことは，Johow の部分草案と相違はない。土地に関する物権変動の中でも，とりわけ土地所有権の移転に際しては，両当事者の合意は登記官の面前において口頭で同時になされる必要があるとするのも，予測されうる議論の流れである。つまり，アウフラッスンクの導入である[18]。

動産所有権の移転についても，当事者間の所有権移転の合意と引渡しが要件とされた。ここでの合意も，その前提とされた法的原因の存在の有無や，当事者による認識の相違に影響されないと考えられていた[19]。

また，内的無因性と外的無因性についての議論は，第一委員会においては

---

16) *Johow*, a.a.O. 9, S. 754 を参照。現行法の規定および解釈論からすれば疑問はあるが，Johow は，その具体的なケースとして，代理人を通じた占有の取得をあげている。
17) この点につき，*Schubert*, a.a.O. 8, S. 26 を参照。
18) 第一委員会による物権行為概念をめぐる議論については，Motive zu dem Entwurfe eines bürgerlichen Gesetzbuches für das Deutsche Reich, Band III, Sachenrecht, 2. Auflage, Berlin und Leipzig 1896, S. 6 ff. を参照。
19) この点につき，*Molkenteller*, a.a.O. 12, S. 140 を参照。

とくに存在しない[20]。所有権移転に関する両当事者の合意が，まさに所有権の移転それ自体に焦点が当てられた性格を有しており，所有権移転の動機や目的はもちろん，先行する売買契約などの債権関係の有効性からも影響を受けないとするのは，もはや自明のことであると考えられていたのであろう[21]。

第一委員会の議論において，もっとも特筆に値するのは，物権変動に関する両当事者の合意を，契約そのものとして明確に位置づけ，そして，立法内容にも具体的に取り入れようとした点にある。法的原因と譲渡行為の関係を遮断することにより，譲渡行為概念およびその合意の法的性質を独自のものとして把握する道を開き，物権変動についての合意を利用しやすい概念へと組み替えることが試みられた[22]。

2 第一草案の内容

以上の第一委員会における議論を踏まえて，1888年に第一草案が起草されることとなった。

土地所有権の移転に関しては，当事者間のアウフラッスンクと称される物権契約と登記が要件であることが明記された[23]。さらに，物権契約の有効性に関して，その前提となる法的原因を摘示する必要はなく，また，前提とされていた法的原因についての認識が当事者それぞれにおいて異なっていたり，その法的原因がそもそも存在しなかったりしたとしても，物権契約は覆

---

20) すくなくとも，関連する記述は各文献にはみられない。この点につき，有川・前掲注7・296を参照。
21) もちろん，物権行為の無因性の承認については，今日の観点からすれば疑問は残る。ドイツにおいてさえ，無因性を批判する見解も存在するほどである。物権行為の無因性から生じる実際上の難点を克服しようとする解釈論を提示する判例として，RGZ 70, 55 ff. を参照。しかし，当時においては，それだけ，Savignyの見解とEEGに代表される当時の立法の影響力は大きかったといえる。
22) できる限り契約についての総則的な規定を物権的合意にも適用させたい，とする第一委員会の意図をみることができる。パンデクテン体系に基づく法典化を目指していたことの証左といえるだろう。物権的合意を契約とみなすことによって，普通法と立法の調和が完全に図られると考えられたのである。この点につき，Motive, a.a.O. 18, S. 333を参照。また，*Horst Heinrich Jakobs/ Werner Schubert*, Die Beratung des Bürgerlichen Gesetzbuches -In systematischer Zusammenstellung der unveröffentlichten Quellen-, Sachenrecht, Band I, Berlin 1985, S. 584 も参照。
23) 第一草案828条1項を参照。とりわけアウフラッスンク（Auflassung）については，第一草案828条2項と868条を参照。

滅されることはないとされた[24]。これにより，物権行為の独自性と，その内的無因性および外的無因性が，いずれも条文において明記されることになり，そして，物権行為が契約として明確に位置づけられることとなった。

また，動産所有権の移転に関しても，分離主義に基づく独自性と無因性を有する物権契約，および，引渡しが，それぞれ要件として明記されることとなる[25]。この点に関連して，動産所有権移転の要件としての引渡しに，占有改定が明示的に追加されたことは注目に値する[26]。というのも，それだけ，形式としての引渡しの重要性が後退し，相対的に，物権契約の理論的な必要性が高まるからである。

第一草案における物権変動論，とりわけ，物権行為概念に関する規定方法の特徴として，まず，土地についての物権変動に関する規定がおかれ，その上で，動産についての物権変動については，可能な限り土地についての規定を準用しているという点があげられる。土地と動産の関係について，前者の問題を基準としていたことが伺われる。それだけ，EEG の存在の重要性が浮き彫りとなる。

物権行為に関する第一草案の規定内容の中でもっとも特徴的な点は，Johow による部分草案の規定からさらに進んで，物権行為を契約として正面から認めた点にあると思われる。物権変動を求めることそれ自体を目的とする法律行為が契約としてみなされるという点は，Savigny による物権行為論が学界に広く浸透してから BGB の立法作業が開始されるまでの間に，すでに十分，認識されていた。しかし，直近の立法である EEG においても，このことは法文化されてはいなかったのである[27]。

3　評　価

第一草案は，部分草案の内容をさらに進めて，所有権移転を求める当事者

---

[24] 第一草案 829 条 1 項を参照。
[25] 第一草案 874 条 1 項を参照。なお，動産所有権移転に関する物権契約の無因性については，第一草案 874 条 2 項により，土地所有権移転に関する物権契約についての規定である 829 条が準用されている。
[26] 第一草案 874 条 3 項を参照。
[27] Motive, a.a.O. 18, S. 333 を参照。

間での意思の合致を，契約として明確に法文上で位置づけた。このことは，部分草案との関係のみならず，EEG を含めたそれまでの諸立法と比較してみても，顕著な特徴である。ここに，物権契約が，草案段階ではあるが，立法においてはじめて認められたことになる[28]。

さらに，その物権契約の無因性についても，間接的にではあるが，明文化された[29]。法的原因がそもそも存在しない場合だけではなく，それまで長い間議論の対象とされてきた，当事者間でそれぞれ異なる法的原因が前提とされていた場合にも，物権契約の有効性に影響はないと明言されたのであった[30]。

しかし，このように物権契約の独自性と無因性を正面から認めたとはいえ，その理由は明確に述べられてはいない。このことは，Savigny の理論と EEG までにおける物権変動に関する解釈論を，それぞれきわめて忠実に，そして，やや盲目的に受け継いだとも評価することができる。

この点を顕著に示す証左として，引渡しそれ自体を物権契約とみなした点をあげることができる。その理由は，パンデクテンシステムに基づく総則の規定を，所有権移転を求める当事者間の意思の合致に対しても適用させることにあった[31]。そのためには，意思の合致を契約としてとらえなければならなかった。

けれども，今日のドイツにおける物権行為概念についての理解からすれば，引渡しを契約としてとらえる思考方法はかならずしも有力な見解ではない。今日においては，引渡しはむしろ事実行為として考えられており，物権契約それ自体とは異なる概念，法律行為とは区別されるべき概念として考えられ

---

28) たとえば，有川哲夫「物権契約理論の軌跡―サヴィニー以後一世紀間―」原島重義編『近代私法学の形成と現代法理論』（九州大学出版会・1988）317 頁以下などを参照。
29) ただし，第一草案 829 条 1 項において，たしかに物権契約の前提となる法的原因の摘示は不要であるとされたが，逆に，当事者が物権契約の有効性を法的原因の存否に積極的にかからしめることを求めてはならないのかという点については，検討の余地が残されている。すくなくとも，第一草案理由書の中に，この点に関する記述は存在しない。これについては，Füller, a.a.O. 13, S. 124 を参照。
30) このように，民法第一草案は，物権契約の内的無因性と外的無因性をそれぞれ明示的に条文の中に取り入れたが，そもそもなぜ物権契約の無因性を認めなければならないのかという点について，明確な理由づけを行ってはいない。この点につき，Molkenteller, a.a.O. 12, S. 140 を参照。
31) この点につき，Motive, a.a.O. 18, S. 333 を参照。

ている[32]。したがって，第一草案においては，法律行為と事実行為の概念が混同されていたか，すくなくとも，所有権移転の要件論の場面においては，意識的な区別が欠如していたと評価せざるをえない[33]。

所有権の移転に関して，引渡しや登記という方式が決定的な要件となることは，直近の立法であるEEGの存在から，すでに自明のこととされていた。このことに加えて，物権と債権の峻別や，パンデクテンシステムに基づく抽象的な総則規定の創設の必要性が，EEGやJohowの部分草案の内容以上に，第一草案の策定において，物権行為概念の重要性の強調を導いたのではないかと推測される。

以上の点から，引渡しや登記という方式を所有権移転のための要件に盛り込むと同時に，本来であれば形式的な事実上の概念である両者を物権契約の要素として位置づけるという規定内容にいたったものと考えられる[34]。

第一草案が，普通法の引渡主義にも，フランス法に代表される意思主義にも偏ることなく，無因的物権契約の存在を前提とした形式主義，いいかえれば，物権的合意主義[35]を採用したことは疑いのないところである。その最た

---

32) 土地所有権移転のための要件の1つである登記もまた，引渡しと同様に事実行為としてとらえられるのが一般的である。物権行為と引渡しまたは登記との関係はきわめて密接であるが，引渡しまたは登記を法律行為としてとらえる見解は，すくなくとも今日のドイツ法上の解釈論としては主流ではない。

33) Füllerは，この点をとらえて以下のように指摘している。すなわち，第一草案においては，所有権移転の要件として引渡しを積極的に位置づけたいという考え方と，抽象的な物権契約理論と引渡しをなんとか有機的に結びつけたいという思考が重なって，本来は事実行為であるはずの引渡しを法律行為としてとらえる見解へと昇華したと主張する。この点につき，Füller, a.a.O. 13, S. 125を参照。

34) また，物権契約の無因性を承認したことについては，しばしば，登記手続における登記官の審査権限との関係で議論されている。すなわち，登記官の実質的審査権を否定し，形式的審査権のみを認めることによって，取引安全の保護をより図ることができるという観点である。登記官は物権契約の前提とされた法的原因を審査する必要がない，つまり，より正確に表現するならば，実質的審査権限を有していないとし，しかも，それに加えて，物権契約と債権契約の関係が遮断されることによって，物権変動の効果が維持される可能性は，すくなくとも理論上は高まることになる。しかし，無因的物権行為概念の創始者であるSavignyが，登記官の審査権限との関係を意識していたわけではないことは，明白である。この点につき，EEGとの関連ではあるが，好美清光「Jus ad remとその発展的消滅―特定物債権の保護強化の一断面―」一法3・357以下（1961）を参照。また，登記官の審査権限の概念を整理するものとして，とりわけ，鈴木禄弥『抵当制度の研究』（一粒社・1968）97頁以下が有益である。

35) 物権変動に関する立法の分類については，原島重義「債権契約と物権契約」契約法大系刊行委員会編『契約法大系II（贈与・売買）』（有斐閣・1962）107頁を参照。

る理由は，EEG の規定内容とその解釈を受け継ぐこととともに，パンデクテンシステムのさらなる明確な確立にあったといえる。それはすなわち，Savigny の法理論の呪縛から逃れられなかったことをも，同時に意味しているのである。

四　第二草案

1　第二委員会における議論

以上の経緯を経て策定された第一草案は，第二委員会において批判を受けることになる。

第二委員会では，所有権移転の要件に関して，物権契約概念を条文中に明記すべきとの提案はそもそもなされなかった。当事者間の意思の合致に関する規定を設けるべきであるとする見解はもちろん主張されたが，その意思の合致を契約として法律上性質決定することは避けられるべきであると考えられたのである[36]。

物権行為が契約として法律上明記されるべきでないとする見解が，第一草案の内容と異なることはいうまでもない。問題は，物権行為が積極的に契約であると宣言されなくても，物権行為が内容面において契約の性質を有することに変わりはないのかどうかという点に移ることになる。つまり，契約一般に関する規定の適用を，物権行為は受けるのかという点である。この点を解明するためには，第二委員会においてなぜ契約という文言が回避されるにいたったのかということを明らかにしなければならない。

まず，第一草案において，無因的物権契約概念が明記されたことに対しては，学界からも多くの批判がなされた[37]。しかし，第二委員会の議論が，契約の文言を用いない方向で進んでいったのは，そのような批判を受け入れたからではない。

第二委員会は，第一草案 828 条の規定の内容を以下のように理解すること

---

36) この点につき，土地所有権の移転に関しては，*Jakobs*, a.a.O. 22, S. 251 ff. を参照。また，動産所有権の移転に関しては，*Jakobs*, a.a.O. 22, S. 592 ff. を参照。
37) この点については，有川・前掲注 28・319 頁以下を参照。

から議論を始めた。つまり，土地に関する物権変動の要件として，当事者間の処分に関する契約および登記が必要であると明確に認めた[38]。したがって，物権的合意の法的性質を契約ではない別の概念として把握するという考え方を，採用してはいなかったのである。

ただし，同時に，第二委員会は，つぎのように契約の内容を理解した。すなわち，ここでいうところの契約というものは，登記をするという権利者の意思と取得者のそれに対する承諾を生じさせるものにほかならず，また，いいかえれば，物権変動を発生させることについての両当事者間での意思の合致である点に疑いの余地はないとするのである[39]。

以上の理解を前提として，第二委員会は，物権変動の効果発生に向けられた意思表示の要件としては，権利者による物権変動に関する登記の許諾と取得者による許諾の受け入れだけで十分であり，契約という文言を規定中で用いることは，むしろ不必要であると考えたのである[40]。

したがって，第二委員会は，物権契約という概念を否定したのではなく，あくまで，条文中にそれを明記しないという態度を示したにすぎない。それゆえ，物権変動に関する当事者間の意思の合致により，物権契約が成立し，その物権契約に，契約に関する総則的な規定が適用される余地は，当然自明のこととされたのである[41]。

2　第二草案の内容

第二委員会における以上の議論の流れを反映するかたちで，第二草案が策定された。1895年のことである。

第二草案794条の規定内容は以下のようになっている。すなわち，土地所有権の移転などのためには，法律上特段の規定がない限りにおいて，物権変

---

[38] Protokolle der Kommission für die zweite Lesung des Entwurfs des Bürgerlichen Gesetzbuchs für das Deutsche Reich, Band III, Sachenrecht, Berlin 1899, S. 52 ff. を参照。
[39] この点につき，*Benno Mugdan*, Die gesamten Materialien zum bürgerlichen Gesetzbuch für das Deutsche Reich, Berlin 1899, S. 522 ff. を参照。
[40] なお，すでに，帝国司法庁における委員会において，物権契約の文言を明記することに対する批判が存在していたことにつき，*Molkenteller*, a.a.O. 12, S. 147 f. を参照。
[41] この第二委員会の思考方法は，土地に関する物権変動だけではなく，動産物権変動についての規定内容にも妥当する。たとえば，Protokolle, a.a.O. 38, S. 196 ff. を参照。

動に関する権利者と相手方の合意および登記簿への物権変動についての登記が要件とされると規定された[42]。そこでは，物権契約の代わりに，当事者間の合意という文言が採用されている。

　また，動産所有権の移転については，第二草案842条が規定している。そこでは，所有者と相手方の間での所有権移転に関する意思の合致と，目的物の引渡しが，それぞれ所有権移転の要件とされた[43]。土地所有権移転の場合と同様に，ここでも，物権契約の文言は用いられてはいない。

　このように，第二草案では，土地所有権移転の場合と動産所有権移転の場合のそれぞれにおいて，物権契約の名称は採用されないことになったが，このことは，前述したように，Savignyの法理論から引き継がれた無因的物権行為論が完全に放棄されたことを意味するわけではない。

　とりわけ，物権行為の独自性だけではなく，無因性についても，その特徴が維持されたと解することができる。というのも，物権行為を債権的な契約とは無関係な契約として位置づけることに関して，理論的な反対論が強かったわけではないからである。物権変動に関する第二草案の規定内容を確認してみても，そこには，物権変動を求める両当事者の意思の合致が要求されると定められているのであって，その意思が，物権的な意思であり，かつ，債権的な意思とは異なる概念であることが示唆されている。

3　評　価

　以上のように，第一草案の規定内容とは異なって，第二草案では，物権契約という名称が放棄されるにいたった。第一草案の際立った特徴ともいえた物権契約という名称は，物権的合意に置き換えられることになった。さらに，その物権的合意の無因性についても，特別な規定は設けられないことになった[44]。

　しかし，物権的な法律行為をどのように呼称するべきかはともかく，すくなくとも，そのような物権的な法律行為に対しても総則の規定を適用するべ

---

42)　第二草案794条1項を参照。
43)　第二草案842条1文を参照。
44)　Protokolle, a.a.O. 38, S. 64 f. を参照。

きことについては，第二委員会において見解の一致がみられていたと評価できる[45]。さらに，物権債権峻別論に基づく無因性の原則をここでの法律行為論から排除するということも，すくなくとも一般論としては議論されていない[46]。

第二草案の意義として特記されなければならないことは，物権契約の名称が拒絶された点よりも，むしろ，登記と引渡しが物権的合意から明確に区別されるにいたった点である。第二草案では，登記や引渡しは事実行為としての公示であるとして，明確に物権的合意と切り離されている。このことは，それまでの Savigny の法理論から大きく逸脱している[47]。

以上の分析からすれば，第二草案における物権変動に関する規定内容に対する評価として，Savigny の法理論以来の無因的物権行為論が基本的には維持されたとするのは，たしかに正しい。しかし，物権契約という名称が使われなかったことからも示唆されるように，物権的合意と公示行為としての登記や引渡しが分離された点は，Savigny の物権契約論との明確な相違がみられる。

法律行為と事実行為の分離は，体系的な視点からすれば，たしかに是認しうる。しかし，それにより，いぜんとして物権的合意を債権的な契約とは異なる次元の概念として維持し続けることに対しては，批判が高まることになる。というのも，登記や引渡しといった事実上の要素が取り除かれた後の物権的合意概念に，具体的にどのような意義が存在するのか不明だからである[48]。

Savigny によって提唱された，目的や原因としての債権行為とは一線を画

---

45) この点につき，Protokolle, a.a.O. 38, S. 56 ff. を参照。その限りにおいて，第一委員会と第二委員会の見解は一致していたと解することができるだろう。
46) その結果，物権的合意を契約と称するかどうかの問題は重要視されなくなり，すくなくとも契約に適用される規定が物権的合意にも適用されるとする考え方が前提とされた上で，物権契約の名称の問題は，その後の学説における議論に委ねられることになった。この点については，Protokolle, a.a.O. 38, S. 56 を参照。
47) Savigny は引渡しを本来的な契約として把握していた。しかし，第一草案が引渡しを譲渡行為の方式としてもとらえることができると理解したことにより，すでにその時点で，Savigny の見解が直接的に受け継がれたとはいえない状況は生じていた。さらに進んで，第二草案では，物権的合意と登記や引渡しを明確に区別した。ここにいたって，契約上の要素と事実上の要素の混合形態は解消されることになった。この点を指摘するものとして，Füller, a.a.O. 13, S. 126 を参照。

する物権行為の概念は，提唱された時点ですでに中立的な性質を有していたが，事実的な要素が取り払われることによって，さらに，その抽象性が増すことになった[49]。このことにより，民法全体の体系性がさらに純化されたことはたしかであろう。しかし，その反面において，物権行為が，その具体的な利点についてさらに説明し難い概念になったことは否定できない。

五　おわりに

1　結　論

　周知のように，その後，第三草案の策定を経て，BGB は 1896 年に公布され，1900 年に施行されることになる。しかし，物権変動に関する規定内容，とりわけ，物権行為概念に関する部分は，第二草案以降，変更を加えられることはなかった。したがって，概念としての無因的物権契約論は引き続き維持されつつも，その契約という名称とともに条文に明記されるというかたちで復活することはなかったのである。

　物権行為概念に関する BGB の制定過程を追うことによって得られた結論は，以下の通りである。

　まず，現行の BGB にいたる過程において，部分草案，第一草案および第二草案の物権行為に関する内容は，いずれにおいても，Savigny の法理論の影響を強く受けていたと同時に，直近の EEG の規定内容を色濃く反映したものであったということがあげられる。無因的物権行為概念を承認し，物権変動の要件論として，物権的合意主義を採用するということについては，BGB の制定過程において自明の理であったというのが，総括的な評価としては正しいであろう。

　しかし，BGB の制定過程をさらに分析してみると，厳密には，それぞれの

---

48) この点については，第二委員会においてもすでに認識されており，議論がなされた。しかし，詳細に立ち入った見解が示されることはなかった。これについては，Protokolle, a.a.O. 38, S. 57 f. を参照。Savigny 以来の物権行為概念を捨て去ることまでは，できなかったのである。物権債権峻別論を前提とするシステムを採用することの重要性ゆえか，または，直近の立法である EEG の存在の大きさゆえか，いずれにしても，第二草案において，物権行為概念それ自体は維持されることになった。

49) Savigny の見解については，*Molkenteller*, a.a.O. 12, S. 36 ff. に詳しい。

過程において相違点が見受けられる。とくに注目されるべき点は，物権行為概念が契約として明記されたのかどうか，そして，登記や引渡しが物権行為の要素としてとらえられたのかどうかということである[50]。

前述した通り，物権行為が契約として条文中に明確に位置づけられたのは，第一草案においてのみであり，その他の段階では一度も契約として明記されることはなかった。もちろん，物権的意思表示の合致が契約としてみなされるという，その内容についての解釈に関しては，当時，見解の一致がみられてはいた。しかし，すくなくとも条文に明記されなかった以上，物権行為概念の法的性質について，その後の解釈論上の余地は残されたといえる。

また，登記や引渡しといった形式的な行為が，物権行為の要素としての位置づけから次第に離脱し，事実行為として純化されていった過程は大変興味深い。第二草案においては，条文上，物権的意思表示の合致と登記などが明確に別の要件として記載されるだけではなく，解釈論としても，登記などは事実行為であって法律行為ではないとする理解が定着した。このことは，今日におけるドイツでの一般的な物権行為論の理解に直接つながるものである。

以上のように，無因的物権行為概念はSavignyからBGBに確実に受け継がれた。しかし，その内容は変化を遂げている。すくなくとも，BGBの規定上，引渡し自体を物権契約と解することはなくなった[51]。無因的物権行為論はSavigny以来の議論であると紹介されることが常であるが，今日における同理論の正当性を検討する際には，Savignyの法理論との距離を仔細に測りつつ行っていく必要がある。

2　今後の課題

本章においては，ここまで，Savignyの物権行為論がどのような経緯をたどってBGBに結実したのかについて，分析を試みた。しかし，今日の物権行

---

50) これらの点は，むしろ，無因的物権行為概念の否定につながるというよりも，物権変動に関連するその他の問題，たとえば，登記や引渡しに代表される公示制度を際立たせるといった問題を引き起こす要素となったといえる。この点を指摘するものとして，Füller, a.a.O. 13, S. 126を参照。
51) 物権行為の無因性を承認する根拠としてよくあげられる取引安全の保護も，Savignyが提唱したものではなく，登記官の実質的審査権の否定とともに，その後に登場した議論である。

為の独自性および無因性の当否につき結論を下すためには，当然のことながら，問題は数多く残されている。

まず，BGBの制定後，ドイツにおける判例と学説が，どのように無因的物権行為概念を評価してきたのかについて，検討を加えなければならない。

また，かりにドイツ法において無因的物権行為概念が承認されるべきであるからといって，そのことから直ちに，日本法の解釈論としても同概念を肯定すべきであると解することはけっしてできない。そのためには，ドイツ法と日本法を架橋するさらなる理論構成が必要不可欠である。

そこで考えられる概念が，ius ad rem（物への権利）である。厳格な物権債権峻別論を前提とするシステムの台頭と時を同じくして，ius ad remはその姿を消していった。しかし，実際には，仮登記制度をはじめとして，現行法にも，ius ad remと同様の機能を営んでいるように思われる概念が散見される。このことは，ドイツにおいても日本においても同様である。このius ad rem概念の再検討を足がかりとして，物権行為概念の意義をさらに明らかにすることはできないであろうか。この点もさらなる課題となる。

そして，物権債権峻別論自体の批判的分析も，当然のことながら対象となってくるであろう。課題はいまだ数多く積み残されている。

第四章　概念の展開

一　はじめに

1　問題の所在

　ドイツ法における物権変動論の特徴として，物権行為の独自性と無因性の承認がよくあげられる。また，この点は，日本の物権変動論との顕著な相違点として紹介されることも多い。たしかに，日本の判例[1]と通説[2]は，物権行為の独自性を認めていないとされている。

　しかし，物権変動の効力発生時に関する契約成立時説[3]を採用する場合，債権法上の行為である売買契約などから，なぜ直接に物権法上の効果である物権変動が発生するのかという問いに対して答えるのは，理論的には困難である。また，物権変動の発生を代金支払などの外部的徴表にかからしめるという見解[4]にたつ場合には，外部的徴表と物権変動の発生との理論的関連性を明らかにすることが困難となる[5]。そうであるならば，日本の民法典が物権と債権を区別するシステムを採用していることにも鑑みて，議論の端緒として，物権行為の独自性を認めるか否かをまずもって検討するべきなのではないか。

　また，物権行為の独自性を認めることによって，ドイツでは具体的にどの

1）たとえば，大判明 28・11・7 民録 1・4・28 以下などを参照。
2）たとえば，我妻栄著・有泉亨補訂『新訂・物権法（民法講義 II）』（岩波書店・1982）56 頁以下などを参照。
3）たとえば，大判大 2・10・25 民録 19・857 以下などを参照。
4）川島武宜『新版・所有権法の理論』（岩波書店・1987）219 頁以下などを参照。
5）私見は，民法 176 条の解釈論として，不動産所有権移転の場面においては登記時にその効果が発生するという見解である。すなわち，所有権移転の原因と時期の問題を明確に区別した上で，原則としての登記主義，例外としての意思主義である。この点につき，大場浩之『不動産公示制度論』（成文堂・2010）443 頁以下，および，同「仮登記制度と不動産物権変動論──物権債権峻別論を基軸として──」私法 76・139 以下（2014）を参照。

ようなメリットが存在するのか。理論上の正当性からのみでは，1つの法理論の存続を認めることはできない。そこには，なんらかの具体的な目的が存在するはずである。その目的にも正当性がみられるのであれば，日本法との比較がさらに容易になるのではないか。

とりわけ，日本法においては，不動産所有権の二重売買が行われた後，その目的物である不動産を利用し始めた第一買主が未登記の間に，第二買主が先に登記をし，第一買主の生活利益が脅かされるという問題がある。これは，理論的には，登記をしなくても所有権を移転することができるとする判例と通説の理解に起因する問題である（民法176条）。また，実務においても，物権変動に際して登記をしないことがある。登記が物権変動の効力要件ではなく対抗要件であることの帰結といえよう（民法177条）。しかし，売買契約を締結したにすぎない第一買主と，目的物である不動産の利用を始めた第一買主とでは，保護されるべき利益状況が大きく異なるのではないか。この問題を検討するにあたって，ドイツ法上の物権行為論を横目にみつつ，解釈論を展開することはできないであろうか。

2 課題の設定

筆者はこれまで，物権行為論につき，その分析が今日においてもなお必要性を有すること[6]，ドイツ法における物権行為概念の起源[7]，および，BGB（ドイツ民法典）に物権行為概念が採用されることになった経緯[8]につき，検討を加えてきた。

そこで，本章では，BGB が制定された後のドイツにおける物権行為論の展開過程について，分析を加えたい。本章が，これまでの筆者の研究の延長線上にあることはいうまでもない。しかし，同時に，本章で行われる分析は，物権行為論についての日本における先行研究との関係で，新規性を有する。

---

6) 初出として，大場浩之「物権行為に関する序論的考察——不動産物権変動の場面を基軸として——」早法84・3・325頁以下（2009）を参照。
7) 初出として，大場浩之「物権行為概念の起源——Savigny の法理論を中心に——」早法89・3・1以下（2014）を参照。
8) 初出として，大場浩之「BGB への物権行為概念の受容」五十嵐敬喜＝近江幸治＝楜澤能生編『民事法学の歴史と未来——田山輝明先生古稀記念論文集——』（成文堂・2014）161頁以下を参照。

というのも，BGB 制定以降のドイツの物権行為論について検討を試みた研究が，そもそもほとんど存在しないからである[9]。

日本においては，物権行為の独自性が判例と通説によって否定されて久しく，その研究の有用性に対して重きがおかれなくなった。このため，物権行為概念の母法といえるドイツ法上の物権行為論の展開を追う研究もまた，みられなくなったものと考えられる。

しかし，理論的な側面からして，物権行為概念を認めてはならないとする根拠はみあたらないのではないか。また，実務的な観点からしても，売買契約の成立のみによって，はたして物権変動が発生すると考えられているのであろうか。もちろん，契約成立時説からは，契約の成立を実際に認めるためには，代金の支払や登記手続書類の提出などが重要かつ必要であり，口頭での約束のみによって契約が成立するわけではないとの反論が予想される[10]。ただし，それでもまだ問題は残る。売買契約とはいったいなにか。契約成立のために実際上必要とされる行為は，どのような法的性質を有するのか。まさに，物権行為概念は，これらの問題とも関連してくる。

さらに，ドイツ法上の物権行為論の展開過程をたどることによって，同理論の具体的な運用方法を理解することができる。ドイツ法において，債権行為である売買契約と物権行為である所有権譲渡行為は，法理論上は厳密に区別されている。これにより，土地所有権の二重売買契約がなされても，買主

---

9) これに対して，ドイツでは，物権行為あるいは物権契約に関する議論が最近になって再燃しつつある。たとえば，*Dieter Haag Molkenteller*, Die These vom dinglichen Vertrag, -Zur formalen Struktur der Eigentumsübertragung nach § 929 Satz 1 BGB-, Frankfurt am Main 1991; *Astrid Stadler*, Gestaltungsfreiheit und Verkehrsschutz durch Abstraktion -Eine rechtsvergleichende Studie zur abstrakten und kausalen Gestaltung rechtsgeschäftlicher Zuwendungen anhand des deutschen, schweizerischen, österreichischen, französischen und US-amerikanischen Rechts-, Tübingen 1996; *Ulrich Huber*, Savigny und das sachenrechtliche Abstraktionsprinzip, FS Claus Wilhelm Canaris, Band I, München 2007, S. 471 ff.; *Christoph Alexander Kern*, Abschied vom dinglichen Vertrag?, FS Rolf Stürner, Tübingen 2013, S. 161 ff. などを参照。

10) この点については，吉原による一連の判例研究がきわめて重要である。吉原節夫「『特定物売買における所有権移転の時期』に関する戦後の判例について―民法 176 条の研究(1)―」富大経済論集 6・3・4・540 以下（1961），同「物権変動の時期に関する判例の再検討（1・2・完）―民法 176 条の研究(2)―」富大経済論集 7・2・164 以下・8・1・1 以下（1961〜1962），同「特定物売買における所有権移転の時期」民商 48・6・827（1963），および，同「所有権移転時期に関する最近の論争に寄せて」富大経済論集 27・3・654 以下（1982）を参照。

は，物権行為がなされていない以上，所有者になってはいないため，自らの法的立場が脆弱であることを認識している。このため，物権行為と登記をしようと努力すると同時に，これらをする前に土地を利用し始めるということを考えない。この理論は，日本において，土地所有権の二重契約と生存利益の保護を検討するにあたって，きわめて参考になるのではないか。

いずれにしても，物権行為概念を分析することによって，最終的には物権変動の発生を目的としている，売買契約に代表される債権契約の構造を分析することにも，寄与するのではないか。本章は，そのための理論的視座を得るために，ドイツ法における物権行為論の最近の展開を追跡しようとするものである。

3　本章の構成

以上の問題意識と課題の設定に基づき，まず，物権行為に関するドイツの判例と学説について，原則としてBGB制定以降のものに限定して，分析と評価を加える。その上で，ドイツ法上の物権行為論の現在の到達点を把握し，今日においても物権行為概念がなぜ維持されているのか，その理論的根拠と実質的根拠について探ることにしたい。なお，具体的な事案として，AがBとCの間で債権行為である売買契約を二重に締結したが，物権行為と登記はいずれもなされていないという状況を前提とする。

二　判　例

1　分析の視角

BGBは所有権移転の要件の1つとして，Einigung（合意）が必要であると明示している（土地につきBGB 873条1項，動産につきBGB 929条1文）。一般的には，このEinigungが物権行為または物権契約であると解されており，物権行為論の主たる対象とされてきた[11]。しかし，Einigung自体の法的性質については，BGBは明確に規定していない。このため，Einigungをどのように性質決定するべきかについては，判例と学説にこれまで委ねられてきたということができる。

このことをうけて，BGB 制定後，判例は Einigung の内容をどのように把握してきたのであろうか。とりわけ，債権行為である売買契約などと区別しうる概念，あるいは，区別するべき概念として，Einigung を理解してきたのであろうか。この点は，物権行為の独自性として議論されるべき内容を有する。そこで，Einigung についての判例の見解を，時系列に沿った上で検討を加える。

　かりに，物権行為の独自性を肯定して，Einigung を債権行為から区別するべきであると解するならば，両者の法的関係性がつぎに問題となる。すなわち，Einigung の無因性についての議論である。

　独自性の問題と無因性の問題は，それぞれ区別して扱うべき内容を含んでいるため，Einigung についての判例を検討するにあたっても，両者を分けて扱うのが適当である。その上で，無因性をめぐる議論についても，独自性の問題と同じく，判例の流れを時系列に沿って歴史的に検討するのが有益であろう。ただし，無因性をめぐる議論は，具体的な場面において，債権行為との関係でこれをどの程度緩和することができるかといった問いが投げかけられることが多い。このため，時系列に沿った判例の紹介だけではなく，その緩和方法にも着目して，検討を進めることにする。

　以上のように，具体的には，独自性との関連では意思表示の法的性質の問題が，無因性との関連では債権行為が無効とされた場合の Einigung の帰趨の問題がとりあげられることになる。

2　独自性
(1) RG の理解

　物権変動の理論的枠組みについて，判例はどのような見解をとってきたのか。BGB が制定された直後の RG（ライヒ裁判所）の判決は，当事者間での譲渡意思の合致と登記または引渡しによって物権変動が発生するとする明文規

---

11) 所有権移転のための要件として Einigung（合意）とともに規定されている Eintragung（登記）と Übergabe（引渡し）は，事実行為であって法律行為ではない（土地につき BGB 873 条 1 項，動産につき BGB 929 条 1 文を参照）。したがって，法律行為論の 1 つとしての物権行為論の対象からは，外すべきであろう。ここで問題とされるべきなのは，法律行為としての Einigung にほかならない。

定（BGB 873条・929条）を確認するのみで，その内容に深く立ち入ることはなかった。Einigungの法的性質について，当初から厳密な分析を加えた判決は見当たらない。ほとんどの場合，Einigungの内容を規定する明文規定がBGBに存在しないことを指摘するのみである[12]。当事者間での譲渡意思の合致を法律行為とみるのかどうか，法律行為と認識した上で債権行為と区別される性質を有するのかどうかといった点については，ほとんど議論がなされなかった[13]。

しかし，その後，1904年の判決において，dinglicher Vertrag（物権契約）という用語を用いてEinigungを説明する試みが現れた[14]。ただし，そこでは，あくまで1つの用語法として，Einigungをdinglicher Vertragといいかえているだけであって，Einigungが債権契約と区別しうるものであると明記されているわけではない[15]。

つづいて1906年の判決は，Einigungとの関連で，契約成立のための要件

---

12) たとえば，1903年の RGZ 54, 378 ff. をあげることができる。判決は以下のように述べる。すなわち，「BGB 873条1項よれば，土地所有権の移転，土地への権利負担の設定，および，設定された権利の移転やその権利への負担設定を行うためには，権利者と相手方の間で物権変動の発生について合意し，登記簿へこの権利変動について登記することが必要である。Einigungの内容について規定するBGBの明文規定は存在しない。したがって，物権変動の発生について当事者間で合意があれば，それでよい。土地所有権の移転については，BGB 925条が Einigung（アウフラッスンク（Auflassung））について特別な方式を要求している。Auflassungについては，登記所に両当事者が出頭して同時に意思表示がなされなければならない。BGBは，このAuflassungについても特別な方式を要求してはいない。そのため，譲渡人から譲受人に所有権が移転することについての当事者間の意思の合致を生み出す意思表示があればよい。Einigungの内容に対して方式が影響を与えないのは，明らかである」と。この点につき，RGZ 54, 381を参照。
13) したがって，Einigungを物権行為あるいは物権契約として構成することは，検討の対象外であったということになる。ただし，土地所有権の移転に際して特別に要求されるアウフラッスンクを，土地と動産いずれの所有権移転の場合にも必要とされるEinigungの特別な一態様であると把握していたことは，BGB制定直後から変わらなかった。
14) RGZ 59, 146 ff. を参照。その事実関係は，動産である目的物の所有権譲渡が譲渡人に対する譲受人の債権を担保するために行われるというものであった。解釈論としての問題は，動産質権を設定するための要件が，債権者への目的物の引渡しと当事者間での質権設定についてのEinigungであるとされているところ（BGB 1205条1項），所有権の移転でその要件を満たすかどうかという点であった。
15) RGZ 59, 148を参照。傍論ではあるが，むしろ，消費貸借契約を締結する意思がないのであれば，物権契約の真実性も危ぶまれることを示唆している。この点から，債権契約である消費貸借契約と，質権設定のための物権契約との有因性を導き出すこともできれば，いちおうの無因性を確認しつつ債権契約と物権契約のいずれにも該当する瑕疵を認識していると評することもできる。この時点では，Einigungに対する判例の態度はいぜんとして不明であるといえる。

としての意思表示の合致について，相互に対応する意思表示の合致という契約本来のかたちをとっていなくてもよいと解した[16]。ここに，一般的な売買契約などの債権契約とは異なる Einigung の法的性質論の，判例における萌芽をみることができる。dinglicher Vertrag のように Vertrag という語が用いられるからといって，このことから債権契約と同じ法的性質が導かれるとは限らない。問題は，Vertrag という語にあるのではなく，dinglich と schuldrechtlich のいずれの性質をもつのか，そして，両者は区別されるべき性質を有するのかという点にある。

Einigung の法的性質について正面から言及したのが，1908 年の判決である[17]。これによれば，「抵当権設定についての当事者間の Einigung（BGB 873 条）は，……物権法の領域に属する抽象的な法律行為であって，物権契約とも称される。というのも，この法律行為は，目的物に関する権利変動を直接もたらすからである」[18]。Einigung が債権関係を創設するものではなく，物権関係を発生させる直接の根拠となることを明確に認めた点に，この判決の特徴がある。

BGB においては，物権変動の要件として Einigung が明確に規定されているために，Einigung がなければ物権変動は発生しないという点について，解釈論上，異論をはさむ余地がない。そのため，物権変動の効力要件として Einigung が必要であることが確認されることはあっても，Einigung 自体の法的性質にまで深く立ち入った議論はなかなか進まなかった。かりに Einigung の独自性を債権契約との関係で認めたとしても，無因性の問題にまで検討を進めない限り議論の実益が乏しいと考えられたことも，判例における Einigung の法的性質論が活発になされなかった原因であろう[19]。

---

16) RGZ 64, 145 f. を参照。動産の売主が自らの引渡義務を履行するために目的物を買主に送付した場合に，所有権移転それ自体が，売主に対する買主による承諾の意思表示に該当するかという事案であった。この判決は，目的物を転売する権利を有することも含めて，所有者と同様にではなく，まさに所有者そのものとして買主が正当化されることを認めた。なお，このことは，事実認定において，申込と承諾という形式がとられていたとしても変わらない。この点につき，RGZ 64, 145 を参照。
17) RGZ 68, 97 ff. を参照。被担保債権が無効であることを理由として，その担保権である抵当権に基づく物権的請求権を排除することができるかという事案であった。
18) RGZ 68, 99 を参照。

しかし、Einigung を債権契約とは概念上区別される物権行為ととらえ、しかも、それを dinglicher Vertrag と称したことからもわかるように契約に包摂したことは、判例理論の大きな進歩であった[20]。このことが、物権行為と債権契約との関係性をめぐる議論の端緒となり、また、BGB における Einigung への一般的な契約規範の適用可能性を開くことになったのである[21]。

(2) BGH の理解

その後、BGH（連邦通常裁判所）の判決においても、dinglicher Vertrag の文言が引き続き採用されるにいたる[22]。このようにして、Einigung を債権契約とは性質の異なる物権契約として把握することは、判例において確立した解釈論として定着したのである[23]。物権行為の独自性を認めることについて、判例は、BGB 制定当初から一貫した態度をとり続けていたと評価することができる。

---

19) すでに紹介した RG（ライヒ裁判所）の判決でも、Einigung 自体の法的性質論については、債権契約との無因性を論じる前提としてふれられているにすぎない。したがって、Einigung の独自性を認めた上で債権契約との関係性を肯定する、つまり、有因な物権行為としての Einigung を認める可能性について、正面から論じられたわけではない。

20) さらに、1908 年の別の判決は、「原因行為である売買契約と履行行為である物権的譲渡契約」として、債権行為と物権行為が別の概念であることを強調している。この点につき、RGZ 70, 55 ff. を参照。とりわけ、RGZ 70, 56 を参照。

21) 物権法において特別な定めがない限り、民法総則の規定のみならず、債権法上の契約に関する規定の適用もあることになる。BGB（ドイツ民法典）においては Einigung としか規定がないのであるから、Einigung を dinglicher Vertrag と性質決定して契約として位置づけることは、解釈論上、議論の余地が十分にあると考えられる。BGB の体系との関係から、Einigung を Vertrag と位置づけることに反対する見解として、*Haag Molkenteller*, a.a.O. 9, S. 423 ff. を参照。ただし、このような批判はそれほど強くはなされていない。

22) たとえば、1956 年の BGHZ 20, 88 ff.; BGHZ 21, 229 ff.; 1962 年の BGHZ 37, 319 ff.; 1964 年の BGHZ 41, 95 ff.; BGHZ 41, 209 ff.; 1969 年の BGHZ 52, 269 ff. などを参照。また、2013 年の判決において BGH は、「BGB 873 条に基づいて必要とされる譲渡人と譲受人との間の所有権移転についての合意、つまり物権契約」と明確に述べている。この点については、BGH, Urteil vom 12. Juli 2013 -V ZR 122/12- を参照。

23) もちろん、Vertrag という名称に対しては、疑問も残る。ここで実質的に重視された効果は、民法総則や債権法の諸規定を Einigung にも可能な限り適用したいというものであった。そのため、Einigung を Vertrag として性質決定したわけである。しかし、条文上に dinglicher Vertrag の文言は存在しないし、また、意思表示の合致として把握することと、Vertrag と明確に位置づけることとは、かならずしも同義とはいえないのではないか。帰納的な解釈論ではなく、演繹的な概念構成を試みる努力は、引き続きなされねばならないだろう。

3　無因性
(1)　序

　物権行為の独自性を肯定することにより，債権行為との関係性を議論することがはじめて可能となる。立法論としても解釈論としても，法制度上は，物権行為の独自性を肯定するからといって，債権行為との関係性を必然的に切断しなければならなくなるわけではない。いわゆる物権行為の無因性については，これを肯定することも否定することも，理論上は可能である。

　ドイツ法においては，物権行為は原因行為である債権行為との関係性を有しないとされている。このことは，目的物が土地（BGB 873 条以下），動産（BGB 929 条以下）または権利（BGB 1273 条以下）であるかどうかを問わず，適用される[24]。このいわゆる物権行為の無因性については，BGB に明確な規定が存在しないにもかかわらず，BGB の体系の観点と物権行為概念の生成過程から，解釈論上争いのないものとされている[25]。

　そこで，議論の対象は，原則である無因主義を例外的に排除することができるかどうかという点に移ることになる。一方で，無因主義を貫徹することによって物権取得者が不当に利益を受けることがないか，他方で，物権処分者が処分にあたって不必要な負担を被ることがないかという点をそれぞれ考慮することが重要となる。もちろん，これらの点が問題となる事案は無数に考えられるが，一般的には，以下のように問題を分けて論じることが認められている。つまり，瑕疵の同一性（Fehleridentität）[26]，条件による関連性（Bedingungszusammenhang）[27]および一体としての行為（Geschäftseinheit）[28]である。

　瑕疵の同一性とは，債権行為に瑕疵があった場合に，それと同じ瑕疵が物権行為にも存在すると認定することで，債権行為とともに物権行為の無効を

---

24) さらに，法律行為による債権譲渡にも処分行為の無因性が妥当する（BGB 398 条以下）。
25) この点につき，*Stadler*, a.a.O. 9, S. 80 を参照。たとえば，2010 年の BGH, GRUR 2010, 828 ff. は，ドイツ法において物権行為の無因性が妥当することを前提に，外国法との関係について論じている。
26) 瑕疵の同一性について優れた概観を与えるものとして，*Fritz Baur/Jürgen F. Baur/Rolf Stürner*, Sachenrecht, 18. Auflage, München 2009, S. 59 f. を参照。
27) 条件による関連性については，*Baur*, a.a.O. 26, S. 61 を参照。
28) 一体としての行為につき，*Baur*, a.a.O. 26, S. 61 f. を参照。

導く理論である。また，条件による関連性とは，債権行為が有効であることを条件として物権行為の有効性を維持する考え方である。さらに，一体としての行為とは，債権行為と物権行為を1つの法律行為として把握し，債権行為の無効が全体として1つの法律行為の無効をもたらすことにより，物権行為の無効をももたらすというものである。

これらの理論は，物権行為の無因性をどのような場面でも貫徹するべきとする考え方が，ドイツ法においても妥当するわけではないということを示唆している。例外としてではあるが，物権行為の無因性を緩和あるいは排除すべき場合があるという認識は，判例および学説において共有されているといえる。

(2) 瑕疵の同一性

債権行為と物権行為のそれぞれの独自性を認め，さらに，両者の関係性を原則として遮断しているドイツ法においては，無効原因や取消原因などの瑕疵の有無とその効果について，債権行為と物権行為がそれぞれ別々に検討されなければならない。かりに債権行為だけに瑕疵が認められ無効とされたとしても，物権行為までもが自動的に無効になるわけではない。このため，物権行為は原則として有効のままとして扱われ，その後の処理は不当利得制度によって図られることになる（BGB 812条以下）[29]。

しかし，契約当事者の共通認識として，また，共通の利益として，債権行為または物権行為の一方のみに瑕疵が存在するためその行為のみが無効とされるにとどまらず，他方の行為も無効とされることが求められる場合が考えられる。この要求にこたえるのが，瑕疵の同一性の理論である[30]。典型的な例は，錯誤に基づく取消し（BGB 119条）[31]，詐欺または強迫による取消し（BGB 123条），および，良俗違反による無効（BGB 138条）である。

まず，性状の錯誤（BGB 119条2項）を理由として物権行為である処分行為を取り消すことができるかどうかについて，判例は古くから一貫した態度を

---

29) この点をとらえて，物権行為の独自性と無因性の採用により，ドイツ法は取引安全の保護を図っているとよく評価される。たしかに，物権取得者から物権をさらに転得した者の保護のために善意取得などの法制度を利用する必要がないため，その限りで，物権行為の無因性は取引安全に資するということができる。

とっている。1907年のRGの判決[32]が、今日においてもそのリーディングケースとして引用されている。そこでは、買主の支払能力について売主に錯誤があった場合に、その錯誤に基づいて売買契約だけではなく処分行為も取り消すことができるかが争われた[33]。判例が提示した要件は、債権行為と物権行為が1つの一体化した意思に基づいていることである。この要件は、目的物の取引の本質をなす特性についての錯誤、つまり典型的な性状の錯誤が問題となる場合にも妥当するとされている[34]。

これに対して、詐欺または強迫による取消し（BGB 123条）がなされる場合には、特段の事情がない限り、その取消原因は処分行為にも及ぶとされる[35]。

---

30) ここで注意しなければならないのは、物権行為の無因性を例外的に排除する瑕疵の同一性について論じられるべきであるという点である。たとえば、行為無能力者の法律行為は無効とされている（BGB 104条・105条）。このような行為無能力者が売買契約を締結し、さらに、目的物の所有権の譲渡について物権契約をも締結したとする。この場合、BGB 105条は債権契約にも物権契約にも適用され、いずれの行為も無効とされる。たしかに、ここでも無効原因の同一性が認められるが、これは、物権行為の無因性が排除された結果としてもたらされた効果ではない。債権行為である売買契約と物権行為である譲渡契約が、それぞれ別個に検討された結果、いずれにも同じ無効原因があることが判明したにすぎない。この場合、物権行為の無因性は、むしろ維持されているのである。この点については、*Reinhard Gaier*, Münchener Kommentar zum Bürgerlichen Gesetzbuch, Band 6, Sachenrecht, 5. Auflage, München 2009, S. 7 (*Reinhard Gaier*) などを参照。

31) 瑕疵の同一性をめぐる議論の中で論じられる錯誤に基づく取消しは、おもに性状の錯誤（BGB 119条2項）による取消しである。というのも、内容の錯誤や表示の錯誤（BGB 119条1項）が問題となる場合には、原因行為である債権行為と処分行為である物権行為それぞれの要素である意思表示を個別に検討した結果、いずれの意思表示にも内容の錯誤や表示の錯誤があることが判明し、債権行為も物権行為も取り消しうるということが多い。これは、物権行為の無因性の例外の結果としてではなく、むしろ、無因主義を維持した上で、同じ瑕疵に基づいて債権行為と物権行為が取り消される事例にすぎない。これに対して、性状の錯誤は、売買契約などの債権行為にはよく当てはまるが、物権行為にもその同じ性状の錯誤があるとは、通常はいえない。というのも、処分行為である物権行為の内容は、まさに目的物それ自体についての物権変動をもたらすことを目的としているのであるから、目的物の性状が実際にいかなる特徴を有していたとしても、その目的物についての物権変動をもたらすことについては、性状の錯誤がないからである。これについて詳しくは、*Stadler*, a.a.O. 9, S. 175 ff. を参照。

32) RGZ 66, 385 ff. を参照。

33) ここで、買主の支払能力についての錯誤の存在を認定し、かつ、その錯誤に基づき物権行為の取消しを容易に認めてしまうと、買主が破産した場合、売主は別除権（InsO 47条）を行使できることになる。この結論をどの程度是認してよいかどうかもまた、性状の錯誤による物権行為の取消しを検討するにあたって重要な要素となる。

34) *Achim Lindemann*, Die Durchbrechungen des Abstraktionsprinzip durch die höchstrichterliche Rechtsprechung seit 1900, Konstanz 1989, S. 47 を参照。

35) *Harry Westermann/Harm Peter Westermann/Karl-Heinz Gursky/Dieter Eickmann*, Sachenrecht, 7. Auflage, Heidelberg 1998, S. 32 などを参照。

したがって，詐欺または強迫に基づいて取消しがなされると，原因行為のみならず処分行為もその影響を受けることになる[36]。しかし，被詐欺者が物の性状に関する錯誤に陥っている場合には，錯誤と詐欺の競合が問題となる。すなわち，物権行為をも取り消すことができるかについて，この事案を錯誤の問題ととらえれば，債権行為と物権行為が1つの一体化した意思に基づいていることが要件となり，詐欺の事案ととらえるならば，債権行為の瑕疵は原則として物権行為にも及ぶ。これは，立証責任の問題とも絡む。錯誤とは異なり，詐欺の場合には詐欺者の悪質な行為によって被詐欺者が被害を受けていることにてらして，錯誤と詐欺の競合事例にあたっては詐欺を優先的に適用し，被詐欺者の保護をより図るといった解釈も十分に成り立つであろう[37]。

それでは，良俗違反による無効（BGB 138条）はどうか。判例は，BGB 138条に基づいて処分行為が無効になる可能性があることを認めている。BGB 138条が総則規定であることから，原因行為のみならず処分行為にも同条を適用することができるとする。問題は，良俗違反による無効が，自動的に処分行為の無効をももたらすかという点である。この点につき，判例は，原因行為に良俗違反が認められたからといって，自動的に処分行為にも同じく良俗違反が認められるとは限らないと解している[38]。あくまで，原因行為と処分行為の分離，そして両関係が無因であることが前提になるとしている。したがって，詐欺または強迫による取消し（BGB 123条）とは異なる扱いがなされている。

(3) **条件による関連性**

債権行為と物権行為の無因性を制限する方法として，瑕疵の同一性のほかに，条件による関連性がある。これは，処分行為が有効であるためには原因行為の有効性を条件とするものである[39]。物権行為である処分行為も法律行為であるから，条件を付すことは原則として可能である[40]。物権行為と債権

---

36) この点につき，判例は，原因行為と処分行為がなされたタイミングに齟齬があったかどうかを重要視していない。たとえば，RGZ 69, 13, 16を参照。
37) 被詐欺者の要保護性は，取引安全に優先するともいえよう。
38) たとえば，BGH NJW 1985, 3006 f. を参照。
39) 停止条件でも解除条件でもよい。

行為の関連性を有因なものとすることを目的とした条件を付すことによって，物権行為の無因性を回避することができるのである。

しかし，物権行為が債権行為との関係において無因であることは，やはり原則とされる。このため，判例は，物権行為の有効性を債権行為の有効性にかからしめるとする条件を認定するにあたって，当事者がその条件を明示することを求める[41]。

ただし，債権行為が有効であることを物権行為の有効性の条件とすることには，そもそも疑問の余地がある。BGB 158条が定めている条件とは，一般に，将来成就するかどうかわからない客観的な事象あるいは出来事のことをいう。債権行為の有効性は，その客観的な事象や出来事といえるのか。原因行為である債権行為は，物権行為の成立以前にすでに存在していることが多いであろうし，また，客観的な事象ともいい難い。判例は，債権行為の有効性を，主観的に設定された不明確な事象として，BGB 158条を準用している[42]。

(4) **一体としての行為**

売買契約と履行行為を1つの行為としてみて，売買契約が無効になった場合に，履行行為を含む一体としての行為全体を有効とすることはできないと解することは可能か（BGB 139条）。瑕疵の同一性と条件による関連性によって原因行為の無効を処分行為の無効に結びつける場合には，それぞれの行為が分離されていることを前提としていた。しかし，一体としての行為は，まさに，それぞれの行為の分離を否定するという点に特徴がある。

---

40) 条件について定める BGB 158条は総則の規定であるため，債権行為のみならず物権行為にもその適用が認められる。ただし，土地所有権の譲渡に関する物権的合意であるアウフラッスンクには，条件を付すことができない（BGB 925条2項）。動産所有権の譲渡などと比較して，土地所有権が譲渡されることで生じる影響は，当事者にとって計り知れない。このため，物権行為の安定性が求められる。
41) たとえば，自動車の売買契約が締結され，その所有権が譲渡されたが，売主のために解除権が留保されていたとする。この解除権の存在は，一般に広くなされているわけではない。このため，解除権の行使によって売買契約のみならず所有権譲渡行為も解除されるとするには，解除条件付きの処分行為であることが明示されていなければならない。Baur, a.a.O. 26, S. 61の例を参照。これに対して，例外として黙示の条件が認められるのは，債権の譲渡担保がなされた場合である。この点につき，BGH NJW 1982, 275を参照。
42) たとえば，BGHZ 49, 197, 202を参照。

一体としての行為が実務において求められる理由は，アウフラッスンク（Auflassung）に条件を付してはならないとする原則を否定することにある。実際のところ，売買契約の無効によって土地所有権の譲渡をも自動的に無効にしたいと考える譲渡人がほとんどであろう。しかし，売買契約とアウフラッスンクを一体としての行為であると容易に認めてしまうと，BGB 925条2項を潜脱することになる。

当事者の意思を分析してみると，両当事者が原因行為と処分行為を分離して把握しているとされる場合は，まれである。したがって，1つの行為として原因行為と処分行為をみた場合に，BGB 139条の要件は，ほとんどの事例においてみたされると考えられる。このため，この結論を回避するには，原因行為と処分行為を一体の行為として把握すること自体を否定するほかはない。

判例は，BGB 925条2項の趣旨を重視することを理由として，売買契約と履行行為を一体の行為として認めることは完全に否定されるわけではないが，きわめて例外的な場合に限られると解している[43]。

4 評 価
(1) 独自性

ここまで，ドイツ法における物権行為の独自性と無因性について，判例の見解を分析してきた。判例が，BGB制定当初からこれらを認めてきたことは，たしかである。しかし，ドイツ法の根本をなすと考えられてきた物権行為の独自性と無因性が，かならずしも無条件に判例に受け入れられてきたわけではないことが，みてとれる。

まず，物権行為の独自性は，それ自体はBGB制定当初の判例から承認されていたものの，物権行為であるEinigungの法的性質については，判例の見解はなかなか定まらなかった。Einigungは，一般に合意と解されるところ，判例がこれを契約と理解したのは，その後の物権行為論を考えていくにあ

[43) この点につき，BGH NJW-RR 1989, 519を参照。なお，判例は，債権行為と物権行為を一体の行為として扱うことと，債権行為と担保合意を一体として扱うことを区別している。たとえば，BGH NJW 1994, 2885を参照。

たって大きな一歩であった。というのは，これにより，Einigung に総則の規定を適用することが解釈論上可能となったからである。

そうであるならば，物権行為を物権契約ととらえ，あるいは，そのようにいいかえることもできる。ただし，これにより，物権行為を登記や引渡しを含む概念と理解するのは，困難になったといえる。ドイツ法上，たとえば土地所有権の譲渡の要件は Einigung と登記であり（BGB 873 条），動産所有権の譲渡の要件は Einigung[44]と引渡しである（BGB 929 条）。つまり，Einigung と登記や引渡しは別の行為として把握されている。このため，登記や引渡しはあくまで事実行為であって，物権契約あるいは物権行為に包摂される概念ではないであろう[45]。

(2) **無因性**

この物権行為の独自性を基礎として，物権行為の無因性を論じることが可能となる。一般に，物権行為の無因性を認める理由は，これにより取引安全が図られるというものである[46]。ドイツ法においては，たとえば債権行為あるいは原因行為としての売買契約が無効とされても，物権行為あるいは処分行為としての所有権譲渡行為が自動的に無効になるわけではない。これが，物権行為の無因性の帰結である。これにより，その所有権の転得者は，有効にその権利を取得することができる。その後の処理は，もちろん，基礎であった原因行為が存在しなくなっているわけであるから，不当利得の規定（BGB 812 条以下）に従ってなされる。しかし，不当利得の規定は債権に関する規定であるから，あくまで相対的な効力しか有しない。このため，やはり，転得者は保護されるわけである。

しかし，譲渡人の立場からすれば，物権行為の無因性が不利益にはたらくこともある。詐欺に基づいて売買契約を取り消しても，所有権譲渡行為は有効なままであり，所有権が自動的に譲渡人に復帰するわけではない。譲渡人は，不当利得返還請求権を行使することによって，ようやく所有権を取り戻

---

44) 条文上は einig であるが，ここで意味するところは Einigung と同義である。
45) 登記や引渡しは，事実行為として，物権行為とは区別した上で，物権行為とともに物権変動の効力要件になっていると解すべきであろう。
46) たとえば，*Stadler*, a.a.O. 9, S. 534 f. を参照。

すことができる。このことは，所有権の復帰を求めている譲渡人にとって，迂遠な方法であろうし，また，所有権が復帰するまでの間に転得者が現れるリスクを負担することになる。

そこで，すでに検討した通り，ドイツ法においても解釈論として，債権行為と物権行為の関係性を認めようとする見解が主張された。瑕疵の同一性の理論は，債権行為を形成する意思と物権行為を形成する意思にそれぞれ同じ瑕疵がある場合には，両行為の瑕疵の関連性を認めて，いずれの行為をも取り消すことができるとするものである。

ただし，瑕疵の原因に応じて，この理論の具体的な運用は異なっている。判例によれば，詐欺や強迫に基づく取消し（BGB 123条）の場合には，被詐欺者や被強迫者を保護する観点から，売買契約の瑕疵が原則として処分行為にも及ぶと解するのに対して，錯誤に基づく取消し（BGB 119条）や良俗違反に基づく無効（BGB 138条）の場合には，債権行為と物権行為の意思が一体化していることが求められる[47]。

このように，詐欺や強迫に基づく取消しについて，ほかの原因に基づく取消しと異なる扱いを認めるのは，一見すると整合性があるともいえる。しかし，実際の事案において，錯誤と詐欺の区別はきわめて相対的なものであることが多いし，また，両方の要件を満たすこともよくある。この場合に，錯誤と詐欺のどちらを主張するかによって，物権行為の取消しが認められる可能性が変わってくるのは，妥当ではない[48]。また，良俗違反の場合には，そもそもその法律行為自体が良俗違反なのであるから，物権行為の無効を求める者の保護というよりも，法秩序の維持の観点から，瑕疵の同一性の理論をより認めやすくする解釈論が提示されてもよいであろう。

物権行為が有効であるために，債権行為の有効性を条件とすることはどうか。条件に関する規定（BGB 158条）は総則に定められていることから，物権

---

47) この違いは，立証責任の点からしても大きな違いをもたらす。詐欺や強迫に基づく取消しが主張された場合には，債権行為の瑕疵が物権行為の瑕疵を導くものではないことを詐欺者や強迫者が立証しなければならないところ，錯誤に基づく取消しを主張する場合には，錯誤に陥っている者がその債権行為と物権行為における意思が一体化していることを立証しなければならない。

48) 取消しと処分行為の関係について，*Hans Christoph Grigoleit*, Abstraktion und Willensmängel, AcP 199, 379, 1999 を参照。

行為にも条件を付すことができる。これについては，さしあたり異論はない。しかし，債権行為は物権行為よりも前になされることが通常であろうから，すでになされた行為の有効性を物権行為の条件とするのは，論理矛盾といえる[49]。

また，契約当事者は，売買契約を締結する場合に，所有権譲渡の意思をあわせて有していることが通常であろう。このことからすれば，実務上は，物権行為と債権行為が関連づけて理解されている，あるいは，両行為の独自性が観念されていないというのが，素直な見方である。このため，当事者の意思からすれば，多くの場合に，債権行為の無効は物権行為の無効をももたらすというのが自然である。しかし，判例は，物権行為の無因性を維持した。とくに，条件の関連性の理論において，債権行為の有効性を物権行為の条件とすることについて，当事者が明示しなければならないとしたことに，判例の立場をはっきりとうかがい知ることができる。

最後に，一体としての行為の理論である。これまでの瑕疵の同一性，あるいは，条件の関連性の理論は，いずれも，物権行為の独自性を前提として，債権行為との関連性を対象とするものであった。しかし，一体としての行為の理論は，物権行為の無因性を制限することを目的とした見解とはいえ，その構成からして，むしろ，物権行為の独自性そのものを否定しているとも評価することができる。判例が物権行為と債権行為を一体としての行為として認めることは，これまでほとんどない。その理由は，この理論が物権行為の無因性よりも独自性を否定することにつながる点にあると考えられる。

以上のように，瑕疵の同一性，条件の関連性，および，一体としての行為の理論は，それぞれいずれも問題を抱えていることがわかる。また，判例が，物権行為の独自性はもちろん，無因性をも原則として守る立場にあることがよくわかる。物権行為の独自性と無因性を理論において維持しながらその修正を図ることは，きわめて難しいといえよう。

---

[49] たとえば，売買契約の取消しがなされた場合には，その契約ははじめから無効になる（BGB 142条）。このことは，物権行為がなされた後に債権行為の取消原因の存在が判明し，その取消しがなされた場合でも異ならない。したがって，この場合にも，物権行為がなされる前に債権行為は無効であったことになる。将来の不確定な事象が条件の対象であるとすれば，物権行為の有効性にあたって債権行為の有効性を条件とすることは，困難ではないだろうか。

三　学　説

1　分析の視角

　物権行為の独自性と無因性に関しては，判例と同じく学説においても，多くの議論が展開されてきた。たしかに，物権行為の独自性と無因性がドイツ民法の確固たる理論になっていることはまちがいない。したがって，物権行為のこれらの性質を正面から否定することは，解釈論上，無理があるといえる。しかし，物権行為の独自性あるいは無因性が機能する場面をできる限り少なくするといった解釈論の試みや，立法論としてそれぞれの理論を否定すべきといった議論までもが，不可能なわけではない。
　そこで，ここでは，まず物権行為の独自性に関する学説につき，時系列にそって，歴史的な分析を加える。そして，物権行為の無因性に関する学説については，判例との比較を容易にするために，判例の分析枠組みと同じく，どのような観点から無因性を緩和する方向で議論がなされているのかという点に着目して，分析を行う。

2　独自性

(1)　戦前の議論

　BGB 制定後しばらくの間，物権行為の独自性が問題とされることはなかった[50]。物権行為という文言に関して，法文上は Vertrag ではなく Einigung があてられることになったが，この点についても，BGB 制定直後の初期の学説は，とくに疑問視することがなかった[51]。Einigung を Vertrag すなわち契約として理解することが自明であったというよりも，BGB 上の総則規定や契約法の規定が物権行為に適用されるかといった問題の理解が，それほど進んでいなかったと思われる。つまり，具体的な適用事例との関係でなぜ物権行

---

50) Friedrich Carl von Savigny や BGB の立法者たちは，物権行為を理論上必須の概念として理解していた。この点につき，*Stadler*, a.a.O. 9, S. 46 ff. を参照。
51) この点につき，たとえば，*Johannes Biermann*, Das Sachenrecht, 2. Auflage, Berlin 1903, S. 2 を参照。

為の概念が必要なのかといった問いは，まだたてられていなかった。その限りで，BGBの文言を盲目的に受け入れていたといえよう。

これに対して，物権行為の独自性に反対する見解があらわれてくるのは，ナチス法学の台頭と密接に関連している。物権行為の独自性を否定し，債権行為に一元化した上で，原因主義による物権変動論の構築を目指した動き[52]は，物権行為の独自性に対する内在的な批判ではなく，ナチス法学のイデオロギーを前提とした非難であったということができる[53]。すなわち，Savigny以来の意思理論に対する，国民の意識を理由とした非難である。

(2) 戦後の議論

戦後を迎えると，ナチス法学のイデオロギーから解放された，物権行為の独自性に対する理論的な批判がいくつか提起された[54]。とりわけ，動産所有権の譲渡がなされる場合には，不動産所有権の譲渡と異なり，現実売買によって行われることが多い。すると，物権行為を想定したとしても，債権行為との時間的な間隔はほとんどなく，当事者も物権行為の存在をほとんど意識しないと考えられる。そうであれば，すくなくとも動産所有権が目的となっている事案において，物権行為の独自性を否定する見解[55]が現れてくるのは，当然であった[56]。

物権行為の独自性を否定する見解は，その根拠として，まず，上述の通り，実際の取引において債権行為と物権行為を異なる概念として理解することはほとんどないことをあげる[57]。これは，ナチス時代から主張されていた理由[58]ではあったが，ナチス法学のイデオロギーを離れてもなお，今日におい

---

52) *Philipp Heck*, Das abstrakte dingliche Rechtsgeschäft, Tübingen 1937, S. 9 ff. などを参照。
53) このことを指摘する文献として，*Werner Rother*, Die Erfüllung durch abstraktes Rechtsgeschäft, AcP 169, 1 ff., 1969 を参照。
54) *Franz Beyerle*, Der dingliche Vertrag, FS Gustav Boehmer, Bonn 1954, S. 164 ff.; *Haag Molkenteller*, a.a.O. 9, S. 386 ff. などを参照。
55) *Erich May*, Die Möglichkeit der Beseitigung des Abstraktionsprinzips bei den Verfügungsgeschäften des Fahrnisrechts, Mainz/Rendsburg 1952, S. 1 ff. などを参照。
56) 土地所有権が譲渡される場合には，通常，売買契約の成立から代金決済あるいは登記移転までの時間が長くかかることがある。このため，当事者は，債権行為である売買契約と所有権の移転とが異なる行為であるという認識をもつことが多いと考えられる。したがって，当事者意識を根拠に物権行為の独自性を否定するには，土地の売買を例とした場合に，その根拠が希薄となる。
57) *Frank Peters*, Kauf und Übereignung -Zum sogenannten Abstraktionsprinzip, Jura 1986, 449 f., 1986 などを参照。

てしばしば物権行為の独自性を否定する根拠とされる[59]。

しかし，戦前から戦後にいたる学説の展開をみると，通説は物権行為の独自性を肯定し[60]，立法論も含めて物権行為の独自性を否定する見解は少数にとどまっていると評価できる。

3 無因性
(1) 序

このように，物権行為の独自性，つまり債権行為からの物権行為の分離を，解釈論において前提とするならば，つぎに問題となるのは債権行為と物権行為の関連性である[61]。たしかに，物権行為の無因性が認められれば，転得者にとって有利である。というのも，たとえばAB間でなされた土地甲の売買契約が詐欺によって取り消されても，AB間でなされた甲所有権の譲渡行為は有効なままであり，Bが所有者である結果，転得者CはBから有効に甲所有権を譲り受けることができるからである[62]。しかし，その反面，Aは所有権を取り戻すことはできない。詐欺の原因となった事実や，Aのおかれた状況によっては，この結論がバランスを欠くことになる場合がある。

そこで，判例と学説では，さまざまな解釈論的方法を用いて，物権行為の無因性を封じようとしてきた。債権行為とともに物権行為も無効にすることによって，Bの所有権取得を否定し，Cの保護を善意取得に限定しようとする。これにより，Aが所有権を取り戻すことができる可能性が大いに高まる。

このために用いられるおもな手法は，判例の分析において検討したとおり，瑕疵の同一性，条件による関連性，および，一体としての行為の3つである[63]。

---

58) *Heck*, a.a.O. 52, S. 13 f.; *Hans Brandt*, Eigentumserwerb und Austauschgeschäft, Leipzig 1940, S. 1 ff. などを参照。
59) 体系重視への傾倒，あるいは，概念法学の産物という批判もありうる。
60) 代表的な見解として，*Baur*, a.a.O. 26, S. 42 ff., 55 を参照。また，*Stadler*, a.a.O. 9, S. 76 f. も参照。
61) 厳密にいえば，ここでは，外的無因性が問題となる。外的無因性とは，物権行為の有効性が債権行為の有効性の影響を受けないということである。これに対して，ドイツ法においては，内的無因性についても検討されている。内的無因性とは，物権行為がその目的との関連性を有しないということである。ドイツ法上，いずれの無因性も認められている。
62) ドイツ法においては登記に公信力が認められていることから（BGB 892 条），Bが無権利者であっても，CはB名義の登記を信頼することよって保護を受けることもできる。しかし，この場合，Cは善意である必要がある（BGB 892 条1項1文）。

第四章 概念の展開 *109*

ここでは，それぞれの解釈論に対して学説がどのような立場をとってきたかについて，分析を加える[64]。

ただし，それぞれの内容は，大きく異なる。共通点は，物権行為の無因性を解釈論を通じて否定することだけともいえる。瑕疵の同一性と条件による関連性は，物権行為と債権行為の分離を前提としているが，一体としての行為は，それぞれの行為を一体とみて，物権行為の独自性を否定する場面を認めることにその特徴がある。また，瑕疵の同一性は，その瑕疵の内容と原因に応じて，解釈論が異なってくる余地を残している。

(2) 瑕疵の同一性

ドイツ法においては，瑕疵のレベルに応じて3つのカテゴリーが用意されている。すなわち，原始的無効[65]，浮動的無効[66]，および，遡及的無効[67]である[68]。ここでも，この分類に従って検討を進める[69]。

良俗違反の行為は，はじめから無効である（BGB 138条）。しかし，良俗に反する行為は，原因行為である売買契約の中に認められることがほとんどであろう。売買契約とは異なり，物権行為である所有権譲渡行為それ自体に良俗違反があることは，考えにくい。したがって，売買契約と所有権譲渡行為は別々の行為であって，売買契約が良俗違反により無効になったとしても，所有権譲渡行為まで自動的に無効になるわけではない。

それでは，良俗違反が物権行為にも認められる例はあるのか。債権行為である売買契約が履行される過程で，所有権譲渡行為をなす際に良俗違反があれば，これが所有権譲渡行為の無効原因になるとする見解がある[70]。また，

---

63) この点につき，*Othmar Jauernig*, Trennungsprinzip und Abstraktionsprinzip, JuS 1994, 723 ff., 1994 を参照。
64) たとえば，*Klaus Tiedtke*, Sicherungsabtretung beim Fehlen des zu sichernden Anspruchs, DB 1982, 1711, 1982 を参照。
65) BGB 104条・105条・117条・118条・125条・134条・138条など。
66) BGB 108条・177条・181条など。
67) BGB 119条・120条・123条など。
68) *Stadler*, a.a.O. 9, S. 132 を参照。
69) ただし，瑕疵の同一性の理論によって物権行為の無効をももたらすことが問題となるケースに限定して，検討を加える。
70) *Heinrich Honsell*, Die Rückabwicklung sittenwidriger und verbotener Geschäfte, München 1974, S. 53 を参照。

物権行為がまさに抽象的な行為であることから，物権行為の良俗違反を考えることはできず，物権行為を行うにあたっての目的や動機に良俗違反があった場合に，その物権行為を無効とする見解も主張された[71]。

物権行為と債権行為の分離を前提とするのであれば，債権行為の良俗違反が物権行為にも認められるという事案は，理論上考えられない。そうだとすれば，良俗違反による物権行為の無効が問題となるのは，まさにその物権行為自体に良俗違反があった場合ということになるわけだが，それはどのようなケースか。これは，原因行為である売買契約の内容や目的をまったく考慮することなく，処分行為の形成過程のみに対象を限定して，その部分に良俗違反があった場合ということになろう[72]。

つぎに，浮動的無効の例をみてみよう。未成年者の意思表示は，その未成年者がたんに法的利益を受けるだけの場合を除いて，法定代理人による同意を必要とする（BGB 107 条）。未成年者がこの同意を得ることなく契約を締結すると，契約の有効性は法定代理人の追認次第で，確定的に有効となり，あるいは，無効となる（BGB 108 条 1 項）。この契約の未確定状態のことを，浮動的無効という。

それでは，浮動的無効に関する規定は物権行為に適用されるか。物権行為の典型は所有権譲渡行為である。所有権の譲渡は，譲渡人にとって法的不利益をもたらす行為であるため，譲渡人が未成年である場合には，BGB 107 条の適用があり，その所有権譲渡行為について法定代理人の同意を要する[73]。したがって，この同意がないにもかかわらず，所有権譲渡行為が行われてしまった場合には，その行為は浮動的無効となる。このため，ドイツ法においては，浮動的無効の場面においても，物権行為の独自性が維持されている。その無因性については，未成年者の法律行為が問題となっている場合には，議論の対象とならない。というのは，未成年者による物権行為が法的不利益

---

71) *Othmer Jauernig / Heinz Peter Mansel*, Bürgerliches Gesetzbuch, 15. Auflage, München 2014, § 138 Rn. 25 などを参照。

72) *Reinhard Zimmermann*, Sittenwidrigkeit und Abstraktion, JR 1985, 51, 1985 を参照。しかし，その具体例を想定することはきわめて困難である。

73) *Norbert Habermann / Hans Georg Knothe*, Staudinger BGB, Berlin 2012, § 107, Rn. 24 などを参照。

をもたらす行為に該当する以上，物権行為に対しては，BGB 107 条と 108 条が適用されるのが通常であり，原因行為に両条が適用される一方で処分行為には適用されないという事例が想定できないからである。

最後に，遡及的無効である。ドイツ法上，瑕疵の同一性と関連づけてよくとりあげられるのは，内容の錯誤と表示の錯誤（BGB 119 条 1 項），性状の錯誤（BGB 119 条 2 項），および，詐欺（123 条）に基づく取消しである。

しかし，BGB 119 条 1 項に基づく錯誤は，物権行為の無因性との関係では，ほとんど問題にならない。なぜなら，債権行為と物権行為は分離されており，かつ，それぞれの行為の内容や表示が異なっているからである。したがって，たとえば債権行為である売買契約の内容に錯誤があっても，これと異なる内容をもつ物権行為に関して瑕疵の同一性があるということには，通常はならない。

これに対して，BGB 119 条 2 項に基づく錯誤があった場合には，瑕疵の同一性が問題になることがある。なぜなら，性状の錯誤は，売買契約の目的物についても，所有権譲渡行為の目的物についても，ひとしく発生しうるからである。ただし，物権行為の独自性はここでも維持されるため，実際の事案においては，まず，目的物に関する性状の錯誤がなければ所有権譲渡行為を行わなかったのかについて，検討する必要がある[74]。ここで，性状の錯誤が所有権譲渡行為の実行についても決定的な内容を有すると解されるのであれば，売買契約における瑕疵と同一のそれが物権行為にも認められることになる[75]。

さらに，詐欺に基づく取消しになると，前述した通り，判例は瑕疵の同一性の理論を用いて物権行為の取消しをより広く認める。この理由は，錯誤者と被詐欺者の要保護性の違いに求められる。学説もこれに賛成する見解が多

---

74) この点を指摘するものとして，*Stefan Grundmann*, Zur Anfechtbarkeit des Verfügungsgeschäfts, JA 1985, 81, 1985 を参照。
75) しかし，同じ性状の錯誤が債権行為だけではなく物権行為にも存在するとして，総則規定である BGB 119 条 2 項を適用し，いずれの行為の取消しをも広く認めてしまうと，物権行為の無因性とともに物権と債権の峻別を志向した立法者の意思に反することになる。物権行為の無因性は，取引の安全に資するとよくいわれる。このこととの関係で，できる限り物権行為の無因性を維持し，例外的に BGB 119 条 2 項の適用が物権行為にもある場合には，転得者である第三者の保護を善意取得制度（BGB 892 条・932 条）によって図ることもできる。

いが，否定する見解もある。とりわけ，詐欺の原因となる事実を被詐欺者が作り出してしまった場合[76]には，処分行為の取消しを認めないとする見解がある[77]。ここでも重要なことは，被詐欺者の要保護性と取引の安全の衝突である。そうだとすれば，錯誤の場合と比較して，詐欺の場合には，利益衡量の観点から被詐欺者の保護に傾くことは説得的といえる。詐欺が問題となる場合には，被詐欺者以外の者が詐欺行為を行っている。しかも，その詐欺行為の違法性がきわめて高いことも，十分にありうる。このため，詐欺取消しの場合には，原則として債権行為と物権行為の瑕疵の同一性があるとした上で，取引の安全については善意取得制度（BGB 892条・932条）を用いることが適当であるとする見解が成り立つ[78]。

(3) **条件による関連性**

債権行為の有効性を前提に，物権行為の成立を認めることはできるか。具体的には，債権行為が有効であることを停止条件として，物権行為をなすことが考えられる[79]。これが認められれば，物権行為の無因性を回避することができる。

物権行為に条件を付すことは，原則として禁止されてはいない。したがって，処分行為の成立を原因行為の有効性にかからしめるとする明示の条件がなされている場合，この条件は有効であると解される。問題は，このような条件が黙示でなされた場合である。

一般的には，物権行為の無因性を広く維持するべきかどうかについてどの

---

[76] たとえば，スーパーマーケットにおいて，売主がある商品の値札を作成したが，1000円と書くべきところを100円と書いてしまっていた。これを奇貨として，買主がこの値札をレジで提示しつつ，この商品を100円で購入したとする。この事案では，被詐欺者である売主が，詐欺の原因である事実を作り出してしまっている。しかも，売買代金はあくまで売買契約の内容であって，物権行為の内容となってはいない。このため，否定説によれば，本件においては原因行為と処分行為に瑕疵の同一性がみられないため，所有権譲渡行為を詐欺に基づいて取り消すことはできないと考えることになる。

[77] *Roth Andreas*, Abstraktions- und Konsensprinzip und ihre Auswirkungen auf die Rechtsstellung der Kaufvertragsparteien, ZVglRWiss 92, 380, 1993 を参照。

[78] *Stadler*, a.a.O. 9, S. 182 を参照。立証責任の点からしても，詐欺の場合の瑕疵の同一性については，これを否定したい詐欺者に，瑕疵の同一性がないことを主張立証させるのが合理的といえる。

[79] ただし，土地所有権の譲渡に関する物権的合意，すなわちアウフラッスンクに条件を付すことは禁止されている。条件や期限を付してなされたアウフラッスンクは，無効である（BGB 925条2項）。したがって，ここでの問題は，アウフラッスンク以外の物権的合意に限定される。

ような見解をもっているかが，この問題の理解に影響を与えるといえる。すなわち，物権行為の無因性をできる限り維持しようとするのであれば，黙示の条件は狭く解され，物権行為の無因性を制限したいのであれば，黙示の条件を広く認める解釈論が採用される。

通説は，債権行為の有効性と物権行為の成立に関する黙示の条件を原則として認めず，条件を明示することを求める[80]。これに対して，黙示の条件をできる限り広く認めようとする少数説がある[81]。

実際のところ，明示の条件が付されることはあまりなく，黙示の条件の存在が認められるかが決め手となる。問題は，黙示の条件の内容である。ここでいう条件とは，抽象的には，原因行為である債権行為が有効であることであろう。しかし，条件の本来の意味は，成就するかどうか不確定な客観的出来事である。この点，債権行為の有効性が条件になじむ対象なのか，疑問が残る[82]。

(4) 一体としての行為

BGB 139 条は，法律行為の一部無効があった場合において，その法律行為の残存部分だけでは法律行為全体がなされたと評価できないときには，その法律行為全体が無効になると規定している。この規定を適用して，物権行為の無因性を制限することはできるか。この方法は，先に述べた条件による関連性（BGB 158 条）と類似しているともいえるが，債権行為と物権行為をそもそも一体の1つの行為としてみる点に違いがある[83]。

当事者が物権行為と債権行為を一体としてみる，あるいは，2つの行為を結合させる意思を有していた場合に，この意思を BGB 139 条にいう一部無効の概念を用いることによって認めてよいのかという点は，以前から議論が

---

80) たとえば，*Jauernig*, a.a.O. 63, 723 を参照。
81) とりわけ，原因行為と処分行為がなされた時間的間隔が短い場合には，原因行為の有効性を黙示の条件とした処分行為がなされていると解すべきとする。この点につき，*Heck*, a.a.O. 52, S. 37 ff. を参照。この見解によれば，多くの売買契約において，物権行為の無因性は原則ではなく例外となる。
82) 前述したように，判例はこの債権行為の有効性も条件を構成すると解する。しかし，売買契約における代金支払といった具体的な事実に，条件の対象を限定することも考えられる。
83) とくに，条件による関連性は，土地所有権譲渡におけるアウフラッスンクに適用することができない（BGB 925 条 2 項）。このため，一体としての行為の理論が主張される主たる理由は，原因行為の無効とこのアウフラッスンクの無効を関連づけようとすることにある。

なされてきた。実際のところ，当事者は売買契約と所有権譲渡行為を分離してそれぞれ意思表示をしているということがほとんどないであろうから，もしBGB 139条の適用を理論上認めるとするならば，ほとんどの場合において，原因行為と処分行為は一体の行為として評価されることになろう。

しかし，この解釈を認めてしまうと，BGB 925条2項を潜脱することになる。このため，近時の多数説は，物権行為と債権行為の関係に対してBGB 139条を適用することを認めない[84]。

かりに物権行為と債権行為の関係に対してBGB 139条を適用することを認めたとしても，この場合，原因行為が有効ではない限り処分行為はその目的を欠くために当事者の利益に合致しないということを根拠とせざるをえない。しかし，処分行為の目的を直接の対象としてBGB 139条の適用の可否を論じること自体，物権行為の無因性原則からすれば，背理である。物権行為は抽象的な行為であり，その目的を想定することはできないからである。物権行為の無因性を制限することを目的とする当事者の意思は，すくなくともBGB 139条を適用するにあたって，意義を有しないと解される。したがって，この点に限ってみれば，物権行為の無因性が私的自治に優先しているといえる[85]。

4 評 価
(1) 独自性

ここまで，物権行為の独自性と無因性に関する学説の展開をみてきた。物権行為の独自性と無因性はすでに認められてはいるものの，これを限定することなく実際の事案にあてはめてよいのかといえば，そうではない。この問題意識は，学説において共通しているといえる。そこで，学説は，とりわけ物権行為の無因性を制限する方向で，解釈論の限界を探ってきたのである。

---

84) たとえば，*Alexsander Schäfer*, Das Abstraktionsprinzip beim Vergleich, Bielefeld 1992, S. 88 ff. を参照。以前の学説においては，物権行為と債権行為に対して一体としての行為の理論を適用することにつき，その可能性をかならずしも否定しない見解がみられた。たとえば，*Max Rumpf*, Die reichsgerichtliche Rechtsprechung zu den §§ 138, 817 BGB, AcP 117, 315 ff., 1919 などがある。

85) *Stadler*, a.a.O. 9, S. 94 を参照。

第四章　概念の展開　115

　そもそも、物権行為の独自性を否定することは可能か。立法論としてであれば、もちろん十分にありうる議論である。しかし、ドイツ法は、物権と債権を別概念としてとらえているし、とくに土地所有権の譲渡の場面をみてみると、このことは明らかである（BGB 873条1項・925条1項・925a条・311b条1項）[86]。このため、物権行為の独自性に対する学説による批判は、ドイツにおいては立法論としてなされたのであって、解釈論として成り立つことはない。

　そこで、物権行為の独自性に対する立法論としての批判に対象を限定して、評価を加える。物権行為の独自性を否定する論拠としてまずあげられるのが、当事者意思である。たとえば、売買契約に基づく土地所有権の実際の取引において、当事者は、売買契約と所有権譲渡行為を概念上区別しているだろうか。公証人などの専門家が取引に立ち会うことが多いために、債権行為から区別される物権行為の必要性について説明を受けることができ、これに基づいて所定の手続が順調に進むのであって、当事者自身がもともと物権行為の独自性を意識していることはほとんどないであろう[87]。このため、物権行為の独自性は、当事者意思とかけ離れており、否定されるべきであるとされる。

　これに対して、物権行為の独自性を肯定する学説は、債権行為である売買契約などから直接に所有権移転という物権的効果が発生することに対して、疑問を呈する。このことこそが、物権行為の独自性を認めなければならない根拠であるとする。

　このような物権行為の独自性に対する批判あるいは擁護は、それぞれの根拠が当事者意思と概念上の理論とで明確に分かれているかぎり、まったくかみあわない議論をもたらす。議論の前提が異なっているからである。したがっ

---

86) 土地所有権を譲渡するためには、物権的合意と登記が必要である（BGB 873条1項）。そして、この物権的合意はアウフラッスンクとよばれ、管轄官庁または公証人のもとに譲渡人と譲受人が同時に出頭して、なされる必要がある（BGB 925条1項）。ここで重要なのは、このアウフラッスンクは、原因行為がなされた上でなければ受理されない点である（BGB 925a条）。しかも、債権関係の規定である311b条1項は、土地所有権の移転を目的とする契約、すなわち売買契約などの原因行為は公正証書でなされなければならないと規定している。これらの条文構造から、BGBが物権行為と債権行為を分けているのは明白であり、また、土地所有権の譲渡の際に、公証人が重要な影響を与えることは、理論上も実務上も疑いの余地がない。
87) 動産の現実売買の場面を念頭におくと、物権行為を想定することはますます困難となる。

て，物権行為の独自性について実りある立法論を展開するには，同じ問題を設定することが必要である。すなわち，物権行為の独自性を採用することによってどのような効果がもたらされるのか，より正確にいえば，物権行為にどのような事実行為を関係づけることができるのかである。

物権行為の独自性を否定する，当事者意思に基づく見解は，売買契約などの債権行為と無方式の物権行為が実際には区別できないことから，物権行為の独自性を否定する。しかし，ドイツ法においては，物権行為は事実行為と関連づけられている。目的物が動産である場合には，この関連はいくらか希薄であるが[88]，土地所有権の譲渡が目的である場合には，物権行為は，まずそれ自体，公正証書でなされることがほとんどであるし[89]，しかも，登記がなされることによって所有権の移転が生じる。したがって，物権行為の存在を当事者は具体的に意識することができるのである。

これらのことを考え合わせると，物権行為の独自性を否定する立法論は，すくなくとも現在のドイツ法を前提とするならば，これを採用するのは難しいといえよう。当事者意思をおもな根拠とした批判は，物権行為と事実行為が密接に関連づけられた立法が採用されている以上，成り立たないと考えられる。

(2) **無因性**

それでは，物権行為の無因性についての学説の見解は，どのように評価されるべきか。物権行為の独自性を立法論として否定したいのであれば，まずは物権行為の無因性を解釈論として否定することにより，物権行為の存在を空洞化することが考えられる。しかし，物権行為の独自性を否定しない場合であっても，物権行為の無因性については具体的な場面に応じて限定される

---

[88] 動産所有権を移転するには，物権的合意と引渡しが必要である（BGB 929 条）。この引渡しには現実の引渡しと簡易の引渡しが含まれるが，これらに加えて，占有改定（BGB 930 条）と返還請求権の譲渡（BGB 931 条）も，代替的引渡しとして認められている。とりわけ，これら代替的引渡しは，外部から目的物の移動が明らかではないため，事実行為としての存在が希薄であるといえる。

[89] 原因行為である売買契約などは，これを公正証書によってなす必要があり（BGB 311b 条 1 項），かつ，物権行為であるアウフラッスンクは，公証人のもとでこれを行うことができる（BGB 925 条 1 項）。このため，当事者にとっては，債権行為だけではなく物権行為も公正証書によってすることが便宜なのである。

べきと解する見解があることがわかる。それだけ，ドイツ法においても物権行為の無因性に対して懐疑的な議論がなされているのである。

　物権行為の無因性を限定する方法として，前述したように，瑕疵の同一性，条件による関連性，および，一体としての行為があげられている。このうち，瑕疵の同一性については，それぞれの瑕疵に基づく取消しの効果に応じて，原始的無効，浮動的無効，および，遡及的無効にさらに分けられる。

　原始的無効がもたらされる典型例は，良俗違反の行為である（BGB 138条1項）。物権行為それ自体に良俗違反があれば，BGB 138条1項は総則規定なのであるから，当然に物権行為にも同条同項の適用があり，その物権行為も無効となる。問題は，債権行為に瑕疵があった場合に，同じ瑕疵が物権行為にもあったと解することができる事例が存在するかどうかである。

　物権行為はその性質において抽象的な行為であるから，債権行為に良俗違反が認められたとしても，物権行為にも同じ瑕疵が認められることは，原則として考えられない[90]。さらには，物権行為に独自の良俗違反が認められることも，考え難い。したがって，瑕疵の同一性の問題としてのみならず，そもそも物権行為が良俗違反に基づいて原始的無効とされる例はほとんどないといえる。

　つぎに，未成年者が法定代理人の同意を得ることなく行った法律行為についてである。この行為は，これが未成年者に利益を与えるだけの行為でないかぎり，法定代理人の同意が必要であり（BGB 107条），追認がなされない間は浮動的無効となる（BGB 108条1項）。物権行為にこれら規定が適用されることに，異論はない。いずれも総則規定であるし，かつ，物権行為の典型例は所有権譲渡行為であるところ，未成年者が売主である場合，所有権譲渡行為は未成年者に不利益を与える行為だからである[91]。

　瑕疵の同一性との関連でいえば，売買契約と所有権譲渡行為をなすにあたって法定代理人の同意がない場合に，この瑕疵がいずれの行為にも通有す

90）物権行為は債権行為との関係のみならず，物権行為がなされた目的や動機との関係においても無因である。このため，物権行為の動機に良俗違反があった場合に物権行為を原始的無効とする見解も，物権行為の内的無因性を維持することを前提とするのであれば，採用し難い。
91）したがって，物権行為とは，当事者に法的利益または不利益をまさに直接に与える行為であるため，これら規定が直接に適用される典型的な対象といえる。

る同一性のある瑕疵と評価できるかが問題となる。しかし，この事例は，それぞれ別々の行為について，法定代理人の同意がそれぞれなされていないという観点から，区別して分析を加えることが可能であり，かつ，それでたりると解される。このため，瑕疵の同一性があったとして物権行為が浮動的無効とされることはない。たんに，物権行為それ自体に浮動的無効の原因があったにすぎない。

そして，遡及的無効である。理論上も実務上も，この遡及的無効が瑕疵の同一性をめぐる議論においてもっとも重要である。ただし，内容の錯誤と表示の錯誤（BGB 119条1項）が瑕疵の同一性との関連で問題となることはほとんどない[92]。

しかし，性状の錯誤が，売買契約と所有権譲渡行為のいずれにも認められる事案は，十分に考えられる。それぞれの行為の目的物が同一であり，かつ，その性状も同一だからである。このため，学説の議論もこの性状の錯誤に集中して行われている[93]。学説は，性状の錯誤があった場合の瑕疵の同一性について，この瑕疵が物権行為の有効性にあたっても決定的な効果をもたらす場合には，債権行為と同じ瑕疵が認められるとして，物権行為の遡及的無効を認める。ただし，これは，物権行為の無因性を前提とした個別の分析を行った結果として，売買契約と同じ瑕疵が物権行為にも存在するとする理解を明らかにしている。

これに対して，詐欺に基づく遡及的無効（BGB 123条）の場合には，錯誤者と被詐欺者の要保護性を比較して，被詐欺者をより保護するべきとする観点から，瑕疵の同一性を検討するにあたっても，売買契約と同じ瑕疵を所有権譲渡行為により認めやすくするという考え方が有力である。

たしかに，錯誤者と被詐欺者の要保護性に違いはある。しかし，この問題を，瑕疵の同一性の理論を用いて物権行為の無因性を制限するという方法で解決することがはたして妥当なのかについては，一考の余地がある。性状の

---

92) 債権行為と物権行為の分離主義がとられている以上，それぞれの行為の錯誤事由は当然に区別して検討されるところ，債権行為の内容または表示の錯誤が，物権行為にも同じく存在するというのは考えにくいからである。
93) 厳密にいえば，瑕疵の同一性の議論は，限定がなされない限り，この性状の錯誤を対象として展開されてきたといってよい。

錯誤において，その錯誤が債権行為と物権行為のいずれにも存在している場合があることは，よく理解することができる。また，詐欺のケースにおいて，意思表示の瑕疵が債権行為にも物権行為にも存在していることも，十分にありうる。しかし，そうであるならば，性状の錯誤と詐欺の場合において，それぞれの事例を意思表示者の要保護性を理由に区別することは，困難なのではないか。むしろ，性状の錯誤と同じ基準で詐欺の場合にも瑕疵の同一性の理論を適用することを検討し，それでもなお，被詐欺者の保護にたりない場合には，不当利得返還請求権（BGB 812条）などによって保護を図るほかはないのではないか。

　条件による関連性も，物権行為の無因性を制限する方法として検討されてきた。一般人の取引通念によれば，売買契約と所有権譲渡行為をまったく別の行為として考えることはほとんどないであろう。このため，一般の取引においては，すくなくとも黙示の条件として，所有権譲渡行為は売買契約が有効であることを前提とするという点につき，合意がなされているのが通常である。

　このことがより鮮明にあらわれるのが，土地取引の場面である。というのは，この場面においては，動産取引のそれよりも，売買契約の成立と所有権譲渡行為の間に時間的間隔が長いことがよくあるからである[94]。すると，当事者の立場からすれば，売買契約が無効になった場合には所有権移転の効果も無効にしたいと考えるのは当然であろう。しかし，BGB 925条2項は，アウフラッスンクに条件を付すことを明文で禁止している。これは，土地所有権譲渡の効果が不確定な状態にさらされることを防ごうとする趣旨による。したがって，土地所有権譲渡の場面においては，条件による関連性を通じて物権行為の無因性を限定することは許されない。

　これに対して，動産取引や，土地上の物権であっても所有権以外の物権を目的とする取引であれば，物権行為に条件を付すことは可能である。これらの場合であっても，一般の当事者意思によれば，物権行為の効果発生を債権

---

94) ドイツ法においては，登記名義の移転によって所有権の移転がなされるため（BGB 873条），売買契約の成立と所有権移転効果の発生との時間的間隔に注目するならば，債権行為と物権的効果の発生のタイミングの違いは，きわめて明白である。

行為の有効性にかからしめたいであろうから，条件による関連性を通じて物権行為の無因性を限定することに一定の意義はあるといえる。通説も，明示の条件が付されているのであれば，このような条件を有効として扱っている。しかし，黙示の条件を認めることについては反対説が多い。物権行為の無因性という原則をくつがえすのであるから，条件は明示して付されることが要求されているのである。

　ただし，物権行為の無因性を限定することがもっとも要求される場面は，土地所有権譲渡の場面である。この場面こそが，当事者がもっとも取引の結果に対して慎重になるのであり，物権行為の効果発生を容易に認めたくないと考える取引態様である。条件による関連性は，この土地所有権譲渡の場面において用いることのできない方法であるため，実際の有用性は著しく低いといえる。

　そこで，この土地所有権譲渡の場面においても物権行為の無因性を限定するために検討されたのが，一体としての行為である。一般人の取引通念からすれば，売買契約と所有権譲渡行為を別々の行為として考えていることは，ほとんどないであろう。そうだとすれば，債権行為と物権行為を一体の1つの行為として把握することは，むしろ当事者意思にかなっているともいえる。また，条件を付すわけではないので，BGB 925条2項にも抵触しない。しかし，通説は，債権行為と物権行為を一体の行為ととらえることを認めない。そうしなければ，物権行為の無因性を限定するという意図をこえて，物権行為の独自性をも否定することになってしまうからである。

　ここまでみてきたように，学説においても，物権行為の無因性に対しては，なんらかの方法を用いてこれを制限する解釈論が模索されており，瑕疵の同一性と条件による関連性は，場面に応じてではあるが，通説によって認められている。しかし，物権行為の独自性については，これを否定する解釈論はほとんどない。一体としての行為の理論も，物権行為の独自性の否定につながることから，通説もこれを認めていない。

四　物権行為論の到達点

1　理論的根拠

　ここまで，物権行為に関するドイツ法上の議論について，独自性と無因性の観点から判例と学説の見解を検討してきた。ドイツ法における物権行為論の根拠を，その理論的根拠と実質的根拠に分けてまとめると，以下の通りとなる。

　理論的根拠としてまずあげられるべきなのは，BGB の体系である。物権と債権を峻別する考え方を前提とした場合に，債権的意思表示の合致によって，なぜ直接に物権的効果が発生することが認められるのか。これに対する疑問が，物権行為論の出発点となっている。ここに，物権行為の独自性の理論的根拠がある。しかし，このことを理由としても，物権行為の無因性まで導かれるわけではない。

　たしかに，物権行為の無因性の理論的根拠は，不当利得に関する規定（BGB 812 条以下）の存在意義を高めることにもある[95]。しかし，物権行為の独自性の理論的根拠を物権債権峻別論に求めることはできても，無因性の理論的根拠として不当利得規定の存在をあげることは，それほど決定的とはいえない。債権行為と物権行為を有因ととらえて，売買契約の無効によって物権行為も無効になったとしても，抽象的な法的効果の回復ではなく具体的な目的物の回復が問題となり，これが不当利得の対象となると解することもできるからである。そうだとすれば，物権行為の無因性を採用することが不当利得規定の存在にとって前提となるとはいえなくなる。

　ドイツ法における判例と学説の見解を分析してみても，物権行為の独自性を解釈論として否定する見解はみられず，おもに問題とされているのは物権行為の無因性である。これは，つぎに検討する物権行為の実質的根拠と密接に関係している。

---

[95] 原因行為である債権行為が無効になった場合に，処分行為である物権行為の効果が残ってしまっていることを，まさに法律上の原因がないものとして，不当利得の問題として処理することができる。

2 実質的根拠

　物権行為はなぜ必要とされるのか。とくにその無因性が要求される実質的な理由はなにか。それは，とりわけドイツ法において，取引安全にあるとよくいわれる。たしかに，債権行為である売買契約が無効であっても，物権行為が有効なまま維持されれば，譲受人は完全な所有者であって，有効にその所有権を転得者に譲渡することができる。転得者は当然に所有者になるわけであるから，善意取得制度を適用するまでもない。転得者からすれば，それだけ保護を受ける可能性が高まる。

　しかし，取引安全とは，それほどまでに保護されるべき命題といえるだろうか。転得者の保護要件が加重されるとはいえ，善意取得制度によって転得者の保護はかなり広く図られているといえる。また，取引安全とはいっても，状況は目的物によって大きく異なる。動産取引においては，現実売買が多いこともあり，静的安全よりも動的安全の方がより保護されるべきとの理解が一般的であろう。だが，不動産取引に関しても，動産取引と同じ動的安全の保護が要求されているかといえば，そうではない。ドイツ法においては，登記に公信力が認められており，しかも，第三者の主観的保護要件は，善意のみ[96]でたりる（BGB 892条1項）。これに加えて，物権行為の無因性を通じて，転得者である第三者をさらに保護する必要性はあるのだろうか。

　また，物権行為の無因性が採用されることによって，契約形成の自由が促進されるとする主張もある[97]。これは，原因行為の無効などが処分行為に影響を与えないことから，処分行為の安定性が高まり，その結果として，現在の物権帰属状態の信頼性が担保され，新たな契約形成が促進されるという理解である[98]。さらに，この見解は，所有権留保を説明するにあたっても物権行為の独自性と無因性は意義をもつという。というのは，原因行為である売買契約を締結しても，処分行為である物権行為を締結しなければ物権帰属状態に変化はなく，これにより，所有権留保の法形態をたやすく構成すること

---

96) BGB 892条1項は，第三者保護要件として無過失あるいは無重過失を要求していない。これは，ドイツ法上の登記の確実性に基づくものといえる。
97) *Stadler*, a.a.O. 9, S. 730 ff. を参照。
98) したがって，取引安全と同じ観点からの立論ともいえる。

ができるからである。これらのことを通じて、物権行為の無因性は契約形成の自由に役立っていると主張される。

しかし、この主張は、あくまで取引安全の観点から契約形成の自由をかたっているにすぎない。取引安全の保護の必要性に対しては、先に述べた批判がそのままあてはまることになる。しかも、視点を変えて、有因の物権行為をなすことが制限されるという観点にたつと、物権行為の無因性は、むしろ、契約形成の自由を侵害しているともいうことができる。典型的な例は、アウフラッスンクに対する条件付加の禁止であろう（BGB 925条2項）。これにより、取引安全の保護は確保されるが、土地所有権の譲渡人の利益は害される[99]。また、前述した通り、一体としての行為の理論は判例と通説によって認められていない[100]。

以上のことから、物権行為の無因性のメリットを主張する見解は、この無因性によってもたらされる利益と利便性のうち、取引安全の保護の観点からしか説明をしていない。しかし、取引においては、動的安全の保護だけではなく、静的安全の保護をも視野に入れながら、両者のバランスをとることが肝要である。そこで、つぎに、土地の二重売買契約の事例をもとに、物権行為概念の存在意義を念頭におきながら、買主の生存利益について考えてみたい。

3　二重契約における生存利益
(1)　具体例

具体例として、以下の事案をとりあげたい。土地甲の所有者Aが、Bと甲に関する売買契約を締結し、甲を譲渡した。Bは甲の利用を開始したが、所有権移転登記を経由していなかった。その後、CがAとの間で甲に関する売買契約を締結し、甲の譲渡をAから受け、所有権移転登記を経由した。CはBの存在につき悪意であった。

---

[99] 譲渡人の実質的な利益が保護されない（所有権を失うという不利益）だけではなく、そもそも形式的な利益（物権行為の条件として債権行為の有効性を付加する）も保護されない。つまり、譲渡人の利益は二重に害されるといえる。

[100] これは、物権行為の独自性を否定する契約形態も認められないということを意味する。この点において、契約形成の自由は侵害されているといえる。

この場合，日本の判例理論に従うならば，Ｃが背信的悪意者でない限り，Ｃが甲の所有権を取得する（民法177条）。これに対して，Ｂは甲の所有権を取得できないことになり，Ｃから引渡請求を受ければ，Ｂは甲を引き渡さなければならない。つまり，対抗要件主義が適用された結果，ＣがＢに優先することになる[101]。

ドイツ法においては，Ｂはそもそも債権者にすぎず，登記を先に経由したＣのみが甲の所有権を取得する[102]。Ｃは物権的請求権を行使して，Ｂに引渡しを求めることができる。つまり，効力要件主義が採用された結果，Ｃが保護されることになる。

このように，日本法においてもドイツ法においても，登記を経由していないＢは，たとえ占有を開始していても，保護を受けることができない。たしかに，日本法において，Ｃが背信的悪意者であると評価されれば，Ｃを民法177条の第三者から排除することによって，Ｂを保護することができる。しかし，上記事案のＣは，一般には自由競争の範囲内で行動したと評価されるため，背信的悪意者とまでは認定されず，単純悪意者にとどまると考えられる[103]。また，ドイツ法においては，そもそも登記を経由しなければ所有者になれないため，未登記のＢが甲の占有を開始するということは，実務上あまり考えられない[104]。

(2) **背信的悪意者排除論と物権行為概念**

以上，日本法においては，Ｂの保護を図ることは困難であり，ドイツ法においては，そもそも本事案のＢが登場する場面がきわめて限定的であるとともに，かりにこのようなＢが現れたとしても，保護に値しないと評価することができる。しかし，日本の法状況と実務慣行にてらすと，上記のＢがまっ

---

[101] 二重譲渡がなされた場合，不完全物権変動説にたてば，ＢとＣは双方未登記の間はいずれも不完全ながらも物権取得者である。
[102] もちろん，売買契約だけではなく，所有権譲渡行為（この場合はアウフラッスンク）も必要である。これら行為をなすにあたっては，所定の方式が具備されなければならない。
[103] 自由競争の範囲をいかに画すか，そして，背信的悪意をどのような基準で認定するかといった点に関する見解の相違に応じて，本事案の結論は異なってくるともいえる。
[104] 土地所有権譲渡の場面において，譲受人はアウフラッスンクと登記の要件をみたさなければ新所有者になれないことは，法律上明確であり，実務もこれに基づいている。したがって，未登記の者，つまり債権者にすぎない者が，土地の占有を開始していても，その債権者を物権的に保護することは，ほとんど要求されない。

たく保護される必要がないかといえば、かならずしもそうではない。というのは、対抗要件主義が採用されている日本においては、売買契約の締結後に登記を経由することなく目的物を占有し続ける事例が、比較的多くみられるからである。

Bを保護する方法として、Cを背信的悪意者として認定することも考えられるが、この方法は、Cの行動が自由競争の範囲内にあるとされれば、採用できない[105]。そこで、物権行為概念を日本法にも導入することによって、Bの保護を図ることはできないであろうか。たとえば、AB間で売買契約が締結され、これと同時にあるいはその後に、AからBに甲の引渡しがなされた時点で所有権譲渡行為もなされたと評価するのである。

物権行為を不要とする見解の根拠として、日本法においては、登記が効力要件となっていないために、なんらかの外部的徴表行為をともなわない物権行為概念は、抽象的にすぎて意味をなさないことが、よくあげられる。しかし、代金支払・占有移転・登記移転といった、不動産売買における代表的な外部的徴表行為と結合させることができれば、この批判は回避される。実際のところ、日本の実務状況にてらしても、上記行為が不動産売買においてきわめて重要な行為であることは、一般に認識されている[106]。

この点において、占有利用の開始という事実は、Bの立場からすれば、まさにその生存利益の観点からして、もっとも重要な判断要素とされるべきであろう。一般に、不動産が生活の基盤となっていることはいうまでもない。そうだとすれば、すくなくともBの占有利用が開始された段階で、AB間で甲所有権の譲渡行為がなされたと解するべきではないか[107]。そして、このAB間における譲渡行為の存在、つまり、Bの占有利用の開始の事実を認識

---

[105] 通行地役権のケースで、Cの信義則違反を理由にBを保護した判例（最判平成10・2・13民集52・1・65以下）と、所有権の時効取得のケースで、Cの悪意認定の要件を緩和した判例（最判平成18・1・17民集60・1・27参照）があるが、いずれも、対抗問題一般にその射程が及ぶと解することはできない。

[106] 民法176条の解釈論として契約成立時説をとる判例も、そもそも契約成立の認定に際して、代金支払・占有移転・登記移転を基準として重視しながら判断している。判例は事実認定の段階で外部的徴表を重視し、有力説は解釈論のレベルで外部的徴表をそれぞれ重視している。判断を行うレベルはそれぞれにおいて異なるが、実際に基準とされる対象は同じである。このため、いずれの見解に立ったとしても、同じ結論が演繹されることになる。

したCは，原則として背信的悪意者と構成されるべきではないか[108]。すると，Cが先に登記を経由しているにもかかわらず，Cは民法177条の第三者から排除され，Bは未登記であっても，甲所有権を取得したことをCに対して主張することができる[109]。

(3) 有因的物権行為

ドイツの物権行為論は立法によって確立されている。しかし，解釈論においては，物権行為の無因性を場面に応じて制限する見解が，広く支持されている。これに対して，物権行為の独自性をも否定する見解は，ほとんどない。すなわち，物権行為の存在自体は肯定されつつも，その無因性までも維持すべきかについては，ドイツにおいても疑問視されているのである。

このことから，物権行為概念を日本において採用するとしても，それは独自性のみにとどまると解するべきである。というのは，物権行為の無因性によって保護される取引安全は，日本においては，物権行為の無因性を採用してまで強化されるべき利益とはいえないからである。また，日本法上，目的物が動産である場合の即時取得制度（民法192条以下）と，不動産である場合の権利外観法理（民法94条2項類推適用）が，それぞれ取引安全の保護にとっ

---

107) もちろん，前提として，売買契約などの債権行為の存在も要求される。ただし，この売買契約などが成立しているのみでは，所有権はいまだ移転していないという構成をとる。したがって，この点において，判例のいう契約成立時説とは見解を異にする。

108) この具体例におけるCを原則として背信的悪意者と構成する見解は，これまでにもみられた。たとえば，広中俊雄『物権法（第2版増補）』（青林書院・1987）103頁以下を参照。しかし，この見解は，Bの占有利用という事実を悪意対象とする点に，曖昧さが残る。これに加えて，背信的悪意認定対象事実を，AB間の物権行為の存在とみることによって，法的解釈論としての理論的整合性をより高めることができる。というのは，一般に，背信的悪意者排除論のいう悪意認定対象事実とは，事実そのものではなく，法的な評価を経た行為や権利の存在であると考えられるからである。

109) この見解に対しては，Bは占有利用を開始しさえすればCに対抗することができることになってしまうため，Bが登記を経由しようとする動機が乏しくなり，A名義の登記がそのまま放置される可能性が高まるとの批判が予想される。しかし，Aは，登記引取請求権をBに対して行使することができる。また，Cが背信的悪意者と認定されたとしても，BC間の譲渡行為は有効なままであり，CはBとの関係においてのみ自らの権利取得を主張できないにとどまる。ここで，CがさらにDとの間で譲渡行為を行うと，Bの占有利用が続いている限り，Dも原則として背信的悪意者とされるが，長期間にわたって登記を経由しなかったBは，登記可能性があったにもかかわらず登記を経由しなかったことにつき帰責性があると評価されるべきであろう。このことは，Dの背信的悪意者性を判断するにあたって重要な要素と位置づけることができる。これらのことから，Bが登記を経由する可能性と動機はいまだ十分に残されており，実際にも，Bが登記を経由する事案が少なくなるとは考え難い。

て，もっとも重要な規範を構成している。これら以上に，物権行為の無因性を通じて保護されるべき動的安全はないといえる。

物権行為概念を不要とする見解は，その理由として，売買契約などの債権行為と物権行為を区別する意義がないこと，物権行為の無因性によって保護されるべき動的安全の利益がないこと，物権行為と債権行為の因果関係を遮断しなければ物権行為概念の存在意義がないことなどをあげている。しかし，物権行為の独自性だけを認める意義は，理論的観点からだけではなく，実務上も存在すると解される。それはまさに，売買契約とは別の事実行為である代金支払・占有移転・登記移転などの外部的徴表行為を，法律行為と結びつけるために，存在意義がある。すくなくとも，この行為は，売買契約そのものとは理論上も実務上も異なる。

ここでの具体例におけるBを保護するためにCを背信的悪意者と認定するにあたっても，AB間に物権行為がなされていることは，理論上の説明をするのに便宜である。Bの占有利用という事実を，Cの悪意の対象あるいはその背信性認定の一要素とするよりも，AB間において物権行為がなされたという事実をこれらの対象とした方が，背信的悪意者排除論における背信的悪意認定をより正しく把握しているといえよう。そのためには，事実行為と法律行為を結びつける物権行為概念を認めることが，解釈論として優れている。

五　おわりに

1　結　論
(1)　BGB制定後における物権行為論の歴史的分析

ここまで，ドイツにおける物権行為論の展開過程を参考にしながら，不動産所有権の二重契約における生存利益の保護について，検討してきた。最後に，本章の結論をまとめておきたい。

BGB制定後のドイツ物権行為論に関する歴史的分析は，日本においてほとんどなされてこなかった。ドイツ法においては，物権行為の独自性と無因性を分けて論じるのが一般的である。それぞれの点につき，判例と学説の見

解はほぼ同じ傾向を示しているといってよい。しかし,細部にわたって分析してみると,異なる部分もみうけられる。具体的には,以下の通りである。

判例は,物権行為の独自性について,これを自明の概念として正面から肯定するとともに,物権的合意であるEinigungを,契約の性質を有する概念として,dinglicher Vertragと解した。これにより,Einigungを解釈するにあたって契約規範を適用することが可能となった。学説においても,物権行為の独自性を否定する見解は少なく,Einigungを契約と解することにほとんど異論はない。

問題は,物権行為と債権行為の関係性をどのように理解するかに移る。ドイツ法が物権行為の無因性を採用していることは疑いのないところであるが,いかなる場面においても物権行為の無因性を貫くべきかといえば,かならずしもそうとはいえない。とくに,静的安全を重視するべき場合に,物権行為の無因性を制限する解釈論が志向される。この制限方法として,瑕疵の同一性,条件による関連性,および,一体としての行為が提唱されてきた。

瑕疵の同一性とは,たとえば詐欺を原因として債権行為が取り消された場合に,同じ瑕疵が物権行為にもあったとみて,物権行為をも取消しの対象とすることで,物権行為の無因性を限定する理論である。

判例は,詐欺や強迫を理由とする取消しが問題となった場合には,原則として,債権行為と物権行為に同じ瑕疵があったと認める。しかし,錯誤による取消しや良俗違反に基づく無効があった場合には,かならずしも自動的に物権行為の無効をもたらすわけではないと解している。

これに対して,学説は,瑕疵の同一性を検討するに際して,原始的無効,浮動的無効,および,遡及的無効に分けて分析を行っている。このうち,原始的無効を導く良俗違反の行為については,物権行為自体に良俗違反があることはほとんど考えられないことから,瑕疵の同一性を否定する見解が多い。浮動的無効の典型例は,法定代理人の同意を得ることなく未成年者がなした行為である。物権行為は処分行為であって,当事者である未成年者に法的な不利益をまねくのが通常であるから,債権行為の無効と同じ理由に基づいて,処分行為である物権行為も無効とされる場合が多いとされる[110]。遡及的無効のうち,内容の錯誤と表示の錯誤(BGB 119条1項)があった場合には,債権

行為と物権行為のそれぞれの内容と表示は異なっているため，瑕疵の同一性が適用されることはほとんどない。これに対して，性状の錯誤（BGB 119条2項）と詐欺（BGB 123条）の事案においては，判例と同じく，瑕疵の同一性の理論を用いることを肯定する見解が多い。

条件による関連性とは，債権行為が有効であることを条件に，物権行為の効力が発生することを認める理論である。判例は，この理論を限定的にのみ認めている。すなわち，当事者が，債権行為が有効である場合に限って物権行為も有効とするという条件を明示していることを求める。学説も，条件が明示されていることを要求するものが多い[111]。

一体としての行為は，債権行為と物権行為を場合によって1つの行為とみて，物権行為の独自性を否定することにより，両行為の無因性を排除する理論である。判例はこの理論の適用に関してきわめて限定的であり，学説はこの理論を完全に否定する。いずれの理由も，物権行為の独自性の否定につながってしまうことに求められる。

このように，判例と学説はいずれも，物権行為の無因性を制限する解釈論を模索している。しかし，一体としての行為の理論を否定していることから明らかなように，物権行為の独自性まで否定する見解は，まったくといってよいほどみられない。物権行為の無因性を認めることによって得られるメリットは，取引安全の保護にあるが，これは，土地登記簿の公信力（BGB 892条）によっても十分に図られている。このため，物権行為の無因性を制限する見解が比較的有力になっていると考えられる[112]。これに対して，物権行為の独自性は，BGBの体系との関係，不当利得法との関係から，維持せざるをえないと解するのが一般的である。

---

110) しかし，この問題は，物権行為それ自体に独自の無効原因があったとも解することができる。
111) ただし，アウフラッスンクに条件を付すことは明文で禁止されているため（BGB 925条2項），土地所有権譲渡の場面においてこの理論を用いることはできない。
112) このほか，物権行為の無因性を積極的に評価する理由として，契約形成の自由が保護されることもあげられる。たしかに，取引安全の保護とともに契約形成の自由を論じる場合には，債権行為が無効であっても物権行為は維持されるのであるから，物権行為の無因性は契約形成の自由に資するともいえる。しかし，債権行為の有効性と関連を有する物権行為の存在を認めないという意味で物権行為の無因性をとらえる場合には，物権行為の無因性はむしろ契約形成の自由を制限する方向で機能することになる。

以上のことから，日本の解釈論としても，物権行為の独自性を肯定した上での無因性の採用は，否定されざるをえない。しかし，物権行為の独自性そのものは，肯定されてしかるべきではないか。というのは，日本の民法典が物権と債権の区別を前提とした体系を採用していることはまちがいないからである。さらに，とくに不動産取引の場面において，売買契約と所有権譲渡は一般に区別されている[113]。そうであるとすれば，債権行為である売買契約とは別に，物権行為としての所有権譲渡行為を観念することは，理論上も実務上も可能であり，むしろ必要であるといえる。

(2) 不動産所有権の二重契約における生存利益の保護

その上で，不動産所有権がAからBとCに対して二重に売却された場合に，すでにその不動産を利用しながら生計を立てている未登記の第一譲受人Bを保護するために，物権行為概念を用いることはできないか。この点につき，既登記のCを背信的悪意者と認定することによってBの保護を図るにあたって，私見は，BがAとの間で物権行為をすでになしている場合[114]には，Cは原則として背信的悪意者とされるという解釈論を提示した。これにより，Bの現実の利用を知っているCを背信的悪意者として排除するという，事実を重視する見解に対して，理論面からの補強をおこなうことができると考えられる。

2 今後の課題

筆者はこれまで本章を含め，物権行為論に関して一連の検討を行ってきた。具体的には，日本における解釈論としての物権行為をめぐる議論の必要性，物権行為概念の起源，物権行為概念がBGBへ受容された原因，そして，BGB制定後の物権行為概念の展開である。

この物権行為概念と入れかわるように条文において姿を消していったのが，ius ad rem（物への権利）である。これは，たとえば売買契約の目的物が

---

113) 売買契約の効果について定める民法555条は，売買契約によって売主の所有権移転義務を基礎づけている。したがって，売買契約それ自体と，所有権譲渡行為は，それぞれ区別されるべき行為である。

114) 具体的には，Bがその不動産をすでに利用していることが，物権行為がなされたことの基準となりうる。

第四章　概念の展開　　131

土地であった場合に，所有権譲渡行為をなしていない買主が，その買主の存在について悪意の第三者から直接に目的物の譲渡を自らに求めることができる請求権のことであった。ius ad rem は物権ではないにもかかわらず，これには一定の範囲で絶対効が認められていた。

この ius ad rem 自体は，BGB に立法上採用されていない。しかし，厳密には物権ではないにもかかわらず，絶対効が認められているように思われる請求権が存在する。たとえば，仮登記された債権などである[115]。物権取得者ではなくても第三者からの保護が図られるべき権利者がいることは，とりわけ実務上の観点から明らかである。本章で述べた，不動産買主の生存利益の保護は，その典型例といえる。

そこで，この ius ad rem 概念を検討することによって，物権行為概念の存在意義をより明確にとらえることが可能になるのではないか。そして，物権変動の発生時期や背信的悪意者排除論に対して，より具体的な理論的根拠を与えることができるのではないか。というのは，売買契約から直接に所有権移転が発生するという理論は，抽象的な解釈論の観点からしても，なりたちえないと考えられるからである[116]。したがって，物権行為概念を肯定することによって，売買契約と物権変動の発生を架橋する必要がある。

以上の視点から，さらに，ius ad rem 概念についての歴史的考察，同概念の法的性質や，BGB に存在する制度と同概念の関係についての検討が必要となる。さらには，物権行為と ius ad rem の理論的関係についても，より直接的に分析することが求められる。とくに，意思主義と形式主義，物権と債権，履行請求権と金銭賠償請求権の，それぞれの観点からの考察が予定される。これらが，債権行為とは異なる物権行為と，債権であるにもかかわらず絶対効を有する ius ad rem との，きわめて先鋭的な違いをもたらすからである。実務上も，それぞれの関係性は重要な問題をおびているといえよう。

[115] 物権債権峻別論との関係で仮登記について論じたものとして，大場・前掲注5・『不動産公示制度論』・261頁以下を参照。
[116] 民法555条は，売買契約の成立と売主の財産移転義務を結びつけている。つまり，売主は売買契約によって所有権移転義務を負う。そうだとすれば，売買契約によって直接に所有権移転の効果が生じると解するのは，不可能である。しかも，民法176条は，物権編に規定されている条文である。以上のことから，物権行為概念を否定する方が，より積極的な根拠を必要とすると考えられる。

第二部　ius ad rem

第一章　歴史的素描

一　はじめに

1　問題の所在

　物権は絶対効を有し，債権は相対効のみを有する。それぞれの権利の特徴は，このようによく表現される。しかし，これはあくまで原則論であって，実際には，債権にもかかわらず絶対効を有する権利が存在する。たとえば，仮登記された債権は，その典型例である[1]。さらに，日本法上，物権変動の効果は契約成立時に発生するとされている。しかし，債権発生原因である契約の直接の効果として，なぜ物権変動の効果も発生しうるのか。このように，実際には，物権と債権の境界は曖昧なものとなっている。

　また，日本法において，物権行為の独自性は一般に否定されている。しかし，抵当権設定行為は債権行為ではない[2]。そうだとすれば，所有権移転の場面に限定して物権行為の独自性を否定するということになるが，この理解には一貫性がない。しかも，民法555条は，売買契約の成立と売主の所有権移転義務を結びつけていることが明らかである。したがって，売買契約とは別に，売主は所有権移転行為を行う必要がある。このため，所有権移転行為の性質決定が問題となってくる。

　物権行為の母法であるドイツ法においては，物権行為の独自性のみならず無因性も認められている。物権行為の無因性までも肯定することには，ドイツにおいても批判が強いが，その独自性を肯定することについては，ほとん

---

1) 物権債権峻別論との関係で仮登記制度について論じるものとして，大場浩之『不動産公示制度論』（成文堂・2010）261頁以下，および，同「仮登記制度と不動産物権変動論―物権債権峻別論を基軸として―」私法76・139以下（2014）を参照。
2) もちろん，消費貸借契約から直接に抵当権の成立を認めることはできないであろう。

ど異論がみられない。これは，物権と債権の峻別を前提とするBGB（ドイツ民法典）の体系の観点によるものと考えられる。

　しかし，物権債権峻別論を厳格に採用しているとされるドイツ法においても，日本法と同じく仮登記制度が存在する。その限りで，ドイツ法も，それぞれの権利にまたがる特徴を有する概念の存在を，事実上認めている。とはいえ，すくなくとも立法レベルにおいて，絶対効を有する債権の存在を正面から認めているわけではない。

　以上のように，ドイツ法の特徴をよくあらわしている物権行為概念であるが，これはそれほど古い歴史をもつものではない。これに対して，物権行為概念の登場とともに衰退し，法律上は姿を消したのが，ius ad rem（物への権利）である。これは，特定物引渡請求権を有する者に対して絶対効を付与していた。つまり，現代法の観点からすれば，絶対効を有する債権ということになる。

　たとえば不動産の二重譲渡の場面において，第一譲受人が未登記であっても第二譲受人との関係で保護を受けたいという場合がある。たしかに，民法177条によれば，譲受人は登記を備えないかぎり第三者に対抗することができない。しかし，登記手続にはある程度の時間がかかる。このため，未登記の第一譲受人は，危険にさらされてしまう。

　また，ドイツ法においても同様の問題がある。ドイツ法上，登記は土地物権変動の効力発生要件であるから，第一契約者は，登記を経由するまでは所有者になれない[3]。したがって，この者はたんなる債権者にすぎない。しかし，登記手続にはやはり時間がかかることから，特定物引渡請求権を有する者の保護が問題となりうる。

　このような場面において，なんらかの方法で債権者の保護を対外的な関係においても図ろうとする試みがある。仮登記による保護は，その典型例である。実際のところ，日本法においてもドイツ法においても，仮登記制度が採用されている。しかし，より直接的に，特定物引渡請求権者を第三者との関係で保護することはできないか。これが，ius ad rem の目指すところである。

---

[3] ドイツ法において，土地所有権の二重譲渡は理論上発生しえない。債権関係である二重契約が存在するにとどまる。

前述したように，ius ad rem それ自体は，ドイツ法において立法上は姿を消した。しかし，解釈論や立法論において，別の姿で，その目的を達成しうる制度が多く散見される。仮登記制度のほかにも，物権的期待権などをあげることができる。これは，物権と債権の峻別を前提としつつも，債権者の絶対的保護の場面を完全に捨象できないことを，明らかにしている。

そして，ius ad rem と入れかわるように立法化された物権行為概念は，債権との関係性が遮断されているとよくいわれる。しかし，解釈論上，さまざまな方法で物権行為の無因性を制限する見解が主張されてきた。これは，物権行為の無因性によって達成される動的安全の保護が，実務上それほど求められているわけではなく，むしろ，静的安全がより重視される場面があることを示している。その限りで，物権と債権の峻別を貫徹させるべきではないと解されているのである。

そうであるとすれば，物権行為概念は，かならずしも硬直したものではないといえる。すなわち，物権行為の独自性を肯定するからといって，その無因性までも肯定することは，かならず貫かれるべき命題ではないということになる。そこで，問題は，物権行為とはそもそもどのような概念なのか，そして，物権と債権ははたしてどのような権利なのかという，根本的な点に移る。ここで重要な示唆を与えてくれるのが，ius ad rem である。物権と債権の性質をあわせもったこの概念は，歴史上どのように誕生して，生成されてきたのであろうか。

2　課題の設定

筆者はすでに，物権行為論に関する論稿をいくつか公表してきた[4]。本章は，ius ad rem を検討することを通じて，物権変動の法的構造に関する一連

4）初出として，大場浩之「物権行為に関する序論的考察―不動産物権変動の場面を基軸として―」早法 84・3・325 頁以下（2009），同「物権行為概念の起源―Savigny の法理論を中心に―」早法 89・3・1 頁以下（2014），同「BGB への物権行為概念の受容」五十嵐敬喜＝近江幸治＝楜澤能生編『民事法学の歴史と未来―田山輝明先生古稀記念論文集―』（成文堂・2014）161 頁以下，および，同「不動産所有権の二重契約における生存利益の保護―ドイツ物権行為論の展開を手がかりとして―」浦川道太郎先生・内田勝一先生・鎌田薫先生古稀記念論文集編集委員会編『早稲田民法学の現在―浦川道太郎先生・内田勝一先生・鎌田薫先生古稀記念論文集―』（成文堂・2017）95 頁以下を参照。

の研究をさらに進めようとするものである。ただし，ius ad rem に関しては，もちろん日本においても，これまでいくつかの優れた研究がある[5]。しかし，いずれの先行研究も，最近のドイツ法の状況を紹介するにはいたっていない。これは，たんに最近の判例と学説の状況それ自体が検討されていないというだけではなく，現在の研究レベルから ius ad rem の歴史的生成過程を追うという作業もなされていないことを意味する。

そこで，本章においては，ドイツにおける ius ad rem に関する最新の文献[6]を渉猟しつつ，ius ad rem 概念の起源を把握し，それが確立された過程をたどり，物権行為概念の生成との関係でどのように ius ad rem が衰退していったのかについて，分析を加える。この作業を経ることによって，物権変動理論における ius ad rem の役割が明らかとなり，また，ius ad rem が形式上否定された現在における物権変動の法的構造をよりよく把握することができる。そして，前述したように，ドイツの最近約20年間の研究状況を紹介すること自体がすでに，先行研究の空白をうめることになる。

具体的な問題として，つぎの事例を想定する。土地甲の所有者AがBと甲に関する売買契約を締結し，Bは代金をAに支払った。しかし，AはCとの間でも甲に関する売買契約を締結し，Cは甲の引渡しを受けた。この問題は，日本法においては，典型的な二重譲渡の事例ととらえられ，背信的悪意者と認定される場合を除けば，BとCのいずれか先に登記を備えた者が優先される[7]。また，ドイツ法においては，登記を経由しない限り物権変動は生じないため，ここでは売買契約が二重に存在しているにすぎない[8]。

---

5) とくに，好美清光「Jus ad rem とその発展的消滅─特定物債権の保護強化の一断面─」一橋3・179以下（1961），同「Jus ad rem とその発展的消滅─特定物債権の保護強化の一断面─」私法23・77以下（1961），および，小川浩三「ius ad rem 概念の起源について─中世教会法学の権利論の一断面─」中川良延＝平井宜雄＝野村豊弘＝加藤雅信＝瀬川信久＝広瀬久和＝内田貴編『日本民法学の形成と課題・星野英一先生古稀祝賀(上)』（有斐閣・1996）331頁以下などを参照。

6) たとえば，*Ralf Michaels*, Sachzuordnung durch Kaufvertrag -Traditionsprinzip, Konsensprinzip, ius ad rem in Geschichte, Theorie und geltendem Recht-, Berlin 2002 は，ius ad rem を歴史的に考察した近時の研究として，ドイツにおいて優れたものと評価されている。

7) すくなくとも，AB間において，完全であるかどうかはともかく，物権変動が発生すると解するのが一般的である。

8) AB間，AC間いずれも，債権関係しか発生していない。したがって，BとCはいずれも債権者にすぎない。

それでは，この事例において，第一譲受人あるいは第一契約者であるＢは，Ｃに対してなんらかの請求をすることができるか。ius ad rem とは，この場合における，Ｃの悪意を前提とした，ＢのＣに対する甲の引渡請求権を意味する。これにより，Ｂは，対抗力を有しない物権取得者あるいは債権者にすぎないにもかかわらず，絶対効のある請求権を付与される。

　しかし，日本法において，ＢのＣに対する引渡請求権は原則として認められない。Ｃが故意または過失により AB 間の債権関係を侵害した場合に限り，ＢはＣに対して不法行為に基づく損害賠償を請求しうると解するのが一般的である[9]。また，ドイツ法においても，ius ad rem は，BGB には採用されていない。むしろ，否定されたといわれる。これに対して，物権行為概念が明文で導入された。その理由は，物権と債権を明確に峻別することにあった。物権行為概念を肯定するということは，同時に，債権の相対性を強調することにつながる。すると，物権行為も登記もしていないＢは，債権者にとどまることになり，売買契約の直接の相手方ではないＣに対しては，原則としてなんら権利を有しないということになる。

　物権は絶対性を有するという前提を重視すると，物権変動は第三者に与える影響が大きいのであるから，それだけ慎重にその効果発生の基準を定めることが求められる。しかし，物権を厳密には取得していなくても，保護されるべきと評価されうる立場にある者が存在するのもたしかである。先の事例におけるＢが，まさにそうである。Ｂは債権者あるいは対抗力のない物権取得者にすぎないが，甲の対価をすでに支払っている。これにより，ＢはＡとたんに売買契約を交わしたにすぎない段階から，より保護されるべき段階に進んでいるとの評価が可能であろう。

　ここで，ius ad rem がＢに認められれば，ＢはＣに甲の引渡しを請求することができる。これに対して，ius ad rem を認めずに，Ｂが保護を受けるためには，Ｂは物権行為をなし，登記も備えて物権取得者になっていなければ

---

9) 不動産の二重譲渡における債権侵害につき，判例は，Ｃが背信的悪意であった場合に，ＢのＣに対する不法行為に基づく損害賠償請求権（民法 709 条）を認める。最判昭 43・8・2 民集 22・8・1571 以下を参照。ただし，Ｂは民法 176 条によりさしあたり物権を取得していたとも解することができる。このため，この問題を債権侵害としてとらえることが妥当かについては，疑問もある。

ならない。そうすることによってはじめて，Bは絶対権を有する者として第三者にも自らの権利を主張することができる。

このように，物権と債権の性質の違いを明確化し，ius ad rem と物権行為概念の両立を認めないとすると，Bは物権を取得しない限り保護を受けられないということになる。しかし，この問題は，日本法においては，債権侵害の問題として Bの保護が論じられ，ドイツ法においては，先買権の問題として議論されている[10]。すなわち，実際には，物権と債権の性質はそれほど截然と区別されていない。日本法はとくにそうである。しかも，ius ad rem を否定し，物権行為概念を採用したドイツ法においてすら，所有者になっていないはずの Bを保護する方法が模索されている。

以上のことを考え合わせると，第三者効を有する特定物引渡請求権である ius ad rem が，物権行為概念との関係において，どのような歴史的経緯を経ながら現代のドイツ法に結実しているのか，あるいは，本当に消滅したといえるのかについて，検討することが不可欠となってくる。

3　本章の構成

以上の問題意識と課題の設定に鑑み，本章においては，ius ad rem の歴史的素描を試みる。具体的には，ius ad rem の起源をたどり，ius ad rem が法制度上全盛期をみた時代から，次第に衰退し BGB に立法論としては採用されずにいたった経緯を検討していく。とりわけ，ius ad rem の衰退を検討するにあたっては，物権債権峻別論と物権行為論がそれに与えた影響に着目しつつ，考察を加える。

二　ius ad rem の起源

1　ローマ法
(1)　前期

ius ad rem の起源はなにに求められるか。ローマ法がその起源ではないこ

---

[10]　物権的先買権につき，BGB 1094 条以下を参照。

とは，一般に認められている。というのは，ローマ法においては，対人訴権と対物訴権が厳格に区別されていたからである[11]。このため，相対的な物権である ius ad rem は，ローマ法上，存在しえない概念ということになる。しかし，ローマ法において，物の取得をめぐる二重契約の買主がどのように保護され，あるいは，保護されなかったのかについては，ここで検討しておくべきであろう。

まず，前期ローマ法において，所有権の移転はどのように行われていたか。ローマ法の時代にも，現実売買は存在していた。ただし，現実売買は債務法上の契約ではなく，目的物と金銭の事実的な交換行為であった。売買の原型は，mancipatio（握取行為）である[12]。これは，5人以上の証人と1人の秤をもつ者の出席のもと，買主が目的物につき自己の所有物となったことを宣言し，これに対して，売主は沈黙を守ることによって，買主への所有権移転の正当性が認められるという方式であった。

それでは，この売買が正当に履行されなかった場合にはどうか。初期のローマ法においては，売買契約という概念が存在しなかった。つまり，売買は契約ではなかった。したがって，契約責任についても考えられない。そこで検討の対象となるのが，不法行為責任である。他人に対して不法に侵害を与えた者は，その責任を負う。この責任は，加害者が被害者に対して人的に負うものであり，これにより，被害者は所有権に類似した権限を取得することができた[13]。これに対して，契約責任の概念は希薄であった。なぜなら，売買の合意をした当事者は，その相手方に対して給付を求めることができなかったからである。相手方が給付をしなかった場合には，その賠償を求めることだけが許された[14]。

そして，これらの権利を実現するために，ローマ法においては，訴権という方式が用いられていた。すなわち，対物訴権と対人訴権である。この区別が，現在の物権と債権を区別する由来となっている[15]。

---

11) 好美・前掲注5・「Jus ad rem とその発展的消滅」・3・187 以下を参照。
12) *August Bechmann*, Der Kauf nach gemeinem Recht I, Erlangen 1876, S. 68 ff. を参照。
13) *Max Kaser*, Das altrömische ius -Studien zur Rechtsvorstellung und Rechtsgeschichte der Römer-, Göttingen 1949, S. 179 f. を参照。
14) *Michaels*, a.a.O. 6, S. 66 を参照。

対物訴権は，まず，占有者に対してではなく裁判官に対して，訴えを提起した者に物的権限があることを確定するよう申請する，というかたちでなされる。そして，この訴えが確定すると，訴えを提起した者は，相手方に属さないことに確定した目的物を取得することができる。占有権原のないことが確定した相手方は，人的な責任，つまり，金銭による賠償義務を負うのみであった。対物訴権は相手方のない訴えであり，相手方は目的物の返還を強制されるわけではなかった[16]。

対人訴権も，対物訴権と方式は同じである。ただ，対象が物ではなく人であるということになる。訴えの内容が確定した場合には，訴えを提起した者は相手方に対して，あたかも物を対象とするかのように，その責任を追及することができる[17]。この点において，対物訴権と対人訴権のそれぞれの過程は同じ流れをたどる。しかし，その対象は明確に区別されていたのである。

このように，前期ローマ法においては，対象が物と人とで明確に区別されていたことから，ius ad rem のような対人権を前提としつつ物自体を請求の対象とする概念は，成立しえなかったことがわかる。

(2) **古典期**

義務を発生させる効果をもつ，売買契約ともいえる概念が登場してくるのは，古典期になってからである。主たる義務として売主の traditio（引渡し）と買主の金銭支払が認められ，債務法上の売買契約と物権的な所有権譲渡を分離する考え方が現れてきた[18]。ただし，すくなくとも対内関係においては，債務法上の売買契約がなされることによって，買主は売主との関係で所有者になることができたとされている[19]。これは，売買自体は義務を発生させる効果を有せずに目的物の帰属を決定する合意であった，とする理解を前提とする[20]。すなわち，売買という合意によって，目的物が買主に帰属し，買主は

---

15) *Roland Dubischer*, Über die Grundlagen der schulsystematischen Zweiteilung der Rechte in sogenannte absolute und relative -Ein dogmengeschichtlicher Beitrag zur Lehre vom subjektiven Privatrecht-, Tübingen 1961, S. 3 ff. を参照。
16) *Karl Hackl*, Die Haftung der im dinglichen Sakramentsprozeß unterlegenen Partei, FS Gunter Wegener, Graz 1992, S. 147 ff. を参照。
17) *Kaser*, a.a.O. 13, S. 110 f. を参照。
18) つまり，買主は，traditio（引渡し）がなされなければ，所有者になれないということである。
19) *Wolfgang Ernst*, Periculum est emptoris, SavZ/Rom 99, 243 ff., 1982 を参照。

その利用を開始し，所有者としてその責任を負うことになった。このことをとらえて，買主は売主との関係において，相対的に所有者として認められた[21]。

しかし，対外関係，つまり第三者との関係においては，買主は売買契約を締結するだけでは所有者として認められなかった。ここで問題となるのが，売主と第一買主との間の契約の履行を妨げた悪意の第三者が負う責任である[22]。売主は第一契約を締結した後であっても，第二契約を締結し，第二買主に所有権を取得させることができた。これは，第二買主が第一契約について悪意であったとしても，変わらなかった。引渡主義においてもっとも重要なことは，まさに引渡し，つまり占有の取得である。したがって，第一買主が引渡しを受けていない以上，第二買主が所有権を取得する可能性はまだ残されていた。すなわち，引渡しを受ける前の第一買主にとって相手方となるのは売主であって，第二買主ではない。第二買主が先に引渡しを受けることによって第一買主が被ることになる損害は，売主に対してのみ，これを請求することができるにとどまる[23]。

このように，古典期においても，第一買主が第二買主に対して責任を問うことはできなかった。したがって，ius ad rem あるいはこれに類似した概念をここに認めることはできない[24]。

(3) 後期

後期になると，一般に，所有権の移転は売買契約によって認められるようになった。つまり，合意主義の採用である。買主は売買契約の締結によってすでに所有者になっているため，買主から売主に対する請求内容は，目的物

---

20) ローマ法において，今日の契約概念はまだなかったのである。
21) *Ernst*, a.a.O. 19, 245 を参照。
22) ディゲスタによると，債権者に対する悪意の第三者の責任が肯定されている。この点につき，Dig. 4.3.18.5 を参照。第三者は，悪意を直接の理由とした責任を負うとされたのである。
23) *Reinhard Zimmermann*, The Law of Obligations, Oxford 1990, S. 272 を参照。第一買主の所有権は売主に対してのみ主張できるにすぎない。したがって，第二買主は，第一買主の所有権をそもそも侵害していないことになる。
24) ただし，訴権のレベルになると，物と人の分離が徹底されていたとはいえない。たとえば，対物訴権は金銭的な責任を追及することもできたし，対人訴権は目的物の引渡しを対象とすることもできた。このため，訴える者が所有者なのか債権者にすぎないのかは，意味をもたなかったのである。この点につき，*Michaels*, a.a.O. 6, S. 76 を参照。

の引渡しということになる。しかも，二重契約がなされた場合においても，第一買主は第二買主に対して自己の所有権を主張することができた。売主と第一買主との売買契約によって，売主は無権利者になるとされたため，第二買主は所有権を取得できないという構成がとられた。したがって，売買契約の効果は物権的効果をも有していた。合意主義と一体主義が採用されていたといえる[25]。

物権と債権の区別が曖昧になることによって，契約に基づく訴権がもともと金銭支払を対象としていたところ，この原則も維持されなくなる。というのは，契約によって所有権譲渡の効果がもたらされ，買主は契約に基づく対物訴権を行使することができるからである[26]。しかし，この法状況をもとに，ローマ法において ius ad rem の起源を確認できると解するには，さらなる検討が必要であろう。

(4) **ユスティニアヌス法**

後期ローマ法に対して，ユスティニアヌス法においては，所有権譲渡と売買契約が再び区別されていた。このため，売買契約に基づく所有権の移転は，認められていなかった。ただし，所有権譲渡の要件としての traditio が内包している問題点も，意識されていた。というのは，traditio はたんなる引渡しであって，方式を強制することが難しい。また，とりわけ土地所有権譲渡のケースにおいて，引渡しの方式を求めることは無意味であったり，あるいは，実際に不可能であったりした。

そこで，mancipatio と in iure cessio（法廷譲渡）とを，無方式の traditio を通じてなすことが認められた。mancipatio と in iure cessio をなすには，方式に則った方法をとる必要があるともともとは考えられていた。しかし，これにより，無方式の所有権移転が引渡しによってなされることが可能になる。ただし，traditio は，たんなる売買契約とは異なるので，引渡しによる所有権

---

[25] Michaels, a.a.O. 6, S. 76 f. を参照。このように，物権と債権の区別は曖昧になる。両権利は，一体となって目的物の帰属を根拠づけた。

[26] こうなると，対物訴権と対人訴権の区別も容易ではなくなる。すくなくとも，訴えの原因に応じた区別は難しい。訴えの目的に応じた区別ということになる。すなわち，目的物の引渡しを目的とするか，あるいは，金銭の支払を目的とするかである。この点につき，Michaels, a.a.O. 6, S. 78 を参照。

移転という方式が、さしあたり維持されるのである[27]。

このように、従前のローマ法以来の考え方を基本的に維持したということは、mancipatio に重きがおかれたということであって、売主が物に対する支配を解くだけでは、所有権移転の効果をもたらすにたりないのである。したがって、合意主義がとられたわけではなかった。引渡しは、取得者が物の占有を取得することで認められるのであって、所有権移転がなされたことの公示となるだけではなく、所有権移転の効力要件でもあった[28]。そうはいっても、無方式の traditio が認められることによって、引渡主義の要件が緩和されていったことは、認めざるをえない[29]。

また、ユスティニアヌス法においては、obligatio dandi（与える債務）が物権と債権の中間的な特徴をもつ概念としてとらえられていた。それ以前においても対物訴権と対人訴権の中間的な性質をもつ概念が認められていたが、それぞれの訴権の手続は厳格に区別されていた。しかし、ユスティニアヌス法は、以前のような厳格な区別を採用することがなく、原告は訴権の種類を明示する必要がなかった[30]。このため、まさに物権と債権の性質をあわせもつ概念が生じることになる。

この物権と債権の中間的な性質を有する訴権として、もっとも注目に値するのが、rei vindicatio utilis（所有権返還請求訴訟に準ずるもの）である。これは、本来であれば、訴権の要件を充足しないために認められないはずのところ、原告が所有権を有していなくても、目的物の返還が認められた。たとえ

---

[27] *Fritz Sturm*, Das Absterben der mancipatio, FS Ekkehard Kaufmann, Paderborn 1993, S. 347 ff. を参照。ただし、traditio の法的性質は、変更された、あるいは、追加されたと解さざるをえない。traditio によって所有権の移転が導かれることに変わりはないが、その性質は、たんなる事実行為から、法的な行為の要素をあわせもつものへと変化したといえる。

[28] *Theodor Süß*, Das Traditionsprinzip -Ein Atavismus des Sachenrechts-, FS Martin Wolff, Tübingen 1952, S. 143 を参照。

[29] 所有権を移転するためには、譲渡人が占有を放棄することが必要であって、譲受人が占有を実際に取得することまでは要しないとされた。ただし、このことは引渡主義の例外として認められたわけではない。なぜなら、譲受人が所有権移転の実際の場に立ち会うことを要するとされていたため、その限りで、合意主義が採用されたとはいえないのである。この点につき、*Johannes Biermann*, Traditio ficta -Ein Beitrag zum heutigen Civilrecht auf geschichtlicher Grundlage- Stuttgart 1891, S. 90 ff. を参照。

[30] *Dieter Simon*, Untersuchungen zum Iustinianischen Zivilprozeß, München 1969, S. 53 ff. を参照。

ば，代金の支払を受けていない売主が，特約に基づいて売買契約を解除し，買主からの転得者に対しても目的物の返還を求めることが許された[31]。traditio によってすでに所有権を譲渡してしまっている売主は，本来であれば，物権を主張することはできないはずである。しかし，ここで，rei vindicatio utilis の要件として求められているのは，原告の物権ではなく，目的物給付請求権である。この請求権に基づいて，rei vindicatio utilis を通じて，原告は目的物を取り戻すことができた。すると，rei vindicatio utilis を物権に類似した概念とみることが可能となる。

(5) **ius ad rem の否定**

　ここまで，ローマ法における目的物返還請求権について，その法的性質に着目しつつ検討を加えてきた。前期の段階においては，対物訴権と対人訴権が明確に区別されていたことから，物権と債権の違いも明確に認識されていたことがわかる。しかし，時代を経るにしたがって，目的物返還請求権が所有権を要件とすることなく行使され，しかも，その請求権の行使が第三者に対しても認められるようになっていく。

　しかし，ius ad rem に対応する概念あるいはその萌芽がローマ法にみられたと解することは，やはりできないであろう。とりわけ，実体法と訴訟法が未分離であったことが重要である。ius ad rem は，あくまで実体法上の権利である。さきにとりあげた rei vindicatio utilis は訴権であって，これにより，物権を有しない売主が第三者に対して一定の要件に基づいて目的物返還請求権を有するとしても，訴権の対象が物にまで及んだにすぎない。ただし，対物訴権と対人訴権を厳格に分けることによって対応できなくなる現実の問題が，ローマ法の時代においてすでに明白に受けとめられていたことは，重要な点といえるだろう。物権を有しない者が第三者との関係で物に対する権利を争う構図は，所有権の譲渡を認める限り，どのような権利を認めるかにかかわらず，発現するのである。

---

31) Michaels, a.a.O. 6, S. 76 を参照。

2 ゲルマン法

(1) Gewere

　物の移転に関して，ゲルマン法においては，所有権と占有の概念をあわせもった Gewere（ゲヴェーレ）が重要な役割をはたしていた。Gewere とは，法的な権利の帰属状態とともに，物に対する事実上の支配をも意味する概念であった[32]。

　Gewere がはたしていた機能は，目的物が動産である場合と土地である場合とで異なっていた。動産の場合には，目的物の直接占有者だけが Gewere を有することが認められたが，土地の場合には，間接占有者が Gewere を有することも認められたため，Gewere は観念化され，物の直接的な支配を要件とする概念ではなくなったのである[33]。

　目的物が動産である場合，動産所有権を移転するための要件は，譲渡意思と Gewere の移転であった。ここでの Gewere は目的物を事実上支配することと同義であって，その Gewere を移転すること以外に，特別な方式は求められなかった。ゲルマン法は，ローマ法とは異なり，目的物の事実上の支配と目的物の法的な帰属関係とを密接に結びつけていたので，無権利者と取引をした者を保護するための制度が発達した[34]。

　理論上も実際上もより重要なのは，土地所有権の移転である。ゲルマン法において，土地所有権を譲渡するためには，sala（サラ）と呼ばれる契約と，investitur（インヴェスティトゥール）と呼ばれる占有取得である[35]。sala は要式契約ではあったが，占有移転とは無関係であった。むしろ，儀式的な方式

---

[32] Gewere（ゲヴェーレ）は，もともとは占有の移転を表すにとどまっていたが，次第に，占有の移転によって取得された事実上の支配をも表す概念となった。これらの特徴が，今日における物権概念と比較されつつ論じられる契機となった。この点につき，*Eugen Huber*, Die Bedeutung der Gewere im deutschen Sachenrecht, Bern 1894, S. 39 ff. を参照。

[33] この点を指摘するものとして，*Stephan Buchholz*, Abstraktionsprinzip und Immobiliarrecht -Zur Geschichte der Auflassung und der Grundschuld-, Frankfurt a.M. 1978, S. 17 ff. を参照。

[34] *Hermann Nolte*, Zur Reform der Eigentumsübertragung -Die Bedeutung der Übergabe und des selbständigen dinglichen Vertrags für die Mobiliarveräußerng-, Berlin 1941, S. 25 f. を参照。自らの意思に基づいて動産を譲渡した者は Gewere を失う。このため，その後，目的物の返還を求める事態になったとしても，返還を求めることのできる相手方は，直接の譲受人に限定された。つまり，目的物が第三者に対してすでに譲渡されてしまった場合には，最初の譲渡人は第三者に対して返還請求することができなかったのである。これが今日の善意取得制度につながっていることは，よく知られている。

が求められた。sala と investitur が土地上で行われる場合には，両者が同時にあわせて行われるので，権利の移転と目的物の事実上の支配の移転とが分離してしまうことはない。しかし，sala を行うにあたって，土地以外の場所で証書の移転などを通じてなされることが認められるようになると，investitur との分離が生じる。さらにまた，investitur も裁判所の関与のもとで，土地以外の場所でなされることが認められるようになった[36]。

(2) 売買契約

　ゲルマン法の土地所有権移転の場面を，売買契約に即してみてみるとどうか。買主の法的地位は，ローマ法と比較すると，ゲルマン法においてより強化されている。

　売主との当事者間の関係においては，買主は，sala によって，investitur がなされていなくても，土地に対する権利を有するものとされた。売主との関係では，買主は早い段階で Gewere を取得したともいえる。本来，Gewere とは，目的物を事実上支配することを意味するが，ここでは，買主が売主に対して主張しうる権利のことをも含む[37]。

　買主の権利の強化は，第三者との関係においてもみられる。買主は，契約を締結しただけでは，原則として物権を取得することができない。しかし，売買契約が二重に締結された場合に，目的物が第一買主にも第二買主にも引き渡されていないときは，第一買主が第二買主に優先するものとされた。さらには，目的物が引き渡されたとしても，第一買主の優先が認められた[38]。これは，sala が第一買主との関係でなされた場合に，第二買主がもはや善意取得することもできないということによって，具体化されたのである。

---

35) sala（サラ）は，債務法上の契約ではなく，ローマ法上の traditio と同義である。今日においては，sala は債権的な性質と物権的な性質をあわせもつ概念と解する見解が有力である。また，investitur（インヴェスティトゥール）は，ゲルマン法にいう Gewere である。これは，実際上の事実行為であった。この点につき，*Wilhelm von Brünneck*, Ueber den Ursprung des sogenannten jus ad rem, Berlin 1869, S. 14 を参照。

36) *Andreas Heusler*, Institutionen des deutschen Privatrechts, Band II, Leipzig 1885, S. 70 ff. を参照。

37) この点につき，*Huber*, a.a.O. 32, S. 34 ff. を参照。

38) *Andreas Heusler*, Die Gewere, Weimar 1872, S. 30 ff. を参照。

(3) 買主の権利

このように，ゲルマン法における買主の法的地位は，ローマ法のそれよりも強い。この理由は，物権と債権に関するゲルマン法の理解にある。正確にいえば，ゲルマン法は，物権と債権を厳格に分離してはいなかったのである。むしろ，物権と債権という概念自体が，把握されていなかったといえる[39]。

すると，目的物の帰属だけではなく，その目的物を対象とした契約関係，あるいは，その契約に基づく買主の権利自体が，今日における物権に類似した性質をもつようになる。つまり，ゲルマン法においては，売買契約がなされることによって，買主は，売主に対してだけではなく，目的物自体に対しても権利を有することになるのである。むしろ，目的物に対する権利を考慮しない，売買契約に基づく権利は，考えられないということにもなる[40]。

ゲルマン法上の買主の権利を，今日における物権概念に即して考察するとすれば，その権利の物権性をみきわめる特徴は，買主が Gewere を取得したかどうかにある。ゲルマン法における物権とは，Gewere をともなう債権ともいえる。Gewere を取得した第一買主が売主に対してだけではなく第二買主に対しても自らの権利を主張できるのは，第一買主に ius ad rem が与えられているからともいえる。しかし，厳密にいえば，第一買主が売主との関係でその目的物をすでに取得しているために，これを第二買主に対しても主張できると解するのが妥当であろう[41]。

本来の意味における Gewere とは，占有の取得と密接に結びついた概念である。したがって，ゲルマン法上の売買契約が物権的な法律関係をつくりだすかどうかという問題については，結局のところ，買主が占有をともなう

---

39) したがって，債権行為や物権行為といった概念も存在しないため，ゲルマン法を描写する際に，これらの言葉を用いることは，混乱を招くことになろう。ゲルマン法は，とりわけ債権の概念をローマ法ほどには認識していなかった。この点につき，*Wilhelm Ebel*, Grundlegung zu einer Darstellung eines Deutschen Schuldrechts des Mittelalters, SavZ/Germ 105, 1 ff., 1988 を参照。
40) *Andreas Heusler*, Institutionen des deutschen Privatrechts, Band I, Leipzig 1885, S. 379 を参照。
41) ただし，ゲルマン法においては，多くの売買は動産を対象として行われていた。ここでは，おもに現実売買がなされるため，契約とその履行が間隔を空いてなされることはほとんどなかった。このため，売買契約のみで目的物の所有権が移転するのかといった問題は，実務上，発生しなかった。すなわち，売買契約と即時の履行によって，買主は Gewere を取得し，売主のみならず第三者に対しても自らの権利取得を主張することができた。この点につき，*Michaels*, a.a.O. 6, S. 97 を参照。

Gewereを取得したかどうかにかかっている。しかし，前述したように，ゲルマン法においては，土地の売買にあたって，salaとinvestiturの分離が認められていた。すると，salaのみしかなされていない場合の買主の権利が問題となる。このsalaを今日の契約になぞらえるならば，契約のみでは買主の物権的な権利関係は不完全なものといわざるをえないのではないかという疑問が生じる[42]。

(4) ius ad remの否定

ただし，契約を債権関係ととらえるためには，当然のことながら債権概念が認識されていることを前提とする。この点，ゲルマン法は物権と債権の分離がなされていなかったし，そもそもローマ法のような債権概念は存在しなかった。したがって，ゲルマン法上の売買契約を債権関係にすぎないと理解するのは，その前提を欠いており，正しくない。

かといって，ゲルマン法上の売買契約を物権を創設するものと把握するのはどうか。これまた，なにをもって物権の基準とするかによって，その理解は異なってくる。あくまで，買主に第三者との関係においても目的物の返還請求権が認められることこそが，物権の物権たるゆえんであると解するのであれば，ゲルマン法は，売買契約を通じて買主に物権を与えていたと評価することもできよう[43]。

しかし，ゲルマン法にius ad remを見出すことは難しい。ius ad remは，物権と債権の概念を認めた上で，債権にもかかわらず物権的な効果を導き出す概念である。したがって，物権と債権の区別を認めないゲルマン法においては，ius ad remの存在を認めることはできないと考えられる[44]。

---

42) これについては，*von Brünneck*, a.a.O. 35, S. 20 を参照。
43) salaを通じて買主に物権が付与されたと解する見解として，*von Brünneck*, a.a.O. 35, S. 20 を参照。これに対して，第二買主が，第一買主に対する売主の義務を引き受ける結果として，第一買主は第二買主に対しても権利主張しうると解する見解として，*Karl von Amira*, Nordgermanisches Obligationsrecht, Band I, Leipzig 1882, S. 555 を参照。
44) ただし，ゲルマン法の時代においても，二重売買における第一買主の保護が実際に問題となっていたことは，たしかである。共通の問題状況をはらんでいたことを確認することには，意義が認められよう。

3　教会法とその後の展開
(1)　教会法
　ローマ法にもゲルマン法にも，ius ad rem の起源を見出すことはできなかった。それでは，教会法においてはどうか。教会法にも，ius ad rem は認められないとされる。というのは，第一譲受人の保護にあたって，譲渡人と第一譲受人との関係について第二譲受人が悪意であるかどうかは意味をもたなかったからである。第二譲受人による土地の取得が瑕疵あるものであった場合に，第一譲受人による土地の取得が瑕疵なきものであったときは，第一譲受人が優先するとされた。ただし，第一譲受人は土地の返還を求めることができたが，その土地の物権を取得するためには，その後，方式に適った土地取得を再び行う必要があった。しかも，この土地取得は，第二譲受人ではなく司教を介してなされることとされていた[45]。これらの特徴に鑑みると，今日の ius ad rem 概念とは異なる性質を有する概念あるいは制度が採用されていたといえよう。

　また，封建法においても，ius ad rem は存在しなかったとされる。譲渡人と第一譲受人との内部関係の拘束力から，第二譲受人に対する効果が認められた。これは，教会法との共通性を有する。したがって，第二譲受人は物権を取得したにもかかわらず，その返還を義務づけられるのか，それとも，第二譲受人はいまだ物権を取得しておらず，債権債務関係に基づくものとして土地の返還を義務づけられるのかといった問題が，提示されることになる[46]。

(2)　学説の展開
　このように，教会法においても封建法においても ius ad rem の存在はみられない。しかし，学説の見解の中に，ius ad rem と比較可能な概念が次第にみられるようになってくる。

　中世において，土地所有権を譲渡するためには，売買契約だけでは不十分であった。つまり，引渡しがこのための要件であった[47]。この引渡しが厳格

---

45) *Michaels*, a.a.O. 6, S. 108 ff. を参照。
46) *Michaels*, a.a.O. 6, S. 112 ff. を参照。
47) この引渡しが方式の重要性を意味するところとなり，アウフラッスンク（Auflassung）との関連性を有するようになっていく。この点につき，*Buchholz*, a.a.O. 33, S. 28 ff. を参照。

に運用されることに対して,次第に緩和の動きがでてくる。そこで,裁判官の面前で引渡しを観念的になすということが認められるようになる。さらには,登記制度の発展とともに,観念的な引渡しが登記をするための要件として位置づけられるようになると,引渡しはますます観念的あるいは儀式的な要素を強めていくことになる[48]。

このように,原則としては,ローマ法以来の引渡主義が採用されていたとはいえ,その実際の運用にあたって引渡主義が緩和されていくと,引渡しが要件として実質的に重要視されなくなる。ここに,直接占有を有しない第一買主の保護をめぐる問題が顕在化する。二重売買における第二買主との関係において,第一買主を保護すべきかどうか,保護すべきとしてどのような要件に基づいて保護すべきかといった問題が生じてくるのである[49]。

この問題に関して,第一買主を一定の範囲で保護すべきとする考え方は,すでに承認されていたといえる[50]。それでは,どのような保護要件が求められるか。ある見解は,第二買主が第一売買契約について悪意であったか,または,第二買主の権利取得が無償でなされた場合に,第一買主を保護すべきとした[51]。たしかに,観念的な引渡し,あるいは,traditio ficta(擬制された引渡し)をもって,所有権譲渡の要件がみたされたと解するならば,あとは第二買主の悪意または無償性を要件として検討すればたりるとする見解も説得力をもつ。しかし,観念的な引渡しでは,第一買主は所有権または第三者に主張しうる権利をいまだ取得していないとするならば,問題は,第一買主の保護要件をどのように構成するかという点に投げ返されることになろう[52]。

(3) ius ad rem の萌芽

はたして,ius ad rem の萌芽はどこに求められるのか。ius ad rem が問題となる典型的な場面は,二重売買における第一買主が悪意の第二買主に対して自らの権利を主張することができるというものである。債権者にすぎない

---

48) *Buchholz*, a.a.O. 33, S. 55 ff. を参照。
49) *Michaels*, a.a.O. 6, S. 114 ff. を参照。
50) これは,ゲルマン法のみならずローマ法においても,限定的ではあるが,認められていた。
51) この見解を紹介するものとして,*Gunter Wegener*, Dingliche und persönliche Sachenrechte -iura in re und iura ad rem. Zur Herkunft und Ausbildung dieser Unterscheidung-, FS Hubert Niederländer, Mailand 1991, S. 203 を参照。
52) traditio ficta(擬制された引渡し)については,*Biermann*, a.a.O. 29, S. 78 ff. を参照。

はずの買主に絶対効のある権利を付与することに，物権債権峻別論の立場から異論が投げかけられるのである。ただし，この異論は，物権と債権が区別されてはじめて生じる。したがって，ius ad rem がそもそも問題となるためには，物権と債権の区別が前提となっていなければならない。

この点において，ローマ法との関連性を無視することはできない。というのは，ローマ法において，すでに，対物訴権と対人訴権の区別がなされていたからである。しかし，ローマ法には，ius ad rem を見出すことができなかった。

これに対して，ius ad rem と価値判断を同じくする考え方が，ゲルマン法には存在した。しかし，ゲルマン法は物権と債権を区別していなかった。このため，理論上，ius ad rem が存在していたとはいえない。

ここで着目すべきは，ローマ法の体系と，ゲルマン法における現実の課題への対応である。ius ad rem は，実質的にはゲルマン法上の特徴を有しながら，形式的にはローマ法の体系と密接に関係している。つまり，ius ad rem の萌芽は，理論上はローマ法に，実質的にはゲルマン法に求めることができるのではないか。むしろ，ius ad rem の唯一の起源を確定することはできないと考えられる[53]。

三　ius ad rem の確立

1　自然法

(1)　合意主義

以上の検討をふまえて，ius ad rem 概念がどのように確立されていったのかについてみていくことにする。

自然法は，ローマ法に直接には依拠しないものであった。このため，ローマ法由来の考え方とは異なる思考をたどるという点で，検討する意義がある。まずは，自然法の理論において，どのような所有権移転方法が採用されてい

---

53) ius ad rem は，ローマ法の観点からすれば，買主の債権の効果を拡張する概念として，ゲルマン法の観点からすれば，買主に物権的な帰属状態を認める概念として，それぞれとらえられることになろう。たとえば，Michaels, a.a.O. 6, S. 121 ff. を参照。

たのかについて,考察する。

　自然法によれば,所有権は合意があれば移転するとされていた。つまり,合意主義の採用である[54]。その理由として,まず,合意主義がもっとも単純かつ明確であることがあげられる。さらに,目的物の所有者と占有者が異なることがあり,そうだとすると,占有の移転を所有権の移転と結びつける必要性はないことも,根拠とされた[55]。これにより,引渡主義が否定されたのであった。

　所有権の移転について合意主義がとられると,土地の買主は,売主と合意していればこれにより所有者となる。すると,買主は,すでに自らに移転している所有権に基づいて,売主に対して目的物の引渡しを求めることができるということになる[56]。

(2) 二重売買

　自然法は合意主義を採用していたため,売主と買主の当事者間においては契約の合意のみで所有権の移転が生じる。したがって,第一売買が行われることによって,第一買主が所有者となるとともに,売主は無権利者となる。このため,売主がその後に二重に売買契約を第二買主と締結したとしても,売主はすでに無権利者になってしまっているのであるから,第二買主になんらの権利も移転することができない。第二買主もまた,無権利者のままである。

　以上が,対外関係の典型例である二重売買についての自然法に基づく理解である。ここで重要な点は,第二買主が第一売買について善意であっても,第二買主は所有権を取得できないということである。売主はすでに無権利者であるから,第二買主の主観的状況にかかわらず,第二買主はなにも取得することができないという論理が採用されたのである[57]。

---

54) この点につき,*Süß*, a.a.O. 28, S. 147 を参照。
55) たとえば,*Eugen Bucher*, Die Eigentums-Tranlativwirkung von Schuldverträgen -Das Woher und Wohin dieses Modells des Code Civil-, ZEuP 1998, 626 ff., 1998 を参照。
56) 買主の特定物引渡請求権の存在の根拠として,pacta sunt servanda(合意は遵守されるべきである)をあげる見解もある。この見解を紹介するものとして,*Karin Nehlsen-von Stryk*, Grenzen des Rechtszwangs -Zur Geschichte der Naturalvollstreckung-, AcP 193, 546, 1993 を参照。なお,自然法においては,obligatio dandi(与える債務)と obligatio faciendi(なす債務)は区別されていなかった。この点につき,*Michaels*, a.a.O. 6, S. 130 f. を参照。

したがって，第一買主はすでに所有者となっており，第二買主は無権利者にすぎないのであるから，第一買主が自らの所有権に基づいて第二買主に対して目的物の引渡しを求めることができるのは当然ということになる。また，この帰結は，自然法が obligatio dandi と obligatio faciendi を区別せず，かつ，物の概念を広くとらえていたこととも関係する。すなわち，obligatio dandi の対象である有体物と，obligatio faciendi の対象である債務者の行為とが，いずれも結局は人以外の物であるという認識にたつならば，ius ad rem の目的が，ius ad rem 概念そのものを用いなくても達成できるようになるのである[58]。なぜなら，第一買主は，売主に対しても，第二買主に対しても，目的物それ自体あるいは両者の行為を求める権利を，すでに有しているからである。

(3) **小括**

ここまで検討してきた自然法の理論は，第一買主の第二買主に対する特定物引渡請求権を根拠づけるにあたって，説得力がある。売主との合意によって，第一買主にはすでに所有権が移転しているのであるから，この所有権に基づいて，第一買主は第二買主に対して直接に引渡しを求めることができる。これによって，ius ad rem が目指す目的も達成される。

自然法は，合意主義を採用することによって，売主と第一買主との関係を，債権関係から物権関係に変化させたといえる。売主が第二買主との間で二重売買契約を締結することにより，第一買主に対する債務に関して履行不能に陥った場合，第一買主は金銭による損害賠償を売主に対して求めるほかないというのが，原則であった。しかし，自然法理論によれば，第一買主は売主から所有権を有効に取得しているので，売主に対してはもちろん第二買主に対しても，目的物の引渡しを求めることができる。この特定物引渡請求権を理論的に根拠づけることに，自然法理論は成功したといえる。

しかし，疑問はやはり残る。ius ad rem の目的が達成されるからといって，自然法上の第一買主の権利は，ius ad rem そのものではない。それは所有権

---

57) 第二買主の善意取得も認められていなかった。正確にいえば，善意取得による保護という考え方そのものが，知られていなかったとされる。この点につき，*Werner Hinz*, Die Entwicklung des gutgläubigen Fahrniserwerbs in der Epoche des usus modernus und des Naturrechts, Berlin 1991, S. 100 ff. を参照。そこでは，Grotius, Pufendorf, および，Wolff らの見解が紹介されている。
58) この点につき，*Michaels*, a.a.O. 6, S. 133 を参照。

である。だからこそ，第二買主の悪意を要件とすることなく，第一買主の特定物引渡請求権が認められるのである。そうだとすると，第一買主の権利は，ius ad rem ではなく，ius in re（物における権利）であるということになる。

また，合意主義を採用すると，物権と債権の関係は曖昧なものとなる。第一買主が第二買主に対して主張する権利は物権であるとしても，売主に対して主張する権利は物権なのかそれとも債権なのか，あるいは，その両方の性質をあわせもつのか[59]。これらの問題は，およそ契約を通じていかなる権利が当事者に発生するのかという，契約法上の大きな問いにつながっていく[60]。

2 普通法
(1) 引渡主義

普通法上の所有権移転システムは，自然法とは異なり，引渡主義を採用していた。正確にいえば，titulus et modus acquirendi（獲得の権原と方式）の理論と称される方法がとられていた。所有権を移転するためには，titulus（権原）として法律上の原因が，modus（方式）として取得行為が，それぞれ要件とされた。売買を通じて土地所有権の移転がなされる場合には，売買契約が titulus となり，土地の引渡しが modus となる[61]。

したがって，契約が締結されただけではなく，目的物の引渡しまでなされなければ，買主は物権を取得することはできない。問題は，契約は締結されたが，引渡しがまだなされていない段階における，買主の法的地位である。ここで，買主が売主に対して目的物の引渡しを求めることができるのは，当然である。これは，買主の債権として認められるともいえるし，売主との関係においては買主に物権的な権利が認められるともいえる[62]。

(2) 二重売買

二重売買が行われ，第二買主が第一買主よりも先に引渡しを受けた場合に，

---

[59] 当然のこととして，この問題は請求権論にも影響を与える。
[60] 自然法理論が有するこれらの特徴を検討すると，ius ad rem との理論的関係性が密接ではないことがわかる。むしろ，その法的効果の観点から，ius ad rem を認めることによって達成しようとされた目的との実質的な近似性を，把握することができるにすぎない。
[61] titulus et modus acquirendi（獲得の権原と方式）の理論に関しては，*Hans Brandt*, Eigentumserwerb und Austauschgeschäft -Der abstrakte dingliche Vertrag und das System des deutschen Umsatzrechts im Licht der Rechtswirklichkeit-, Leipzig 1940, S. 50 f. を参照。

第一買主は第二買主に対して，自らが優先すると主張することができるか。普通法においては，第一買主が売主に対して引渡しを求められることを前提としつつ，第二買主が第一契約について悪意であった場合に限定して，第一買主は第二買主に対しても引渡しを求めることができると考えられていた[63]。

(3) 小括

以上の検討から，普通法における買主の権利，とりわけ第一買主が有する第二買主に対する権利の内容は，ius ad rem のそれときわめて近い。titulus et modus acquirendi の理論によって契約と譲渡行為が分離され，契約によってもたらされる権利と譲渡行為によってもたらされる権利とがそれぞれ区別されていた。ここに，物権と債権の区別を前提とする ius ad rem 概念と同じ基盤を見出すことができる。

また，titulus のみ，つまり，売買契約を締結したにすぎない第一買主が，すくなくとも悪意の第二買主に対してであれば，自らの権利として目的物引渡請求権を行使することができたということは，第一買主は，目的物に対してなんらかの権利を有していたということを意味する。この点もまた，ius ad rem に近似した特徴を認めることができる[64]。

---

62) ただし，modus（方式）としての引渡しは，現実の引渡しに限定されなかった。modus として占有改定も認められたからである。これにより，買主は，目的物を直接に占有していなくても物権を取得することができた。したがって，売主に対して物権に基づく請求権を行使することができた。また，売主も，目的物を自らのもとにとどめおくことによって，代金支払請求権の実現可能性を高めることができた。契約と所有権譲渡行為を分離するという考え方は，たしかにローマ法に依拠するともいえる。しかし，所有権譲渡行為である引渡しを観念化し，占有改定も引渡しの代替として認められるようになると，契約と所有権譲渡行為との垣根は明確ではなくなる。占有改定は売主と買主との間における意思の合致によって認められるから，titulus et modus acquirendi の理論は，むしろ，当事者意思の重視という立場にも近づいていくともいえよう。この点につき，*Michaels*, a.a.O. 6, S. 137 ff. を参照。

63) たとえば，*Karl Ziebarth*, Die Realexecution und die Obligation -mit besonderer Berücksichtigung auf die Miethe erörtert nach römischen und deutschen Recht in Vergleich mit dem preußischen-, Halle 1866, S. 201 を参照。

64) この点につき，*Gustav Eisfeld*, Beiträge zur Geschichte des ius ad rem im neueren deutschen und französischen Recht, Kiel 1935, S. 9 f. を参照。

3 ALR
(1) 引渡主義

　自然法理論を前提としつつ，普通法の概念をも取り込みながら，はじめて法典化されたのが，1794年に制定されたALR（プロイセン一般ラント法）である。そこで，ALRが所有権の移転やius ad remにつきどのような立場をとっていたのかについて，みていくことにする[65]。

　ALRは，所有権移転の効果が発生するための要件として，引渡しを規定した[66]。つまり，引渡主義の採用である。ただし，目的物が土地である場合には，抵当権簿に登記することも要件とされた[67]。売買契約による所有権の移転がなされる場合には，まず，売買契約を通じてius ad remが発生し，さらに買主が目的物を占有することによって，ius ad remがius in reに変化するものと考えられていた[68]。ただし，ALRは，引渡主義を採用しつつも，占有改定による引渡しを認めていた[69]。このため，自然法理論への接近もみられる。

　さらに，ALRは，現代の概念でいうところの債権的請求権と物権的請求権とを，いずれも物権としてとらえ，物権を，目的物の給付を求める請求権と目的物それ自体に関する権利として把握した。すなわち，目的物に対して間接的に影響を与える人的な権利と，直接的に影響を与える物的な権利とが，いずれも物権と解されたのである[70]。

(2) 二重売買

　ALRは，二重売買の法的処理について，普通法を引き継いでいる。売買契約が締結され，売主が目的物をまだ占有している場合，売主はその物の所有

---

65) *Franz Wieacker*, Privatrechtsgeschichte der Neuzeit, 2. Auflage, Göttingen 1967, S. 327 ff. を参照。
66) ALR I 9 § 3: Zur Erwerbung des Eigenthums wird die Besitznehmung erfordert.
67) 1783年のプロイセン抵当権法による。
68) なお，物権変動にあたって，独自の物権行為は必要とされていなかった。
　ALR I 2 § 135: Wenn demjenigen, der ein persönliches Recht zu einer Sache hat, der Besitz derselben auf den Grund dieses Rechts eingeräumt wird, so entsteht dadurch ein dingliches Recht auf die Sache.
69) ALR I 7 § 71: Auch alsdann ist die Uebergabe des Besitzes für vollzogen zu achten, wenn der bisherige Besitzer seinen Willen, die Sache nunmehr für einen andern in seiner Gewahrsam zu halten, rechtsgültig erklärt hat.

者のままであるが，買主に titulus は移転しているとされた。そして，二重売買においては，先に占有を始めた買主が他方に対して優先するものとされた[71]。ただし，たとえば第二買主が第一買主よりも先に占有を開始して物権を取得したとしても，第二買主が第一買主の titulus について悪意であれば，第二買主は物権を行使することができないとされていた。この内容が，まさに ius ad rem が採用された部分となる[72]。

また，二重売買がなされた場合において，第一買主が占有改定により引渡しを受け，第二買主が目的物を直接占有したときは，原則として直接占有が間接占有に優先して扱われるものとされた[73]。もちろん，この場合においても，第二買主が第一買主の存在について悪意であるときは，第二買主による物権の行使は制限される。

---

70) ALR I 2 § 122：Persönliche Rechte und Verbindlichkeiten heißen diejenigen, wozu nur gewisse Personen, ohne Rücksicht auf den Besitz einer Sache, befugt, oder verpflichtet sind.
  § 123：Ein persönliches Recht enthält die Befugniß, von dem Verpflichteten zu fordern, daß er etwas geben, leisten, verstatten, oder unterlassen solle.
  § 124：In so fern dergleichen persönliches Recht das Geben, oder die Gewährung einer bestimmten Sache, zum Gegenstande hat, wird es ein Recht zur Sache genannt.
  § 125：Ein Recht ist dinglich, wenn die Befugniß zur Ausübung desselben mit einer Sache, ohne Rücksicht auf eine gewisse Person, verbunden ist.
  § 126：Auch solche Rechte heißen dinglich, deren Gegenstand eine Sache ist, ohne Rücksicht auf die Person, bey welcher diese Sache sich befindet.
  § 127：Dergleichen Rechte, die ihrem Gegenstande nach dinglich sind, heißen Rechte auf die Sache.
  § 128：Rechte, welche in Beziehung auf das Subjekt, dem sie zukommen, dinglich sind, können in Rücksicht auf ihren Gegenstand bloß persönlich, oder zugleich Rechte auf die Sache seyn.
  § 129：Eben so können Rechte, die in Ansehung ihres Gegenstandes dinglich sind, in Ansehung des Subjekts, welchem sie zukommen, zu den bloß persönlichen, oder auch zu den dinglichen Rechten gehören.
  § 130：Wenn die Gesetze von dinglichen Rechten ohne weitern Beysatz reden, so werden darunter solche, die in Ansehung ihres Gegenstandes dinglich, oder Rechte auf die Sache sind, verstanden.
71) ALR I 10 § 20：Hat noch keiner unter ihnen die Eintragung erhalten, so kann derjenige, dessen Titel zuerst entstanden ist, dieselbe vorzüglich fordern.
  § 22：Haben die Prätendenten insgesammt ihren Titel von einer und eben derselben Person, so entscheidet, auch bey beweglichen Sachen, der Zeitpunkt der frühern Entstehung dieses Titels.
72) この点につき，*Michaels*, a.a.O. 6, S. 145 ff. を参照。
73) ALR I 7 § 74：Der, welchem eine Sache körperlich übergeben worden, hat, in Ansehung der aus dem Besitz entspringenden Rechte, den Vorzug vor dem, welchem die Uebergabe bloß durch Anweisung oder durch Zeichen geschehen ist.

ただ，ここで問題となるのは，悪意の買主による物権行使の制限の意義である。第一買主が悪意の第二買主による物権の行使を妨げることができると解するならば，この第一買主の権利は物権として構成される必要がある。したがって，この場合には，第一買主の ius ad rem は物権であると性質決定されなければならない。これに対して，第一買主の権限を，悪意の第二買主がその権利を行使してきた場合に第一買主が第二買主の権利行使を認めないという抗弁を有するにすぎないととらえるのであれば，第一買主の ius ad rem は，物権そのものではないと構成することができる[74]。

(3) 小括

ALR は，普通法をその理論的根拠としながら，ius ad rem 概念を認めたと解することができる。とくに，立法によってこの概念を定義したことが重要である。この点において，ius ad rem がその歴史上もっとも肯定的に評価された時代であったということができよう。titulus の取得によって ius ad rem が発生し，占有の移転によって物権がもたらされた。したがって，ius ad rem を物権と解することは困難である。あくまで，第一買主の第二買主に対する抗弁と把握する方が，ALR の解釈としては正当であろう。

このように，ローマ法の体系とゲルマン法の事案解決に端を発する，第一買主は悪意の第二買主に対して自らの権利を主張できるという法概念は，ALR の制定によって，その生成と発展の最盛期を迎えることとなった。

四　ius ad rem の衰退

1　EEG

(1) Savigny の理論

しかし，19 世紀に入ると，ius ad rem 概念は衰退していくことになる。これには，Friedrich Carl von Savigny の理論の影響が大きい。Savigny は，ローマ法における訴権概念と同じく，権利を物に対する権利と人の行為に対する権利とに分け，これをさらに徹底化した。つまり，物権と債権の峻別である。

---

74) この点につき，*Herbert Hofmeister*, Die Grundsätze des Liegenschaftserwerbs in der österreichischen Privatrechtsentwicklung seit dem 18. Jahrhundert, Wien 1977, S. 84 f. を参照。

もちろん Savigny も，物権と債権の両方の性質を有する権利が存在しうることは認めていた。しかし，Savigny は，ius ad rem についてはこれを obligatio dandi であると解し，obligatio dandi がローマ法において人的な権利として把握されていたことを根拠に，ius ad rem を債権に分類した[75]。売買契約は，買主の売主に対する債権としての引渡請求権の根拠となるにすぎない。したがって，第一買主は，第三者である第二買主に対しては，この引渡請求権を行使することができないということになる。このように，Savigny の理論を前提とするならば，ius ad rem は，特定物債権でありながら第三者にも主張しうるという本来の性質を保ちつつ存在することができなくなる。

また，Savigny の理論の特徴として，物権契約の理論を採用したこともあげられる。Savigny は，ローマ法上の traditio を，占有と所有権を相手方に移転する意思ととらえた。この意思は，相手方がその占有と所有権を取得する意思と対応している。すると，traditio は，契約の成立要件である意思の合致を満たすことになる。このため，traditio を契約と解することが可能となるのである。ここに，traditio の観念化が生じる。物権と債権の峻別に基づき，物権契約と債権契約も別個の契約とされ，かつ，両者は無関係の契約として構成されるにいたる[76]。

(2) **規定内容**

この Savigny の理論を中心として，学説においては ius ad rem を否定する見解が大勢を占めるようになる。そのような中で制定されたのが，1872 年に

---

75) これについては，*Friedrich Carl von Savigny*, System des heutigen Römischen Rechts, Band I, Berlin 1840, S. 334 ff. を参照。
76) この点につき，*Friedrich Carl von Savigny*, System des heutigen Römischen Rechts, Band III, Berlin 1840, S. 312 ff. を参照。ただし，物権契約概念は，ローマ法に直接に由来するとはいえない。ローマ法上，所有権の移転にあたって traditio が重視されたのは事実であるが，これを抽象化し，しかも物権契約として構成したのは，Friedrich Carl von Savigny 独自の見解による。意思の合致を重視する契約理論の採用は，むしろ，自然法の影響が強い。したがって，物権契約の理論は，ローマ法の人的権利と物的権利の区別と，自然法の意思の重視とが結合して，構成されたと解すべきである。そもそも，ローマ法上，物権契約の概念は存在しなかった。たとえば，*Filippo Ranieri*, Die Lehre der abstrakten Übereignung in der deutschen Zivilrechtswissenschaft des 19. Jahrhunderts, in: Hrsg. von Helmut Coing, Walter Wilhelm, Wissenschaft und Kodifikation des Privatrechts im 19. Jahrhundert, Band II -Die rechtliche Verselbständigung der Austauschverhältnisse vor dem Hintergrund der wirtschaftlichen Entwicklung und Doktrin-, Frankfurt am Main 1977, S. 90 ff. を参照。

制定された EEG（プロイセン所有権取得法）である。

EEG 4 条は、土地所有権の取得者は、それ以前に買主が存在していたことにつきたとえ悪意であったとしても、自らの所有権取得を妨げられることはない、と明確に規定していた[77]。さらに、EEG 15 条は、土地所有権の取得者がその所有権を登記した場合には、取得者がそれ以前に他人の権利が存在していたことにつき悪意であったとしても、物権の取得を妨げられることはない、と定めた[78]。

これらの規定は、土地所有権を取得するためには登記が効力発生要件であることを前提とする。そして、第一買主は登記を備えていなければ、先に登記を備えた第二買主に所有権を取得されてしまう危険を負い、しかも、悪意の第二買主に対してさえ、引渡請求権を行使することは許されないとされた。このように、EEG の制定により、ius ad rem を認めることは完全に排除されたのであった。

(3) **評価**

このように、EEG は ius ad rem の存在を立法において否定した。この理由としては、まず、物権と債権の峻別に基づく体系的な観点をあげることができる。いまだ物権を有しているとはいえない未登記の第一買主が、既登記の第二買主に対して直接の引渡請求権を有することを認めてしまうと、第一買主の権利はそもそも物権なのか債権なのか、第一買主は物権取得者なのか債権者なのかという点で、疑問が生じる。このため、ius ad rem を立法上認めることはできなかったのである。

また、土地登記簿への登記が、土地所有権の移転について効力発生要件となったことも重要である。動産と比較して土地の方が、占有者が所有者とは限らないという状況が多く発生しうる。もともと、不動産公示制度は、非占有担保物権である抵当権を公示するために発展してきたところ、土地の物権

---

77) EEG § 4 : Die Kenntnis des Erwerbers eines Grundstücks von einem ältern Rechtsgeschäft, welches für einen Andern ein Recht auf Auflassung dieses Grundstücks begründet, steht dem Eigentumserwerb nicht entgegen.
78) EEG § 15 : Der Erwerb des eingetragenen dinglichen Rechts wird dadurch nicht gehindert, dass der Erwerber das ältere Recht eines anderen auf Eintragung eines widerstreitenden dinglichen Rechts gekannt hat, oder dass sich Letzterer bereits in der Ausübung dieses Rechts befindet.

帰属状態を，所有権も含めて，占有以上に公示力の高い登記に服せしめようとする要求が大きくなっていったのは，十分に理解できるところである[79]。すると，第一買主は，登記を備えていなければ，物権を取得することができない。つまり，占有するだけでは，物権取得者とはなれない。このことが，立法においても実務においても理解されるようになると，未登記の占有者は既登記の物権取得者に引渡請求権を有しないとの帰結もまた，肯定されるようになる。このように，登記の効力要件化も，ius ad rem の否定に大きな影響を与えたといえる[80]。

2　BGB
(1)　規定内容

BGB も，所有権移転に関する規定については，EEG を引き継いでいる。すなわち，土地所有権の移転については，登記が効力発生要件とされ[81]，動産所有権の移転については，引渡しが効力発生要件とされた[82]。つまり，登記主義を含めた引渡主義の採用であり，意思主義の否定である。この点に限っていえば，ローマ法理論の継承ともいえる。

ただし，BGB の基本思想も，物権債権峻別論に根ざしている。意思の体系化は，自然法とともに 19 世紀ドイツ法学の特徴であって，BGB の立法過程もこの影響を強く受けた[83]。物権債権峻別論と登記または引渡しの効力要件化とは，かならずしも一体として導入されなければならないものではない[84]。したがって，未登記権利者であっても，特定物引渡請求権を第三者に主張しうるとする立法や解釈は，十分可能である。むしろ，物権と債権の区別が厳格だからこそ，ius ad rem を理論上採用できなくなったのである。

---

79) この点については，大場・前掲注 1・『不動産公示制度論』99 頁を参照。
80) しかし，本登記を経由するまで物権を取得することができないとすると，なんらかの事情で第一買主の本登記が遅れている場合，第二買主に先に本登記を経由されてしまうリスクを回避するための方策が求められることになる。これに対応したのが，仮登記制度である。EEG（プロイセン所有権取得法）も仮登記を認めていた。すると，仮登記によって保全された第一買主の権利の法的性質が問題となってくる。すなわち，仮登記の順位保全効をどのように解するかという問題である。すくなくとも，仮登記制度の導入により，本登記を備えていない債権者であっても物権取得者と同様の排他的な権利が認められた。これは，ius ad rem の実質的な採用ではないかとも評価できる。この点につき，Hofmeister, a.a.O. 74, S. 312 を参照。

164　第二部　ius ad rem

(2) 評価

このように，BGB においても ius ad rem は理論上否定され，立法上その姿を消した。物権債権峻別論を前提としたシステムを採用した BGB に ius ad rem を規定する余地がなかったことは，明らかである。このため，物権債権峻別論を徹底するという点を強調すれば，演繹的に，物権と債権の両方の要素をあわせもつ曖昧な性質の権利を肯定することはできないという結論に達する。

---

81) 以下，適宜，BGB（ドイツ民法典）の条文とその日本語訳を掲げる。なお，BGB の条文の日本語訳は，エルヴィン・ドイチュ=ハンス・ユルゲン・アーレンス著・浦川道太郎訳『ドイツ不法行為法』（日本評論社・2008）328 頁以下，ディーター・ライポルト著・円谷峻訳『ドイツ民法総論―設例・設問を通じて学ぶ―（第 2 版）』（成文堂・2015）550 頁以下，および，マンフレート・ヴォルフ=マリーナ・ヴェレンホーファー著・大場浩之=水津太郎=鳥山泰志=根本尚徳訳『ドイツ物権法』（成文堂・2016）603 頁以下による。
BGB § 873 (1): Zur Übertragung des Eigentums an einem Grundstück, zur Belastung eines Grundstücks mit einem Recht sowie zur Übertragung oder Belastung eines solchen Rechts ist die Einigung des Berechtigten und des anderen Teils über den Eintritt der Rechtsänderung und die Eintragung der Rechtsänderung in das Grundbuch erforderlich, soweit nicht das Gesetz ein anderes vorschreibt.
(2): Vor der Eintragung sind die Beteiligten an die Einigung nur gebunden, wenn die Erklärungen notariell beurkundet oder vor dem Grundbuchamt abgegeben oder bei diesem eingereicht sind oder wenn der Berechtigte dem anderen Teil eine den Vorschriften der Grundbuchordnung entsprechende Eintragungsbewilligung ausgehändigt hat.
第 873 条第 1 項：土地を目的とする所有権の移転，土地を目的とする権利の設定又はその権利を目的とする権利の設定若しくは移転には，権利者と相手方との間で権利の変動に関する合意をし，かつ，権利の変動を土地登記簿に登記しなければならない。ただし，法律に別段の定めがあるときは，この限りでない。
第 2 項：前項の合意は，この意思表示が公証人の認証を受け，土地登記所において表明され，若しくは土地登記所に対して書面によって申請され，又は権利者が意思表示の相手方に土地登記法の定めるところによる登記許諾を与えたときは，登記がされる前においても，当事者を拘束する。
82) BGB § 929: Zur Übertragung des Eigentums an einer beweglichen Sache ist erforderlich, dass der Eigentümer die Sache dem Erwerber übergibt und beide darüber einig sind, dass das Eigentum übergehen soll. Ist der Erwerber im Besitz der Sache, so genügt die Einigung über den Übergang des Eigentums.
第 929 条：動産の所有権を譲渡するには，所有者が取得者に物を引き渡し，かつ，当事者双方が所有権の譲渡を合意しなければならない。取得者が物を占有するときは，所有権の譲渡に係る合意をすればたりる。
83) BGB 第一草案の理由書によれば，物権と債権を明確に区別するために，ius ad rem を採用することができないと述べられている。また，ius ad rem は物権ではありえず，債権にほかならないと解されている。この点につき，Motive zu dem Entwurfe eines bürgerlichen Gesetzbuches für das Deutsche Reich, Band III, Sachenrecht, 2. Auflage, Berlin Leipzig 1896, S. 3 を参照。
84) 物権行為の独自性も，これを肯定しなければ登記または引渡しが効力要件となりえない，というわけではない。

第一章　歴史的素描　　*165*

　しかし，実質的な観点からみた場合に，ius ad rem と同視しうる制度は存在しないのであろうか。すでに EEG の時代においても議論されたように，未登記の第一買主を既登記の第二買主よりも保護すべき場合があるということは，今日においても十分妥当する。この点において，BGB はいくつかの制度を用意している。
　とくに重要なものとして，仮登記制度をあげることができる。BGB 883 条によれば，土地所有権の移転請求権は，これを仮登記することができ，仮登記後になされた処分行為は，仮登記された請求権を侵害する限りで無効とされ，しかも，仮登記に順位保全効があると規定されている[85]。これにより，第一買主は，本登記を備える前にまず自らの請求権を仮登記することができ，第二買主がその後に本登記を経由したとしても，仮登記された請求権を売主に対して行使することができる。結果として，第二買主を排除することが可能となる[86]。
　このように，仮登記がなされたことによる効果，すなわち，第二買主の実質的な排除が認められるという結果だけに着目すると，現行法においても ius ad rem 概念が残っているようにも考えられる。しかし，ここで留意すべ

---

85) BGB § 883(1)：Zur Sicherung des Anspruchs auf Einräumung oder Aufhebung eines Rechts an einem Grundstück oder an einem das Grundstück belastenden Recht oder auf Änderung des Inhalts oder des Ranges eines solchen Rechts kann eine Vormerkung in das Grundbuch eingetragen werden. Die Eintragung einer Vormerkung ist auch zur Sicherung eines künftigen oder eines bedingten Anspruchs zulässig.
(2)：Eine Verfügung, die nach der Eintragung der Vormerkung über das Grundstück oder das Recht getroffen wird, ist insoweit unwirksam, als sie den Anspruch vereiteln oder beeinträchtigen würde. Dies gilt auch, wenn die Verfügung im Wege der Zwangsvollstreckung oder der Arrestvollziehung oder durch den Insolvenzverwalter erfolgt.
(3)：Der Rang des Rechts, auf dessen Einräumung der Anspruch gerichtet ist, bestimmt sich nach der Eintragung der Vormerkung.
第883条第1項：仮登記は，土地を目的とする権利若しくはその権利を目的とする権利の承諾請求権若しくは放棄請求又は権利の内容若しくは順位の変更請求権を保全するため，これを土地登記簿に登記することができる。仮登記は，将来の請求権又は条件付きの請求権を保全するためにも，これを登記することができる。
第2項：仮登記の後に土地又は権利についてされた処分は，これが前項の請求権の全部又は一部と抵触する限りで，その効力を有しない。強制執行若しくは仮差押えの手続においてされ，又は倒産管財人によってされた処分についても，同様とする。
第3項：請求権の目的が権利の承諾であるときは，その権利の順位は，仮登記によって，これを定める。

きこととして，第一買主が仮登記された請求権を行使できる相手方は，売主であって第二買主ではないという点である。この点において，仮登記は，第二買主に対する第一買主の直接請求を認める ius ad rem とは異なるとも思われる[87]。

---

86) しかも，仮登記の要件は比較的緩やかである。仮処分による仮登記は，被保全請求権の実現が危険な状況にあることを要件としていない。
BGB § 885 (1): Die Eintragung einer Vormerkung erfolgt auf Grund einer einstweiligen Verfügung oder auf Grund der Bewilligung desjenigen, dessen Grundstück oder dessen Recht von der Vormerkung betroffen wird. Zur Erlassung der einstweiligen Verfügung ist nicht erforderlich, dass eine Gefährdung des zu sichernden Anspruchs glaubhaft gemacht wird.
(2): Bei der Eintragung kann zur näheren Bezeichnung des zu sichernden Anspruchs auf die einstweilige Verfügung oder die Eintragungsbewilligung Bezug genommen werden.
第885条第1項：仮登記は，仮処分に基づいて，又は仮登記に係る土地若しくは権利を有する者の許諾に基づいて，これを登記する。仮処分を発令するには，保全される請求権が履行されないおそれが疎明されることを要しない。
第2項：前項の登記に際しては，保全される請求権の詳細を表示するため，仮処分又は登記許諾を引用することができる。
87) なお，仮登記制度の導入にあたっては，第一委員会において否定され，第二委員会において実務の要求に応じるという観点から肯定されたという経緯がある。この点につき，Motive, a.a.O. 83, S. 241 f.; Protokolle der Kommission für die zweite Lesung des Entwurfs des Bürgerlichen Gesetzbuchs für das Deutsche Reich, Band III, Sachenrecht, Berlin 1899, S. 114 を参照。ほかにも，BGB において，ius ad rem が採用された場合と同様の法的効果を導くことができる制度が散見される。たとえば，良俗違反に基づく損害賠償請求（BGB 826条）や良俗違反に基づく法律行為の無効（BGB 138条）などである。
BGB § 826: Wer in einer gegen die guten Sitten verstoßenden Weise einem anderen vorsätzlich Schaden zufügt, ist dem anderen zum Ersatz des Schadens verpflichtet.
第826条：善良の風俗に反する方法で他人に対し故意に損害を加えた者は，その他人に対し損害を賠償する義務を負う。
BGB § 138 (1): Ein Rechtsgeschäft, das gegen die guten Sitten verstößt, ist nichtig.
(2): Nichtig ist insbesondere ein Rechtsgeschäft, durch das jemand unter Ausbeutung der Zwangslage, der Unerfahrenheit, des Mangels an Urteilsvermögen oder der erheblichen Willensschwäche eines anderen sich oder einem Dritten für eine Leistung Vermögensvorteile versprechen oder gewähren lässt, die in einem auffälligen Missverhältnis zu der Leistung stehen.
第138条第1項：善良な風俗に違反する法律行為は，無効である。
第2項：とくに，ある者が他人の急迫，無経験，判断能力の欠如又は意思の薄弱に乗じて自ら又は第三者に，給付と際だった不均衡にある財産的に有利な給付について約束または保証させる法律行為は，無効である。
問題は，第二買主が第一買主の存在について悪意であることをもって，第二買主による売主との売買契約の締結がただちに良俗違反の行為と評価できるのかどうかにある。

五　おわりに

1　結　論

　ここまで，ius ad rem 概念について歴史的な観点から検討を加えてきた。時代区分に応じて簡潔に整理すると，以下のようになる。

　まず，ローマ法において，ius ad rem は認められない。第三者に対して買主の権利が実質的に及ぶことはあったが，これは，訴権の効果として第三者効が認められることがあったにすぎず，実体法上の権利として ius ad rem が認められたとは評価できない。また，ゲルマン法においては，第一買主の保護を検討すべきとの議論はあったが，債権概念がまだ存在していなかった。このため，物権と債権の違いを観念することができず，債権であるにもかかわらず物権的効果を有する ius ad rem 概念を，そもそも考えることができなかった。もっとも，教会法やその後の学説の展開に目を移してみると，ローマ法の体系とゲルマン法の問題解決志向の議論から，ius ad rem の萌芽を確認することができる。

　さらに，自然法によれば，第一買主による第二買主に対する直接請求権が認められたが，これは，第一買主がすでに所有者になっているためにもたらされる帰結であって，ius ad rem そのものとはいえない。むしろ，普通法理論が，ius ad rem とほぼ同視しうる権利を認めていた。これによれば，第二買主が第一買主の存在について悪意である場合には，第一買主は第二買主に対して直接請求権を有するとされていた。そして，ius ad rem を立法において明確に認めたのが，ALR である。

　しかし，体系性を重視した物権債権峻別論に基づく見解が次第に有力になってくると，ius ad rem の概念としての曖昧さが批判されるようになり，Savigny の理論を中心としながら，EEG において，ius ad rem は明確に否定され，その後，BGB においても，立法上，ius ad rem が規定されることはなかった。

　このように，ius ad rem は，その萌芽から発展，そして衰退の道をたどったわけであるが，未登記占有者である第一買主の保護，あるいは，そのよう

な第一買主と悪意の第二買主との利益衡量を図るといった、その目的自体は、今日においてもけっして否定されていない。とくに、仮登記制度をはじめとしたさまざまな概念に姿を変えつつ、現行法あるいはその解釈論に大きな影響を与えているといえよう。

2 今後の課題

　ius ad rem に関するこの研究は、まだ端緒についたばかりである。本章が課題として設定したのは、ius ad rem を歴史的に確認することだけにすぎない。そこで、まず、この概念の法的性質を詳細に分析することが、つぎの目的となる。具体的には、所有権と占有権の関係、登記や引渡しとの関係、善意の第二買主と悪意の第二買主につき異なる扱いをすることの妥当性など、ius ad rem の法的性質を分析するための枠組みは、多岐にわたる。これらの検討をふまえた上で、ius ad rem と性質を同じくする現行法上の諸概念の検討が、求められることになろう[88]。

　さらに、物権行為概念と ius ad rem 概念の関係性を探る作業も重要である。物権債権峻別論を前提とするこれらの制度は、物権債権峻別論を強調することによって、それぞれ異なる取り扱いを受けることになった。具体的にいえば、ius ad rem 概念の衰退とともに、物権行為概念が認められるようになったのである。そこで、両概念の関係性について、いくつかの視点から分析を加えることが、両概念の本質を探る上で有益であると考えられる。いずれの概念も、意思主義と形式主義、物権と債権、および、履行請求権と損害賠償請求権の観点から、それぞれ論じることができるであろう[89]。これらの主題が、順次、物権行為の問題、ius ad rem 概念の問題、両者の関係性の問題として、つまり、本書全体を貫く課題として、表面化してくることになる。この問題は、民法の体系を論じるにあたって、避けられないテーマを含んで

---

[88] 仮登記制度をはじめとして、期待権、先買権、法律行為に基づく譲渡禁止、および、不法行為上の処理などが、議論の対象となろう。
[89] 物権の移転がそもそもなにに基づいて認められるのか。債権しか有しないとされる者に付与される権利は、金銭賠償請求権にとどまるのか、それとも、履行請求権が認められることもあるのか。そして、物権とは、あるいは、債権とは、そもそもどのような権利なのか。これらの具体的な問いをあげることができよう。

いるともいえるのである。

第二章　法的性質

一　はじめに

1　問題の所在

　目的物が二重譲渡された場合において，目的物が不動産であれば登記が対抗要件となり（民法177条），動産であれば引渡しが対抗要件となる（民法178条）。このため，登記または引渡しを先に備えた者が，他方に優先して，目的物の所有権を取得する。物権変動に関しては意思主義が採用されているにもかかわらず（民法176条），二重譲渡の場面となると，譲受人は，意思によるだけではすくなくとも確定的な所有権を取得することができない。

　しかし，第一譲受人がいまだに対抗要件を備えていない状況であっても[1]，すでにその者が目的物を利用し始めている場合，あるいは，第二譲受人が第一譲受人の存在につき悪意であった場合に，このような第一譲受人を保護する方法はないか。すくなくとも，このような第一譲受人を保護すべきとする価値判断は，是認されるべきではないか。この問題は，日本法においてはこれまで，判例による背信的悪意者排除論[2]や，学説における単純悪意者排除説[3]によって，積極的に検討されてきた。

　ただし，この問題に関するこれら日本法上の見解あるいは分析は，第二譲受人の主観的態様に焦点をあててきたといえる。その反面，対抗要件を備えていない第一譲受人が有する権利の性質に対象を定めた議論は，あまりみら

---

[1] このかぎりで，対抗要件を備えていない物権取得者といいかえることができる。
[2] 背信的悪意者排除論を確立した判例として，最判昭40・12・21民集19・9・2221以下を参照。
[3] 代表的な見解として，舟橋諄一「登記の欠缺を主張し得べき『第三者』について」『加藤正治先生還暦祝賀論文集』（有斐閣・1932）639頁以下などを参照。また，判例のいう背信的悪意者排除論は，単純悪意者排除説と実質的に異ならないと主張する見解として，松岡久和「判例における背信的悪意者排除論の実相」奥田昌道編集代表『林良平先生還暦記念論文集・現代私法学の課題と展望・中』（有斐閣・1982）65頁以下を参照。

れない。

　そもそも，日本法においては，二重譲渡の存在を認め，自由競争の枠内であれば，第二譲受人が先に対抗要件を備えることによって所有権を取得するという論法を，議論の出発点としてきた。この自由競争の枠の広狭を限定するにあたって，背信的悪意者排除論や単純悪意者排除説の主張，または，これらに対する分析が行われてきた。

　しかし，この自由競争の内実を分析するためには，第二譲受人の主観的事情を勘案する前に，そもそも，第一譲受人はいかなる権利を有しているのか，という点の検討が不可欠である。第一譲受人が有する権利内容を確定することができなければ，これに対する第二譲受人の事情を考慮することができないからである。

　この第一譲受人の権利，いいかえれば，未登記譲受人が有する権利の法的性質については，ドイツ法において多くの議論がなされてきた。そのなかでも有益な示唆を与えるのが，ius ad rem（物への権利）である。ius ad rem は，登記が効力発生要件であるドイツ法において，未登記の第一譲受人が第二譲受人に対して，一定の要件を満たす場合[4]に，直接の引渡請求権を有するという性質をもつ概念であると解されてきた。

　この ius ad rem 概念は，物権と債権の区別を曖昧にしてしまうとのおそれから，BGB（ドイツ民法典）に採用されることなく，今日のドイツ法から姿を消したとされている[5]。しかし，実際には，仮登記制度（BGB 883 条以下）をはじめとして，立法においても解釈論においても，ドイツ法上，その姿が散見される。したがって，日本法のみならず，ドイツ法においても，未登記第一譲受人または買主の保護が，一定の状況下に限定されるとはいえ，期待されているという問題状況は，一致している。ここに，両国の法制度を比較する素地がみられる。

---

[4] ius ad rem（物への権利）も，第二譲受人の悪意が要件として求められる。この点において，単純悪意者排除説と違いはない。しかし，そもそも，第一譲受人の権利の観点から問題をみている点で，単純悪意者排除説とは決定的な違いがある。

[5] ドイツ法によれば，登記を備えていない者は，売買契約における買主にすぎず，いまだ物権を取得していない。つまり，債権者にすぎない。それにもかかわらず，未登記の第一買主に対して，絶対効を有する権利を付与してしまうと，理論上，債権者が絶対効を有する権利をもつことになる。この状況が，まさに債権の物権化をもたらし，物権債権峻別論に抵触するとされるのである。

172　第二部　ius ad rem

　二重譲渡の法的構成や，物権変動の構造そのものを分析するにあたって，第二譲受人の主観的事情だけではなく，第一譲受人が有する権利の性質を正面から検討することによって，対抗要件を備えていない第一譲受人が，対抗要件を備えた第二譲受人に優先する事態が，なぜ認められるのかについて，より積極的な根拠づけを行うことができるのではないか。本章の問題意識は，まさにこの点にある。

2　課題の設定

　それでは，ius ad rem の法的性質を検討するとして，どの観点から分析を行うことがもっとも効果的であろうか。筆者は，ius ad rem について，これまですでにその歴史的展開過程に関する研究[6]を進めてきた。それによれば，ius ad rem は，ローマ法の体系とゲルマン法の実務処理を前提としつつ学説において次第に認められ，ALR（プロイセン一般ラント法）において正式に立法化されるにいたった。しかし，その後，Friedrich Carl von Savigny を中心として，物権と債権の峻別を根底においた理論が優勢となり，この点において曖昧な権利とされる ius ad rem は BGB に採用されることなく，今日にいたっている[7]。

　ここで，ius ad rem がどのような場面で機能していたかといえば，それは，第一譲受人が確定的な所有者となっていないにもかかわらず，確定的な所有者となったかのような第二譲受人に優先してもよいと考えられる場面，すなわち，目的物を占有しているにすぎない第一譲受人の保護の場面である。これは，所有権と占有権の衝突ともいえる[8]。

---

6) 初出として，大場浩之「ius ad rem の歴史的素描」松久三四彦＝後藤巻則＝金山直樹＝水野謙＝池田雅則＝新堂明子＝大島梨沙編『社会の変容と民法の課題（上巻）―瀬川信久先生・吉田克己先生古稀記念論文集―』（成文堂・2018）193 頁以下を参照。
7) ius ad rem が衰退していくとともに，これと入れかわるように登場してきたのが，物権行為概念である。債権を発生させる債権行為と，物権を発生させる物権行為とが，区別して認識されるようになった発端は，なぜ債権契約である売買契約から直接に所有権移転という物権の効果が発生するのかという問いである。物権債権峻別論を突き詰めていけば，物権行為概念を認めざるをえなくなる。そして，その反面として，債権であるにもかかわらず物権的効果を有する ius ad rem 概念は，否定されることになってしまうのである。そうだとすれば，両概念が，時代を同じくして盛衰の道をたどっていったことには，確固たる理由がある。
8) もちろん，自由競争の範囲をどこで画するかという問題とも密接に関連する。

そして、目的物の違いも重要である。一般に、ius ad rem が問題とされる場面は、目的物が不動産であることが多い。しかし、理論上は、動産が目的物である場合にも、ius ad rem が問題となる可能性は残る[9]。ここで重要なポイントは、不動産と動産とで対抗要件または効力要件が一般的に異なっているという点である。不動産は登記が、動産は引渡しが、それぞれ対抗要件または効力要件とされていることが多いが、同じ公示制度であっても、それぞれの性質は大きく異なる。このため、目的物を不動産と動産、つまり、登記を要件とする目的物と占有を要件とする目的物とを分けて、ius ad rem について検討を加えなければならない。

また、すでに述べたように、確定的な所有権をまだ有してない第一譲受人の保護の問題は、これまで第二譲受人の善意または悪意の観点から、おもに論じられてきた。この問題を避けて通ることは、やはりできない。第一譲受人がもつ権利の性質から問題をとらえなおすとしても、その権利の性質を検討するにあたって、すでに、第二譲受人の主観的事情が直接あるいは間接に影響を与えていると考えられるからである[10]。そして、このように第二譲受人の善意または悪意をも問題の対象にすえるとすると、第一譲受人の主観的事情、すなわち、第一譲受人が第二譲受人の存在について認識しているのかどうかという点も、検討対象となりうる[11]。この両方の観点で、善意と悪意が問題となるのである。

ius ad rem の問題については、これまで一般的には、目的物が不動産であって、その不動産の直接占有者が、対抗力を備えた譲受人に対して、その譲受人の悪意を前提として、優先権を直接主張するという場面が、すくなくとも暗黙の了解とされてきた。しかし、この問題を、第一譲受人が有する権利の法的性質という観点から、より広くかつ細やかにとらえることによって、ius ad rem あるいはこれと同じ効果をもたらそうとする諸制度の理解が、いっ

---

9) たしかに、目的物が動産の場合には即時取得制度の適用があるから（民法192条）、無権利者と取引を通じて所有権を取得しようとする者の保護は図られる。しかし、いまだ所有権を取得していない譲受人をどのように保護するかという問題は、残されている。
10) すくなくとも、これまでの学説が第二譲受人の主観的事情に焦点を当ててきたことからすれば、その観点を除いて検討を進めることはできないであろう。
11) 第一譲受人の帰責事由という点に還元することもできるだろう。

そう進むと考えられる。

3　本章の構成

これらの課題をまとめると，第一に所有権と占有権，第二に登記と引渡し，第三に善意と悪意の観点が，ius ad rem との関係で論じられるべきテーマとなる。

ここで，本章の構成について，具体的に敷衍しておきたい。所有権と占有権の関係において論じられるべきもっとも重要な点は，1つの目的物について所有権と占有権が分離することがなぜ生じるのかというものである。この点を検討するためには，所有権の移転がどの要件に基づいて生じるのかについて，まず確認しておく必要がある。つまり，意思主義と形式主義の違いである。その上で，所有権と占有権が分離する場合の具体例をあげつつ，この場面での ius ad rem の法的性質について論じる。

つづいて，登記と引渡しが所有権移転の場面においてどのような機能を有するのかについて分析する。ここでは，所有権の移転方法ではなく，所有権の移転時期の問題が中心となる。すなわち，純粋に理論的な観点からすれば，契約時に所有権が移転するのか，あるいは，なんらかの外部的徴表[12]があった時点ではじめて所有権が移転するのかである。そして，公示方法として位置づけられている登記と引渡しの特徴について検討し，両者の異同を分析する。ius ad rem が問題となる場面の多くは，登記と引渡し，つまり登記と占有が分離していることから発生している。この観点からすると，登記と引渡しの法的性質の違いを考察することは不可欠な作業となる。

そして，当事者の善意と悪意の問題に移る。ここでは，第一譲受人と第二譲受人それぞれの主観的事情を考察しなければならない。これは，両者の帰責事由の問題にも直結する。ius ad rem に関する既存研究においては，第二譲受人の主観的事情が検討されることはあっても，第一譲受人の主観的事情が論じられることが少なかった。本章では，両者の主観的事情をひとまず同列に扱い，帰責事由との関係で分析を加えることにする。そうすることによっ

---

12) 具体的には，代金支払，占有の移転または登記名義の移転があげられる。

て，自由競争の範囲をよりきめ細やかに画定することができ，かつ，ius ad rem の法的性質をより明らかにすることができる。

二　所有権と占有権

1　所有権の移転方法
(1)　意思主義
　日本法は，物権変動について意思主義を採用している（民法 176 条）[13]。したがって，占有の移転は所有権移転の要件ではない。このため，所有権と占有権の分離状態が発生することを，法が認めているといえる。

　しかし，所有権と占有権が分離するという状態は，一般的にみてふつうの状況といえるだろうか。ローマ法やゲルマン法の時代には，所有と占有の関係は未分離であり，両者を区別して考えることはなかった。このため，所有権を移転するためには目的物を引き渡す必要があった。所有権が観念化され，占有とかならずしも結びつかない権利とされたのは，自然法の時代になってからである[14]。そうだとすれば，本来，所有権と占有権はできる限り一致するべきであるといえそうである。

　ただし，今日の法状況からすれば，一般的な所有権の移転だけを検討の対象とするわけにはいかない。とくに，所有権留保や譲渡担保といった金融を得るための手法として，所有権が担保として用いられている。この場面では，所有と占有が分離すること自体に，意味がある。この点に鑑みると，所有と占有が分離する可能性を完全に否定することはもはやできない。ここで，意思表示のみで所有権の移転を認めるとしておけば，所有と占有の分離状態を生じさせることが，簡便にできるようになる。このように，物権変動の原因として意思主義を採用することには，理論と実務の両面において意味があるといえよう[15]。

---

13) 判例と通説は，この意思を債権的な意思ととらえており，物権的な意思を観念しない。たとえば，判例として，最判昭 33・6・20 民集 12・10・1585 以下などを参照。また，学説として，我妻栄著・有泉亨補訂『新訂・物権法』（岩波書店・1983）56 頁以下などを参照。
14) この点につき，*Ralf Michaels*, Sachzuordnung durch Kaufvertrag -Traditionsprinzip, Konsensprinzip, ius ad rem in Geschichte, Theorie und geltendem Recht-, Berlin 2002, S. 201 を参照。

物権変動における意思主義の採用を，ius ad rem との関係でみてみるとどうか。第一譲受人は，売買契約の締結によって所有者となる。したがって，目的物の直接占有を取得していなくても，第一譲受人は，物権取得者として，売主のみならず第三者に対しても物権的請求権を行使することができると解するのが自然である。

　ここで，日本法においては，民法177条との関係から，対抗要件を満たしていない第一譲受人は，第三者である第二譲受人に対して，自らの権利取得を主張することができないという帰結になる。しかし，この場面における第一譲受人の権利を物権として位置づけないとすると，第二譲受人が背信的悪意者である場合に，第一譲受人はなぜ第二譲受人に対して自らの権利取得を主張することができるようになるのかが，説明できなくなる。このため，第一譲受人が取得した権利は，この者がたとえ対抗要件を備えていないとしても，すでにその時点で物権を取得していると解するべきであろう[16]。

　意思主義を採用した場合の，第一譲受人が有する権利の性質を物権と解すると，ius ad rem との親和性は強くなる。ius ad rem の法的性質をどのように決定するとしても，それは，完全な物権ではないにもかかわらず絶対効を有する権利であることは否定されない。そうだとすると，意思主義により，第一譲受人が売買契約締結の段階からすでに物権取得者とされれば，この者が絶対効を有する権利をもつことを容易に説明することができる[17]。

(2) **形式主義**

　物権変動における形式主義は，ドイツ法によって採用されている。具体的にいえば，目的物が土地の場合には登記が（BGB 873条1項），動産の場合には引渡しが（BGB 929条），それぞれ効力要件とされる[18]。これにより，ドイツ

---

[15] 意思主義においては，どの要件に基づいて，そして，具体的にどの事実に基づいて，意思表示の合致があったとされるかが，決定的に重要になる。このことは，解釈論の問題でもあり，また，事実認定の問題でもある。そして，物権変動の発生原因だけではなく，その発生時期の問題とも密接に関連する。

[16] 対抗要件を備えていない第一譲受人が有するこの権利の法的性質を，萌芽的物権と解する見解として，加藤雅信『新民法大系Ⅱ・物権法（第2版）』（有斐閣・2005）76頁以下を参照。

[17] フランス法と同じく，日本法は意思主義を採用した。このことは，売買契約の締結がそもそもなされたのかどうかという点とともに，所有権の移転時期や，第一譲受人が有する権利の性質をも曖昧にする。ius ad rem がもつ曖昧さを強調すると，意思主義がもたらす物権変動の基準としての曖昧さは，きわめて接近してくる。

法においては，所有権と登記または占有が一致するということになる。
　しかし，目的物が土地である場合には，占有と所有権は分離する可能性がある。また，目的物が動産である場合にも，占有改定（BGB 930条）と返還請求権の譲渡（BGB 931条）が代替的引渡しとして認められているので，直接占有と所有権が一致しないことがある[19]。このように，形式主義を採用しているからといって，所有権と直接占有が完全に一致するわけではない。したがって，形式主義においても，ius ad rem を論じる基礎は変わらず存在する。
　そうだとすると，形式主義を採用した場合には，土地を直接占有して利用を開始している第一買主と，登記を先に備えて所有者となった第二買主との関係が問題となる。ただし，目的物が動産である場合には，引渡しが効力要件であるとともに，その引渡しには占有改定などの代替的引渡しも含まれる

---

18) 以下，適宜，BGB（ドイツ民法典）の条文とその日本語訳を掲げる。なお，BGBの条文の日本語訳は，エルヴィン・ドイチュ＝ハンス・ユルゲン・アーレンス著・浦川道太郎訳『ドイツ不法行為法』（日本評論社・2008）328頁以下，ディーター・ライポルト・円谷峻訳『ドイツ民法総論―設例・設問を通じて学ぶ―（第2版）』（成文堂・2015）550頁以下，および，マンフレート・ヴォルフ＝マリーナ・ヴェレンホーファー著・大場浩之＝水津太郎＝鳥山泰志＝根本尚徳訳『ドイツ物権法』（成文堂・2016）603頁以下による。

BGB § 873 (1)：Zur Übertragung des Eigentums an einem Grundstück, zur Belastung eines Grundstücks mit einem Recht sowie zur Übertragung oder Belastung eines solchen Rechts ist die Einigung des Berechtigten und des anderen Teils über den Eintritt der Rechtsänderung und die Eintragung der Rechtsänderung in das Grundbuch erforderlich, soweit nicht das Gesetz ein anderes vorschreibt.

(2)：Vor der Eintragung sind die Beteiligten an die Einigung nur gebunden, wenn die Erklärungen notariell beurkundet oder vor dem Grundbuchamt abgegeben oder bei diesem eingereicht sind oder wenn der Berechtigte dem anderen Teil eine den Vorschriften der Grundbuchordnung entsprechende Eintragungsbewilligung ausgehändigt hat.

第873条第1項：土地を目的とする所有権の移転，土地を目的とする権利の設定又はその権利を目的とする権利の設定若しくは移転には，権利者と相手方との間で権利の変動に関する合意をし，かつ，権利の変動を土地登記簿に登記しなければならない。ただし，法律に別段の定めがあるときは，この限りでない。

第2項：前項の合意は，この意思表示が公証人の認証を受け，土地登記所において表明され，若しくは土地登記所に対して書面によって申請され，又は権利者が意思表示の相手方に土地登記法の定めるところによる登記許諾を与えたときは，登記がされる前においても，当事者を拘束する。

BGB § 929：Zur Übertragung des Eigentums an einer beweglichen Sache ist erforderlich, dass der Eigentümer die Sache dem Erwerber übergibt und beide darüber einig sind, dass das Eigentum übergehen soll. Ist der Erwerber im Besitz der Sache, so genügt die Einigung über den Übergang des Eigentums.

第929条：動産の所有権を譲渡するには，所有者が取得者に物を引き渡し，かつ，当事者双方が所有権の譲渡を合意しなければならない。取得者が物を占有するときは，所有権の譲渡に係る合意をすればたりる。

ため，第一買主は間接占有さえ取得できれば所有者となることができる。つぎに問題となるのは，第二買主の善意取得の可能性である（BGB 932条）[20]。ここで，第二買主が悪意または重過失であれば，第一買主は，ius ad rem をもちだすまでもなく，第二買主に対して自らの所有権を主張することができる[21]。

2 所有権と占有権の分離
(1) 具体例

意思主義と形式主義の検討を経て，ここで，ius ad rem を論じるにあたって，実際にどのような具体例が考えられるかについて，検討してみたい。

Aが土地甲の所有者であったところ，Bとの間で売買契約を締結した。Bは代金を完済し，Aから甲の引渡しを受けた。Bは甲の利用を開始し，年月がしばらく経過している。その後，Cが現れ，甲を取得したいと考えるにい

---

19) BGB § 930：Ist der Eigentümer im Besitz der Sache, so kann die Übergabe dadurch ersetzt werden, dass zwischen ihm und dem Erwerber ein Rechtsverhältnis vereinbart wird, vermöge dessen der Erwerber den mittelbaren Besitz erlangt.
第930条：所有者が物を占有するときは，その引渡しは，所有者及び取得者が取得者に間接占有を取得させる法律関係を合意することをもって代えることができる。
BGB § 931：Ist ein Dritter im Besitz der Sache, so kann die Übergabe dadurch ersetzt werden, dass der Eigentümer dem Erwerber den Anspruch auf Herausgabe der Sache abtritt.
第931条：第三者が物を占有するときは，その引渡しは，所有者が取得者に物の返還請求権を譲渡することをもって代えることができる。
20) BGB § 932(1)：Durch eine nach § 929 erfolgte Veräußerung wird der Erwerber auch dann Eigentümer, wenn die Sache nicht dem Veräußerer gehört, es sei denn, dass er zu der Zeit, zu der er nach diesen Vorschriften das Eigentum erwerben würde, nicht in gutem Glauben ist. In dem Falle des § 929 Satz 2 gilt dies jedoch nur dann, wenn der Erwerber den Besitz von dem Veräußerer erlangt hatte.
(2)：Der Erwerber ist nicht in gutem Glauben, wenn ihm bekannt oder infolge grober Fahrlässigkeit unbekannt ist, dass die Sache nicht dem Veräußerer gehört.
第932条第1項：物が譲渡人に帰属しない場合においても，譲受人は，第929条に従ってされた譲渡によって，その所有者となるものとする。ただし，この規定により譲受人が所有権を取得する時に善意でなかったときは，この限りでない。第929条第2文に規定する場合においては，本条は，譲受人が譲渡人から占有を取得したときに限り，これを適用する。
第2項：譲受人は，物が譲渡人に帰属しないことを知り，又は重大な過失によって知らなかったときは，善意でないものとする。
21) このように，動産取引の場面において善意取得の問題まで視野に入れると，かりに ius ad rem が特定物債権であることを前提とするならば，動産が目的物の場合には，ius ad rem を論じる余地はないということになろう。

たり，Aと交渉して売買契約を締結した。Cは代金を完済し，甲の所有権の登記を経由した。Cは，所有権に基づいてBに対して甲の明渡しを求めている。

　この事例におけるBは，完全な所有者ではない。理論上，Bは，ドイツ法によれば，特定物債権者にすぎないし，日本法においても，対抗力を有しない所有者である。すくなくとも，BはCに対して自らの所有権を主張することはできない。

　ここで問題となるのは，Bの生活利用利益を保護すべきか，そして，これを保護するとしてどのように保護すべきかという点である。日本法は，Bの保護を，背信的悪意者排除論を用いて実現しようとする。これに対して，ドイツ法は，Cを不法行為者として扱うことで，Bを保護する道を模索する（BGB 826条）[22]。

　日本法においては，Cに背信的悪意に該当する事情が認められれば，Bは未登記であっても自らの所有権をCに対して主張することができる。また，ドイツ法においては，Cの行為が故意による良俗違反として認められれば，Bは自らの特定物債権を侵害されたことに基づき，Cに対して損害賠償を求めることができる。ただし，ここで注目すべきは，第三者Cの態様が問題とされているにとどまり，Bの権利内容の分析がなされていないということにある。

(2) ius ad rem

　このように，ius ad remが実際に問題となる事案は，今日において，第一買主の生活利用利益をどのような要件に基づいて保護すべきかという問いに直接かかわってくる。もちろん，Bには，売買契約を締結したにもかかわらず本登記を経由していなかったという点で，帰責性があるといえよう。しかし，Cの行為態様によっては，Bの保護が認められている。すなわち，Bの帰責性とCの行為態様の背信性が比較考量されることによって，Bの絶対効を

---

[22]　Cの行為が故意による良俗違反と認められれば，Bの特定物債権が保護される可能性がある。
　BGB § 826：Wer in einer gegen die guten Sitten verstoßenden Weise einem anderen vorsätzlich Schaden zufügt, ist dem anderen zum Ersatz des Schadens verpflichtet.
　第826条：善良の風俗に反する方法で他人に対し故意に損害を加えた者は，その他人に対し損害を賠償する義務を負う。

有する権利が認められるのである。

　ここで，Bが保護されるべきとして，Bがもつ権利はいかなる性質を有するのか。日本法は意思主義を採用しているのであるから，Bが有する権利は所有権である。未登記の物権ではあっても，Cが背信的悪意者である場合には，Bはこの権利を物権として主張することができる。したがって，Bの権利に絶対効があることは，無理なく説明することができる。

　しかし，ドイツ法のように形式主義を採用した場合には，Bが有する権利の絶対効を認めるのは，難しい。Bは，特定物債権者にすぎないからである。本来，債権は相対効のみを有する。このため，BはAに対して引渡請求や損害賠償請求をすることはできても，Cに対してまでこれら請求をすることはできない。ましてや，目的物の引渡しをもCに対して認めることは，Bがもつ権利の性質からして，許されないはずである。

　これにもかかわらず，ドイツの判例は，目的物がBに引き渡されるべきことを認める[23]。Bに認められたこの権利は，いかなる性質を有するのか。なぜ，Cの故意に基づく良俗違反行為によって，Bの権利が相対効から絶対効にいわば格上げされるのか。このことは，BC間の比較考量のみによって，はたして正当化できるのだろうか。

　ここでのBの権利を純粋に債権としてみるならば，BがCに対して主張することができるのは，CがAに目的物を返還すべきことにとどまる[24]。その上で，BはあらためてAに対して特定物引渡請求権を行使すればよい。Bの特定物引渡請求権は，売買契約を締結した相手方であるAに対してのみ主張しうる権利である。したがって，BがCに対して直接この権利を行使することはできないはずである。ということは，むしろ，不法行為に基づく損害賠償請求権の行使態様として，BのCに対する特定物引渡請求権が認められると解することになろう。

　そうだとすると，BのAに対する請求権と，BのCに対する請求権との関係が問題となる。BのAに対する請求権の対象範囲が広がることによって，Cに対しても行使できるようになるのか，あるいは，BのAに対する請求権とBのCに対する請求権は，それぞれ別個の請求権なのか。前者だとすれば，BのCに対する権利は，ius ad rem の伝統的な定義とまさに一致する。後者

第二章　法的性質　*181*

だとすれば，この権利は，不法行為に基づいて新たに発生した権利と解されることになろう。

かりに，BのAに対する債権の人的対象範囲がCにも広がったと解するのであれば，なぜ，Cの不法行為によって，Bの権利行使対象の範囲に変化が生じるのかという困難な問いに直面する。ius ad rem の法的性質について検討するにあたって重要な視点となるのは，BのAに対する請求権の人的範囲がCにまで拡大されることをどのように説明するか，である。良俗違反の行為に基づく損害賠償請求権（BGB 826条）は，この点に関して，格好の素材を提供している[25]。

---

23) RGZ 108, 58 f. を参照。また，BGHZ 12, 308＝NJW 1954, 1159 も参照。BGB 249条1項にいう原状回復には，債権者への目的物の返還も含まれるという理解である。この点につき，古くは，*Philipp Heck*, Grundriß des Sachenrechts, Tübingen 1930, S. 112 を参照。このため，Cの義務は，BGB 251条の価額賠償だけにとどまらない。
BGB § 249 (1)：Wer zum Schadensersatz verpflichtet ist, hat den Zustand herzustellen, der bestehen würde, wenn der zum Ersatz verpflichtende Umstand nicht eingetreten wäre.
(2)：Ist wegen Verletzung einer Person oder wegen Beschädigung einer Sache Schadensersatz zu leisten, so kann der Gläubiger statt der Herstellung den dazu erforderlichen Geldbetrag verlangen. Bei der Beschädigung einer Sache schließt der nach Satz 1 erforderliche Geldbetrag die Umsatzsteuer nur mit ein, wenn und soweit sie tatsächlich angefallen ist.
第249条第1項：損害賠償の義務を負う者は，賠償を義務づける事情が発生しなかったならば存したであろう状態を回復しなければならない。
第2項：人の侵害または物の毀損に基づいて損害賠償がされなければならないとき，債権者は，原状回復に代えて，そのために必要な金額を請求することができる。物の毀損の場合，本条1文により必要な金額は，販売税が事実上発生するとき，そして，その限りで，販売税を含む。
BGB § 251 (1)：Soweit die Herstellung nicht möglich oder zur Entschädigung des Gläubigers nicht genügend ist, hat der Ersatzpflichtige den Gläubiger in Geld zu entschädigen.
(2)：Der Ersatzpflichtige kann den Gläubiger in Geld entschädigen, wenn die Herstellung nur mit unverhältnismäßigen Aufwendungen möglich ist. Die aus der Heilbehandlung eines verletzten Tieres entstandenen Aufwendungen sind nicht bereits dann unverhältnismäßig, wenn sie dessen Wert erheblich übersteigen.
第251条第1項：原状回復が不能であるとき，又は債権者に対し賠償が不十分であるときは，賠償義務者は金銭をもって賠償しなければならない。
第2項：原状回復が不相当な費用を要するときは，賠償義務者は金銭をもって賠償することができる。侵害を受けた動物の治療のために要した費用は，それが動物の価値を著しく超えたとしても，不相当になるものではない。
24) ドイツ法において，損害賠償義務とは，まず第一に，原状回復義務のことをいう。ただし，このケースにおける原状回復とは，Cに目的物が引き渡される前の状態に戻すことであって，Bに直接引き渡すことまで認められていないと解するのが，正当ではなかろうか。

182 第二部 ius ad rem

3 小 括

　ius ad rem が問題となるのは，目的物の所有者と占有者が分離する場面である。このことは，物権変動の原因につき，意思主義をとっても形式主義をとっても変わらない。

　意思主義が採用されている場合には，所有権の二重譲渡が発生しうるが，ここで問題とすべきは，お互いに所有者とはいえども未登記占有者と既登記所有者の関係である。そして，未登記占有者を保護すべきと考えられる場合には，ius ad rem の存否について検討する余地がでてくる。

---

25) もっとも，一般的には，BGB 826 条に基づく損害賠償請求権の一態様として，BのCに対する直接請求権が認められているとするのが，素直な解釈であろう。なお，良俗違反の行為（BGB 826 条）以外にも，仮登記（BGB 883 条以下）や物権的先買権（BGB 1094 条以下）が，特定物債権者に絶対効を有する権利を与える制度として，つまり，ius ad rem の法的性質を考察するにあたって，参考になる。
　BGB § 883(1)：Zur Sicherung des Anspruchs auf Einräumung oder Aufhebung eines Rechts an einem Grundstück oder an einem das Grundstück belastenden Recht oder auf Änderung des Inhalts oder des Ranges eines solchen Rechts kann eine Vormerkung in das Grundbuch eingetragen werden. Die Eintragung einer Vormerkung ist auch zur Sicherung eines künftigen oder eines bedingten Anspruchs zulässig.
　(2)：Eine Verfügung, die nach der Eintragung der Vormerkung über das Grundstück oder das Recht getroffen wird, ist insoweit unwirksam, als sie den Anspruch vereiteln oder beeinträchtigen würde. Dies gilt auch, wenn die Verfügung im Wege der Zwangsvollstreckung oder der Arrestvollziehung oder durch den Insolvenzverwalter erfolgt.
　(3)：Der Rang des Rechts, auf dessen Einräumung der Anspruch gerichtet ist, bestimmt sich nach der Eintragung der Vormerkung.
　第 883 条第 1 項：仮登記は，土地を目的とする権利若しくはその権利を目的とする権利の承諾請求権若しくは放棄請求権又は権利の内容若しくは順位の変更請求権を保全するため，これを土地登記簿に登記することができる。仮登記は，将来の請求権又は条件付きの請求権を保全するためにも，これを登記することができる。
　第 2 項：仮登記の後に土地又は権利についてされた処分は，これが前項の請求権の全部又は一部と抵触する限りで，その効力を有しない。強制執行若しくは仮差押えの手続においてされ，又は倒産管財人によってされた処分についても，同様とする。
　第 3 項：請求権の目的が権利の承諾であるときは，その権利の順位は，仮登記によって，これを定める。
　BGB § 1094(1)：Ein Grundstück kann in der Weise belastet werden, dass derjenige, zu dessen Gunsten die Belastung erfolgt, dem Eigentümer gegenüber zum Vorkauf berechtigt ist.
　(2)：Das Vorkaufsrecht kann auch zugunsten des jeweiligen Eigentümers eines anderen Grundstücks bestellt werden.
　第 1094 条第 1 項：土地は，先買権の目的とすることができる。先買権者は，所有者に対して先買することができる。
　第 2 項：先買権は，他の土地の所有者のためにも，これを設定することができる。
　つまり，登記された物権的先買権は，仮登記と同じ機能をもつ。

これに対して，形式主義が採用されている場合にはどうか。問題となるのは，ここでも，未登記占有者と既登記所有者の関係である。つまり，意思主義が採用された場合と異ならない。しかし，厳密にいうと，ここでの未登記占有者は債権者であって，既登記所有者は物権取得者である。このため，債権と物権の違いが明確化される。

　これまで，ius ad rem として論じられてきた関係は，後者の形式主義が採用された場合の問題であった。つまり，特定物債権の第三者効である。このように問題をとらえると，物権と債権の峻別を前提とするのであれば，債権の性質を変容させることになるため，物権債権峻別論との緊張関係が生じてくる。

　しかし，意思主義を採用した場合の未登記物権の法的性質は，対抗要件を備えた物権取得者との関係においては，形式主義を採用した場合における未登記特定物債権の法的性質ときわめて近い。そうだとすれば，ius ad rem の問題として把握される範囲をより広くとらえて，これを，本来であれば絶対効をもたないはずの権利の法的性質の問題と解するべきではなかろうか[26]。

　ただし，それでもなお，ius ad rem を認めるためには，理論構成の点で障害が残る。この点もまた，日本法においてもドイツ法においても変わらない。

　日本法においては，第一譲受人はたとえ未登記であっても，物権取得者としていちおう認められるため，契約当事者ではない第二譲受人に対しても，自らの権利を行使することが容易に認められる。しかし，第二譲受人が登記を備えることによって，第一譲受人は物権取得者としての法的地位を完全に失うはずであるから[27]，それでもなお，第一譲受人が第二譲受人に対して権利行使できると解するには，なんらかの理論的架橋を要するであろう。

　そして，ドイツ法においては，未登記の第一譲受人は完全な物権取得者と

---

26) このように解することで，ius ad rem の問題を物権債権峻別論から切り離して論じることも可能となる。これまで ius ad rem として論じられてきた代表的な場面は，目的不動産を占有利用している第一譲受人を，所有権を取得した第二譲受人との関係において，どのように保護すべきかというものであった。この問題は，第一譲受人がもつ権利が物権であろうと債権であろうと，発生しうる。すなわち，第一譲受人の生活利益の保護に関する問題として，課題を一元化すべきであろう。これにより，ius ad rem の問題を，より実質的な問題にひきつけて考えることができる。
27) 二重譲渡の法的構成につきどのような見解を採用するとしても，第二譲受人が登記を備えたからには，この者の主観的事情に問題がなければ，第一譲受人は物権取得者とはなりえない。

してはけっして認められない。それにもかかわらず、第二譲受人に対して権利行使するためには、債権者である第一譲受人に、なんらかの要件に基づく特殊な権利を付与しなければならない。

このように、意思主義と形式主義の違いは、ius ad rem の法的性質を検討するにあたって、ius ad rem を認めるという結論の面では、かならずしも決定的な違いをもたらすわけではない。しかし、この法的概念の理論構成を導くためには、前提となる出発点が大きく異なることから、多大な影響を与えるといえる。

三　登記と引渡し

1　所有権移転時期との関係
(1)　契約

　ius ad rem が現代法において機能する場面として、先にあげたように、不動産の未登記占有者を既登記所有者との関係でどのように保護しうるか、という具体例がある。ここでさらに問題となるのが、権原の公示方法としての登記と引渡しの異同である[28]。今日では一般に、不動産物権変動の要素として登記が、動産物権変動のそれとして引渡しが対象となる[29]。しかし、不動産についても引渡しを要件として位置づけることは立法上可能であるし、動産についても限定的とはいえ登記制度が存在する。したがって、登記と引渡しの関係について、論じる必要がある。

　登記と引渡しは、日本法（民法176条・178条）とドイツ法（BGB 873条・929条）において、物権変動における重要な要素として定められている。しかし、とくに日本法の解釈論として、物権変動の発生原因と発生時期の問題は、それぞれ別個に検討されるべきものとの理解が浸透している。ここで、不動産所有権の移転時期にひきつけて問題をとらえると、所有権が移転するタイミングとして、意思表示のみにこだわる必要性はかならずしもないとの解釈が導かれうる。

---

28) 登記と占有の異同ともいいかえることができる。
29) 登記と引渡しそれぞれ、対抗要件である場合と効力要件である場合とを含む。

日本法において，判例は，従前から契約成立時説を採用している[30]。また，学説も，契約成立時説が伝統的通説と解されてきた[31]。しかし，判例に現れた事案の事実関係を仔細にみてみると，口頭での契約のみで所有権の移転を認めた例はないことが，先行研究によりすでに明らかにされている[32]。すなわち，判例における事案で契約の成立が認められた場合には，売買代金の大部分が支払われていたり，目的物の引渡しがすんでいたりするなど，契約当事者にとって契約の成立が認定されてもやむをえない事実が存在していたのである。そして，契約成立によって所有権の移転も認められた。

このように，純粋に理論上の問題として，口頭契約のみで所有権は移転するかという問いを立てることは可能ではあるが，判例実務上はあまり意味がない。むしろ，契約成立時説は，法解釈のレベルではなく事実認定のレベルにも視野を広げてはじめて，実務においても機能する解釈論であるといえよう。

契約成立時説は，民法176条が定める意思主義と親和的であるとよくいわれる。しかし，物権変動の発生原因と発生時期の問題は区別されるべきである[33]。そして，意思主義とは，物権変動の発生原因についての１つの考え方にすぎない。物権変動の発生時期については，日本の民法典はなんら規定していないのである。したがって，契約成立時説は，物権変動の発生時期に関するあくまで１つの見解として，理解されるべきであろう。

これに対して，ドイツ法は物権変動の原因と時期の問題を分けて考えない。

---

30) とくに，大判大2・10・25民録19・857以下，および，最判33・6・20民集12・10・1585以下などを参照。
31) たとえば，我妻栄著・有泉亨補訂『新訂・物権法』（岩波書店・1983）59頁以下などを参照。
32) とりわけ，吉原節夫「『特定物売買における所有権移転の時期』に関する戦後の判例について――民法176条の研究(1)――」富大経済論集6・3=4・540以下（1961），同「物権変動の時期に関する判例の再検討(1・2)――民法176条の研究(2)――」富大経済論集7・2・164以下，8・1・1以下（1961〜1962），同「特定物売買における所有権移転の時期」民商48・6・827以下（1963），および，同「所有権移転時期に関する最近の論争に寄せて」富大経済論集27・3・654以下（1982）を参照。また，鎌田薫「フランスにおける不動産取引と公証人の役割(1・2)――『フランス法主義』の理解のために――」早法56・1・31以下，56・2・1以下（1980），および，横山美夏「不動産売買契約の『成立』と所有権の移転(1・2・完)――フランスにおける売買の双務契約を手がかりとして――」早法65・2・1以下，65・3・85以下（1989〜1990）などを参照。
33) この点につき，川島武宜『新版・所有権法の理論』（岩波書店・1987）219頁以下を参照。川島は，所有権が売買契約の効力として移転することを認めつつも，判例の契約成立時説を批判する。

BGB 873 条は，土地所有権の変動について物権的合意と登記を効力要件と定め，BGB 929 条は，動産所有権の変動について物権的合意と引渡しを効力要件と規定している。形式主義は，物権変動の原因と時期の問題を包摂しているのである[34]。すなわち，ドイツ法によれば，債権契約は物権変動の場面において原因の一要素をなすにとどまる。しかも，ドイツ法は債権契約と物権契約を明確に区別している。このため，物権変動の原因となるのは物権契約のみであって，債権契約は物権変動の効果に影響を与えない。いわゆる，物権行為の無因性である[35]。

契約によって直接に，かつ，契約のみで所有権が移転することを認めるのであれば，買主は，登記や引渡しを受けていなくても，すでに所有者となっている。このため，第三者に対しても，物権としての所有権に基づいて，登記や引渡しなどを求めることができる。買主のこの権利は，ius ad rem との関係でどのようにとらえられるべきか。

ius ad rem を，第三者に対しても主張しうる特定物引渡債権と構成するのであれば，ここでの買主はすでに物権取得者なのであるから，この権利は ius ad rem ではないということになる。これに対して，ius ad rem を，物権か債権かにかかわらず，本来であれば対抗力を有しないはずの権利に第三者効が付与された権利と解するのであれば，未登記所有者などが有する権利も，ius ad rem と構成することが可能となる。

(2) 外部的徴表

物権変動論について所有権の移転時期に焦点を絞って考察を加えてみると，解釈論の問題として契約成立時説がはたして妥当かという疑問がありうる。契約成立時説のいうように，解釈論のレベルでは，契約成立を物権変動

---

34) ただし，日本法もドイツ法も，契約当事者間の所有権移転の合意を要件としている。所有権移転の時期について，いかなる見解をとるとしても，当事者の意思がないがしろにされてはならない。意思が法律行為に基づく物権変動の根幹をなすことは，日本法においてもドイツ法においてもまったく異ならない。
35) ここでいう契約とは，物権変動の直接の原因となりうる契約のことである。したがって，ドイツ法においては物権契約を指す。これに対して，日本法においては，物権行為の独自性を認めるかどうかによって，異なってくる。一方で，物権行為の独自性を認めるのであれば，物権変動の原因となりうるのは物権行為，つまり物権契約となる。他方で，物権行為の独自性を認めないのであれば，売買契約に代表される債権契約がここでの契約を意味する。

の発生原因かつ発生時期ととらえながら、事実認定のレベルで、契約成立を容易には認めないことによって、実務の要求に応えるという論法は、たしかに一定の理解を得られるところかもしれない。しかし、そうであればこそ、むしろ端的に、契約成立は物権変動の発生原因の要素の1つであり、物権変動の発生時期の問題は別であると解するのが素直な理解ではないか。

そこで、物権変動の発生時期の問題として、契約成立以外の要素を基準とすべき見解があらわれてくる。不動産の売買契約において、当事者が重視している要素は、代金の支払、占有の移転、および、登記の移転である。このうち、売買契約が有償契約であることに着目して、代金の支払がなされた時に所有権が移転すると解する学説が有力になった[36]。

しかしながら、有償性説とよばれたこの見解は、その後、占有の移転や登記の移転をも、所有権が移転するタイミングとして取り入れていくことで、自らその内容を次第に変えていくことになる[37]。ここにいたると、当事者または第三者の立場からみて、所有権の移転があったと考えられる外観が存在するかどうかが、決定的な基準になっていると評価することができる。つまり、外部的徴表がメルクマールとされたのである[38]。

これに対して、当事者の観点からだけではなく、第三者の観点からみても明確な判断基準である登記の移転こそが、所有権移転時期を判断する基準として機能するべきであるとの見解も存在する[39]。この見解は、代金支払や占有移転が第三者にとってかならずしも明確であるとはいえないことを、その

---

36) 先に紹介した川島説の要点は、代金支払の重要性を強調することにある。この点につき、川島・前掲注33・222頁以下を参照。
37) これについては、川島武宜『民法Ⅰ・総論・物権』（有斐閣・1960）152頁以下を参照。代金支払時のみが所有権移転時期となるのであれば、買主による代金支払の負担と、売主による所有権移転の負担とが、有償性の観点からバランスがとれているといえる。しかし、占有の移転や登記の移転は、いずれも売主の負担であり、これにともなって所有権が移転するという売主の負担が生じるとすれば、有償性の観点からはもはや説明がつかない。
38) ただし、代金の支払は、第三者からすると明確であるとはかならずしもいえず、また、占有改定による引渡しも、同様である。この限りで、代金支払と占有移転は外部的徴表に含まれないのではないかとの疑問がある。しかし、当事者の観点からすれば、口頭での合意よりもこれらの行為がより明確であるといえよう。その限りで、代金支払と占有移転も外部的徴表に含まれると解することができる。
39) 不動産所有権の移転時期について登記時説を主張する見解として、大場浩之『不動産公示制度論』（成文堂・2010）443頁以下を参照。

根拠とする。所有権の移転時期については，画一的に判断できることこそが重要であると主張される。

　以上のような日本法の状況に対して，ドイツ法においては，不動産所有権の移転時期についても立法による解決がなされている。つまり，土地所有権については物権的合意と登記，動産所有権については物権的合意と引渡しがなされた時点[40]が，それぞれ権利の移転時期となる（BGB 873 条・929 条）。ドイツ法は，物権変動の発生原因と発生時期の問題を区別していないのであるから，登記や引渡しが決定的な基準となるのは，当然の帰結となる。

　物権変動の時期をなんらかの外部的徴表と関連づける見解を，ius ad rem との関係でみるとどうか。有償性を根拠に代金支払時を所有権の移転時期と解すると，買主は代金を支払いさえすれば所有権を取得することができるが，別途，引渡請求や登記請求をすることになる。この場合の，引渡請求権や登記請求権の根拠は物権にあると解するのが素直であろう。このような買主の権利を，ius ad rem として位置づけるべきかどうかは，先に述べた契約成立時説を採用した場合と同じ議論があてはまる。

　それでは，広義の外部的徴表説を採用して，代金支払だけではなく，占有の移転や登記の移転をも物権変動の発生時期として認めた場合はどうか。この場合にも，これら 3 つの事実行為がすべてなされない限り，買主は残されている事実行為を求める権利を有する。そして，これらのうち 1 つだけでも実行されていれば，買主は物権取得者となるのであるから，残された行為を求める権利の根拠は，物権，つまり所有権にあると解される。このため，この請求権を ius ad rem としてあえて位置づけるべきか，疑問が残る。

　結局のところ，登記時説を採用した場合が問題となろう。とくに，売買契約が成立し，代金支払もなされたが，いまだ登記が完了していない段階で，買主が売主や第三者に対して引渡請求や登記請求を行う場合である。ここで，理論上も実務上も，ius ad rem の問題について論じる必要性がでてくる。

---

40) ただし，物権的合意と登記や引渡しが同時になされるとは限らない。それぞれの行為が別異になされた場合の解釈論上の処理については，*Manfred Wolf/Marina Wellenhofer*, Sachenrecht, 32. Auflage, München 2017, S. 86 f., 249 などを参照。

2 公示制度としての特徴
(1) 登記

　以上のように，日本法は登記を物権変動の対抗要件とし，ドイツ法はこれを効力要件としているが，物権変動の発生時期の問題として考察してみると，どちらの法制においても，登記がきわめて決定的な基準としてはたらいていることがわかる。それでは，公示制度の観点から登記をみてみるとどうか。

　登記は，その管理と運用に対して国家機関が関与していることから，相対的にみて，その真正性が高いと考えられる。また，第三者にとって内容が明確であり，一覧性も有している。ただし，対象となる物権があまりに多数であると，実務上の有用性からして，機能的とはいえない。このため，不動産についての物権のように，ある程度その数が限定されている対象にとって，登記はきわめて合理的な制度である。登記が有するこれらの特徴から，登記の公示力は占有のそれよりも強いといわれ，登記の推定力は占有のそれに優先すると解されている[41]。

　しかしながら，登記の公示力は，その背後に権原が存在するであろうとの高度の蓋然性の上に成り立っている。つまり，登記あるところに権利ありとの命題が成立するからこその，登記の公示力なのである。日本の判例は契約成立時説を採用しているのであるから，すくなくとも解釈論上は，未登記の物権取得者が存在しうる。もちろん，物権取得者といえども登記を経由しなければ第三者に対抗できないのであるから，ここに，登記を備えようとする契機があるのはたしかである。しかし，所有権移転をめぐる法理論上は，登記の公示力を担保する根拠はない。

　登記の公示力を高めるためには，たんに登記手続法上の諸問題[42]を解決するだけではたりず，実体法上の問題として，物権変動の発生原因や発生時期と登記との関係をより密接にする解釈論や立法論を提示する必要がある。この点において，ドイツ法のように，登記が物権変動の効力要件となっている

---

[41] 日本の判例につき，最判昭34・1・8民集13・1・1以下を参照。ただし，この判例の事案が，原告の被告に対する登記抹消手続請求訴訟であったことから，判例の立場は明らかではないと解する見解につき，七戸克彦『物権法Ⅰ・総論・占有権・所有権・用益物権』(新世社・2013) 114頁以下を参照。

[42] 本人確認の手続や，当事者意思の確認の手続などが含まれる。

場合には，登記の公示力はきわめて高くなる。まさに，登記がなければ権原も存在しないとの命題が導かれるからである。

　もっとも，歴史的観点からみると，登記は物権変動の効力要件として創設されたものではかならずしもない。もともと，ドイツ法上も，土地所有権の変動は引渡しが効力要件とされていた[43]。非占有担保権である抵当権を公示するために登記制度が発展してきたところ，登記が所有権をも公示するようになり，さらには，物権変動一般の効力要件となったという経緯がある[44]。したがって，登記と権原の関係は，論理的に当然につながるわけではない。

　また，ドイツ法は，登記が土地に関する物権変動の効力要件であるだけにとどまらず，登記に公信力をも認めている（BGB 892条）[45]。このため，無権利者と取引を行った第三者が登記の不真正を知らなかったのであれば，真の権利者の犠牲のもとで，その第三者が保護される[46]。このように，本来であれ

---

43) この点については，*Michaels*, a.a.O. 14, S. 203 を参照。
44) ドイツにおける不動産登記制度の発展史については，大場・前掲注39・73頁以下を参照。
45) ドイツ法上の登記の公信力に関して，第三者の主観的要件として善意でたりるとされていることに注意すべきである。無過失までは要求されていない。ここに，土地登記簿に対する信頼がより保護されるべきとの価値判断がみられる。
BGB § 892(1): Zugunsten desjenigen, welcher ein Recht an einem Grundstück oder ein Recht an einem solchen Recht durch Rechtsgeschäft erwirbt, gilt der Inhalt des Grundbuchs als richtig, es sei denn, dass ein Widerspruch gegen die Richtigkeit eingetragen oder die Unrichtigkeit dem Erwerber bekannt ist. Ist der Berechtigte in der Verfügung über ein im Grundbuch eingetragenes Recht zugunsten einer bestimmten Person beschränkt, so ist die Beschränkung dem Erwerber gegenüber nur wirksam, wenn sie aus dem Grundbuch ersichtlich oder dem Erwerber bekannt ist.
(2): Ist zu dem Erwerb des Rechts die Eintragung erforderlich, so ist für die Kenntnis des Erwerbers die Zeit der Stellung des Antrags auf Eintragung oder, wenn die nach § 873 erforderliche Einigung erst später zustande kommt, die Zeit der Einigung maßgebend.
第892条第1項：土地登記簿の内容は，土地を目的とする権利又はその権利を目的とする権利を法律行為によって取得した者の利益のために，これを真正なものとみなす。ただし，その真正に対して異議が登記され，又はその不真正を取得者が知るときは，この限りでない。権利者が土地登記簿に登記された権利の処分につき，特定の者のために制限を受けたときは，この制限は，これが土地登記簿から明らかであり，又は取得者がそれを知るときに限り，取得者に対して，その効力を有する。
第2項：取得者による前項の事実の了知は，権利の取得に登記を要する場合においては，登記の申請をした時を基準とする。その場合において，第873条により必要となる合意が登記よりも後に成立したときは，合意をした時を基準とする。
46) 真の権利者の帰責性は問題とされない。この点において，日本法上の民法94条2項類推適用とは異なる。

ば権利取得できないはずの第三者にも，登記を基準として権利取得を認めるのであるから，登記と権原の関係性はよりいっそう担保される。

　これに対して，登記は対抗要件にすぎず，登記に公信力を認めていない日本法においては，登記と権原の関係性は弱い。したがって，未登記買主の処遇が問題となる。ここで考察の対象となるのが，やはり，ius ad rem である。日本法上，未登記買主は，見解の相違はあるけれども，すでに物権を取得していると解することもできる。もちろん，登記を備えなければ，第三者に対抗できないのが原則である。しかし，それでもなお，未登記買主が第三者に対して直接の請求権を有する場合があるのではないか。買主が，未登記ではあるけれども，すでに目的物の占有利用を開始している場合などが，その典型例といえるだろう。この場合の，未登記買主の物権を根拠にして ius ad rem を認めることができるかが，課題となる。

(2)　引渡し

　引渡しは，目的物が動産である場合に，物権変動の対抗要件または効力要件となる。日本法はこれを対抗要件とし（民法178条），ドイツ法は効力要件とする（BGB 929条）。しかし，同じく物権変動において重視されるとはいっても，登記と比較すると，引渡しの公示力はきわめて弱い。占有改定（民法182条）や指図による占有移転（民法183条）により，直接占有者と所有者が一致しないことが，立法上，認められているからである。

　たしかに，一般的には，直接占有あるところに所有権もあるとの期待が存在するであろう。また，物権変動について引渡主義を採用していたローマ法のように，現実の引渡しが物権変動の要件とされていれば，これにより直接占有の公示力は担保される。しかし，今日においては，所有権のみならず占有までもが抽象化されている。このため，引渡しの公示力は，登記とは比較できないほどに脆弱である[47]。

　そうすると，引渡しの場合には，登記の場合以上に，直接占有あるところに所有権ありとの命題が成り立たなくなる。これは，引渡しを受けたにもかかわらず，物権変動の要件を充足して物権を取得したにもかかわらず，引渡

---

47)　これに加えて，もはや実務上も，直接占有と所有権の一致が当然のこととはいえない状況にある。所有権留保や譲渡担保といった，動産担保権の発展が占有の観念化をさらに加速させている。

し自体が直接占有の移転以外を含む多義的な概念になっていることから，さらなる第三者が現れる可能性が残されていることを示す。

ここで，第三者を保護する制度が存在する（民法 192 条）[48]。日本法においては第三者が善意無過失であれば，また，ドイツ法においては第三者が善意無重過失であれば，その第三者の権利取得が認められる。真の権利者や第一買主は，その反射効として権利を喪失する。この善意取得制度を ius ad rem との関係でみてみるとどうか。

日本法上，動産物権変動の原因について意思主義をとり，かつ，物権変動の時期について契約成立時説をとるのであれば，契約が締結されただけで理論上は所有権が買主に移転する。また，引渡しも占有改定（民法 183 条）によってなされていることがほとんどであろうから，対抗要件も満たしている（民法 178 条）。ここで，第二買主が現れて目的物を直接占有したとしても，その第二買主に過失があれば，即時取得することはできず，第一買主はまさに自らの所有権に基づいて，第二買主に対して返還請求することができる。これに対して，物権変動の時期について外部的徴表説をとると，第一買主は契約成立だけでは所有権を取得できない。ここで，第二買主が現れて，第二買主が第一買主の存在について悪意である場合には，第一買主の返還請求権を基礎づけるための根拠が必要となる。ここに，ius ad rem を論じる意義がある。もっとも，多くの場合に，第一買主は占有改定による引渡しを受けているであろう。

それでは，ドイツ法においてはどうか。ドイツ法は，動産物権変動についても形式主義を採用している（BGB 929 条）。このため，引渡しがなされなければ所有権はそもそも第一買主に移転しない。ただし，ドイツ法は，占有改定と返還請求権の譲渡とを，それぞれ引渡しを代替するものと規定している（BGB 930 条・931 条）[49]。このいわゆる代替的引渡しによって，第一買主は引渡しの要件を満たすことができ，所有権を取得できる。とくに占有改定は，

---

[48] ドイツ法も動産の善意取得制度を規定する（BGB 932 条）。ただし，日本法とは異なり，第三者は善意無重過失であれば保護される。
[49] ただし，ドイツ法上，占有改定と返還請求権の譲渡は，あくまで代替的引渡しであって，引渡しそのものではない。

ドイツにおいても一般的になされていることから，ほとんどの第一買主は物権的合意がなされれば即時に動産所有権を取得できるといえる。このため，第二買主が現れた時点において，第一買主が所有者になっていることが通常である。

したがって，ius ad rem は債権であるとの前提にたつのであれば，日本法においてもドイツ法においても，第一買主の ius ad rem が問題となる場面は，ほとんど想定できない。というのは，第一買主はほとんどの場合所有者であり，第二買主が悪意または善意重過失である場合には，自らの所有権に基づいて第二買主に対して返還請求をすればたりるからである。

3　小　括

ここまで，登記と引渡しについて ius ad rem との関係をみつつ検討してきた。登記と引渡しは，日本法においては物権変動の対抗要件，ドイツ法においてはその効力要件として，同様に扱われることも多い。しかし，登記と引渡しは，公示力の点からすると大きな違いがある。とりわけ，引渡しの公示力は，占有の観念化により，大きく減退している。したがって，動産物権変動においては，善意取得制度が理論上も実務上も大きな意義を有しており，その分，ius ad rem を検討する余地が少なくなっているといえる。

また，登記と引渡しは，物権変動の発生原因として議論されることがよくあるが，これとともに，物権変動の発生時期との関係で問題にもなる。これまで，物権変動の発生原因と発生時期の問題が区別されることなく論じられることもあった。しかし，両者は次元を異にする問題である。したがって，これらは区別して検討されなければならない。そうだとすると，登記と引渡しは，日本法のように意思主義を前提としたとしても，物権変動の発生時期との関係で，きわめて重要な要件となる。つまり，意思主義を採用した上での，所有権移転時期についての登記時および引渡時説である。

ただし，登記と引渡しは，権原とかならずしも結びついているわけではない。先に述べたように，占有改定に代表される占有の観念化は，引渡しと権原の関係を断絶する契機となる。また，登記についても，登記手続上の過誤により，登記上の権利状態と真の権利関係が一致しないことがありうること

から，かならずしも登記と権原が一致するわけではない。この点については，登記に公信力を認めることによって，登記と権原をいわば強制的に一致させることが可能になる。しかし，日本法は，登記に公信力を認めていない。

とはいっても，物権変動の場面において，登記と引渡しは，すくなくとも対抗要件としては認められている。このことは，両者が物権変動においてもっとも公示力の点で優れていると解されてきたからであろう。そうであるならば，物権変動の発生時期との関係においても，登記と引渡しがもっとも重視されてしかるべきである。ここに，登記時説および引渡時説の論拠がある。

以上の分析から，典型的な所有権の二重譲渡の場面において，登記や引渡しを受けていない買主は，いまだ物権を取得していない債権者にすぎないという結論が導かれる。このことは，とくに，登記に公信力を認めていない日本法において，ius ad rem が議論される契機となる。すなわち，二重譲渡における第一譲受人は，第二譲受人に対してなんらかの請求権を有するか，有するとすればその請求権の法的性質はなにか，という問いである[50]。そこで，つぎに，二重譲渡のケースを念頭において，第一譲受人と第二譲受人それぞれの主観的事情に着目して検討してみよう。

四　善意と悪意

1　第一譲受人の行為態様
(1)　具体例

まず，第一譲受人の主観的事情に焦点を絞って考察する。具体例をあげよう。土地甲の所有者 A が，甲を B に売却した。B は代金を A に支払い，A から甲の引渡しを受けた。B は甲に建物乙を新築し，自ら居住している。ただし，B はまだ登記を経由していない。これを事例①とする。つぎに，B は A から甲を買い受け，代金を支払ったが，まだ甲の引渡しを受けておらず，登記も経由していない。これを事例②とする。さらに，B は A との間で甲に関する売買契約を締結し，甲の引渡しを受けたが，まだ代金を支払っておらず，

---

50) この問題は，日本法における背信的悪意者排除論をどのように理解するか，という問題とも密接にからむ。

登記も経由していない。これを事例③とする。最後に，BはAとの間で甲に関する売買契約を締結したが，代金を支払っておらず，甲の引渡しも受けておらず，登記も経由していない。これを事例④とする。

その上で，事例①②③④において，第二譲受人Cが現れ，Aとの間で甲に関する売買契約を締結し，Bよりも先に登記を経由したとしよう。この場合，日本法においては，CがBよりも先に登記を備えた以上，CがBとの関係で背信的悪意者として評価されない限り，BはCに自らの所有権取得を対抗することができない（民法177条）。また，ドイツ法においても，Bは登記を備えていなかったために甲の所有者になっておらず，たんなる債権者にすぎない。したがって，Bは絶対性を有する権利を有していないということになり，第三者であるCに対しては，原則として権利主張することができない。

ここで，日本法の解釈論として，所有権の移転時期について契約成立時説を採用すると，事例①②③④いずれにおいても，Cが登場するまでの間は，Bが所有者である[51]が，BC間は対抗関係となり，CがBに優先する。外部的徴表説を採用すると，Bは，事例①②③においては所有者であるが，事例④においてはAとの関係でも所有者になっていない。有償性説にたつと，Bは，事例①②においては所有者であるが，事例③④においては所有者になっていない。そして，登記時説をとると，事例①②③④はいずれも二重譲渡ではなく，二重契約の問題になる。BはAとの関係においてもまったく所有者になっていないからである。

(2) **帰責事由**

それでは，未登記のBが既登記のCに対してなんらかの請求権を有することはありうるか。とくに，BがCに対して直接に甲の引渡しを求めることはできるか。あるいは，甲に代わる損害賠償請求権を取得することはありうるか。

Bの帰責事由としてあげられるのは，BがCの存在について善意，善意有過失または悪意であることだけではなく，Aが二重譲渡を行ったことまたは行う可能性があることについての認識や，Bが登記を備えていなかったこと

---

51) AB間，つまり，対内関係においては，Bが所有者である。

も含まれる。

　むしろ、B自身の帰責事由としては、長期間にわたって登記を怠っていたことがよく指摘される。実際のところ、BはAと売買契約を自ら締結したのであるから、登記を備える契機があったのであり、それにもかかわらず登記を経由しなかったことに対しては、帰責事由が認められる。したがって、BがCに対して特定物引渡請求権を有するための判断要素として、Bの登記可能性の有無をあげるべきである[52]。

　ここで、Bが甲の所有権につき未登記であるとすると、上述の判断基準に従えば、BがCに請求することはできなくなる。問題となるのは、本事例におけるBの登記は甲の所有権に関する登記に限定されるかということである。Bが乙の所有権に関する登記を経由することによって、BのCに対する甲の引渡請求権を認めるための要件を充足すると解することはできないであろうか。日本の借地借家法における解釈論と同じ議論を展開することがここでも許されるのであれば、十分考えられる論法であろう（借地借家法10条1項）。

　さらには、BのAに対する認識も重要である。AがCに対して甲を二重譲渡する可能性について、Bが十分に認識することができたのであれば、Bは甲の所有権に関する登記を速やかに備えることによって、自らの権利取得を対外的にも確定させるべきであった。このことは、Cが現れる可能性についてのBの認識にもかかわってくる。

　すなわち、二重譲渡が行われたことについてのBの悪意、すなわち、Cの存在についてのBの認識だけではなくそれ以前の段階において二重譲渡が行われる可能性があることについてのBの悪意、つまり、Aの特性についてのBの認識をも視野に入れると、これらいずれもが、Bの登記可能性や登記義務に密接に関係してくるのである。このように、Bの帰責事由といっても、その対象は、Cの存在についての認識だけではなく、Aによる二重譲渡の可能性についての認識や、B自身の登記可能性にまで広がってくる。

　それでは、BのCについての認識をどのように評価すべきか。Bが悪意の

52）日本の背信的悪意者排除論は、Cの主観的事情にのみ重点をおいて議論をしがちである。この点において、Bの帰責事由を積極的に検討する必要性があるといえる。

場合，BのCに対する請求権は認めるべきではないだろう[53]。また，不動産物権変動の場面における登記の重要性は，すでに一般にも十分認識されているのであるから，善意有過失のBも保護に値しないと考えられる。物権変動をできる限り公示するべきとの原則を守るためにも，登記義務は広く認められるべきであろう。したがって，BがCに対する請求権を有するためには，Cの存在についてBが善意であることが求められる。

ius ad rem の法的性質に関して問題とされてきたのは，この権利が物権なのか債権なのか，第二譲受人が悪意である場合にのみ主張しうる権利なのかどうかなどであった。しかし，権利の法的性質を決定するためには，そもそも，権利者自身の態様が検討対象とされるべきである。この点において，Bの主観的事情を考察することは，ius ad rem の分析にあたって必要不可欠な作業である。

たしかに，BがCに対抗可能な物権を取得していない段階においても，BがCに対して甲の引渡しを求める権利を有すると解されるべきケースがあるとの価値判断は，一般に認められていると考えられる。ここでのBの権利が，対抗力を有しないはずの物権なのか，それとも，絶対性を有する債権なのかは，物権変動の原因論と時期論をどのように理解するかによって，演繹的に定まってくる。しかし，これだけでは，ius ad rem の法的性質を解明したことにはならない。むしろ，ius ad rem を特定物請求権と一般的に理解した上で，その要件と効果をより厳密に検討していくべきであろう。そのためには，つぎに，Cの主観的事情について分析を加える必要がある。

2　第二譲受人の行為態様
(1) 具体例

ここでもまず，具体例をあげよう。土地甲の所有者Aが，Bに甲を売却した。AはBから代金の支払を受け，甲をBに引き渡した。Bは甲に建物乙を建てて乙に居住している。その後，AはCとの間でも甲に関する売買契約を

---

53) もちろん，Bが悪意とはいっても，請求権を行使する段階においてCの存在を知っていることは当然であるから，ここでの悪意の基準時は，Bによる甲の利用開始時と解するべきである。なお，重過失は，悪意と同視しうると考えられる。

締結し，Ｃから代金の支払を受け，Ｃは甲の所有権に関する登記を経由した。これを事例①とする。つぎに，AB 間で甲に関する売買契約が締結され，Ｂは代金を支払ったが，甲の引渡しをまだ受けていない。その後，AC 間で甲に関する売買契約が締結され，Ｃは代金を支払うとともに甲の引渡しを受け，登記も経由した。これを事例②とする。そして，AB 間で売買契約が締結されたが，Ｂはまだ代金を支払っておらず，甲の引渡しもまだ受けていない。その後，ＡはＣにも甲を売却し，Ｃは代金を支払い，甲の引渡しを受け，登記も経由した。これを事例③とする。最後に，AB 間で甲に関する売買契約が締結されただけの段階で，AC 間においても同じく売買契約が締結され，Ｃは代金も支払っておらず，甲の引渡しも受けていないが，登記だけは経由したとしよう。これを事例④とする。

事例①では，Ｂがすでに甲の利用を開始しており，このことは第三者からみても明らかである。事例②では，Ｂがまだ甲の利用を始めていないため，Ｂの存在について第三者が認識できるとはかならずしもいえない。事例③では，Ｂは甲の利用を開始していないばかりか，まだ代金すら支払っていない。そして，事例④では，ＢだけではなくＣも売買契約を締結したにすぎず，たんに登記を経由しただけにとどまっている。

(2) 帰責事由

第三者Ｃの帰責事由としては，第一譲受人Ｂの存在について，悪意，善意有過失または善意がよく問題とされる。上述した事例をあてはめていくと，Ｃは，事例①においては悪意[54]，事例②においては善意または善意有過失，事例③と事例④においては善意と解されることが多いであろう。

しかし，Ｃの帰責事由として問題となるのは，Ｂの存在についての認識にとどまらない。Ｃ自身の態様も問題となりうる。事例①，事例②，事例③においては，Ｃは甲の利用を開始しているが，事例④においては，Ａと売買契約を締結して，登記を経由したにすぎない。つまり，Ｃは甲をまだ占有利用し

---

54) たとえＣがＢの存在につき善意であったとしても，Ｂが甲を占有利用している以上，Ｃには重過失があるといえるだろう。ここでの重過失は，悪意と同視しうると考えられる。この点につき，広中俊雄『物権法（第2版増補）』（青林書院・1987）108 頁は，重過失のあるＣが背信性をも有している場合において，Ｃを背信的悪意者と同視するべきであると説く。なお，ドイツ法は，動産の善意取得の場面において，取得者の重過失を悪意とみなしている（BGB 932 条 2 項）。

ていない。ここで、Bの存在に関するCの主観的態様だけを検討対象とするのは、Cの帰責事由を判断するにあたって不十分であろう。

BのCに対する甲の引渡請求権の成立、つまり、ius ad rem が成立するかどうかという視点でCの帰責事由について考えるならば、Cの悪意が要件となることは当然である。ius ad rem の生成過程をたどってみると、これが第三者の悪意を前提とした請求権であることは、すでに立証されているからである[55]。

それでは、Cが善意有過失であった場合はどうか。たとえば事例②の場合、Bは甲の利用を開始してはいないが、代金は支払済みである。代金支払は、売買契約の当事者間においてはもっとも重要な要素であり、所有権の移転時期との関連でも基準となりうる[56]。ただし、第三者との関係においては、物権変動が生じたことの基準としては、かならずしも明らかではない[57]。このため、事例②の場合にCがBの存在について認識していなかったときに、Bが代金を支払済みであったことを理由として、Cをただちに有過失と解することは難しい。したがって、Cが、別の理由に基づいてBの存在を認識しうる場合に、Cの有過失を認めることができる。この場合にはじめて、Bが甲の占有を開始していなかったという事実が、BC間の利益衡量の観点で問題となりうる。

そして、Cが善意の場合にはどうか。事例③と④のケースである。いずれのケースも、BはAと売買契約を締結しただけの段階であるから、Cからすれば、Bの存在に気づくことは難しい。ただし、事例③では、Cは代金をAに支払済みであり、かつ、甲の引渡しをも受けているのに対し、事例④では、Cは、Bと同じくAと売買契約を締結しただけで、違いは登記を経由したことのみである。このように、善意のCといえども、C自身の取引態様には大

---

[55] ius ad rem の歴史的生成過程については、好美清光「Jus ad rem とその発展的消滅—特定物債権の保護強化の一断面—」一橋大学法学研究 3・179 以下 (1961)、同「Jus ad rem とその発展的消滅—特定物債権の保護強化の一断面—」私法 23・77 以下 (1961)、小川浩三「ius ad rem 概念の起源について—中世教会法学の権利論の一断面—」中川良延＝平井宜雄＝野村豊弘＝加藤雅信＝瀬川信久＝広瀬久和＝内田貴編『日本民法学の形成と課題・星野英一先生古稀祝賀(上)』(有斐閣・1996) 331 頁以下、および、大場・前掲注 6・193 頁以下を参照。
[56] 有償性説がその代表的見解である。
[57] このかぎりで、代金支払と占有や登記とは、性質を異にする。

きな違いがある。ここで，Ｃが善意であることのみをもって，Ｂによる甲の引渡請求権が排斥されてよいのか。やはり，Ｃの主観的事情だけではなく，行為態様をも視野に入れながら，ＢＣ間の利益衡量をはかるべきであろう。

日本法においては，Ｃが背信的悪意者である場合にのみ，例外的に，Ｂの保護が図られる。つまり，原則として，未登記のＢはＣに対抗することができない。ここでのＣの背信的悪意者性は，まずもって悪意であることを前提として，これにくわえて，さらに背信性がある場合に肯定される。したがって，Ｃが善意であったり善意有過失であったりする場合には，そもそも背信的悪意者の問題とはならない[58]。たしかに，背信的悪意者排除論は，実際には単純悪意者排除説として，あるいは，ＢＣ間の利益衡量を暗黙裡に行った上での理論として理解することもできる[59]。しかし，いずれにしても，その大前提として，Ｃの悪意が要件となっているのである。

ドイツ法は，物権変動に関して形式主義を採用していることから，登記を具備していないＢは債権者にすぎず，登記を経由したＣが甲の所有権を取得する。このため，Ｂは，物権のレベルにおいては，Ｃになんら請求することができない。しかし，Ｃが悪意であり，かつ，故意による良俗違反の態様が認められる場合には，ＣがＢの特定物債権を侵害したととらえて，ＢのＣに対する不法行為に基づく請求権（BGB 826 条）が判例によって認められている[60]。これは，まさに ius ad rem の現代法における適用例と解することができる。

---

58) 通行地役権に関する最判平 10・2・13 民集 52・1・65 以下は，一見すると，悪意者要件を用いることなく背信性のみをもってＣを排除しているように読めるが，この判例は，そもそも背信的悪意者排除論の枠組みを用いていない。

59) 判例における背信的悪意者排除論が実質的に悪意者排除説と遜色ないと解するものとして，たとえば，松岡久和「判例における背信的悪意者排除論の実相」奥田昌道編集代表『林良平先生還暦記念論文集・現代私法学の課題と展望・中』（有斐閣・1982）65 頁以下，同「不動産所有権二重譲渡紛争について（一～二・完）」龍谷 16・4・65 以下, 17・1・1 以下（1984），および，同「民法一七七条の第三者・再論―第三者の主体的資格と理論構成をめぐる最近の議論―」前田達明編集代表『奥田昌道先生還暦記念・民事法理論の諸問題・下巻』（成文堂・1995）185 頁以下などを参照。また，ＣによるＢの債権に対する侵害として問題を把握するものとして，磯村保「二重売買と債権侵害（一～三・完）―『自由競争』論の神話―」神戸 35・2・385 以下, 36・1・25 以下, 36・2・289 以下（1985～1986），および，吉田邦彦『債権侵害論再考』（有斐閣・1991）570 頁以下などを参照。

60) とくに，BGHZ 12, 308 = NJW 1954, 1159 を参照。

3 小 括

　ここまで，第一譲受人と第二譲受人の行為態様について検討してきた。一般に，譲受人の行為態様として問題とされるのは，その主観的事情，つまり，善意か悪意か，善意の場合に過失があるかどうかである。しかし，第一譲受人の第二譲受人に対する特定物請求権の可否を検討するにあたって，両者の主観的事情だけをその対象とするのでは，不十分であろう。第三者の存在についての認識は，特定物請求権の成立の可否に関して，重要な要素ではあるが，これだけで決定的な基準となるわけではない。

　さらに検討を要すべきこととして，第一譲受人と第二譲受人の取引に対する関与の程度がある。すなわち，一方で，第一譲受人は代金を支払っているのか，目的物の利用を開始しているのか，他方で，第二譲受人についてもまた，代金支払や引渡しの有無が，問題となる。取引過程が進めば進むほど，とくに目的物の占有利用が始まることによって，第三者の認識可能性は高まる。この点も重要ではあるが，むしろここで重視されるべきなのは，取引が相当程度進んでいるかどうかによって，取引に関与している第三者自身の保護の必要性に影響を与えうるということである[61]。

　所有権の二重譲渡の局面は，日本法においては，対抗問題として設定された上で，背信的悪意者排除論を用いて，実質的に妥当とされる結論が導き出される。これに対して，ドイツ法においては，形式主義に基づいて先に登記を備えた者を物権取得者として位置づけた上で，この物権取得者に対して，不法行為に基づく請求権を行使することができるかといった問いの立て方をし，問題の解決が図られる。日本法は悪意を前提とした背信性を対象とし，ドイツ法は故意や悪意に加えて良俗違反があったかどうかを対象とする。いずれの解釈論も，実質的にはきわめて近似している[62]。

　ius ad rem は第三者に対しても主張可能な特定物引渡請求権である。その

---

61) 具体的には，第一譲受人の行為態様として，譲渡人に対する信頼の程度，この信頼から派生する第二譲受人の存在可能性についての認識，代金支払の有無，占有利用の開始，そして，これらをふまえた上での登記可能性があげられる。実際には，第一譲受人の登記可能性の有無を検討する材料として，譲渡人への信頼や，第二譲受人の存在についての認識などが問われることになろう。そして，第二譲受人の行為態様としても，第一譲受人の存在についての認識にとどまらず，代金支払の有無や占有利用の開始が含まれる。

法的性質の問題は，この権利が物権なのか債権なのか，もし債権だとするならば，なぜ絶対効を有するのかということにある。

不動産の二重譲渡が行われた場合，日本法においては，第一譲受人が登記を備えていなくても，判例と通説によれば，その者は所有者となっている。このため，第二譲受人が背信的悪意であった場合に，第一譲受人が第二譲受人に対して直接に目的物引渡請求権を行使することを，容易に説明することができる。

これに対して，ドイツ法においては，登記を備えていない第一譲受人はまだ所有者ではないので，第二譲受人が不法行為者であったとしても，第一譲受人による第二譲受人に対する直接請求権を根拠づけることは難しい。しかし，ドイツの判例は，この直接請求権を認めるだけではなく，第一譲受人への直接の引渡しまで認めている[63]。ドイツ法上のこの請求権は，まさに ius ad rem なのではないか。債権者にすぎない第一買主が，第二譲受人に対して，自らに直接目的物を返還するよう求めることができるのである。これは，ius ad rem の伝統的な理解と合致する。

さらに，ドイツ法上も，現実の引渡しがなされていなくても動産所有権が移転する場合が認められている。占有改定（BGB 930 条）と返還請求権の譲渡（BGB 931 条）である。これらにより，直接占有を有しない第一買主も，代替的引渡しがなされたために，所有者になる。ここで，第二譲受人が現れ，その者が善意取得の要件を満たせなかったときは，第一譲受人は，自身に直接目的物を引き渡すよう，第二譲受人に求めることができる。この結論は，目的物が土地である場合と異ならないのであるが，第一譲受人がもつ請求権の根拠はそれとは異なる。つまり，ここでは，第一譲受人は所有者であるため，所有権に基づく返還請求権を行使しているのである。

---

62) 日本法の背信的悪意者排除論の根底にあるのは信義則違反であり，このことは，ドイツ法の良俗違反と判断枠組が近い。また，信義則違反の認定にあたって考慮される事実は，たんに第三者の存在について悪意か善意かにとどまらず，さまざまな対象に及ぶ。これも，日本とドイツにおいて共通している。ドイツの判例の評価については，*Astrid Stadler*, Gestaltungsfreiheit und Verkehrsschutz durch Abstraktion -rechtsvergleichende Studie zur abstrakten und kausalen Gestaltung rechtsgeschäftlicher Zuwendungen anhand des deutschen, schweizerischen, österreichischen, französischen und US-amerikanischen Rechts-, Tübingen 1996, S. 386 f. を参照。

63) とくに，RGZ 108, 58 f. を参照。

ここで問題となるのは，ius ad rem の定義である。この権利は，第三者に対する絶対効をそのもっとも重要な法的性質として有している。そうであるならば，第一譲受人または第一買主の法的立場を厳密に確定することにどれほどの意義があるのか。検討すべきは，第一譲受人がすでに物権を取得しているかどうかではなく，第一譲受人の権利が第三者との関係で不確定なものなのかどうか，そして，不確定であるとして，その権利は第三者に主張しうるものなのかどうかであろう。そうだとすると，一定の要件を備えた上で第三者に対して自らへの直接の引渡しを求めうる権利一般を ius ad rem として性質決定することも，可能となろう。

五　おわりに

1　結論

　ここまで，ius ad rem の法的性質について，所有権と占有権，登記と引渡し，そして，第一譲受人と第二譲受人の行為態様に着目しながら検討してきた。本章の結論をまとめておこう。

　所有権と占有権は，現代の法制度上，かならずしも一致するとは限らない。このことは，目的物が動産である場合と不動産である場合と，両方にあてはまる。また，所有権移転の原因は，当事者意思が前提とされつつも，日本法は意思主義を採用し，ドイツ法は形式主義をとっている。このため，日本法においては，所有権と占有の不一致がますます促進され，ドイツ法においては，原則として所有権と登記または占有が一致するが，動産所有権の移転に関しては，例外が存在する[64]。

　ius ad rem が一般に問題となるのは，所有権の二重譲渡の場面である。日本法は意思主義を採用しているため，第一譲受人の第二譲受人に対する返還請求権は物権に基づくと構成することができる。これに対して，ドイツ法は形式主義を採用しているため，とりわけ目的物が土地である場合には，第一買主の第二買主に対する請求権は債権と構成せざるをえない。いずれにして

---

64) すなわち，占有改定（BGB 930 条）と返還請求権の譲渡（BGB 931 条）である。

も，所定の要件に基づいて，第一譲受人または第一買主が，第二譲受人または第二買主に対して直接請求権を行使することは可能である。しかし，その権利の根拠が物権なのか債権なのかという問題は残される。

つぎに，登記と引渡しの異同についてである。両者はいずれも物権変動の対抗要件または効力要件として機能する。しかし，それぞれの特徴は大きく異なる。登記は登記手続法に基づいてなされるためにその公示力は高いが，占有の移転はあくまで当事者に委ねられている。しかも，占有改定などによって，間接占有も認められている現行法下では，占有権も所有権と同じく観念化されている。したがって，引渡しの公示力はきわめて弱いものとなっている。

登記と引渡しは，物権変動の原因論において重要であるのみならず，その時期論においても重要な判断要素となる。すなわち，意思主義を採用したとしても，物権変動の時期を登記や引渡しの時期と合わせることは理論上可能なのである。このため，日本法上も，ドイツ法と同じく，所有権の移転を登記や引渡しと一致させる解釈論を採用することができる。したがって，ius ad rem との関係において，日本法上，第一買主の第二買主に対する直接請求権を，債権と位置づけることも可能なのである[65]。

そして，これらに第一譲受人と第二譲受人の行為態様に関する検討がつづく。これまで，二重譲渡における第三者同士の優劣決定基準として，それぞれの主観的要素が検討対象とされることはよくみられた。とくに，第二譲受人が第一譲受人の存在について善意か悪意か，善意であったとしても過失があったかどうかが，議論されてきた[66]。

しかし，ここで検討されるべき要素は，それぞれの主観的要素に限定されない。第一譲受人と第二譲受人それぞれの，取引への関与の程度も重要であ

---

65) ius ad rem が問題となるのは，たとえば不動産の二重譲渡の場面において，第一買主が所有権を取得してはいないが目的物の占有利用を始めている場合に，第二買主が現れて先に登記を経由したときに，第一買主が第二買主に対して直接請求権を有するかというものである。ここで，第一買主を所有者としないことにこそ，ius ad rem と所有権に基づく返還請求権とを区別する契機が生じる。

66) 日本法上の背信的悪意者排除論も，第二譲受人の悪意を前提としている。たしかに，背信性の判断にあたっては，第二譲受人の第一譲受人との関係性なども問題とされる。しかし，悪意が認定されない限り，背信性のみで民法177条の第三者から排除されることはない。

る[67]）。そして，それぞれの取引への関与が深くなれば深くなるほど，その関与具合は第三者からも認識しやすくなる。

　ius ad rem は，物権を取得していない者にも目的物の引渡しを求める請求権を付与するために構成された概念である。しかし，物権と債権の境界が曖昧になっている現代法においては，この定義は修正されるべきであろう。つまり，目的物に関する権利について対抗力を有しないはずの者にも，目的物の引渡しを求める請求権を付与するということである。これには，ドイツ法上は債権者と位置づけられる，売買契約における第一買主も，日本法上は物権取得者と解されうる，対抗要件を備えていない第一譲受人も，いずれも含まれる。このように，ius ad rem は，対象をより広く包摂する概念として把握されるべきである。

　以上のことから，ius ad rem はつぎのように定義づけることができよう。すなわち，本来であれば絶対効を有しないはずの請求権者が，第三者の故意や悪意を前提として，その第三者に対して直接自らに，目的物の譲渡・引渡し・登記移転などを求めることができる権利である。

2　今後の課題

　ius ad rem を従前の理解よりも広くとらえると，今日における ius ad rem は具体的にどのような権利なのか。すなわち，現代法における ius ad rem の理解が，つぎの課題となる。不動産売買において仮登記を備えた買主の権利[68]）や期待権を有する買主の権利[69]），動産売買において占有改定によって間接占有を得た買主の権利など，物権を取得したかどうかはともかく，確定的な権利を取得したとはいえない買主の権利が問題となる場面は多い[70]）。これら権利を，制度趣旨，要件および効果の観点から仔細に検討し，現代法における ius ad rem として整理することが可能かどうか，検証する必要がある。

67）　具体的には，第一譲受人による目的物の占有利用や第二譲受人による代金支払がとくに重要である。第一譲受人による占有利用がすでに開始されていれば，自由競争の局面はもはや終了しており，第一譲受人の所有権取得を妨げるためには相当な理由を必要とするのではないか。また，第二譲受人が譲渡人に対して代金をすでに支払っているとすると，これにもかかわらず既登記の第二譲受人の所有権取得を認めない場合には，第二譲受人は支払った代金を自ら回収するリスクを負担することになる。このようなリスクを既登記の第二譲受人に課してもよいのだろうか。

それぞれの権利に関する具体的な検討を経て、さらに問題となるのが、各権利の体系的な把握である。物権行為と ius ad rem の有機的な関連性を分析するという、筆者の一連の研究をまとめるために、分析の視角を確定させる必要がある。まさにこれにあたるのが、意思主義と形式主義、物権と債権、および、履行請求権と損害賠償請求権の、3つの検討対象である。それぞれが、要件論、法的性質論、および、効果論に該当する。これら3つの観点に従って物権行為と ius ad rem を分析することによって、日本法とドイツ法に

---

68) とくに、BGB 885 条との関係も重要である。
BGB § 885 (1)：Die Eintragung einer Vormerkung erfolgt auf Grund einer einstweiligen Verfügung oder auf Grund der Bewilligung desjenigen, dessen Grundstück oder dessen Recht von der Vormerkung betroffen wird. Zur Erlassung der einstweiligen Verfügung ist nicht erforderlich, dass eine Gefährdung des zu sichernden Anspruchs glaubhaft gemacht wird.
(2)：Bei der Eintragung kann zur näheren Bezeichnung des zu sichernden Anspruchs auf die einstweilige Verfügung oder die Eintragungsbewilligung Bezug genommen werden.
第885条第1項：仮登記は、仮処分に基づいて、又は仮登記に係る土地若しくは権利を有する者の許諾に基づいて、これを登記する。仮処分を発令するには、保全される請求権が履行されないおそれが疎明されることを要しない。
第2項：前項の登記に際しては、保全される請求権の詳細を表示するため、仮処分又は登記許諾を引用することができる。
69) ドイツ法において、第一買主は未登記であっても一定の要件下で保護を受けることができる（BGB 130 条 2 項・873 条 2 項・878 条）。
BGB § 130 (1)：Eine Willenserklärung, die einem anderen gegenüber abzugeben ist, wird, wenn sie in dessen Abwesenheit abgegeben wird, in dem Zeitpunkt wirksam, in welchem sie ihm zugeht. Sie wird nicht wirksam, wenn dem anderen vorher oder gleichzeitig ein Widerruf zugeht.
(2)：Auf die Wirksamkeit der Willenserklärung ist es ohne Einfluss, wenn der Erklärende nach der Abgabe stirbt oder geschäftsunfähig wird.
(3)：Diese Vorschriften finden auch dann Anwendung, wenn die Willenserklärung einer Behörde gegenüber abzugeben ist.
第130条第1項：相手方に交付されなければならない意思表示は、それが遠隔地の相手方にされるときには、相手方に到達した時点で有効となる。意思表示は、それが相手方に到達するより前、又はそれと同時に撤回の意思表示が到達するときには、有効とならない。
第2項：表示者が意思表示をした後に死亡し、又は、行為無能力になるとき、それは意思表示の有効性に影響を及ぼさない。
第3項：本条の定めは、意思表示が官庁に対してされるときにも適用される。
BGB § 878：Eine von dem Berechtigten in Gemäßheit der §§ 873, 875, 877 abgegebene Erklärung wird nicht dadurch unwirksam, dass der Berechtigte in der Verfügung beschränkt wird, nachdem die Erklärung für ihn bindend geworden und der Antrag auf Eintragung bei dem Grundbuchamt gestellt worden ist.
第878条：権利者が第873条、第875条及び第877条に従ってした意思表示は、これが権利者を拘束し、かつ、土地登記所に登記が申請された後は、権利者が処分の制限を受けたとしても、その効力を失わない。

おける物権変動をめぐる問題について有益な示唆を得ることが可能となる[71]。

---

70) ほかにも，処分制限（BGB 137 条）が付された場合や，一般の不法行為に基づく請求権（BGB 823 条）なども対象となりうる。
BGB § 137：Die Befugnis zur Verfügung über ein veräußerliches Recht kann nicht durch Rechtsgeschäft ausgeschlossen oder beschränkt werden. Die Wirksamkeit einer Verpflichtung, über ein solches Recht nicht zu verfügen, wird durch diese Vorschrift nicht berührt.
第 137 条：譲渡される権利の処分権限は，法律行為によっては排除または制限されえない。そのような権利を処分しないとの債務の有効性は，本規定によっては影響を受けない。
BGB § 823 (1)：Wer vorsätzlich oder fahrlässig das Leben, den Körper, die Gesundheit, die Freiheit, das Eigentum oder ein sonstiges Recht eines anderen widerrechtlich verletzt, ist dem anderen zum Ersatz des daraus entstehenden Schadens verpflichtet.
(2)：Die gleiche Verpflichtung trifft denjenigen, welcher gegen ein den Schutz eines anderen bezweckendes Gesetz verstößt. Ist nach dem Inhalt des Gesetzes ein Verstoß gegen dieses auch ohne Verschulden möglich, so tritt die Ersatzpflicht nur im Falle des Verschuldens ein.
第 823 条第 1 項：故意又は過失により他人の生命，身体，健康，自由，所有権又はその他の権利を違法に侵害した者は，その他人に対し，これによって生じた損害を賠償する義務を負う。
第 2 項：他人の保護を目的とする法律に違反した者も，前項と同様である。法律の内容によれば有責性がなくても違反を生じる場合には，賠償義務は，有責性があるときに限り生じる。
71) 日本法上の背信的悪意者排除論をより説得的に論証することができる。また，物権債権峻別論を前提としていると評価されているドイツ法を相対化し，ドイツ法における二重契約にまつわる問題を柔軟に把握することも可能になる。これらの作業は，これまで混迷を深めてきた日本法上の物権変動の法的構造をめぐる議論を新たな視点に基づいて整理し，判例と通説の理解に資するとともに，物権変動の場面においてできる限り登記を判断基準とすべきとの筆者の見解を補強することにもなる。さらに，将来の大きな課題として，物権債権峻別論を批判的に検証することも必要不可欠となろう。これについては，物権債権峻別論の歴史的生成過程と，その現行法における意義を正確に理解することから始めなければならない。その上で，今後も物権と債権の概念を維持し続けられるのか，あるいは，これを維持すべきなのかについて，検討する必要がある。

第三章　法的位置づけ

一　はじめに

1　問題の所在

　物権は絶対性を有するが，債権は相対性しか有しない。これが，物権と債権の大きな違いである[1]。しかし，実際には，一方で相対性しか有しない物権が存在し，他方で絶対性を有する債権が存在する。前者の一例は対抗力を備えていない所有権であり，後者の一例は仮登記された特定物引渡請求権である[2]。

　これらのような物権と債権のはざまにある権利のうち，とくに，所定の要件を前提とした上で，第三者に対して自らへの直接の譲渡などを求めることができる権利を，ドイツ法上，ius ad rem（物への権利）という[3]。周知の通り，ドイツ法は物権債権峻別論を前提としたシステムを採用している。しかも，同じシステムを採用している日本法よりも，物権と債権の区別がさらに徹底されている[4]。そうだとすれば，物権と債権の境界を曖昧にしてしまう権利

---

1) 物権の絶対性から，排他性が導き出される。また，直接性も物権の特徴としてよくあげられる。さらに，物権と債権を峻別するのであれば，売買契約などの債権契約から直接に物権の効果が発生することを認めるのは，理論的に説得力に欠けるといえる。このため，物権行為の必要性を論じることができよう。物権行為に関しては，初出として，大場浩之「物権行為に関する序論的考察——不動産物権変動の場面を基軸として——」早法84・3・325以下（2009），同「物権行為概念の起源——Savignyの法理論を中心に——」早法89・3・1以下（2014），同「BGBへの物権行為概念の受容」五十嵐敬喜＝近江幸治＝楜澤能生編『民事法学の歴史と未来——田山輝明先生古稀記念論文集——』（成文堂・2014）161頁以下，および，同「不動産所有権の二重契約における生存利益の保護——ドイツ物権行為論の展開を手がかりとして——」浦川道太郎先生・内田勝一先生・鎌田薫先生古稀記念論文集編集委員会編『早稲田民法学の現在——浦川道太郎先生・内田勝一先生・鎌田薫先生古稀記念論文集——』（成文堂・2017）95頁以下を参照。
2) 仮登記に関する研究として，大場浩之『不動産公示制度論』（成文堂・2010）261頁以下，および，同「仮登記制度と不動産物権変動論——物権債権峻別論を基軸として——」私法76・139以下（2014）を参照。

を認めることは，ドイツ法の体系からして許されないことのように思われる。

しかし，これにもかかわらず，ドイツ法においても物権と債権の区別をつけることが困難な権利が存在する[5]。たとえば，占有改定によって動産所有権を取得した者から目的動産を直接占有している者に対する権利や，売買契約を締結した売主に対して目的物の処分制限が付されている場合の買主の法的地位，さらには，二重売買のケースにおいて第一買主が第二買主に対して有する不法行為に基づく請求権などである。

これらの権利は，物権債権峻別論を前提とするドイツ法において，立法化され，あるいは，判例や通説によって認められている。しかしその存在が認められていることと，BGB（ドイツ民法典）の体系との関係で理論的に説明しうることとは，別問題であろう。物権と債権の２つの性質をあわせもつ権利は，ドイツ法上，各権利ごとにあくまで例外的な位置づけを与えられているのか。それとも，ius ad rem として統一的に把握することが可能なのか。後者であるとすれば，一定の基準を定めることを前提に，相対的な物権や絶対的な債権を新たに認めることが可能となる。

2　課題の設定

以上の問題意識に基づき，また，これまでの ius ad rem に関する先行研究をふまえて，本章では，現在のドイツ法において物権と債権のはざまにある

---

3) ius ad rem（物への権利）に関する研究として，好美清光「Jus ad rem とその発展的消滅―特定物債権の保護強化の一断面―」一橋大学法学研究 3・179 以下（1961），同「Jus ad rem とその発展的消滅―特定物債権の保護強化の一断面―」私法 23・77 以下（1961），小川浩三「ius ad rem 概念の起源について―中世教会法学の権利論の一断面―」中川良延＝平井宜雄＝野村豊弘＝加藤雅信＝瀬川信久＝広瀬久和＝内田貴編『日本民法学の形成と課題・星野英一先生古稀祝賀(上)』（有斐閣・1996）331 頁以下，大場浩之「ius ad rem の歴史的素描」松久三四郎＝後藤巻則＝金山直樹＝水野謙＝池田雅則＝新堂明子＝大島梨沙編『社会の変容と民法の課題（上巻）―瀬川信久先生・吉田克己先生古稀記念論文集―』（成文堂・2018）193 頁以下，および，同「ius ad rem の法的性質」早法 94・4・63 以下（2019）などを参照。
4) 物権行為の独自性と無因性がいずれも肯定されている。とりわけ，物権行為の無因性が認められている点は，比較法の観点からしても，ドイツ法の際立った特徴といえる。
5) 日本法と同じく，仮登記制度も存在する。ドイツ法は，本登記を備えなければ土地所有権の移転を認めない。このため，仮登記を経由しただけでは，買主は債権しか有していない。しかし，仮登記をしておくと，その買主が有する特定物引渡請求権は絶対性をもつ。この請求権の法的性質は，とくにドイツ法上，問題となる。

権利を具体的にとりあげつつ検討していく。本章で検討する具体例として，占有改定，処分制限，期待権，先買権，および，不法行為に基づく請求権をとりあげる。

　占有改定は，ドイツ法において代替的引渡しとして機能する。このため，占有改定を受けると，第一買主は所有権を取得する。しかし，第一買主は間接占有しか有していない。直接占有が売主にあるため，第二買主は二重に引渡しまたは代替的引渡しを受けることができる。ここで，第一買主が第二買主に対して目的動産の引渡しを直接に求めることができるか。できるとすれば，それはどのような要件に基づき，また，この権利の法的性質はなにかが問題となる。

　つぎに，割賦販売の場合によくあるように，売主が目的物の所有権を留保しつつ，目的物の直接占有については買主に移転され，買主が目的物の利用を開始するということがある。ここでの買主は所有権をまだ有してはいないが，たんなる債権者ともいい難い。この場合の買主の権利を，ドイツ法は期待権として位置づける。この期待権は，どのような法的性質をもつのか。

　そして，売主が第一買主と売買契約を締結し，その売主に対して二重譲渡の制限が付されると，売主は債権的な譲渡制限を受けることになる。これにもかかわらず，売主が第二買主と売買契約を二重に締結し，第二買主が目的物の所有権取得のための要件を第一買主よりも先に満たした場合，第一買主は譲渡制限を根拠に第二買主に対して目的物の直接引渡しを求めることができるか。できるとすれば，この権利の要件と法的性質はなにか。

　さらに，第一買主が売主と土地所有権に関する売買契約を締結し，土地所有権譲渡行為であるアウフラッスンク（Auflassung）もなしたが，本登記を経由していなかった場合，第一買主はまだ所有者となってはいないけれども，目的物に対する相当程度の関係性，つまり，たんなる債権者以上の権利を有しているのではないかと考えられる。ここで，ドイツ法は，そのような第一買主に先買権を付与する。この先買権は，第二買主に対しても行使できると解されている。それでは，この先買権の要件と法的性質はどのようなものか。

　そして，二重契約の場面において，第二買主が第一買主に対して不法行為をなしたとの法的評価が下された場合，第一買主は第二買主に対して不法行

為に基づく請求権をもつ。それでは，この権利の要件と法的性質はいかなるものか。とくに，第一買主の第二買主に対する直接請求の可否が問題となる。

いずれの権利も，第一買主が債権者にすぎないか，または，所有者ではあっても公示力の弱い立場にとどまっているため，絶対性をもつとは単純に評価できない[6]。これらの権利を丹念に分析することを通じて，現代法におけるius ad rem の存在可能性とその意義を示すことができる[7]。

3　本章の構成

本章では，まず，占有改定をとりあげる。占有改定と ius ad rem の関係が問題となるのは，目的物が動産の場合である。このため，具体例を動産売買に限定して検討する。つぎに，期待権を扱う。期待権は，目的物が動産である場合の所有権留保取引との関連で重要である。そして，譲渡禁止について検討する。売主に対して譲渡禁止が課されるのは，目的物が，取引決済に比較的時間のかかる不動産であることが多い。そこで，不動産売買に問題を限定して論じる。さらに，先買権について分析を加える。先買権が問題となる場合も，不動産売買が念頭におかれるべきであろう。ただし，ここでは，売主に対する処分禁止との関係にもふれる必要がある。最後に，不法行為に基づく請求権について検討する。この問題は，不動産の二重契約の場面において，第一買主と第二買主の紛争がもっとも先鋭的なかたちであらわれている。このため，譲渡禁止や期待権と同じく，不動産が目的物であることが多い場面のうち，最後の検討課題として扱うのが適切であろう。

なお，いずれの権利を検討するにあたっても，まず，ドイツ法上の典型的な具体例と解釈論を提示する。その上で，当該権利の要件論と法的性質論を

---

6) 絶対性は第三者に与える影響が大きい。このため，ある権利に絶対性を認めるためには，第三者からみてその権利の存在が明らかであることが，原則として求められる。そうでなければ，第三者は不意打ちを受けるからである。物権が絶対性，排他性および直接性を有することから，物権法定主義が定められていることを想起すべきである（民法175条）。したがって，第一買主のために絶対性をもつ権利を認めることは，まずもって慎重な態度で臨まなければならない。

7) もちろん，ほかにも，ius ad rem との関係で検討すべき権利は多く存在している。たとえば，仮登記された請求権などである。しかし，筆者は，仮登記について，物権変動の発生時期との関連ではあるが，すでに詳細な検討を行ったので，本章では扱わない。この点につき，大場・前掲注2・『不動産公示制度論』・261頁以下を参照。

二　占有改定

1　具体例

　Aが自動車ミニ甲（未登録）を所有していたところ，Bに甲を売却したいと考えた。AB間で価格を30000ユーロとした売買契約が締結され，甲の所有権を譲渡することにつき合意がなされた。しかし，Aは甲をしばらくの間手元におきたいと思い，Bに対して，甲を譲渡するがこのまま甲を自分に貸しておいてほしいと伝え，Bもこれを了承した。その後，Aのもとにある甲を気に入ったCが，32000ユーロで甲を購入したいと提案し，Aもこれを承諾した。そして，AはCに甲を引き渡した。

　この事案は，典型的な占有改定である。ドイツ法にも，占有改定に関する規定がある（BGB 930条[8]）。ドイツ法は物権変動について形式主義を採用しており，目的物が動産の場合には物権的合意とともに引渡しが所有権移転のための要件と定められている（BGB 929条[9]）。ドイツ法において，占有改定は，この引渡しの代替手段（代替的引渡し）として認められている[10]。

　したがって，AB間において甲の所有権を譲渡することにつき物権的合意

---

[8] 以下，適宜，BGB（ドイツ民法典）の条文とその日本語訳を掲げる。なお，BGBの条文の日本語訳は，エルヴィン・ドイチュ＝ハンス・ユルゲン・アーレンス著・浦川道太郎訳『ドイツ不法行為法』（日本評論社・2008）328頁以下，ディーター・ライポルト著・円谷峻訳『ドイツ民法総論─設例・設問を通じて学ぶ─（第2版）』（成文堂・2015）550頁以下，および，マンフレート・ヴォルフ＝マリーナ・ヴェレンホーファー著・大場浩之＝水津太郎＝鳥山泰志＝根本尚徳訳『ドイツ物権法』（成文堂・2016）603頁以下による。
BGB § 930：Ist der Eigentümer im Besitz der Sache, so kann die Übergabe dadurch ersetzt werden, dass zwischen ihm und dem Erwerber ein Rechtsverhältnis vereinbart wird, vermöge dessen der Erwerber den mittelbaren Besitz erlangt.
第930条：所有者が物を占有するときは，その引渡しは，所有者及び取得者が取得者に間接占有を取得させる法律関係を合意することをもって代えることができる。

[9] BGB § 929：Zur Übertragung des Eigentums an einer beweglichen Sache ist erforderlich, dass der Eigentümer die Sache dem Erwerber übergibt und beide darüber einig sind, dass das Eigentum übergehen soll. Ist der Erwerber im Besitz der Sache, so genügt die Einigung über den Übergang des Eigentums.
第929条：動産の所有権を譲渡するには，所有者が取得者に物を引き渡し，かつ，当事者双方が所有権の譲渡を合意しなければならない。取得者が物を占有するときは，所有権の譲渡に係る合意をすればたりる。

があり，かつ，占有改定もなされているため，すでにBが甲の所有者となっている。しかし，Aが直接占有者のままであった。このため，Cが現れ，CはAから甲の引渡しを受けることに成功した。

ここで，Cが善意取得の要件をみたしていれば，Cは甲の所有権を取得することができる（BGB 932条[11]）。しかし，Cが，Aに甲の所有権が帰属していなかったことにつき悪意または善意重過失であった場合には，善意取得は適用されない[12]。このため，甲の所有権はBに帰属する。

ここで，BがCに対して甲の返還を求めるとする。Cが甲を善意取得したのであれば，Cが甲の所有者であって，Bは無権利者であるから，Bの請求は認められない。これに対して，Cが善意取得の要件を満たしていなければ，Bが所有者のため，Bは所有権に基づいてCに対して甲の返還を求めることができる。

しかし，問題となるのは，Bが甲を直接占有していないという点である。たとえBが所有者であるとはいえ，直接占有者ではないBがCに対して甲を自らのもとへ引き渡すように求めることが許されるのか。また，そもそもBが有する請求権の法的性質はどのようなものか。

---

10) このため，ドイツ法においては，占有改定が引渡しそのものではないことに注意を要する。なお，日本法上の指図による占有移転にあたるドイツ法上の概念として，返還請求権の譲渡がある（BGB 931条）。これも引渡しそのものではなく，代替的引渡しである。
BGB § 931：Ist ein Dritter im Besitz der Sache, so kann die Übergabe dadurch ersetzt werden, dass der Eigentümer dem Erwerber den Anspruch auf Herausgabe der Sache abtritt.
第931条：第三者が物を占有するときは，その引渡しは，所有者が取得者に物の返還請求権を譲渡することをもって代えることができる。

11) BGB § 932(1)：Durch eine nach § 929 erfolgte Veräußerung wird der Erwerber auch dann Eigentümer, wenn die Sache nicht dem Veräußerer gehört, es sei denn, dass er zu der Zeit, zu der er nach diesen Vorschriften das Eigentum erwerben würde, nicht in gutem Glauben ist. In dem Falle des § 929 Satz 2 gilt dies jedoch nur dann, wenn der Erwerber den Besitz von dem Veräußerer erlangt hatte.
(2)：Der Erwerber ist nicht in gutem Glauben, wenn ihm bekannt oder infolge grober Fahrlässigkeit unbekannt ist, dass die Sache nicht dem Veräußerer gehört.
第932条第1項：物が譲渡人に帰属しない場合においても，譲受人は，第929条に従ってされた譲渡によって，その所有者となるものとする。ただし，この規定により譲受人が所有権を取得する時に善意でなかったときは，この限りでない。第929条第2文に規定する場合においては，本条は，譲受人が譲渡人から占有を取得したときに限り，これを適用する。
第2項：譲受人は，物が譲渡人に帰属しないことを知り，又は重大な過失によって知らなかったときは，善意でないものとする。

12) ドイツ法と日本法の違いは，Cに無過失まで要求するかどうかにある（民法192条）。

2 ius ad rem

　ドイツ法は，物権変動について形式主義をとっている。所有権譲渡に即していえば，譲渡人と譲受人の物権的合意に加えて，目的物が土地であれば登記（BGB 873条[13]）が，動産であれば引渡し（BGB 929条）が要件とされている。ただし，このことは，動産所有権の譲渡について，実際の引渡しが求められていることにはならない。占有改定（BGB 930条）や返還請求権の譲渡（BGB 931条）が引渡しの代わりになる行為として認められているため，直接占有の移転は，動産所有権譲渡の必須要件ではないのである。

　また，とりわけ占有改定が成立したかどうかの判断は，ときに困難をきわめる。占有改定の成否は，理論上は，AB間でBに間接占有を取得させる合意があったかどうかで決定される。しかし，この合意は方式を求められていない。このため，直接占有の移転がない場合に，占有改定がなされたのかなされていないかの違いは，実際上それほど明確ではない。それにもかかわらず，占有改定の成否に対応する法律効果はまったく異なる。占有改定が認められれば，Bが所有者となり（BGB 930条・929条），Aは無権利者のためCもまた無権利者である。あとは，Cの善意取得の成否が問題となる（BGB 932条）。これに対して，占有改定が認められないと，Bは所有権を取得できず，Aが所有者のままであるため，CはAから所有権を承継取得することができる（BGB 929条）[14]。

---

13) BGB § 873(1)：Zur Übertragung des Eigentums an einem Grundstück, zur Belastung eines Grundstücks mit einem Recht sowie zur Übertragung oder Belastung eines solchen Rechts ist die Einigung des Berechtigten und des anderen Teils über den Eintritt der Rechtsänderung und die Eintragung der Rechtsänderung in das Grundbuch erforderlich, soweit nicht das Gesetz ein anderes vorschreibt.
(2)：Vor der Eintragung sind die Beteiligten an die Einigung nur gebunden, wenn die Erklärungen notariell beurkundet oder vor dem Grundbuchamt abgegeben oder bei diesem eingereicht sind oder wenn der Berechtigte dem anderen Teil eine den Vorschriften der Grundbuchordnung entsprechende Eintragungsbewilligung ausgehändigt hat.
第873条第1項：土地を目的とする所有権の移転，土地を目的とする権利の設定又はその権利を目的とする権利の設定若しくは移転には，権利者と相手方との間で権利の変動に関する合意をし，かつ，権利の変動を土地登記簿に登記しなければならない。ただし，法律に別段の定めがあるときは，この限りでない。
第2項：前項の合意は，この意思表示が公証人の認証を受け，土地登記所において表明され，若しくは土地登記所に対して書面によって申請され，又は権利者が意思表示の相手方に土地登記法の定めるところによる登記許諾を与えたときは，登記がされる前においても，当事者を拘束する。

ここで，上述の具体例の通り，Bが占有改定により甲の間接占有を取得していたとする。すると，Aは無権利者であるから，Cが甲の所有権を取得するためには，善意取得によるほかはない。CがAから甲の引渡しを受けた場合にはBGB 932条の問題となり，占有改定による代替的引渡しを受けた場合には，BGB 933条[15]の善意取得が問題となる[16]。いずれにせよ，Cは甲の直接占有を受ける時点でBの存在につき善意無重過失でなければならない[17]。Cがこの要件を満たすと，Cが甲を善意取得するため，Bは甲の所有権を失う。したがって，BはCに対してなんら請求権を有しない[18]。

しかし，CがBの存在につき悪意または善意重過失であった場合には，甲の所有者はBのままであり，BはCに対して所有権に基づく返還請求権を行使することができる。その後の甲の直接占有をめぐる問題は，AB間の合意内容によることになろう。このように，Bが占有改定によって甲の所有者となっていれば，BのCに対する請求権は所有権に基づくそれとして理解することができる。

これに対して，BもCも甲を直接占有していない場合，つまり，Aが甲をいまだに直接占有している場合はどうか。この事案は，さらに，BとCがいずれも占有改定していない場合と，BかCのいずれかがすでに占有改定している場合とに分かれる。前者の場合には，AB間とAC間の二重売買契約が

---

14) この点につき，*Ralf Michaels*, Sachzuordnung durch Kaufvertrag -Traditionsprinzip, Konsensprinzip, ius ad rem in Geschichte, Theorie und geltendem Recht-, Berlin 2002, S. 283 を参照。CはAから承継取得するにあたって，Bの存在につき善意無重過失である必要はない。

15) BGB § 933：Gehört eine nach § 930 veräußerte Sache nicht dem Veräußerer, so wird der Erwerber Eigentümer, wenn ihm die Sache von dem Veräußerer übergeben wird, es sei denn, dass er zu dieser Zeit nicht in gutem Glauben ist.
第933条：第930条により譲渡された物が譲渡人に帰属しない場合において，譲受人が譲渡人から物の引渡しを受けたときは，譲受人がその所有者となるものとする。ただし，譲受人が引渡しの時に善意でなかったときは，この限りでない。

16) Cは引渡しを受ける時まで善意でなければならない（BGB 933条）。

17) 普通法も同様の処理をしていた。この点については，*Andreas Wacke*, Das Besitzkonstitut als Übergabesurrogat in Rechtsgeschichte und Rechtsdogmatik -Ursprung, Entwicklung und Grenzen des Traditionsprinzips im Mobiliarsachenrecht-, Köln 1974, S. 45 f. を参照。

18) 結局のところ，BとCのどちらが先に甲の直接占有を得た者が他方に優先する。というのは，一方で，Bが先に甲を直接占有すれば，Cを悪意または善意重過失の状態にすることができ，他方で，CがBよりも先に甲を直接占有すれば，善意無重過失の要件はあるにせよ，この要件を充足できれば，Bに優先することができるからである。

なされている状態にすぎない。後者の場合には，BとCのうち先に占有改定した者が所有者となり，この時点でAは無権利者となる。占有改定していなかった者が甲の所有権を取得するためには，もはや善意取得によるほかはない。

また，BがAから甲を取得し，直接占有している場合であっても，Cが甲の所有権を取得できる可能性は，わずかながら存在する。Cが，Aが甲の所有者であると誤信し，かつ，CがAからBに対する甲の返還請求権の譲渡を受ければ，Cの善意取得が成立しうる（BGB 934条[19]）。ただし，Bが甲を直接占有していることに鑑みると，Cの善意無重過失が認定されることは，まれであろう。

それでは，占有改定による動産所有権の譲渡と善意取得の関係を，ius ad rem に関連づけてみよう。Bが占有改定しているのであれば，Bはすでに甲の所有者である（BGB 930条）。ここで，Cが善意取得の要件を満たすと，Cが甲の所有者となり，Bはその所有権を失う（BGB 932条・933条）。しかし，Cが甲を善意取得できないのであれば，Bは所有権に基づいてCに対して甲を返還するよう求めることができる[20]。ここでのBの返還請求権の根拠は，あくまで所有権である。伝統的な理解に従うならば，これを ius ad rem ということはできない[21]。

これに対して，Bが占有改定をしていない場合，Bは甲の所有者ではない。

---

19) BGB § 934：Gehört eine nach § 931 veräußerte Sache nicht dem Veräußerer, so wird der Erwerber, wenn der Veräußerer mittelbarer Besitzer der Sache ist, mit der Abtretung des Anspruchs, anderenfalls dann Eigentümer, wenn er den Besitz der Sache von dem Dritten erlangt, es sei denn, dass er zur Zeit der Abtretung oder des Besitzerwerbs nicht in gutem Glauben ist.
第934条：第931条により譲渡された物が譲渡人に帰属しない場合においては，譲受人は，譲渡人がその物の間接占有者であるときは請求権の譲渡時に，それ以外のときは譲受人が第三者から物の占有を取得した時に，その所有者となるものとする。ただし，譲受人が請求権の譲渡又は占有取得の時に善意でなかったときは，この限りでない。
20) ただし，Bに直接の返還を求められるかどうかについては，Aの同意が必要であろう。
21) ドイツ法は動産所有権の譲渡に関して合意主義を認めているのか，という疑問がある。占有改定や返還請求権の譲渡を，引渡しを代替する行為とみなすとはいえ（BGB 930条・931条），これらはいずれも当事者間の合意によってなされるからである。この点につき，たとえば，Hans Brandt, Eigentumserwerb und Austauschgeschäft -Der abstrakte dingliche Vertrag und das System des deutschen Umsatzrechts im Licht der Rechtswirklichkeit-, Leipzig 1940, S. 160 ff. などを参照。

ここでCが甲の所有権を取得するためには，善意取得による必要はなく，Aから承継取得できればよい。つまり，Aとの物権的合意と引渡し（BGB 929条）または占有改定（BGB 930条）である。ここでは，Cの主観的要件は求められない。CはBの存在につき悪意であってもよい。そして，Cが甲を取得するための要件を充足していようとなかろうと，BはCに対して甲の返還を求めることはできない。Bは甲を所有しておらず，かつ，Bが有する甲の引渡請求権は，Aに対してのみ行使できる権利だからである。このことは，Cが悪意であっても変わらない[22]。したがって，この場合においても，Bは ius ad rem を有するとはいえない。

3 小 括

　ここまで，動産が目的物である場合の，占有改定による所有権取得について検討してきた。物権変動の効力発生要件として，ドイツ法は形式主義を採用している。しかし，このことが形式的にも実質的にも妥当するのは，目的物が土地である場合に限られる。目的物が動産である場合には，占有改定（BGB 930条）や返還請求権の譲渡（BGB 931条）によって代替的引渡しがなされたとみなされることによって，形式的には，形式主義の1つであるところの引渡主義が維持されているが，実質的には，当事者間の合意のみで物権変動が発生することが認められている。

　ここで，上述の具体例におけるBの立場は，どのように説明されるべきか。Bは，Aから占有改定を受けたことによって，たしかに甲の所有者となってはいる。しかし，甲の直接占有はAにとどまっているため，Cが登場する契機を与えていることになる。この限りで，Bの所有権は不完全なものとひとまずいうことができよう。そして，この不完全な所有権を有するにすぎないBは，Cに対してはたしてどのような請求ができるのか。

　BがCに対して所有権に基づく請求権を有するかどうかは，Cが善意取得の要件を満たしているかどうかによる（BGB 932条）。Cが甲を善意取得すれば，Bは所有権を失うのであるから，Bは請求権をなんら有しない。これに

---

22) この場合に，Bが物権的期待権を有するかどうかは，別の問題である。

対して，Cが甲を善意取得しない限り，BはCに対して所有権に基づいて甲の返還を求めることができる。

このBの請求権は，所有権に基づく。このため，この権利の法的性質をわざわざ ius ad rem と解する必要性は，かならずしもない。しかし，ここでは，Bがもつ所有権の性質をも検討する必要があろう。この場合におけるBの所有権は，完全な絶対性や排他性を有してはいない。Bが間接占有者であるために，Cのような第三者が善意取得できる可能性が残されている。むしろ，第三者Cの態様いかんにより，Bの所有権が貫徹されるかどうかが決定される。つまり，Bは，自らの所有権に関して，受動的な立場にいるのである。このような所有権は，完全な所有権とはいえないであろう。だとすれば，この不完全な所有権に基づくBの請求権を，たんに所有権に基づく物権的請求権と解するのは，正しくない。ius ad rem の定義を，債権に基づく絶対的な請求権として限定的にとらえるのではなく，完全な物権に基づかない絶対的な請求権と把握するのであれば，占有改定による所有者の返還請求権も，ius ad rem の一例としてあげることができよう[23]。

三　期待権

1　具体例

Aは買主Bとの間で，自動車ポルシェ甲（未登録）を代金100000ユーロで売却する契約を締結し，支払については割賦払いとし，代金完済までは甲の所有権をAに留保するという内容の停止条件を付した。BはAから甲の引渡しを受け，Aに対して順調に割賦金の支払を続けていたところ，Aは第三者Cに対して甲を二重に売却し，物権的合意と占有改定も済ませた。この場合に，BはCに対してどのような請求ができるか。

---

23) 物権的合意とともに占有改定もなされて甲の所有権がBに移転しているのか（BGB 929条・930条），それとも，占有改定まではなされておらず，甲の所有権はいぜんとしてAにとどまっているのかの判断は，実際には難しい。占有改定もAB間の合意によるからである。この点については，古くからすでに議論されていた。たとえば，*Eugen Fuchs, Das Wegen der Dinglichkeit -Ein Beitrag zur allgemeinen Rechtslehre und zur Kritik des Entwurfs eines bürgerlichen Gesetzbuches für das Deutsche Reich-, Berlin 1889, S. 66* などを参照。結局のところ，物権変動における形式主義とはなにか，引渡主義とはなにかという問いに，取り組まざるをえない。

この事例は，典型的な所有権留保の事案である。AB間の売買契約後も，甲の所有権はAに帰属していたことから，Bはまだ所有者になってはいない。これにもかかわらず，BはCに対して，なんらかの直接請求権を有するのだろうか。

2　ius ad rem
　ドイツ法は，この事例におけるBに，期待権が帰属していることを認める[24]。期待権が成立するための要件は，判例によって以下のように整理されている。すなわち，所有権を取得するための要件が複数存在する場合において，譲受人の法的地位が保護されるべきであると考えられるほどに，かつ，譲渡人が譲受人による所有権取得をもはや一方的に妨げてはならないといえるほどに，当該要件が充足されていることである[25]。この事案では，Bは，Aとの間で売買契約と物権的合意を締結し，さらに，甲の引渡しをも受けている。このため，Bは，所有権留保特約があるために所有権を取得してはいないけれども，期待権を有していると解することができる。

　問題は，この期待権の法的性質である[26]。とくに，期待権を有する者は，第三者との関係でどのような権利をもつのか。この期待権は，物権的な性質を有すると解されている。なぜならば，買主の法的地位は売買代金の完済によって絶対的に保護されるとともに，売主はもはやそのような買主の権利を妨げることができないと定められているからである（BGB 161条1項1文[27]）。

　期待権を物権そのものととらえるのであれば，その効果が絶対効であることを容易に導き出せる。しかし，ここで問題とされているのは，条件未成就の間の，Bの権利行使の内容である。この点につき，Bは，代金を完済しなければ，甲の所有権を取得できない。代金完済前のBは，債権者にすぎない。

　たしかに，AがBの代金支払を拒絶するなどして，条件の成就を妨げた場合には，その条件は成就したものとみなされ（BGB 162条1項[28]），BGB 161条

---

24) 期待権に関する最新の文献として，*Jan Felix Hoffmann*, Das mobiliarsachenrechtliche Anwartschaftsrecht in der juristischen Ausbildung, JuS 2016, 289 ff. を参照。
25) BGH NJW 1955, 544 ff. を参照。
26) 判例は，期待権を，所有権そのものではないが所有権と同じ性質をもつ権利と解している。たとえば，BGHZ 28, 16 ff. などを参照。

1項1文の要件が充足されることにより，Bは所有権を取得し，Cに対して権利行使することができる。しかし，ここにいたってのBの権利の内容は，まさに所有権であって，もはや期待権ではない。このため，期待権の法的性質を論じる前提として，条件未成就の間のBの権利の内容に着目する必要がある。

そうすると，条件未成就の間のBの権利は，はたして物権的効果をもつといえるだろうか。Bは，代金を完済しなければ，甲に関する自らの権利を第三者に主張することができない。たとえ，Aが条件成就を妨げられないということ，つまり，Aは一方的にBの期待権を侵害できないことを考慮するとしても，期待権はそのままでは第三者効をもたないのである。そうであれば，期待権をius ad remと位置づけることは困難となろう[29]。

さらに検討の対象となるのは，Bの占有権である。期待権をもつBは，すでに甲を直接占有している。このため，Bは占有権に基づく請求権をAやCに対して有する。ここで，事案を変えて，CがBから甲を侵奪していた場合

---

27) BGB § 161 (1): Hat jemand unter einer aufschiebenden Bedingung über einen Gegenstand verfügt, so ist jede weitere Verfügung, die er während der Schwebezeit über den Gegenstand trifft, im Falle des Eintritts der Bedingung insoweit unwirksam, als sie die von der Bedingung abhängige Wirkung vereiteln oder beeinträchtigen würde. Einer solchen Verfügung steht eine Verfügung gleich, die während der Schwebezeit im Wege der Zwangsvollstreckung oder der Arrestvollziehung oder durch den Insolvenzverwalter erfolgt.
(2): Dasselbe gilt bei einer auflösenden Bedingung von den Verfügungen desjenigen, dessen Recht mit dem Eintritt der Bedingung endigt.
(3): Die Vorschriften zugunsten derjenigen, welche Rechte von einem Nichtberechtigten herleiten, finden entsprechende Anwendung.
第161条第1項：ある者が停止条件のもとに目的物を処分した場合には，その目的物について不確定な状態の間にされたすべての処分は，条件が成就したときにはその処分が条件に従属する効力を挫折させ，又は侵害する限りで，無効となる。不確定な状態が強制執行もしくは仮差押執行の方法により，又は，破産管財人により生じる処分は，本項1文の処分と同じである。
第2項：その権利が条件の成就で終了する者による処分に関する解除条件の場合も同様である。
第3項：その権利が無権限者によって行われる者のための諸規定は，準用される。
28) BGB § 162 (1): Wird der Eintritt der Bedingung von der Partei, zu deren Nachteil er gereichen würde, wider Treu und Glauben verhindert, so gilt die Bedingung als eingetreten.
(2): Wird der Eintritt der Bedingung von der Partei, zu deren Vorteil er gereicht, wider Treu und Glauben herbeigeführt, so gilt der Eintritt als nicht erfolgt.
第162条第1項：条件の成就により不利となる当事者によって，信義および誠実に反して条件の成就が妨げられるとき，条件は成就したものとみなされる。
第2項：条件の成就により有利となる当事者によって，信義および誠実に反して条件の成就が招来されるとき，その成就は生じなかったものとみなされる。

には，BはCに対して甲の引渡しを求めることができる (BGB 861条1項[30])。しかし，Bのこの権利は，あくまでBの占有権に基づく請求権であって，かならずしも期待権が前提となるわけではない。むしろ，期待権が所有権と本質的に同じ内容をもつ権利であることを強調して，所有権に基づく返還請求権（BGB 985条[31]）を類推適用することができると解するのであれば，期待権が物権的性質をもつことを論証できよう。

3 小　括

期待権についてここまで検討してきたことをまとめるとすれば，つぎのようになる。まず，期待権はドイツ法においてほぼ物権と同じ性質をもつ権利として位置づけられている。このことから，無権原占有者に対する直接請求

---

29) AがBの期待権を侵害した場合には，BはAに対して損害賠償請求をすることもできる。しかし，この請求権は相手方当事者であるAに対する権利であり，かつ，条件が成就しなければ，BはAに請求することができない（BGB 160条1項）。
BGB § 160 (1)：Wer unter einer aufschiebenden Bedingung berechtigt ist, kann im Falle des Eintritts der Bedingung Schadensersatz von dem anderen Teil verlangen, wenn dieser während der Schwebezeit das von der Bedingung abhängige Recht durch sein Verschulden vereitelt oder beeinträchtigt.
(2)：Den gleichen Anspruch hat unter denselben Voraussetzungen bei einem unter einer auflösenden Bedingung vorgenommenen Rechtsgeschäft derjenige, zu dessen Gunsten der frühere Rechtszustand wieder eintritt.
第160条第1項：停止条件付きで権利を有する者は，相手方が不確定な時期に条件にかかわる権利をその故意・過失で挫折させる場合，又は，侵害する場合において，条件が成就されたときには，相手方に損害賠償を請求することができる。
第2項：解除条件のもとにされた法律行為の場合，それ以前の法的状態が自らのために再び生じる者は，前項と同じ要件のもとに同様の請求権を有する。
30) BGB § 861 (1)：Wird der Besitz durch verbotene Eigenmacht dem Besitzer entzogen, so kann dieser die Wiedereinräumung des Besitzes von demjenigen verlangen, welcher ihm gegenüber fehlerhaft besitzt.
(2)：Der Anspruch ist ausgeschlossen, wenn der entzogene Besitz dem gegenwärtigen Besitzer oder dessen Rechtsvorgänger gegenüber fehlerhaft war und in dem letzten Jahre vor der Entziehung erlangt worden ist.
第861条第1項：占有者は，違法な私力によって占有を奪われたときは，自己に対して瑕疵ある占有をする者に対して，占有の回収を請求することができる。
第2項：前項の請求権は，侵奪された占有が現在の占有者又はその前主に対して瑕疵あるものであり，かつ，その占有が侵奪された時から遡って1年以内に取得されたものであるときは，これを行使することができない。
31) BGB § 985：Der Eigentümer kann von dem Besitzer die Herausgabe der Sache verlangen.
第985条：所有者は，占有者に対して物の返還を請求することができる。

権が期待権者には認められる[32]。しかし,第三者に対する直接請求権が認められることだけでは,ius ad rem と解することはできない。ius ad rem の特徴を,債権または対抗力のないはずの権利であるにもかかわらず第三者効をもつ権利,として理解するのであれば,期待権はまさに完全な物権であるからこそ第三者効をもつのであって,これを ius ad rem と位置づけることはできない,ということになる。

結局のところ,期待権の法的性質については,これを所有権に類するものとみるか,あるいは,所有権が取得されていないにもかかわらず絶対効が認められる特殊な権利とみるかが,ius ad rem との関係で重要となる[33]。すくなくとも,ドイツの判例は,これを所有権と同じく保護しているのである。

四　譲渡禁止

1　具体例

譲渡禁止も ius ad rem と関連させて論じることができる。ドイツ法上の譲渡禁止には,法律に基づく譲渡禁止(BGB 135 条[34]),職権による譲渡禁止(BGB 136 条[35])と法律行為に基づく譲渡禁止(BGB 137 条[36])の三種類がある。ただ

---

32) 所有権に基づく返還請求権(BGB 985 条)の類推適用だけではなく,期待権が侵害されたことに基づく不法行為法上の損害賠償請求権なども問題となりうる。

33) 期待権の法的性質については,たとえば,Peter O. Mülbert, Das inexistente Anwartschaftsrecht und seine Alternativen, AcP 202 912 ff.（2002）などを参照。

34) BGB § 135 (1)：Verstößt die Verfügung über einen Gegenstand gegen ein gesetzliches Veräußerungsverbot, das nur den Schutz bestimmter Personen bezweckt, so ist sie nur diesen Personen gegenüber unwirksam. Der rechtsgeschäftlichen Verfügung steht eine Verfügung gleich, die im Wege der Zwangsvollstreckung oder der Arrestvollziehung erfolgt.
(2)：Die Vorschriften zugunsten derjenigen, welche Rechte von einem Nichtberechtigten herleiten, finden entsprechende Anwendung.
第135条第1項：目的物に関する処分が一定の者の保護のみを目的とする法律による譲渡禁止に違反するとき,その処分は,この者に対してのみ無効である。法律行為上の処分は,強制執行又は仮差押えの執行の方法で生じる処分と同じである。
第2項：無権利者から権利を導き出す者のための規定は,準用される。

35) BGB § 136：Ein Veräußerungsverbot, das von einem Gericht oder von einer anderen Behörde innerhalb ihrer Zuständigkeit erlassen wird, steht einem gesetzlichen Veräußerungsverbot der in § 135 bezeichneten Art gleich.
第136条：裁判所又はその他の官庁によってその管轄内で発せられた譲渡禁止は,135条で定められた種類の譲渡禁止と同じである。

し，いずれの譲渡禁止も，その効果は相対的である。

　法律に基づく譲渡禁止は，これによって保護を受ける者に対してのみ効力をもつ（BGB 135条1項）。つまり，相対効である。ただし，譲渡禁止に反して処分された目的物を承継取得した者は，善意取得の可能性が残されている（BGB 135条2項）。職権による譲渡禁止は，法律に基づく譲渡禁止と同じ規律に服する（BGB 136条）。したがって，同じく相対的な譲渡禁止であり，善意取得の余地もある。そして，法律行為に基づく譲渡禁止は，債権的効果を有するにすぎない（BGB 137条2文）。本章でとくに問題となるのは，目的物が土地である場合の，法律行為に基づく譲渡禁止である。

　土地甲の所有者Aが，甲の所有権につきBとの間で売買契約を締結し，その所有権の譲渡についての合意もなされた。しかし，登記はA名義のままであった。そこで，AB間において，Aは甲の所有権をB以外の者に対して譲渡しない旨の特約が交わされた。この特約が，法律行為に基づく譲渡禁止である。この特約があったにもかかわらず，その後，AはCとの間で甲の所有権についての売買契約とその譲渡に関する合意を締結し，Cが登記を備えた。ここで，BはCに対してなんらかの請求権を有するか。

　処分権限を法律行為に基づいて制限することはできない（BGB 137条1文）。しかしながら，処分してはならないとする義務を売主である債務者に対して負わせることは，否定されていない（BGB 137条2文）。したがって，法律行為に基づく譲渡禁止に反して目的物を処分した者は，債務不履行として責任を負うことがありうる。それでは，上述の具体例におけるAが債務不履行責任を負うとして，AC間における甲の譲渡は影響を受けるのか。

2　ius ad rem

　BGB 137条2文は，法律行為に基づく譲渡禁止の債権的効果を制限してはいない[37]。問題は，同条1文が禁止を制限している処分権限の内容である。

---

36) BGB § 137：Die Befugnis zur Verfügung über ein veräußerliches Recht kann nicht durch Rechtsgeschäft ausgeschlossen oder beschränkt werden. Die Wirksamkeit einer Verpflichtung, über ein solches Recht nicht zu verfügen, wird durch diese Vorschrift nicht berührt.
　第137条：譲渡される権利の処分権限は，法律行為によっては排除または制限されえない。そのような権利を処分しないとの債務の有効性は，本規定によっては影響を受けない。

この処分権限が物権的な性質を有するものであれば，物権的効果をもつ譲渡禁止も，同条1文によって制限されていると解するのが素直であろう[38]。

そもそも，売買契約と所有権移転に関する物権的合意が締結されれば，その合意の中に,売主に対する譲渡禁止は含まれていると解することもできる。というのは，売買契約に基づいて，買主は売主に対して所有権譲渡を求める請求権をもち，同時に，売主は第三者にその所有権を譲渡してはならないという義務を負うと考えることができるからである[39]。そうすると，売買契約と物権的合意がなされた場合には，債権的効果をもつ譲渡禁止も存在するというのが通常といえるだろう。

BGB137条1文を素直に読むかぎり，売主に対する物権的な譲渡禁止は制限されていると解するべきだろう。しかし，BGB137条の立法趣旨にその根拠を求めることに対しては，疑問の余地がある。また，物権法定主義をその根拠とするにしても，BGBが制定された後に，物権的効果を有する権利として認められたものは数多い[40]。さらに，売主の取引の自由をその立法趣旨とするのも，説得的ではない。BGB137条2文がすくなくとも債権的な譲渡禁止については認めているのであるから，その限りで，すでに売主の取引の自由は制限されているのである[41]。

このように，BGB137条の立法趣旨からだけでは，物権的な譲渡禁止の制限を根拠づけることはできない。したがって，別の観点からさらに検討する必要がある。そこで，譲渡禁止が具体的にどのような効果をもつかについて，当事者関係と第三者関係に分けて分析してみよう。

---

37) このことは，契約自由の原則からも導くことができる。この点につき，*Peter Bülow*, Grundfragen der Verfügungsverbote, JuS 1994, 4 などを参照。
38) 譲渡禁止を，その目的に応じて2つに分類する見解もある。すなわち，積極的な譲渡禁止と消極的な譲渡禁止である。積極的な譲渡禁止は，買主が自らの履行請求権を保全するために行われるもので，消極的な譲渡禁止は，売主の不作為を義務づけるだけのものであるとされる。このような分類を主張する見解として，*Klaus Schirig*, Das Vorkaufsrecht im Privatrecht -Geschichte, Dogmatik, ausgewählte Fragen-, Berlin 1975, S. 15 f. などを参照。
39) 売主が第三者に目的物の所有権を譲渡することによって，当初の買主との売買契約に基づく債務が不能となるからである。この点につき，*Hans Eberhard Sandweg*, Anspruch und Belastungsgegenstand bei der Auflassungsvormerkung, BWNotZ 1994, 8 などを参照。
40) その典型例は，譲渡担保である。
41) このように，BGB137条の立法趣旨を批判する見解として，*Christian Berger*, Rechtsgeschäftliche Verfügungsbeschränkungen, Tübingen 1998, S. 60 ff. などを参照。

売主が買主から BGB 137 条に基づく譲渡禁止を課されていたにもかかわらず,目的物を第三者に譲渡した場合には,買主は売主に対してどのような請求ができるか。買主は売主に対して,BGB 280 条[42]に基づく債務不履行責任を問うことができ,また,BGB 823 条 2 項[43]に基づく不法行為責任を問える可能性もある。しかし,買主は売主から目的物の引渡しを受けることは,ほとんどできない。たしかに,理論上,買主は売主に目的物の引渡しを求めることはできる (BGB 249 条 1 項[44])。しかし,売主が第三者に目的物を譲渡し

---

42) BGB § 280 (1): Verletzt der Schuldner eine Pflicht aus dem Schuldverhältnis, so kann der Gläubiger Ersatz des hierdurch entstehenden Schadens verlangen. Dies gilt nicht, wenn der Schuldner die Pflichtverletzung nicht zu vertreten hat.
(2): Schadensersatz wegen Verzögerung der Leistung kann der Gläubiger nur unter der zusätzlichen Voraussetzung des § 286 verlangen.
(3): Schadensersatz statt der Leistung kann der Gläubiger nur unter den zusätzlichen Voraussetzungen des § 281, des § 282 oder des § 283 verlangen.
第 280 条第 1 項:債務者が債務関係に基づく義務に違反するとき,債権者は,これにより生じる損害の賠償を請求することができる。前文の定めは,債務者が義務違反について責任を負わないとき,適用されない。
第 2 項:債権者は,給付の遅滞に基づく損害賠償を 286 条の定める追加的要件のもとにのみ請求することができる。
第 3 項:履行に代わる損害賠償を債権者は 281 条,282 条又は 283 条の諸要件のもとにのみ請求することができる。
43) BGB § 823 (1): Wer vorsätzlich oder fahrlässig das Leben, den Körper, die Gesundheit, die Freiheit, das Eigentum oder ein sonstiges Recht eines anderen widerrechtlich verletzt, ist dem anderen zum Ersatz des daraus entstehenden Schadens verpflichtet.
(2): Die gleiche Verpflichtung trifft denjenigen, welcher gegen ein den Schutz eines anderen bezweckendes Gesetz verstößt. Ist nach dem Inhalt des Gesetzes ein Verstoß gegen dieses auch ohne Verschulden möglich, so tritt die Ersatzpflicht nur im Falle des Verschuldens ein.
第 823 条第 1 項:故意又は過失により他人の生命,身体,健康,自由,所有権又はその他の権利を違法に侵害した者は,その他人に対し,これによって生じた損害を賠償する義務を負う。
第 2 項:他人の保護を目的とする法律に違反した者も,前項と同様である。法律の内容によれば有責性がなくても違反を生じる場合には,賠償義務は,有責性があるときに限り生じる。
44) BGB § 249 (1): Wer zum Schadensersatz verpflichtet ist, hat den Zustand herzustellen, der bestehen würde, wenn der zum Ersatz verpflichtende Umstand nicht eingetreten wäre.
(2): Ist wegen Verletzung einer Person oder wegen Beschädigung einer Sache Schadensersatz zu leisten, so kann der Gläubiger statt der Herstellung den dazu erforderlichen Geldbetrag verlangen. Bei der Beschädigung einer Sache schließt der nach Satz 1 erforderliche Geldbetrag die Umsatzsteuer nur mit ein, wenn und soweit sie tatsächlich angefallen ist.
第 249 条第 1 項:損害賠償の義務を負う者は,賠償を義務づける事情が発生しなかったならば存したであろう状態を回復しなければならない。
第 2 項:人の侵害又は物の毀損に基づいて損害賠償がされなければならないとき,債権者は,原状回復に代えて,そのために必要な金額を請求することができる。物の毀損の場合,本条 1 文により必要な金額は,販売税が事実上発生するとき,そして,その限りで,販売税を含む。

たことによって，買主に対する履行は不能となっている。このため，買主は売主から金銭賠償を得るほかはない[45]。

このように，当事者関係をみると，買主がもつ権利は物権とはいえない。所有権が買主に帰属していないだけではなく，買主が絶対効を有する債権をももっていないのである[46]。

これに対して，第三者関係はどうか。前述した具体例におけるBは，Cに対する直接の請求権を有するか。BGB 137条1文は，これを否定する。したがって，Aに譲渡禁止が義務づけられているにもかかわらず，その効果はBとの関係においてのみ有効であり，Cに影響を与えない。このため，Cの所有権取得が認められる[47]。

3 小 括

このように，譲渡禁止をius ad remとの関係で分析してみると，ドイツ法における譲渡禁止は，その効果が明文で相対効に限定されていることがわかる。このため，譲渡禁止によって利益を受ける買主が，譲渡禁止それ自体に基づいて，第三者に対して請求権をもつことはない。この限りで，ドイツ法上の譲渡禁止からius ad remが成立することはない。

たしかに，第三者が譲渡禁止の義務を引き継ぐ場合には，譲渡禁止によって利益を受ける買主は，その第三者に対して直接請求権を有する。しかし，この両者の関係は，もはや当事者関係に転換しているのであるから，ius ad

---

45) この点につき，*Berger*, a.a.O. 41, S. 121 ff. などを参照。
46) なお，買主が売主に対して譲渡禁止を義務づける債権は，仮登記することもできないと解されている。この点につき，たとえば，BGHZ 12, 115 ff. などを参照。
47) たとえば，*Wolfram Timm*, Außenwirkungen vertraglicher Verfügungsverbote?, JZ 1989, 14 を参照。もっとも，Aの譲渡禁止の義務がCに引き受けられていたのであれば，Cは自らの債務として，Bとの関係で義務を負う。この場合には，BはCに対して，Cが譲渡禁止に違反したことに基づいて，直接Cに対して解除を請求することができる。この点につき，OLG Köln NJW-RR 1996, 327 ff. を参照。しかし，ここでのBとCは当事者の関係にあるのであって，Bの請求権がius ad remであると解する根拠とはならない。それでは，Aの譲渡禁止の義務がCに引き受けられていない場合には，BはCに対してなんらの請求権をも有しないのか。たとえば，CがAB間の譲渡禁止の合意について，悪意であった場合にはどうか。この場合には，BGB 826条の適用の可否が問題となる。以上のことは，譲渡禁止全般にわたっていえることであるから，積極的な譲渡禁止にもあてはまる。このため，消極的な譲渡禁止の場合には，相対効がさらに徹底されることになろう。消極的な譲渡禁止は，そもそも第三者効を予定していない義務だからである。

rem の範囲外である。

　それでは，相対的な譲渡禁止に反する行為がなされることを条件として，売主から買主に目的物の所有権移転の効果が発生するという内容で，契約を締結することはどうか。この方法は一般に認められてはいる[48]。しかし，この場合の買主には，期待権が付与されると考えられており，期待権はむしろ物権そのものでもある。したがって，債権または対抗力を有しないはずの権利であることが前提となる ius ad rem とは，その性質を異にする[49]。

五　先買権

1　具体例

　ドイツ法は，先買権という概念を認めている。先買権には債権的先買権と物権的先買権がある。たとえば，土地甲の所有者 A が甲の所有権に関して B と売買契約を締結する予定であったところ，その後，A が第二買主 C との間において甲の所有権に関する売買契約を締結したとする。ここで，B が甲の所有権に関して先買権を有していた場合には，その先買権はまずもって債権的効果をもつ。つまり，B は A に対して，先買権を行使することができる (BGB 463 条[50]・464 条 1 項[51])。これにより，B と A の間で売買契約が成立す

---

48) たとえば，BGHZ 134, 182 ff. などを参照。
49) この点につき，*Michaels*, a.a.O. 14, S. 351 を参照。なお，土地所有権の譲渡が問題となっている場合には，要式行為であるその物権的合意に条件を付すことは許されない（BGB 925 条 2 項）。
BGB § 925 (1)：Die zur Übertragung des Eigentums an einem Grundstück nach § 873 erforderliche Einigung des Veräußerers und des Erwerbers (Auflassung) muss bei gleichzeitiger Anwesenheit beider Teile vor einer zuständigen Stelle erklärt werden. Zur Entgegennahme der Auflassung ist, unbeschadet der Zuständigkeit weiterer Stellen, jeder Notar zuständig. Eine Auflassung kann auch in einem gerichtlichen Vergleich oder in einem rechtskräftig bestätigten Insolvenzplan erklärt werden.
(2)：Eine Auflassung, die unter einer Bedingung oder einer Zeitbestimmung erfolgt, ist unwirksam.
第 925 条第 1 項：第 873 条により土地所有権の譲渡に必要な譲渡人と譲受人との間の合意（アウフラッスンク）は，当事者双方が管轄官庁に同時に出頭して，これを表明しなければならない。いかなる公証人も，他の官庁の管轄にかかわらず，アウフラッスンクの受領につき管轄を有する。アウフラッスンクは，裁判上の和解又は確定力をもって認可された倒産処理計画においても，これを表明することができる。
第 2 項：条件又は期限を付けてしたアウフラッスンクは，これを無効とする。

る（BGB 464条2項）[52]。

　さらに，Bが有する先買権を土地甲に対する制限物権として設定することもできる。これが，物権的先買権である（BGB 1094条[53]）。物権的先買権は登記することもでき，第三者に対してもその効果を有する（BGB 1098条2項[54]）。

2　ius ad rem

　先買権は，二重売買がなされたときに効果をもつ。BのAに対する先買権の行使はBの一方的な意思表示による形成権であって，Aの承諾を要しない。ただし，先買権を第三者Cにも主張するには，この権利を物権として設定し，しかも登記をしておかなければならない。登記をしておけば，Bによる先買権の行使によって，AC間の処分行為は相対的に無効となる（BGB 883条2項[55]）。そして，Cは，Bが甲の所有権についての登記をすることについて，同意する義務を負う（BGB 888条1項[56]）。

　先買権は ius ad rem との関係でどのようにとらえられるか。債権的先買権は，第三者にこれを主張することができない。このため，先買権が債権にと

---

50) BGB § 463: Wer in Ansehung eines Gegenstandes zum Vorkauf berechtigt ist, kann das Vorkaufsrecht ausüben, sobald der Verpflichtete mit einem Dritten einen Kaufvertrag über den Gegenstand geschlossen hat.
　第463条：目的物の先買権を有する者は，義務者がその目的物に関する売買契約を第三者と締結した場合に，先買権を行使することができる。
51) BGB § 464(1): Die Ausübung des Vorkaufsrechts erfolgt durch Erklärung gegenüber dem Verpflichteten. Die Erklärung bedarf nicht der für den Kaufvertrag bestimmten Form.
　(2): Mit der Ausübung des Vorkaufsrechts kommt der Kauf zwischen dem Berechtigten und dem Verpflichteten unter den Bestimmungen zustande, welche der Verpflichtete mit dem Dritten vereinbart hat.
　第464条第1項：先買権の行使は，義務者に対する意思表示によって行う。この意思表示は，売買契約に関する特別な方式であることを要しない。
　第2項：先買権の行使により，先買権者と義務者との間に，義務者が第三者と合意した内容の売買契約が成立する。
52) ここでのBのCに対する先買権は，形成権である。
53) BGB § 1094(1): Ein Grundstück kann in der Weise belastet werden, dass derjenige, zu dessen Gunsten die Belastung erfolgt, dem Eigentümer gegenüber zum Vorkauf berechtigt ist.
　(2): Das Vorkaufsrecht kann auch zugunsten des jeweiligen Eigentümers eines anderen Grundstücks bestellt werden.
　第1094条第1項：土地は，先買権の目的とすることができる。先買権者は，所有者に対して先買することができる。
　第2項：先買権は，他の土地の所有者のためにも，これを設定することができる。

どまっている場合には，ius ad rem と位置づけることはできない。これに対して，物権的先買権は，登記をしておけば第三者にも主張することができる。しかし，この効果は，先買権がまさに物権化されたからであって，先買権が債権である状態で第三者に主張できるようになったわけではない。だとすると，先買権はいずれにしても ius ad rem とは異なるということになる。

ただし，物権的先買権が先買権者の保護に資することはたしかである。具体例のBは，AC間で甲の所有権に関する売買契約がなされたことをもって，自らの先買権を行使し，AC間の売買契約を自らとの関係では無効とし，さらに，Cに対して，自らが甲の所有権に関する登記をすることについて同意を求めることができる。

しかし，これに対して，Cは，甲の利用を継続するために，役権を設定することで，Bの先買権の行使を事実上無力化することができる。判例もこの方法を認めている[57]。その限りにおいて，Bの先買権は，実際上あまり重要な機能をもちえていないともいえる。

3 小 括

先買権は，物権として設定され，登記を備えなければ，第三者にこれを主

---

54) つまり，登記された物権的先買権は，仮登記と同じ機能をもつ。
BGB § 1098 (1)：Das Rechtsverhältnis zwischen dem Berechtigten und dem Verpflichteten bestimmt sich nach den Vorschriften der §§ 463 bis 473. Das Vorkaufsrecht kann auch dann ausgeübt werden, wenn das Grundstück von dem Insolvenzverwalter aus freier Hand verkauft wird.
(2)：Dritten gegenüber hat das Vorkaufsrecht die Wirkung einer Vormerkung zur Sicherung des durch die Ausübung des Rechts entstehenden Anspruchs auf Übertragung des Eigentums.
(3)：Steht ein nach § 1094 Abs. 1 begründetes Vorkaufsrecht einer juristischen Person oder einer rechtsfähigen Personengesellschaft zu, so gelten, wenn seine Übertragbarkeit nicht vereinbart ist, für die Übertragung des Rechts die Vorschriften der §§ 1059a bis 1059d entsprechend.
第1098条第1項：先買権者と義務者との間の法律関係は，第463条から第473条までの規定により，これを定める。先買権は，倒産管財人が土地を任意に売却したときも，これを行使することができる。
第2項：先買権は，第三者に対しては，権利の行使によって発生する所有権移転請求権を保全するための仮登記の効力を有する。
第3項：第1094条第1項により設定された先買権が法人又は権利能力を有する人的会社に帰属する場合において，その譲渡が可能なことが合意されていないときは，その権利の譲渡について第1059a条から第1059d条までの規定を準用する。

張することができない。また，物権的先買権も，これが効果をもつのは，売主が第三者と売買契約を締結した場合に限られる。上述した役権の設定のように，土地所有者が第三者と売買契約を締結したわけではない場合には，すくなくとも先買権者の土地利用権の保護という観点からみると，物権的先買権は機能しない。

これらのことに鑑みると，先買権を ius ad rem と解することはできない。

---

55) BGB 1098条2項により，物権的先買権は仮登記と同じ効果をもつとされている。このため，仮登記の条文が準用される。
BGB § 883(1)：Zur Sicherung des Anspruchs auf Einräumung oder Aufhebung eines Rechts an einem Grundstück oder an einem das Grundstück belastenden Recht oder auf Änderung des Inhalts oder des Ranges eines solchen Rechts kann eine Vormerkung in das Grundbuch eingetragen werden. Die Eintragung einer Vormerkung ist auch zur Sicherung eines künftigen oder eines bedingten Anspruchs zulässig.
(2)：Eine Verfügung, die nach der Eintragung der Vormerkung über das Grundstück oder das Recht getroffen wird, ist insoweit unwirksam, als sie den Anspruch vereiteln oder beeinträchtigen würde. Dies gilt auch, wenn die Verfügung im Wege der Zwangsvollstreckung oder der Arrestvollziehung oder durch den Insolvenzverwalter erfolgt.
(3)：Der Rang des Rechts, auf dessen Einräumung der Anspruch gerichtet ist, bestimmt sich nach der Eintragung der Vormerkung.
第883条第1項：仮登記は，土地を目的とする権利若しくはその権利を目的とする権利の承諾請求権若しくは放棄請求権又は権利の内容若しくは順位の変更請求権を保全するため，これを土地登記簿に登記することができる。仮登記は，将来の請求権又は条件付きの請求権を保全するためにも，これを登記することができる。
第2項：仮登記の後に土地又は権利についてされた処分は，これが前項の請求権の全部又は一部と抵触する限りで，その効力を有しない。強制執行若しくは仮差押えの手続においてされ，又は倒産管財人によってされた処分についても，同様とする。
第3項：請求権の目的が権利の承諾であるときは，その権利の順位は，仮登記によって，これを定める。
56) ここでも，物権的先買権と仮登記が同じ効果をもつとされることから，BGB 888条が準用される。
BGB § 888(1)：Soweit der Erwerb eines eingetragenen Rechts oder eines Rechts an einem solchen Recht gegenüber demjenigen, zu dessen Gunsten die Vormerkung besteht, unwirksam ist, kann dieser von dem Erwerber die Zustimmung zu der Eintragung oder der Löschung verlangen, die zur Verwirklichung des durch die Vormerkung gesicherten Anspruchs erforderlich ist.
(2)：Das Gleiche gilt, wenn der Anspruch durch ein Veräußerungsverbot gesichert ist.
第888条第1項：仮登記によって利益を受ける者は，登記された権利又はその権利を目的とする権利の取得が自己に対して効力を有しないときは，その取得者に対して，仮登記によって保全される請求権を実現するのに必要な登記又は抹消に同意することを請求することができる。
第2項：請求権が譲渡の禁止によって保全されるときも，前項と同様とする。
57) この点につき，BGH NJW 2003 3769 ff. を参照。99年という長期間の役権が設定されることもある。

物権的先買権が一定の場合に絶対効を有するのは，それが物権であるからこそであって，この効果は演繹的に当然に導かれる[58]。これは，特殊な第三者効ではない。

しかも，土地利用権が保護されないという点も，ius ad rem との関係で重要な違いをもたらす。ius ad rem は，対象となる権利が本来は相対効しか有しないところ，これに絶対効を付与して，先に目的物を利用している者の利用権を保護することに，そのもっとも重要な目的がある。そうだとすると，長期間の役権が設定されることによって，利用権が容易に奪われてしまうことからして，そのような利用権を ius ad rem と評価するのは難しい[59]。

六　不法行為に基づく請求権

1　具体例

物権をまだ取得していない第一買主を第三者との関係において保護するために，ほかにどのような手段があるか。たとえば，土地甲の売主 A が B と売買契約を締結し，B は代金をほぼ全額 A に支払い，甲の利用を開始していたとする。しかし，B は未登記であった。その後，A は C との間でも売買契約を締結し，C は A に代金を全額支払い，登記も備えた。そして，C は所有権に基づいて B に対して甲を明け渡すよう求めた。ここで，B を保護するにはどうすればよいか。

この場合に，B が A に対して債務不履行責任を問うことになんら問題はない（BGB 280 条 1 項 1 文）。しかし，B が求めているのは，甲を失うことによる金銭的損害賠償ではなく，甲そのものの利用の維持である。A の債務は履行不能に陥っていることから，B の A に対する債務不履行責任の追及は，B にとっては，根本的な解決とはならない。

---

58) まさに，先買権の物権化である。
59) ドイツ法が採用する物権と債権の峻別は，BGB の制定にあたってもっとも重視された観点である。現行法，つまり，立法化されている明文規定において，絶対効が認められている権利は，物権として規定される。これは，体系の観点から，当然の論理構造とされた。このため，今日において，かりに ius ad rem として性質決定することが許される権利が残されているとすれば，それは，判例をはじめとした解釈論においてのみ可能と考えられる。

そこで，BはCに対して直接に甲の所有権の譲渡を求めることができるかが問題となる。この手法がもし認められるとすれば，Bは物権取得者ではないにもかかわらず，自らの債権のみに基づいて絶対効を享受することになる。これは，理論的にも目的論的にも，ius ad rem とかなり接近する。

2 ius ad rem

ここでのBのCに対する請求権は，不法行為または不当利得に基づく請求権にほかならない[60]。というのは，Bは未登記のため，ドイツ法によれば甲の所有権を取得しておらず，かつ，BC間には直接の契約関係が存在しないからである。この問題を不法行為に基づく請求権としてとらえるのであれば，CによるAB間の契約に対する侵害，つまり，第三者による債権侵害に基づく，BのCに対する請求権ということになる。

それでは，根拠条文はなにか。BのAに対する所有権移転請求権は，債権であって絶対効を有しない。このため，債権に対する侵害は，BGB 823条の要件を充足しないとされている。したがって，BのCに対する請求権がBGB 823条に基づいて基礎づけられることはない。

二重売買の事案で第一契約が侵害された場合に，第一買主の請求権を基礎づけるのは，BGB 826条[61]であるとされる[62]。同条は，良俗違反行為によって他人に故意に損害を与えた者に対して，損害賠償義務を課している。具体例との関係においていうと，CがAB間の売買契約の存在を知っていることを前提として，Cが良俗違反の行為に基づいてAB間の契約を不能に帰せしめ，故意にBに対して損害を与えたことが要件となる[63]。

---

60) ただし，判例と学説における議論は，不法行為に基づく請求権に限定されている。この点につき，*Felix Zulliger*, Eingliffe Dritter in Forderungsrechte -Zugleich ein Beitrag zur Lehre vom subjektiven Recht-, Zürich 1988, S. 8 を参照。

61) BGB § 826：Wer in einer gegen die guten Sitten verstoßenden Weise einem anderen vorsätzlich Schaden zufügt, ist dem anderen zum Ersatz des Schadens verpflichtet.
第826条：善良の風俗に反する方法で他人に対し故意に損害を加えた者は，その他人に対し損害を賠償する義務を負う。

62) 二重売買においてBGB 826条の適用が問題となった重要な判例として，BGHZ 12, 308 ff. を参照。BGH（連邦通常裁判所）は，第二買主が第一契約をたんに知っているだけではBGB 826条に基づく責任を基礎づけるには不十分であるとした。ただし，判決中の二重売買に関する部分は傍論であることに，注意する必要がある。

二重売買において BGB 826 条を適用する場合の，故意および良俗違反とはなにか。まず，故意について，判例はたんなる悪意では足りないとする[64]。もちろん，過失では要件を満たさない。第二買主が，売主の第一買主に対する義務を認識し，かつ，その義務を履行できないように意図することまで求められる。

　良俗違反も，厳格に解釈される。故意であることから自動的に良俗違反が当然に導かれるわけではない[65]。BGB 826 条の文言からすれば，故意と良俗違反は別々の要件と解するのが素直であろうし，また，第一買主よりも第二買主が高値をつけることは，一般の取引通念に従うならば，かならずしも良俗違反の行為とはいえないであろう[66]。このため，良俗違反とされるためには，固有の特殊な事実の存在が求められる[67]。良俗違反の典型例としてよくあげられるのは，売主と第二買主が共謀して，第一買主に損害を与えることを意図した場合である[68]。ここには，故意に加えて良俗違反とみることのできる行為が認められる。

　さらに，ius ad rem との関連で重要な点として，第一買主は，BGB 826 条に基づく損害賠償請求権が肯定された場合には，第二買主に対して直接に目的物の譲渡を求めることができる[69]。本来であれば，C から A に甲の所有権

---

63) このように，BGB 826 条の要件として，とくに，良俗違反の行為，および，行為者の故意が問題となる。いずれの要件も厳密な検討が求められる。このこととの関連で，BGB 823 条ではなく 826 条が二重売買の場面で適用されることについて，BGB 823 条よりも 826 条の要件がより緩やかであると説く見解もある。しかし，この見解はかならずしも正しくない。BGB 823 条は，その要件が日本の民法 709 条とは異なって厳格に構成されていることからしてわかる通り，一般条項とはいえない。このため，同条は，日本法と比較すれば，たしかに厳格な要件を求める。しかし，このことは，同条が BGB 826 条と比較してより厳格であるということを意味しない。したがって，上記の解釈は，BGB 826 条が二重売買に適用されると解するにあたって，積極的な理由づけとなっていない。この点につき，*Michaels*, a.a.O. 14, S. 376 f. を参照。
64) BGHZ, a.a.O. 62, 317 f. を参照。
65) たとえば，*Philipp Heck*, Grundriß des Sachenrechts, Tübingen 1930, S. 112 を参照。
66) この場合には，第二買主は，売主と第一買主の間の売買契約を，まさに故意に基づいて侵害しようとしている。
67) 通説といえる。BGB 826 条は，故意と良俗違反を別々に把握していると読むのが素直であろう。この点につき，*Astrid Stadler*, Gestaltungsfreiheit und Verkehrsschutz durch Abstraktion -rechtsvergleichende Studie zur abstrakten und kausalen Gestaltung rechtsgeschäftlicher Zuwendungen anhand des deutschen, schweizerischen, österreichischen, französischen und US-amerikanischen Rechts-, Tübingen 1996, S. 386 f. を参照。
68) たとえば，BGHZ 14, 313 ff. などを参照。

を復帰させた上で，BはあらためてAに対して債務の履行を求めるのが筋であろう。しかし，Aは，Bとの関係で自らが債務不履行に陥ることを認識した上で，二重にCと売買契約を締結した。だから，AはBにそもそも甲を譲渡する意欲をなくしている。そうだとすると，Aのもとに甲の所有権が復帰したからといって，AがあらためてすぐにBからの請求に応じるとは限らない。場合によっては，Aは別の第三者に甲の所有権を譲渡してしまうかもしれない。このため，CからBへ甲の所有権を直接移転させることが認められているのである[70]。

ただ，ここでさらにもう1つの問題がある。それは，良俗違反の行為を無効とするBGB 138条1項[71]と826条の関係である。二重売買のケースで，かりにBGB 138条1項が適用されると，AC間の売買契約は無効となり，甲の所有者はAとなる[72]。このため，Bは，Aに対してのみ，甲の所有権の移転を求めることができる。つまり，BはCに対して直接に甲の所有権の移転を求めることができない[73]。しかし，AB間の売買契約をCが侵害したという事実に着目するのであれば，第三者による債権侵害として，不法行為に基づく請求権をBに付与するのがより適切と考えられる[74]。

3　小　括

BGB 826条に基づく請求権は，ius ad rem と近似している。どちらも，第二買主の主観的態様を要件としており，第一買主による第二買主への直接請求の許容という効果をもつ。さらに，BGB 826条に基づく請求権者は債権者

---

69) 第二買主から第一買主への譲渡を正面から認めた判例として，RGZ 108, 58 f. を参照。
70) この理由は，たしかに実務上の利益に適っている。しかし，理論上，正当といえるだろうか。不法行為に基づく請求権が，なぜ物権的効果をももたらすことができるのか，さらに検討されなければならない。
71) BGB § 138(1)：Ein Rechtsgeschäft, das gegen die guten Sitten verstößt, ist nichtig.
 (2)：Nichtig ist insbesondere ein Rechtsgeschäft, durch das jemand unter Ausbeutung der Zwangslage, der Unerfahrenheit, des Mangels an Urteilsvermögen oder der erheblichen Willensschwäche eines anderen sich oder einem Dritten für eine Leistung Vermögensvorteile versprechen oder gewähren lässt, die in einem auffälligen Missverhältnis zu der Leistung stehen.
第138条第1項：善良な風俗に違反する法律行為は，無効である。
第2項：とくに，ある者が他人の急迫，無経験，判断能力の欠如または意思の薄弱に乗じて自ら又は第三者に，給付と際だった不均衡にある財産的に有利な給付について約束または保証させる法律行為は，無効である。

であり，本来であればその権利は相対効しか有しないはずである。これらの点から，故意の良俗違反による不法行為に基づく請求権は，私見によれば，現在のドイツ法における ius ad rem と解することができる[75]。

七　おわりに

1　結　論

　ここまで，ius ad rem 概念と類似する制度が現在のドイツ法において存在するのかどうか，存在するとすればそれぞれと ius ad rem との異同はどうかについて，検討してきた。具体的には，占有改定，期待権，譲渡禁止，先買権および不法行為に基づく請求権について分析を加えた。

　このうち，期待権と先買権は，物権そのものとして把握されている。だからこそ，絶対効が付与されるのであって，ius ad rem とは異なる。また，譲渡禁止は相対効しか有しないため，これも ius ad rem とは評価できない。

---

72) BGB 138 条1項の効果として，AC 間の売買契約のみならず物権行為も無効となり，そのため A のもとから甲の所有権は移転しなかったと構成するのか，あるいは，BGB 138 条1項に従って無効となるのは AC 間の売買契約のみであって，甲の所有権を C から A に復帰させるためには，別途，A から C に対する不当利得返還請求権（BGB 812 条1項1文）の行使が必要とされるのか，問題となりうる。しかし，ここでは，いずれの構成をとるとしても，結果として，A に甲の所有権があることになる。
BGB § 812(1)：Wer durch die Leistung eines anderen oder in sonstiger Weise auf dessen Kosten etwas ohne rechtlichen Grund erlangt, ist ihm zur Herausgabe verpflichtet. Diese Verpflichtung besteht auch dann, wenn der rechtliche Grund später wegfällt oder der mit einer Leistung nach dem Inhalt des Rechtsgeschäfts bezweckte Erfolg nicht eintritt.
(2)：Als Leistung gilt auch die durch Vertrag erfolgte Anerkennung des Bestehens oder des Nichtbestehens eines Schuldverhältnisses.
第812条第1項：他人の給付により，又は，その他の方法により，他人の費用で法的な理由なくなにかを取得する者は，その他人に返還を義務づけられる。この義務は，法的理由が後に脱落するとき，又は，法律行為の内容に従った給付で目的とされた効果が発生しないときにも存する。第2項：債務関係の存在または不存在に関して契約によって生じた承認も，給付とみなされる。
73) BGB 138 条1項が 826 条に優先すると解する見解として，*Sylvia Sella Geusen*, Doppelverkauf -Zur Rechtsstellung des ersten Käufers im gelehrten Recht des Mittelalters-, Berlin 1999, S. 20 などを参照。
74) さらに，一般法理と特別法理の関係とパラレルにとらえて，総則の規定よりも債務関係法の規定が優先適用されると考えることもできよう。
75) もっとも，BGB 826 条に基づく請求権と ius ad rem に違いがあるとする見解もある。第二買主の主観的態様の基準時について，*Manfred Löwisch*, Der Deliktsschutz relativer Rechte, Berlin 1970, S. 113 f. を参照。

そして，占有改定を通じて動産所有権を取得した場合にも，譲受人はすでに所有者なのであるから，その絶対効は所有権に基づいて生じると解される。しかし，譲受人は，直接占有していないために，第三者によって目的物が善意取得される危険にさらされている。この限りにおいて，譲受人の所有権は不安定な状態にある。このような状態にある所有権の性質を，完全な物権ではないととらえるのであれば，占有改定によって取得された所有権に基づく絶対効は，ius ad rem と類似していると評価しうる。

さらに，故意の良俗違反による不法行為に基づく第一買主の第二買主に対する請求権は，きわめて ius ad rem に類似する。というのは，まさに債権である，不法行為に基づく請求権を行使することによって，第一買主は，第二買主から自らに対して目的物を直接譲渡するよう，求めることができるからである。

以上のように，本章で検討した概念のうち，占有改定による所有者の権利と，BGB 826 条に基づく請求権が，現在のドイツ法において ius ad rem と位置づけることのできる権利であると考えられる。そうだとすると，ius ad rem をつぎのように新たに定義づけることができる。すなわち，本来であれば絶対効を有しないはずの請求権しかもたない者が，第三者の悪意を前提として，特定物の譲渡・引渡し・登記移転などを第三者に直接求めることのできる権利，である。

2　今後の課題

本章により，ius ad rem に関する一連の分析を終えることができた。すなわち，ius ad rem の歴史的生成過程，法的性質，および，現代法における位置づけである。これらに，物権行為に関する研究成果をあわせて検討することが，つぎの課題となる。

ius ad rem は，ALR（プロイセン一般ラント法）の時代に，もっとも脚光を浴びた法的概念であった。しかし，その後，BGB の制定にあたっては，物権と債権を峻別するという体系的な見地から，採用されることがなかった。これに対応するかたちで採用されたのが，物権行為概念である。体系の観点からすれば，ius ad rem と物権行為が両立するのは，困難である。しかし，本章

でもみたように，現在のドイツ法においても，ius ad rem に類似した概念が存在する。ここに，物権行為と ius ad rem の関係について検討すべき素地を見出すことができる。

　具体的な分析視角としては，意思主義と形式主義の観点，物権と債権の観点，および，履行請求権と損害賠償請求権の観点を提示したい。それぞれの観点は，いずれも，所有権の移転と第三者の関係を分析するにあたって，両極にある原則あるいは概念である。これらの視角から物権行為と ius ad rem に光を当てることで，両概念の関係性をよりよくあぶり出すことができるだろう。

第三部　物権行為と ius ad rem の理論的関係

第一章　意思主義と形式主義

一　はじめに

1　問題の所在

　民法において，物権と債権は異なる概念だとされる。物権は直接性，絶対性および排他性をもつのに対して，債権がもつのは間接性と相対性にとどまり，排他性を有しないといわれる。これらの異なる性質を有する物権と債権は，それぞれ区別され，日本とドイツの民法典において体系化されている。

　とりわけドイツ法は，物権と債権の区別をより厳格に貫いているとされる。その典型例が，物権行為の独自性と無因性の承認である。物権行為の概念は，Friedrich Carl von Savigny によって BGB（ドイツ民法典）に採用されたといってよい。これに対して，日本の判例と通説は，物権行為の独自性を認めず，演繹的に無因性も認めない[1]。また，物の譲渡において，売買契約が締結されれば，売買契約から直接に所有権移転の効果が発生すると解されている。しかし，この見解に対して，筆者はすでに，日本法において物権行為の独自性を認める意義について論証した[2]。

　しかし，ドイツ法には，物権と債権の概念を曖昧なものとしている面もあ

---

[1]　物権行為の独自性を否定する判例として，大判明 28・11・7 民録 1・4・28 以下などを参照。また，我妻栄著・有泉亨補訂『新訂・物権法（民法講義Ⅱ）』（岩波書店・1983）56 頁以下は，物権行為の独自性を認めない。

[2]　物権行為に関する筆者の一連の研究として，大場浩之「物権行為に関する序論的考察―不動産物権変動の場面を基軸として―」早法 84・3・325 以下（2009），同「物権行為概念の起源―Savigny の法理論を中心に―」早法 89・3・1 以下（2014），同「BGB への物権行為概念の受容」五十嵐敬喜＝近江幸治＝楜澤能生編『民事法学の歴史と未来―田山輝明先生古稀記念論文集―』（成文堂・2014）161 頁以下，および，同「不動産所有権の二重契約における生存利益の保護―ドイツ物権行為論の展開を手がかりとして―」浦川道太郎先生・内田勝一先生・鎌田薫先生古稀記念論文集編集委員会編『早稲田民法学の現在―浦川道太郎先生・内田勝一先生・鎌田薫先生古稀記念論文集―』（成文堂・2017）95 頁以下を参照。

る。ius ad rem（物への権利）と称される，その典型として，絶対性をもつ特定物引渡債権が認められているのではないか，という問題である[3]。具体的には，二重売買における BGB 826 条[4]に基づく請求権などが ius ad rem なのではないか，との疑問が成り立つ。これに対して，日本法は，すでにふれた通り，物権と債権の区別をドイツ法ほどには貫いていない。このため，物権と債権のそれぞれの性質についてそれほど問題とすることなく，いわば曖昧な権利を認めることも可能となる。

　ドイツ法上，ius ad rem は，1794 年の ALR（プロイセン一般ラント法）において立法化されたが[5]，1872 年の EEG（プロイセン所有権取得法）においては完全に否定され[6]，BGB が制定された際にも，立法としては復活することはなかった。つまり，Savigny による物権債権峻別論の提唱によって，ius ad

---

3) ius ad rem（物への権利）に関する筆者の一連の研究として，大場浩之「ius ad rem の歴史的素描」松久三四彦＝後藤巻則＝金山直樹＝水野謙＝池田雅則＝新堂明子＝大島梨沙編『社会の変容と民法の課題（上巻）―瀬川信久先生・吉田克己先生古稀記念論文集―』（成文堂・2018）193 頁以下，同「ius ad rem の法的性質」早法 94・4・63 以下（2019），および，同「ドイツ現行法における ius ad rem の法的位置づけ」道垣内弘人＝片山直也＝山口斉昭＝青木則幸編『社会の発展と民法学（上巻）―近江幸治先生古稀記念論文集―』（成文堂・2019）247 頁以下を参照。
4) 以下，適宜，BGB（ドイツ民法典）の条文とその日本語訳を掲げる。なお，BGB の条文の日本語訳は，エルヴィン・ドイチュ＝ハンス・ユルゲン・アーレンス著・浦川道太郎訳『ドイツ不法行為法』（日本評論社・2008）328 頁以下，ディーター・ライポルト著・円谷峻訳『ドイツ民法総論―設例・設問を通じて学ぶ―（第 2 版）』（成文堂・2015）550 頁以下，および，マンフレート・ヴォルフ＝マリーナ・ヴェレンホーファー著・大場浩之＝水津太郎＝鳥山泰志＝根本尚徳訳『ドイツ物権法』（成文堂・2016）603 頁以下による。
BGB § 826：Wer in einer gegen die guten Sitten verstoßenden Weise einem anderen vorsätzlich Schaden zufügt, ist dem anderen zum Ersatz des Schadens verpflichtet.
第 826 条：善良の風俗に反する方法で他人に対し故意に損害を加えた者は，その他人に対し損害を賠償する義務を負う。
5) ALR（プロイセン一般ラント法）は，目的物が土地の場合に，登記していなくても権利が移転しうることを認めていた。
ALR I 10 § 20：Hat noch keiner unter ihnen die Eintragung erhalten, so kann derjenige, dessen Titel zuerst entstanden ist, dieselbe vorzüglich fordern.
6) EEG（プロイセン所有権取得法）は，第二買主が第一買主の存在について悪意であっても権利取得しうることを，明文で認めていた。
EEG § 4：Die Kenntnis des Erwerbers eines Grundstücks von einem ältern Rechtsgeschäft, welches für einen Andern ein Recht auf Auflassung dieses Grundstücks begründet, steht dem Eigentumserwerb nicht entgegen.
§ 15：Der Erwerber des eingetragenen dinglichen Rechts wird dadurch nicht gehindert, dass der Erwerber das ältere Recht eines anderen auf Eintragung eines widerstreitenden dinglichen Rechts gekannt hat, oder dass sich Letzterer bereits in der Ausübung dieses Rechts befindet.

rem はその姿を消し，それに替わって物権行為概念が登場してくることになる。

　不動産の二重売買の場面において，ius ad rem は，第一買主の特定物債権を保護するけれども，第二買主の物権を排除する効果をもつ。これに対して，物権行為の概念は，その無因性をも承認するのであれば，不動産の転々譲渡がなされた場合に，譲渡人と譲受人の間の売買契約が取り消されたとしても物権行為は影響を受けないために，転得者の保護が強化される。このような対比は，ius ad rem が静的安全を，物権行為概念が動的安全を保護しているとの帰結を導く。

　ius ad rem の否定と物権行為概念の採用は，体系的整合性の観点から分析されることがこれまで多かった。しかし，それぞれがもたらす実際の効能は，以上のように，大きく異なるように見受けられる。しかし，ドイツにおいても，今日，物権行為概念に対する批判は強くなっている。とりわけ，物権行為の無因性を認めることに対しては，厳しい批判が寄せられている[7]。つまり，物権行為の無因性によってもたらされる，動的安全の行き過ぎた保護に対して，制限を加えようとしているのである。

　それでは，物権行為概念は捨て去られるべきなのか。この問いに対しては，物権債権峻別論からなる体系重視の観点から，否定的な答えが得られるだろう。とくにドイツ法においてはそうである。また，日本法においても，物権行為の独自性を肯定することは可能であると考えられる[8]。

　そうだとすると，物権行為概念を維持しつつ，静的安全と動的安全のバランスをとりながら，妥当な理論構成を図ることが望まれる。そこで，ius ad rem と物権行為の関係が，現代法の場面においても再びクローズアップされるのである。

---

7) いわゆる瑕疵の同一性の理論を用いて，物権行為の無因性を制限しようとする判例として，RGZ 66, 385 ff. を参照。
8) 売買契約は，その目的として所有権の移転をかならず含んでいる。だから，売買契約の成立と所有権の移転を結合させることも可能ではある。しかし，たとえば消費貸借契約が締結されたからといって，抵当権がかならず設定されるわけではない。だとすると，消費貸借契約の成立と抵当権の設定は，別々に考えるべきなのが素直な解釈であろう。このため，日本法を前提とした場合にも，物権行為を措定しないわけにはいかないのである。

2　課題の設定

　以上の問題意識をふまえて，つぎの分析基軸を設定し，物権行為と ius ad rem の理論的関係について考察を行う。具体的には，意思主義と形式主義，物権と債権，履行請求権と損害賠償請求権の3つの視点を定める[9]。とくに不動産売買の場面において，なにを原因として所有権の移転が発生するのかという視点は，決定的に重要である。また，物権と債権の相違は，物権行為と ius ad rem の違いを際立たせるにあたって不可欠な視点となろう。そして，不動産の二重売買の場面において，目的物の占有を先に開始した買主を保護するにあたって，履行請求権と損害賠償請求権のうちどちらの権利をその買主に付与するかという問題も，物権行為と ius ad rem の関係性を考察するために重要である。

　本章においては，このうち第一の視点，つまり，意思主義と形式主義の観点から，物権行為と ius ad rem の理論的関係にせまりたい。物権行為概念は，ドイツ法のいわゆる形式主義とよく結びつけられる。しかし，物権行為の独自性を肯定することと，形式主義を採用することとは，別次元の問題である。物権行為の独自性を否定しつつも形式主義を採用することは，すくなくとも立法政策としては可能であるし[10]，逆に，物権行為の独自性を肯定しつつ意思主義を採用することも不可能ではない。

　また，ius ad rem が検討される典型事例は，不動産の二重売買における占有買主の保護であるところ，物権変動について意思主義をとるか形式主義をとるかは，理論構成に関しても結論に関しても，大きな違いをもたらす。意

---

9) ius ad rem をこの3つの観点から分析を加えるものとして，*Ralf Michaels*, Sachzuordnung durch Kaufvertrag -Traditionsprinzip, Konsensprinzip, ius ad rem in Geschichte, Theorie und geltendem Recht-, Berlin 2002, S. 57 f. を参照。ただし，そこでは，目的物が不動産ではなく動産であることを前提に，議論が進められている。

10) ABGB（オーストリア一般民法典）は，物権行為の独自性を否定しつつも，形式主義を採用している。その一般的な規定として ABGB 425 条，不動産が目的物である場合の規定として 431 条を参照。
ABGB § 425：Der bloße Titel gibt noch kein Eigenthum. Das Eigenthum und alle dingliche Rechte überhaupt können, außer den in dem Gesetze bestimmten Fällen, nur durch die rechtliche Uebergabe und Uebernahme erworben werden.
§ 431：Zur Uebertragung des Eigenthumes unbeweglicher Sachen muß das Erwerbungsgeschäft in die dazu bestimmten öffentlichen Bücher eingetragen werden. Diese Eintragung nennt man Einverleibung (Intabulation).

思主義を採用すると，占有買主にはすでに所有権があると構成することができ，その所有権に基づいて，一定の要件のもとで，第三者を排除することが可能となる。これに対して，形式主義のなかでも登記主義を採用すると，占有買主にはまだ所有権が帰属していないことになり，それにもかかわらず第三者を排除するためには，別の根拠が必要となる。一般的には，後者の場面で問題となるのが ius ad rem であるとされる。

このように，意思主義をとるか形式主義をとるかの問題は，物権行為と ius ad rem のいずれにも大きな影響を与えるものといえる。そこで，本章においては，物権行為と ius ad rem のそれぞれについて，意思主義を採用した場合と形式主義を採用した場合とで，具体的にどのような要件および効果の違いが出てくるのかについて，分析を加える。

3　本章の構成

以上の問題意識と課題の設定に基づき，本章においては，まず，意思主義と形式主義について，その内容を明らかにする。その上で，物権行為と ius ad rem のそれぞれに着目しながら，意思主義と形式主義のいずれをとった場合にどのような違いが明らかになるのかについて，検討していく。

なお，典型的な事例として，売主である土地甲の所有者 A が，第一買主 B と売買契約を締結し，B が売買代金を全額 A に支払って，甲の占有利用を開始したところ，A は第二買主 C との間でも売買契約を締結し，C も売買代金を全額 A に支払って，登記が C に経由され，C が B に対して甲の明渡しを，B が C に対して登記の抹消や移転をそれぞれ請求したというケースを想定する。

二　意思主義と形式主義

1　意思主義

意思主義とは，当事者間の合意に基づいて，物権変動の発生を認めることをいう。

日本法は，この意思主義を採用しているといわれる（民法 176 条）。たしか

に，民法176条は，物権変動の原因について定めており，その内容が意思主義であることに異論はない。しかし，物権変動の原因と時期の問題はそれぞれ異なるものであることが，有力な見解により指摘されている。それによれば，物権変動の時期については根拠条文がとくになく，このため，売買契約の特徴や社会通念にてらして，解釈されればよいとされる[11]。

この点につき，私見は，物権変動の原因と時期の問題を別個にとらえた上で，物権変動の時期の問題として，不動産所有権の移転の効果は原則として登記時に発生するという見解である[12]。その根拠は，不動産所有権の移転の場面における当事者の一般的な合理的意思と，第三者から取引を確認した場合の明確性に求められる[13]。

もっとも，たんに意思主義といっても，その意思の法的性質がさらに問われることになる。つまり，債権的意思表示と物権的意思表示の問題である。とくに，物権的意思表示を事実行為と関連づけないのであれば，意思主義それ自体の問題として物権行為の独自性を検討することもできる。

民法176条の意思表示が物権的意思表示なのか，それとも，債権的意思表示なのか，あるいは，とくに法的性質を決定する必要のないたんなる意思表示と解釈すればたりるのかについては，議論の余地があろう。この点につき，日本の判例[14]と通説[15]は，物権行為の独自性を認めていない。

たしかに，売買契約と所有権移転の関係のみに着目するのであれば，物権行為の独自性を認めなくてもよいかもしれない。なぜならば，売買契約の主たる目的は所有権の移転にあり，その目的と売買契約を切断することはできないからである。しかし，抵当権の設定についてはどうか。被担保債権とし

---

11) 代表的な見解として，川島武宜『新版・所有権法の理論』（岩波書店・1987）222頁以下を参照。川島武宜は当初，有償性説をとなえたが，その後，引渡しや登記も所有権移転の要素として認めるにいたった。なお，所有権の移転時期に関して，判例は契約成立時説を採用している。この点につき，大判大2・10・25民録19・857以下などを参照。しかし，民法555条の文言からして，売買契約から直接に所有権移転の効果発生を導くのは困難であろう。
12) 大場浩之『不動産公示制度論』（成文堂・2010）443頁以下を参照。
13) いわゆる外部的徴表として，代金支払，引渡しおよび登記移転の3つがまとめてあげられることが多いが，このうち，代金支払と引渡しについての第三者の立場からの認識可能性は，登記のそれと比較してかなり小さいか，あるいは，その性質がかなり異なると評価できる。
14) 大判明28・11・7民録1・4・28以下などを参照。
15) たとえば，我妻・有泉・前掲注1・56頁以下などを参照。

て典型的なものは，金銭消費貸借契約に基づく貸金債権であろう。しかし，金銭消費貸借契約から直ちに抵当権設定という効果を導くことはできないと考えられる。というのも，すべての金銭消費貸借契約が抵当権の設定を前提としているわけではないからである。したがって，日本の民法全体を通底する理論として物権行為の独自性を否定することは，不可能である。

また，意思主義は，ius ad rem との関係でいうと，方式を備えていない権利者の請求権の絶対性を説明しやすい。というのも，権利者は，無方式であっても物権を取得できるからである。

2 形式主義

形式主義とは，物権変動の効力要件としてなんらかの方式を求めることをいう。方式としてあげられる典型は，目的物が不動産の場合には登記であり，動産の場合には引渡しである[16]。

ドイツ法は，土地の物権変動につき登記（BGB 873 条[17]）を，動産の物権変動につき引渡し（BGB 929 条[18]）を，それぞれ効力要件として明文で定めている。このため，ドイツ法は形式主義を採用しているといえる。

しかし，形式主義を採用することと，物権行為の独自性を認めることとは，理論上かならずしも関連づける必要性はない。つまり，物権行為の独自性を

---

16) ただし，代金支払や，目的物が不動産である場合の占有移転も，方式に該当すると解する余地はある。

17) BGB § 873(1)：Zur Übertragung des Eigentums an einem Grundstück, zur Belastung eines Grundstücks mit einem Recht sowie zur Übertragung oder Belastung eines solchen Rechts ist die Einigung des Berechtigten und des anderen Teils über den Eintritt der Rechtsänderung und die Eintragung der Rechtsänderung in das Grundbuch erforderlich, soweit nicht das Gesetz ein anderes vorschreibt.

(2)：Vor der Eintragung sind die Beteiligten an die Einigung nur gebunden, wenn die Erklärungen notariell beurkundet oder vor dem Grundbuchamt abgegeben oder bei diesem eingereicht sind oder wenn der Berechtigte dem anderen Teil eine den Vorschriften der Grundbuchordnung entsprechende Eintragungsbewilligung ausgehändigt hat.

第873条第1項：土地を目的とする所有権の移転，土地を目的とする権利の設定又はその権利を目的とする権利の設定若しくは移転には，権利者と相手方との間で権利の変動に関する合意をし，かつ，権利の変動を土地登記簿に登記しなければならない。ただし，法律に別段の定めがあるときは，この限りでない。

第2項：前項の合意は，この意思表示が公証人の認証を受け，土地登記所において表明され，若しくは土地登記所に対して書面によって申請され，又は権利者が意思表示の相手方に土地登記法の定めるところによる登記許諾を与えたときは，登記がされる前においても，当事者を拘束する。

認めた上で形式主義を採用することもできるし，物権行為の独自性を否定した上で形式主義を採用することもできる[19]。

　ius ad rem との関係においては，形式主義は悩ましい問題を提供する。すなわち，権利者は方式を備えなければ物権を取得できない。ここで，不動産が目的物となっている場合に，目的物を占有してはいるが登記を経由していない権利者は，債権者にすぎないことになる。すると，債権の相対効により，その権利者は原則として第三者に自らの権利を主張することができない。ius ad rem の実用性は，まさに，この権利者に絶対効のある請求権を付与することにある。

3　小　括

　意思主義と形式主義は，物権変動の効力要件としてなにを求めるかという論点については，対立する立場をとっている。しかし，物権行為の独自性を認めるかどうかについては，意思主義と形式主義のどちらを採用するかによって，論理的に影響を受ける関係性にない。ただし，ius ad rem を認めるべきか，そして認めるべきとしてどのように根拠づけるかについては，意思主義と形式主義の対立は大きな違いを生むと，ひとまずいうことができる。

　それでは，物権行為概念を検討するにあたって，意思主義と形式主義の分析基軸は不要であろうか。たしかに，これまでは，形式主義を採用している方が，物権行為の独自性を肯定するのに親和的であると解されることが多かった。これは，登記や引渡しなどの方式が，物権行為に含まれるか，あるいは，物権行為とともになされるものとされていたからであろう。つまり，事実行為と物権行為の密接な関係性に着目したのである。

　しかし，物権行為を事実行為と結びつけることなく，意思表示のみの問題

---

18) BGB § 929：Zur Übertragung des Eigentums an einer beweglichen Sache ist erforderlich, dass der Eigentümer die Sache dem Erwerber übergibt und beide darüber einig sind, dass das Eigentum übergehen soll. Ist der Erwerber im Besitz der Sache, so genügt die Einigung über den Übergang des Eigentums.
　第 929 条：動産の所有権を譲渡するには，所有者が取得者に物を引き渡し，かつ，当事者双方が所有権の譲渡を合意しなければならない。取得者が物を占有するときは，所有権の譲渡に係る合意をすればたりる。
19) 前述したように，オーストリア法は，物権行為の独自性を認めずに形式主義をとっている。

として，物権行為概念を分析することは論理的に可能である。そこで，つぎに，物権行為に問題を限定して，意思主義と形式主義について検討を進めていくことにしよう。

三　物権行為

1　意思主義

　意思主義を採用した上で，物権行為の独自性を認めることはできるか。事実行為と物権行為の関係を強制的に結びつけるのであれば，それは不可能である。しかし，物権行為とは，そもそも法律行為であって，意思表示によって構成される[20]。したがって，物権的意思表示を事実行為と関連づけることは，かならずしも必要とはいえない。そうだとすると，意思主義を採用していると解されている日本法においても，物権行為の独自性を認める余地が出てくる。そして，物権行為の独自性を認めることは，その無因性を認めることと同義ではない。つまり，無因の物権行為だけではなく，有因の物権行為を観念することもできる[21]。

　ただし，物権行為概念がSavignyによって提唱されたのは，その無因性をも承認し，さらには，物権行為と事実行為の関連づけをも認めるためであったことは，たしかである[22]。物権行為と債権行為の関係性を遮断することに

---

20) 物権行為は，契約としての性質を有している。BGBの立法過程における，物権行為または物権契約をめぐる議論については，*Dieter Haag Molkenteller*, Die These vom dinglichen Vertrag -Zur formalen Struktur der Eigentumsübertragung nach § 929 Satz 1 BGB-, Frankfurt am Main 1991, S. 134 ff. を参照。
21) また，ここで厳密に定義しておかなければならないこととして，物権行為は処分行為の１つである，という点がある。すなわち，売買契約において，物権行為を検討する場合には，それとの対比概念として，債権行為が念頭におかれる。この債権行為は，ここでは売買契約である。これに対して，物権行為は所有権移転行為となる。この場面に限定すると，債権行為と物権行為という名称は正当といえよう。しかし，たとえば，債権譲渡の場面において，ここでの債権を目的とした売買契約は債権行為といえるが，債権譲渡行為を物権行為と称することは，はたして正当であろうか。債権と物権の名称が混同されているように思われる。そうだとすると，ドイツ法において用いられているように，義務負担行為（Verpflichtungsgeschäft）と処分行為（Verfügungsgeschäft）として理解するのがより適切であろう。義務負担行為の典型例が債権行為であって，処分行為のそれが物権行為なのである。ただし，本章においては，想定している事例が売買契約による所有権譲渡の場面であるため，債権行為と物権行為の概念を用いている。

よって，取引安全がより促進されるというのが，物権行為の無因性を認めるにあたっての主たる目的であった。

しかし，いまや，ドイツ法においても，物権行為の無因性に対して懐疑的な見解が増えてきている[23]。実際上，目的物が不動産である場合には，取引安全をより積極的に認めるべきとされる需要がそもそも存在するのか疑問である[24]。さらに，目的物が動産である場合には，日本法（民法192条）もドイツ法（BGB 932条[25]）も占有の公信力を認めており，これによって十分に取引安全がはかられているといえよう。そうだとすると，実務上の観点からすれば，物権行為の無因性を認めることに意義は見出せない。

これに対して，無因性を認めない物権行為概念は，これを認めることに実際上の意義がないとの批判がある[26]。そこで，事実行為と物権行為を密接に

---

22) この点につき，*Astrid Stadler*, Gestaltungsfreiheit und Verkehrsschutz durch Abstraktion -rechtsvergleichende Studie zur abstrakten und kausalen Gestaltung rechtsgeschäftlicher Zuwendungen anhand des deutschen, schweizerischen, österreichischen, französischen und US-amerikanischen Rechts-, Tübingen 1996, S. 46 ff. を参照。

23) この問題に関して，*Fritz Baur/Jürgen F. Baur/Rolf Stürner*, Sachenrecht, 18. Auflage, München 2009, S. 59 ff. を参照。ただし，物権行為の無因性を前提としていることに，ちがいはない。

24) しかも，ドイツ法は登記に公信力を認めて，不動産取引の安全をはかっている（BGB 892条）。これにくわえて，さらなる取引安全を追求する必要があるのか，疑問である。
BGB § 892 (1): Zugunsten desjenigen, welcher ein Recht an einem Grundstück oder ein Recht an einem solchen Recht durch Rechtsgeschäft erwirbt, gilt der Inhalt des Grundbuchs als richtig, es sei denn, dass ein Widerspruch gegen die Richtigkeit eingetragen oder die Unrichtigkeit dem Erwerber bekannt ist. Ist der Berechtigte in der Verfügung über ein im Grundbuch eingetragenes Recht zugunsten einer bestimmten Person beschränkt, so ist die Beschränkung dem Erwerber gegenüber nur wirksam, wenn sie aus dem Grundbuch ersichtlich oder dem Erwerber bekannt ist.
(2): Ist zu dem Erwerb des Rechts die Eintragung erforderlich, so ist für die Kenntnis des Erwerbers die Zeit der Stellung des Antrags auf Eintragung oder, wenn die nach § 873 erforderliche Einigung erst später zustande kommt, die Zeit der Einigung maßgebend.
第892条第1項：土地登記簿の内容は，土地を目的とする権利又はその権利を目的とする権利を法律行為によって取得した者の利益のために，これを真正なものとみなす。ただし，その真正に対して異議が登記され，又はその不真正を取得者が知るときは，この限りでない。権利者が土地登記簿に登記された権利の処分につき，特定の者のために制限を受けたときは，この制限は，これが土地登記簿から明らかであり，又は取得者がそれを知るときに限り，取得者に対して，その効力を有する。
第2項：取得者による前項の事実の了知は，権利の取得に登記を要する場合においては，登記の申請をした時を基準とする。その場合において，第873条により必要となる合意が登記よりも後に成立したときは，合意をした時を基準とする。

関係づけることで，物権行為の存在を認める意義を強調することもできる。しかし，事実行為がなければ物権行為も存在しないというほどに，両者の密接な関係性を求めてしまうと，あえて物権行為概念を認めることの意義が，やはりなくなってしまうだろう。

　それでは，事実行為と無関係の物権行為概念に，どのような意義があるのか。この点につき，日本法においては，民法177条の解釈論としての背信的悪意者排除論を検討するにあたって，物権行為概念を採用する意義が認められる。というのは，二重譲渡の場面において，物権行為としての所有権譲渡行為がなされたことを，背信的悪意者の悪意認定事実対象と解することができるからである[27]。

2　形式主義

　ドイツ法は，物権変動の発生について形式主義を採用し（BGB 873条・929条），かつ，物権行為の独自性と無因性を認める。物権行為を債権行為と明らかに区別することは一般には困難であるから，物権行為と方式を結合することができれば，物権行為の存在を明確化することができる。その限りにおいて，形式主義の採用と物権行為の存在は，関係性を有する。

　しかし，ドイツ法における物権行為の独自性と無因性の創始者と目されるSavignyは，あくまで意思の問題として物権行為をとらえていたのであって，

---

25) BGB § 932(1): Durch eine nach § 929 erfolgte Veräußerung wird der Erwerber auch dann Eigentümer, wenn die Sache nicht dem Veräußerer gehört, es sei denn, dass er zu der Zeit, zu der er nach diesen Vorschriften das Eigentum erwerben würde, nicht in gutem Glauben ist. In dem Falle des § 929 Satz 2 gilt dies jedoch nur dann, wenn der Erwerber den Besitz von dem Veräußerer erlangt hatte.
(2): Der Erwerber ist nicht in gutem Glauben, wenn ihm bekannt oder infolge grober Fahrlässigkeit unbekannt ist, dass die Sache nicht dem Veräußerer gehört.
第932条第1項：物が譲渡人に帰属しない場合においても，譲受人は，第929条に従ってされた譲渡によって，その所有者となるものとする。ただし，この規定により譲受人が所有権を取得する時に善意でなかったときは，この限りでない。第929条第2文に規定する場合においては，本条は，譲受人が譲渡人から占有を取得したときに限り，これを適用する。
第2項：譲受人は，物が譲渡人に帰属しないことを知り，又は重大な過失によって知らなかったときは，善意でないものとする。
26) 川島・前掲注11・224頁を参照。
27) この点につき，大場・前掲注2「不動産所有権の二重契約における生存利益の保護」・95頁以下を参照。

そこでは，物権行為と，登記や引渡しなどの方式は，ひとまず区別される[28]。今日においても，物権行為と事実行為は理論上は分けて論じられているといえよう[29]。

それでもなお，ドイツ法が物権行為の独自性と無因性を認めているのは，BGBの体系，とりわけ，物権と債権の峻別と，不当利得法の位置づけにある。前述した通り，ドイツにおいても，物権行為の無因性に対しては今日では批判もあるが，物権行為の独自性を際立たせるためには，その無因性をも肯定しなければならない。

物権行為と事実行為を関係づける見解は，日本にも存在する。その嚆矢である末川博の見解によれば，たとえば不動産所有権の譲渡の場面において，代金支払・占有移転・登記移転といった事実行為があった時に物権行為もなされたものと解して，その物権行為に基づいて所有権が移転するとされた[30]。物権変動の時期の問題をあくまで民法176条の解釈論と位置づけつつ，意思主義を維持しながら，かつ，実際の取引において代金支払・占有移転・登記移転などの外部的徴表が重視されていることをも取り入れたものと評価できる。

たしかに，事実行為と結合させることによって，物権行為概念を措定することは容易になる。しかし，この関係性は，契約の解釈の問題としてとらえることもできよう。すなわち，物権行為が成立しているかどうかを認定する際の1つの根拠として，事実行為の存在を要求するのである。ここで，物権行為と事実行為を結合させると，意思主義と形式主義の結論における差異は，

---

28) Friedrich Carl von Savigny は，物権行為を，dinglicher Vertrag（物権契約）と称していた。この点につき，*Friedrich Carl von Savigny*, System des heutigen Römischen Rechts, Bd. III, Berlin 1840, S. 321 を参照。ただし，Savignyの理論に対しては，ローマ法を誤って理解しているとの批判がなされている。この点につき，*Filippo Ranieri*, Die Lehre der abstrakten Übereignung in der deutschen Zivilrechtswissenschaft des 19. Jahrhunderts, in: Coing/Wilhelm, Wissenschaft und Kodifikation des Privatrechts im 19. Jahrhundert, Bd. II, Frankfurt am Main 1970, S. 101 を参照。そこでは，Ranieri は，Savigny が自らの理論に適合するようにローマ法を意図的に解釈していると，指摘している。
29) また，物権行為は法律行為であるため，総則における法律行為の規定が適用される。たとえば，*Manfred Wolf/Marina Wellenhofer*, Sachenrecht, 32. Auflage, München 2017, S. 74 などを参照。
30) この点につき，末川博「特定物の売買における所有権移転の時期」民商2・4・549以下（1935），および，同『物権法』（日本評論新社・1956）59頁以下を参照。

ほとんどなくなる[31]。

　ここで問題となるのは，物権行為概念の実務における有用性が認められるかどうかである。物権行為が事実行為と密接に結びついていれば，物権行為の認識可能性は高まる。さらに，形式主義を採用すれば，方式としての事実行為との密接な関連性ゆえに，物権行為の有用性もより認められる。その限りにおいて，形式主義と物権行為は関係性を有しているといえる。

　しかし，物権行為の独自性を認めているドイツ法は，さらに無因性をも肯定することで，物権行為の必要性と有用性を高めている。物権行為の無因性については，ドイツ法上も批判が強いが，すくなくとも，取引の安全がさらに高められ，かつ，不当利得法の位置づけがより明確になることは，否定できない[32]。

　そうだとすると，形式主義を採用せず，物権行為と債権行為の関係を無因とした場合に，物権行為の独自性を認める意義ははたしてあるのか。とくに日本法において，この問いに対しては，民法の体系を根拠として物権行為の独自性を肯定すべき，との答えが予想される。しかし，これでは，物権行為の独自性を積極的に根拠づけたことにはならないだろう。

　このように，物権行為の独自性は，その無因性をも肯定し，さらに形式主義とも結びつけることによって，その実際上の意義を強調することができる。とくに，ドイツ法において，土地所有権を譲渡するための方式は登記である。両当事者間のアウフラッスンク（Auflassung）と登記が，効力発生要件となっている（BGB 925 条[33]・925a 条[34]・311b 条[35]）。このアウフラッスンクこそが物権行為であるところ，アウフラッスンク自体も，事実上，要式行為である。このため，物権行為と形式主義の結合だけではなく，土地所有権の譲渡の場

---

31) また，日本の判例は，物権変動の時期について契約成立時説をとっているが，契約成立の認定を代金支払・占有移転・登記移転などの外部的徴表にかからしめている。この点につき，吉原節夫「『特定物売買における所有権移転の時期』に関する戦後の判例について―民法 176 条の研究(1)―」富大経済論集 6・3 = 4・540 以下（1961），および，同「物権変動の時期に関する判例の再検討(1〜2)―民法 176 条の研究(2)―」富大経済論集 7・2・164 以下・8・1・1 以下（1961〜1962）を参照。このため，判例の見解を採用したとしても，口頭での契約のみで所有権の移転が認められるわけではない。つまり，契約成立時説と外部的徴表説とでは，実際の結論に差異はない。

32) Stadler は，物権行為の無因性を積極的に評価している。この点につき，Stadler, a.a.O. 22, S. 719 ff. を参照。

面においては，物権行為そのものの要式行為化もなされているのである[36]。

3 小 括

　意思主義と形式主義は，物権行為概念とどのような関係をもつか。意思主義を採用するとしても，形式主義を採用するとしても，物権行為の独自性を肯定することは可能である。これに対しては，形式主義を採用すれば，物権行為の存在を当事者からも第三者からも明らかにすることができるので，意思主義よりも形式主義の方が，物権行為との関係性が強いともいえる。

　しかし，物権行為と方式の結合は，必須ではない。そもそも，方式は事実行為であるため，法律行為とは異なる。また，事実行為がある場合に物権行為が存在するとの見解は，解釈論ではなく事実認定の問題とも把握しうる。そうだとすると，解釈論として，法律行為である物権行為の存在を認めるためには，物権変動の効力要件を検討する必然性はないのではないか[37]。

　ただし，ドイツ法は，形式主義と物権行為を密接に結びつけることによって，物権行為の独自性の意義を高め，さらに，物権行為の無因性をも認めることによって，物権行為の実際上の意義を強調している。しかし，Savignyは，当初，あくまで意思理論の問題として，物権行為概念の必要性を主張し

---

33) BGB § 925 (1)：Die zur Übertragung des Eigentums an einem Grundstück nach § 873 erforderliche Einigung des Veräußerers und des Erwerbers (Auflassung) muss bei gleichzeitiger Anwesenheit beider Teile vor einer zuständigen Stelle erklärt werden. Zur Entgegennahme der Auflassung ist, unbeschadet der Zuständigkeit weiterer Stellen, jeder Notar zuständig. Eine Auflassung kann auch in einem gerichtlichen Vergleich oder in einem rechtskräftig bestätigten Insolvenzplan erklärt werden.

(2)：Eine Auflassung, die unter einer Bedingung oder einer Zeitbestimmung erfolgt, ist unwirksam.

第925条第1項：第873条により土地所有権の譲渡に必要な譲渡人と譲受人との間の合意（アウフラッスンク）は，当事者双方が管轄官庁に同時に出頭して，これを表明しなければならない。いかなる公証人も，他の官庁の管轄にかかわらず，アウフラッスンクの受領につき管轄を有する。アウフラッスンクは，裁判上の和解又は確定力をもって認可された倒産処理計画においても，これを表明することができる。

第2項：条件又は期限を付けてしたアウフラッスンクは，これを無効とする。

34) BGB § 925a：Die Erklärung einer Auflassung soll nur entgegengenommen werden, wenn die nach § 311b Abs. 1 Satz 1 erforderliche Urkunde über den Vertrag vorgelegt oder gleichzeitig errichtet wird.

第925a条：アウフラッスンクの意思表示は，第311b条第1項第1文により必要な契約証書が呈示され，又は同時に作成されたときに限り，これを受領するものとする。

ていた[38]。そこでは，形式主義の採用と物権行為の問題は，理論上は切り離されていたのである。このため，ドイツ法においても，物権行為と形式主義は論理的な関係には立たない。ただ，物権変動の効力要件をどのように構成するかについて，1つのタイプとして，物権行為と方式を必要とする制度が構築されたのである。

　したがって，物権変動の効力要件と物権行為の無因性も，区別されるべき問題である。物権行為の無因性は，物権行為の独自性を認めてはじめて検討

---

35) BGB § 311b (1)：Ein Vertrag, durch den sich der eine Teil verpflichtet, das Eigentum an einem Grundstück zu übertragen oder zu erwerben, bedarf der notariellen Beurkundung. Ein ohne Beachtung dieser Form geschlossener Vertrag wird seinem ganzen Inhalt nach gültig, wenn die Auflassung und die Eintragung in das Grundbuch erfolgen.
(2)：Ein Vertrag, durch den sich der eine Teil verpflichtet, sein künftiges Vermögen oder einen Bruchteil seines künftigen Vermögens zu übertragen oder mit einem Nießbrauch zu belasten, ist nichtig.
(3)：Ein Vertrag, durch den sich der eine Teil verpflichtet, sein gegenwärtiges Vermögen oder einen Bruchteil seines gegenwärtigen Vermögens zu übertragen oder mit einem Nießbrauch zu belasten, bedarf der notariellen Beurkundung.
(4)：Ein Vertrag über den Nachlass eines noch lebenden Dritten ist nichtig. Das Gleiche gilt von einem Vertrag über den Pflichtteil oder ein Vermächtnis aus dem Nachlass eines noch lebenden Dritten.
(5)：Absatz 4 gilt nicht für einen Vertrag, der unter künftigen gesetzlichen Erben über den gesetzlichen Erbteil oder den Pflichtteil eines von ihnen geschlossen wird. Ein solcher Vertrag bedarf der notariellen Beurkundung.
第311b条第1項：当事者の一方が不動産所有権を譲渡または取得することを義務づけられる契約は，公正証書を必要とする。この方式をふまずに締結された契約は，所有権譲渡の合意及び登記が登記簿にされるとき，その内容全体として有効となる。
第2項：当事者の一方が，将来の財産又は将来の財産の一部分を譲渡又はそれらに用益権を設定することを義務づけられる契約は，無効である。
第3項：当事者の一方が，現在の財産又は財産の一部分を譲渡又はそれらに用益権の設定を義務づけられる契約については，公正証書を必要とする。
第4項：未だ生存する第三者の相続財産に関する契約は，無効である。未だ生存する第三者の相続財産の遺留分または同財産の遺贈に関する契約についても，同様である。
第5項：本条4項は，将来の法定相続のもとに，法定相続分又はそれらの遺留分に関して締結される契約には適用されない。その契約には公正証書を必要とする。
36) アウフラッスンクに関連して，土地所有権の譲渡と物権行為の無因性との関係について論じるものとして，*Stephan Buchholz*, Abstraktionsprinzip und Immobiliarrecht -Zur Geschichte der Auflassung und Grundschuld-, Frankfurt am Main 1978, S. 7 ff. を参照。なお，厳密にいうと，アウフラッスンク自体が公正証書でなされる必要はない。公正証書でなされる必要があるのは，原因行為である売買契約などである（BGB 311b条1項）。ただ，アウフラッスンクは，公証人が受領することもできる（BGB 925条1項2文）。このため，実務上は，公証人が原因行為である売買契約と処分行為であるアウフラッスンクとをいずれも公証することが行われている。この点につき，*Wolf/Wellenhofer*, a.a.O. 29, S. 247 f. などを参照。

する余地が出てくる。さらに，物権変動の効力要件を検討することなく，意思理論の内部的検討を経ることのみによって，一定の判断を行うこともできる[39]。そうだとすれば，物権行為の問題を全体として検討する場合に，形式主義との整合性を強調することは，むしろ不要であるといえるだろう。

したがって，日本法の解釈としては，民法176条が意思主義を定めていることを基礎として，物権行為の概念について検討するのが有益であろう。というのは，物権行為は，そもそも法律行為の問題，すなわち，意思表示の問題だからである。物権変動をもたらす法律行為は物権法上の意思表示によって成り立つ，との理解は，論理が一貫している[40]。

それでは，日本法における物権行為の独自性は，理論上の存在意義を超える，実務上の独自の意義をもちえないのだろうか。この疑問に対しては，いわゆる不動産の二重譲渡の場面における，背信的悪意者排除論との関係をあげることができる[41]。

第二譲受人が背信的悪意者とされる類型として，第一譲受人の占有利用利益の保護との関連で，第一譲受人の占有利用事実を認識し，かつ，背信性を帯びる者がある。しかし，ここでの第一譲受人の占有は，所有権を取得したことによる，まさに自らの所有権を占有権原としている。そうだとすれば，第一譲受人の占有は，たんなる占有事実ではなく，権原のある占有であって，その権原は，所有権移転の効果発生が認められたからこそ，存在する。つま

---

37) Savignyは，原因行為と処分行為の関係を，動機と給付の関係になぞらえている。この点につき，*Wilhelm Felgentraeger*, Friedrich Carl v. Savignys Einfluß auf die Übereignungslehre, Leipzig 1927, S. 41 を参照。しかし，今日において，ドイツ法は，物権行為を物権契約ととらえている。したがって，契約である以上，法律行為であることに異論はない。

38) この点につき，*Friedrich Carl von Savigny*, Obligationenrecht als Theil des heutigen Römischen Rechts, Bd. II, Berlin 1853, S. 256 ff. を参照。

39) 債権的意思表示と物権的意思表示は，それぞれ次元を異にする概念であるから，原則としてその関係性は無因であると解するのが，論理的には妥当であるともいえる。Savignyの見解につき，*Molkenteller*, a.a.O. 20, S. 106 を参照。たしかに，物権行為の無因性を認めることによって，取引安全の保護がより保たれるとの指摘が一般によくなされる。しかし，物権行為の無因性の端緒は，むしろ，その体系的整合性にあったと解するべきであろう。物権行為の無因性について，さらに，*Hans Brandt*, Eigentumserwerb und Austauschgeschäft, Leipzig 1940, S. 111 ff. を参照。

40) そもそも，民法555条によれば，売買契約によって発生するのは，売主の財産権移転義務と買主の代金支払義務であって，財産権移転の効果ではない。したがって，売買契約から所有権移転の効果が発生するとの解釈は，とりえないのである。

41) 背信的悪意者排除論を確立した判例として，最判昭43・8・2民集22・8・1571以下を参照。

り，譲渡人と第一譲受人の所有権移転の合意があったことが，第一譲受人の占有に直接つながっているのである。したがって，第二譲受人の悪意を認定するためには，譲渡人と第一譲受人の間に，売買契約とは異なる法律行為を認めるしかない。この法律行為こそ，物権行為にほかならないのである[42]。

　物権行為は法律行為であって，事実行為ではない。また，物権行為と事実行為を結合させる必要性も，理論上は存在しない[43]。しかし，物権行為概念が観念的存在ゆえに，物権行為の存在意義を高めるために，物権行為と事実行為が関連づけて検討されることがこれまで多かった。この傾向に対しては，やはり，消極的な立場で臨むべきであろう。そもそも，物権行為概念は，当事者間の合意に基づく契約なのである。法律行為の存在意義について，実務上の有用性と関連させて論じることに，必然性はない[44]。

　そうだとすると，物権行為と形式主義を結合させる必要性も，存在しないことになる。意思主義を採用している日本法において，物権行為の独自性を認めることは，物権と債権がそれぞれ別の概念として把握されていることに鑑みると，原則として妥当な解釈といえる。売買契約の成立と所有権移転の効果は，次元を異にする関係性を有する。

　さらに，物権行為の独自性と無因性の関係も，独自性を肯定することが無因性を検討する前提であるという点を別とすれば，理論上はそれぞれで異なる問題である。もちろん，物権行為の独自性を認めるということは，債権行為と異なる概念を認める以上，両者の関係性は原則として遮断されるとの解釈が合理的であろう。しかし，原因行為を前提として，処分行為は成り立っている。つまり，ある取引において，債権行為と物権行為が存在する場合には，両者の関係性は，実務上も理論上も，肯定されるべきであろう[45]。ここで

---

42) この点につき，大場・前掲注2「不動産所有権の二重契約における生存利益の保護」・95頁以下を参照。
43) この点につき，*Friedrich Carl von Savigny*, System des heutigen Römischen Rechts, Bd. I, Berlin 1840, S. 334 を参照。
44) とはいえ，たとえば不動産所有権移転の事案において，代金支払・占有移転・登記移転などがあった際に物権行為の成立を認めることは，可能であろう。このことは，物権行為が事実行為であることと同義ではない。
45) 消費貸借契約が締結される場合に，抵当権が設定されないことは多くある。しかし，抵当権が設定される場合には，消費貸借契約などの債権行為が必ず存在する。

は，物権行為の無因性を肯定することは，むしろ否定されるべきである[46]。

四　ius ad rem

1　意思主義

つづいて，ius ad rem の検討に移ろう。ここでも，意思主義と形式主義が，それぞれどのようなかたちで ius ad rem に影響を与えるかについて，考察する。

まず，ius ad rem が機能する場面を確認しておこう。典型的なケースは，不動産の二重売買がなされたときに，占有利用を開始した第一買主が，所有権移転の要件を満たした第二買主からの目的物引渡請求権に対して，自らの占有権原を主張することができるか，というものである。

この ius ad rem が問題となる場面を，意思主義の観点から分析するとどうか。売主が第一買主と売買契約を締結すると，所有権は第一買主に移転する。登記や引渡しは対抗要件にすぎない。つまり，当事者間において，第一買主は完全な所有者となる[47]。ここで，第二買主が登場し，売主と売買契約を締結すると，典型的な二重譲渡のケースとなる[48]。

ただし，意思主義を採用するといっても，まさに契約のみで所有権の帰属が決せられるのは，当事者関係，つまり対内関係のみである。第三者関係である対外関係については，対抗要件としての登記（民法177条）が求められる。したがって，ここで ius ad rem が機能する場面は，対抗要件を備えていない

---

[46] 物権行為の無因性を肯定する根拠について，取引安全の保護，民法の体系，契約形成の自由などがよくあげられる。この点につき，Stadler, a.a.O. 22, S. 728 ff. を参照。しかし，それぞれの根拠は，あるいは物権行為の独自性と無因性を混同しており，あるいは実務上の需要が乏しく，採用しがたい。

[47] 日本法上，意思主義を採用した上で，所有権の移転時期を契約成立時以外に求めることは，解釈論として可能である。民法176条が定めているのは，物権変動の発生原因のみと解するのである。この場合には，契約成立だけでは，所有権は移転しない。したがって，意思主義を採用するからといって，そのことから直接に，契約成立時説が導かれるわけではない。

[48] なお，ius ad rem は，第二買主が第一買主の存在について悪意であることを前提として，第一買主が自らの権原を第二買主に対して主張できるとする概念である。このため，第一買主が，代金を支払っていなかったり，目的物を占有していなくても，第二買主が第一売買契約の成立について悪意である状況は存在しうるのだから，ius ad rem の検討場面は，第一買主が目的物の占有利用を開始していることをかならずしも前提とはしない。

所有者をいかにして保護することが許されるか，というものとなる[49]。

　意思主義を採用して，第一買主に目的物の所有権が移転したのであれば，第一買主は所有権に基づいて第三者である第二買主を排除することができると解することも可能である。しかし，日本法は対抗要件主義をも採用していることから，第一買主は登記を備えておかなければ第二買主に対抗することができない。つまり，第一買主は，たとえば目的物が不動産である場合にそれを占有していても，登記を経由していなければ第二買主を排除することはできない。また，代金を全額支払済みであっても，そのことは対抗要件との関係では無視される。

　ただし，ここで日本法は，背信的悪意者排除論を用いて，厳密には対抗要件を備えていない第一買主を一定程度保護することを志向している。背信的悪意者概念は，第二買主が第一買主の権利取得について悪意であることを前提とするものであるから，その限りで，ius ad rem との関係性が認められる。

　しかし，背信的悪意を認定するためには，悪意だけではなく，これに追加して信義則違反の態様も第二買主に認められなければならない。その典型例として，不動産登記法５条にあげられている行為に類似した態様がみられる場合，売主と第二買主との間に親族関係などの密接な関係性が認められる場合，および，第二買主が第一買主に対する従前からの私怨を晴らすことを目的としている場合などがある。これらには，第一買主による占有利用の開始という態様はあげられていない。つまり，この事実は，第二買主が単純悪意とされるための一要素にすぎないのである。とはいえ，悪意と背信性の区別は，かならずしも截然となされているわけではない[50]。

---

49) そもそも，売買契約によって所有権の移転が生じるとの議論は，意思主義を採用しない限り，生じない。このことは，国際的な観点から所有権譲渡法を検討する場合に，大きな障害となっている。そのことを示す先駆的な文献として，*Ernst Rabel*, Der Entwurf eines einheitlichen Kaufgesetzes, RabelsZ 9, 1 ff., 1935 を参照。

50) 判例と通説のいう背信的悪意者排除論と，悪意者排除論とは，実質的にきわめて近似していると主張する見解として，松岡久和「判例における背信的悪意者排除論の実相」奥田昌道編集代表『林良平先生還暦記念論文集・現代私法学の課題と展望・中』（有斐閣・1982）65頁以下，同「不動産所有権二重譲渡紛争について（1〜2・完）」龍谷16・4・65以下，17・1・1以下（1984），および，同「民法一七七条の第三者・再論―第三者の主体的資格と理論構成をめぐる最近の議論―」前田達明編集代表『奥田昌道先生還暦記念・民事法理論の諸問題・下巻』（成文堂・1995）185頁以下を参照。

ここで問題となるのは，第一買主による占有利用の事実を，自由競争との関係でどのように評価するかであろう。民法177条は二重譲渡の場面における自由競争の原理を認めた規定であると，一般に理解されてはいる。しかし，対抗要件を備えていない限り自由競争の場面が継続しているとの理解に，はたして合理性が認められるのか[51]。とくに目的物が不動産である場合に，占有利用を開始した第一買主の保護は，同人の生存利益の保護に直接つながってくる。もし，ここで，背信的悪意者排除論を柔軟に用いることが許されるのであれば，背信的悪意者排除論と ius ad rem の存在理由は一致する[52]。

　さらに，背信的悪意者排除論に基づいて，第二買主が民法177条の第三者から除外される場合には，第一買主の権利は，第二買主との関係においても貫徹されることになる。なぜならば，第一買主の占有利用権原は所有権，つまり，物権だからである。まさに物権がもつ絶対性ゆえに，第一買主は，民法177条が適用されない第三者を，排除することができるのである。このことは，対内関係にすぎなかった第一買主の所有権が，対抗要件を備えることなく，対外的にも効果をもつことが認められる，むしろ例外的なケースとして位置づけられるであろう。

　ただし，ここで，意思主義の内容をより明らかにしておかなければならない。意思主義は，物権変動の効力発生要件として，意思のみを求める，つまり，特定の方式を要しない，という内容をもつ。しかし，とくに目的物が動産である場合において，日本法上，占有改定（民法183条）や指図による占有移転（民法184条）がなされたときは，民法178条の引渡しとみなされるだけではなく，合意による物権変動の発生の効果（民法176条）も，当然に認められる。すなわち，合意と，方式である引渡しが，きわめて近接するのである[53]。

　そうだとすると，意思主義と形式主義の違いは相対的なものにすぎなくなる，ともいえよう[54]。けれども，日本法が，目的物の動産または不動産をとわず意思主義を採用していることを，強調することは許されるだろう[55]。不動

---

51) 第一買主による占有利用の事実について悪意である第二買主は原則として背信性を帯びる，と解する見解として，広中俊雄『物権法（第2版増補）』（青林書院・1987）103頁以下を参照。
52) ただし，ius ad rem の概念を具体的にどのように理解するかについては，様々な見解がある。その一端を示すものとして，Michaels, a.a.O. 9, S. 56 f. を参照。

産が目的物である場合には，引渡しは対抗要件とはならない。このため，上述した合意と引渡しの接近はありえない。したがって，純粋な合意のみに基づく物権変動を観念することができる。意思主義と ius ad rem の関係を分析するにあたっては，不動産が目的物である場合を念頭におくことにより，問題をより正確に把握することが可能になる。

そこで，考察の対象を不動産の二重譲渡の場面に限定しよう。ここで，意思主義をとる日本法に立脚して検討してみると，登記を備えていない第一買主を第二買主との関係で保護するためには，前述したように，判例と通説が採用する背信的悪意者排除論を採用することが考えられる。あるいは，二重譲渡の法的構成について公信力説[56]をとり，善意有過失の第二買主を排除する構成もありえよう。

たしかに，ここで問題となる第二買主の背信性・悪意・過失の対象は，第

---

53) ドイツ法においても，占有改定（BGB 930 条）と返還請求権の譲渡（BGB 931 条）は，それぞれ効力発生要件としての代替的引渡しとみなされる。
BGB § 930：Ist der Eigentümer im Besitz der Sache, so kann die Übergabe dadurch ersetzt werden, dass zwischen ihm und dem Erwerber ein Rechtsverhältnis vereinbart wird, vermöge dessen der Erwerber den mittelbaren Besitz erlangt.
第 930 条：所有者が物を占有するときは，その引渡しは，所有者及び取得者が取得者に間接占有を取得させる法律関係を合意することをもって代えることができる。
BGB § 931：Ist ein Dritter im Besitz der Sache, so kann die Übergabe dadurch ersetzt werden, dass der Eigentümer dem Erwerber den Anspruch auf Herausgabe der Sache abtritt.
第 931 条：第三者が物を占有するときは，その引渡しは，所有者が取得者に物の返還請求権を譲渡することをもって代えることができる。
54) 意思主義と形式主義が実務に与える影響につき，結論として大きな差異をもたらすことはないと主張する見解として，*Andreas Roth*, Abstraktions- und Konsensprinzip und ihre Auswirkungen auf die Rechtsstellung der Kaufvertragsparteien -Eine rechtsvergleichende Untersuchung zum deutschen, österreichischen, Schweizer, französischen und italienischen Recht-, ZVglRWiss 92, 1993, 384 ff. などを参照。
55) 目的物が不動産である場合の，形式主義のもとでの方式としては，登記や引渡しが立法論として考えられる。この点につき，ドイツ法をはじめとして，不動産登記制度が整備されていることを前提とするならば，登記が方式として求められるのが一般的である。日本法は，それでもなお，意思主義を貫徹している。
56) 二重譲渡の法的構成に関して公信力説を採用する代表的な見解として，岡村玄治「民法一七七条ニ所謂第三者ノ意義ヲ論シ債権ノ不可侵性排他性ニ及フ」志林 17・6 以下（1915），同「『対抗スルコトヲ得ス』の意義」志林 25・11 以下（1923），篠塚昭次「物権の二重譲渡」法セ 113・44 以下（1965），半田正夫「不動産の二重譲渡への一つのアプローチ」北法 16・4・38 以下（1966），石田喜久夫「対抗問題から公信力へ」追手門 7・1・7 以下（1972），および，鎌田薫「不動産二重売買における第二買主の悪意と取引の安全―フランスにおける判例の『転換』をめぐって―」比法 9・2・31 以下（1974）などを参照。

一買主の存在という事実である。しかしながら，その事実として，第一買主が取得した権利の存在も要求されるのか，それとも，第一買主のたんなる占有利用で足りるのかが，検討されなければならない[57]。

　ius ad rem は，それが用いられる典型的な場面として，売主から不動産所有権をまだ取得していない第一買主が占有利用を開始している場合に，第二買主が第一買主の存在について悪意であるときは，第二買主が登記を先に備えたとしても，第一買主は第二買主を排除して，引き続き目的物の占有利用を続けることができる，というものである。つまり，第二買主の悪意に主眼がおかれる。そうだとすると，すくなくとも，善意有過失にすぎない第三者である第二買主を排除することは困難であろう。その限りで，公信力説は ius ad rem とはなじまない。

　さらに，背信的悪意者排除論と ius ad rem との整合性にも，疑問の余地がある。なぜならば，背信的悪意者排除論は，民法177条が適用されて第二買主が同条の第三者から排除される結果，第一買主は民法176条に従って取得した自らの所有権に基づいて，第二買主に対して物権的請求権を行使することになるからである。つまり，第一買主の権利は物権である所有権なのである。このため，ius ad rem の趣旨を，物権をまだ取得していない特定物債権者である第一買主を保護することと解してしまうと，背信的悪意者排除論と ius ad rem の趣旨は合致しない。

　しかし，対抗要件を備えない物権は，原則として第三者対抗力を有しない。つまり，絶対効をもたない。このような権利をそもそも物権と性質決定できるのかについては，疑問なしとしない。むしろ，絶対効をもたない権利一般について，それでもなお第三者を排除する効果，あるいは，その状況をもたらす現象こそが，ius ad rem といえるだろう。そうだとすると，意思主義を採用した場合にも，ius ad rem との整合性を認めることができる。

57）善意有過失の第三者を排除するという解釈論をとりつつ，その対象事実を第一買主のたんなる占有事実で足りると解するのであれば，通行地役権と第三者の関係が問題となった，最判平10・2・13民集52・1・65以下の判断枠組みと同じ論理構成がとられたことになろう。

2　形式主義

　ius ad rem と形式主義の関連性はどうか。形式主義は，物権変動の効果発生に一定の方式を求める。具体的にいえば，目的物が不動産の場合には登記が，動産の場合には引渡しが方式となる[58]。とくに，ドイツ法は形式主義を採用している（BGB 873 条・929 条）。これによれば，土地の買主は登記を備えない限り，また，動産の買主は引渡しを受けない限り，目的物の所有権を取得できない[59]。すなわち，売買契約の成立・代金の支払・占有利用の開始があっても，未登記の不動産買主は所有者ではない。この買主は，特定物債権者にすぎないのである。

　もちろん，特定物債権者は，債務者である売主に対して目的物の引渡しや登記移転を求めることができる。さらに，第三者との関係においては，不法行為法上の保護を受けることもできる（BGB 823 条[60]・826 条）。しかし，それ

---

58) ただし，形式主義において要求される方式には，さまざまなものが考えられる。方式としてもともとなされていたのは，目的物の現実の引渡しであった。これに，登記などが加えられ，さらには，占有改定や返還請求権の譲渡も引渡しの代替として認められるようになった。これらは，本来，現実の引渡しとは理論上も実際上も異なる方式ととらえられるべきものである。このような本質的な齟齬を正確に把握しておかなければ，形式主義の本質を見誤ることになる。この点につき，*Othmar Jauernig*, Trennungsprinzip und Abstraktionsprinzip, JuS 1994, 721 f., 1994 を参照。

59) ドイツ法も日本法と同様に，占有改定や返還請求権の譲渡がなされることによって，引渡しと同じ効果が発生することを認める（BGB 930 条・931 条）。ただし，ドイツ法は，占有改定や返還請求権を代替的引渡しと位置づけており，引渡しそれ自体とは区別している。とはいえ，占有改定などによって，動産所有権の移転の効果が発生するのであり，その限りにおいて，占有改定なども形式主義における方式を満たすものとされている。しかし，代替的引渡しが認められることによって，直接占有を有しない買主も，所有権を取得できることになる。このことは，現実の引渡しを前提とした形式主義の本来の帰結とは異なる。むしろ，形式主義を維持しつつも，実質的には意思主義に限りなく近づく事案が認められているのである。そもそも，登記すら，現実の引渡しとはまったく異なるのである。

60) BGB § 823 (1)：Wer vorsätzlich oder fahrlässig das Leben, den Körper, die Gesundheit, die Freiheit, das Eigentum oder ein sonstiges Recht eines anderen widerrechtlich verletzt, ist dem anderen zum Ersatz des daraus entstehenden Schadens verpflichtet.
(2)：Die gleiche Verpflichtung trifft denjenigen, welcher gegen ein den Schutz eines anderen bezweckendes Gesetz verstößt. Ist nach dem Inhalt des Gesetzes ein Verstoß gegen dieses auch ohne Verschulden möglich, so tritt die Ersatzpflicht nur im Falle des Verschuldens ein.
第 823 条第 1 項：故意又は過失により他人の生命，身体，健康，自由，所有権又はその他の権利を違法に侵害した者は，その他人に対し，これによって生じた損害を賠償する義務を負う。
第 2 項：他人の保護を目的とする法律に違反した者も，前項と同様である。法律の内容によれば有責性がなくても違反を生じる場合には，賠償義務は，有責性があるときに限り生じる。

でもなお，買主は物権取得者ではないのであるから，物権的請求権を有するわけではない。このため，とくに無過失の第三者に対して，買主はなんらの請求権も有しないことになる。

そこで，ドイツ法は，土地の二重売買における未登記の第一買主が土地の占有利用を開始している場合に，第二買主が第一買主の存在を認識し，故意に第一買主を排除することを目的として，第二契約を締結するとともに登記を備えたときは，BGB 826 条を適用して第一買主の保護を図る。しかも，第一買主は第二買主に対して直接，目的物の所有権の譲渡を求めることができるとされている[61]。本来，第一買主は未登記なのであるから債権者にすぎず，これに対して，第二買主は登記していたのであるから所有者になっていたにもかかわらず，第一買主に絶対効が付与されているのである。第二買主の故意が要件であるとはいえ，故意概念と悪意概念の近接性を考慮すると，ここでの第一買主の権利は ius ad rem と理解することが可能であろう。

ここで問題となるのは，第二買主の悪意の対象である。とくに，目的物が土地である場合の登記済みの第二買主は，目的物の所有者となっているため，その所有権に対する制限との関係で，悪意の対象も限定する必要がある。ただ第一買主の占有利用の事実のみを対象として，その事実について悪意であるだけで第二買主を排除することは，第二買主の所有権の保護に鑑みると，疑問の余地がある。したがって，第二買主が積極的に害意をもって第一買主を排除する目的を有していることが，前提とされよう。この意味で，BGB 826 条の良俗違反の故意が満たされている必要がある。

また，仮登記（BGB 883 条[62]）も ius ad rem と対比することが許されよう。第一買主は，売主に対してアウフラッスンクを求める請求権について仮登記をすることによって，その後に現れた第二買主が本登記を備えたとしても，当該本登記の抹消について第二買主が同意するよう求めることができる（BGB 888 条[63]）。

第一買主は，仮登記を備えたとはいえ本登記を備えていない以上，ドイツ法上，所有者ではない。このため，売主を相手方とする債権者にすぎない。

---

61) この点につき，ドイツの判例はかなり古くから，第一買主の第二買主に対する直接請求権を認めている。RG Gruch 50, 971 ff., 1906 を参照。

これにもかかわらず，第一買主は第二買主に対して自らのアウフラッスンクの請求権を主張することが許されるのである。この法的構成は，ius ad remと近似するといえるだろう。とりわけ，登記制度を用いることによって，第一買主の存在につき，第二買主を悪意たらしめるという点を強調するならば，ius ad remとの共通項を抽出することができる。もっとも，第二買主の本登記が抹消された後，第一買主が本登記を経由するためには，売主に請求しなければならない。第一買主の第二買主への直接請求権，という観点からすると，仮登記とius ad remは，同一ではない。

以上のように，意思主義とは異なり，形式主義を採用する場合には，物権をまだ取得していない占有者の保護を図る必要性が，より高まると評価でき

---

62) BGB § 883 (1)：Zur Sicherung des Anspruchs auf Einräumung oder Aufhebung eines Rechts an einem Grundstück oder an einem das Grundstück belastenden Recht oder auf Änderung des Inhalts oder des Ranges eines solchen Rechts kann eine Vormerkung in das Grundbuch eingetragen werden. Die Eintragung einer Vormerkung ist auch zur Sicherung eines künftigen oder eines bedingten Anspruchs zulässig.
(2)：Eine Verfügung, die nach der Eintragung der Vormerkung über das Grundstück oder das Recht getroffen wird, ist insoweit unwirksam, als sie den Anspruch vereiteln oder beeinträchtigen würde. Dies gilt auch, wenn die Verfügung im Wege der Zwangsvollstreckung oder der Arrestvollziehung oder durch den Insolvenzverwalter erfolgt.
(3)：Der Rang des Rechts, auf dessen Einräumung der Anspruch gerichtet ist, bestimmt sich nach der Eintragung der Vormerkung.
第883条第1項：仮登記は，土地を目的とする権利若しくはその権利を目的とする権利の承諾請求権若しくは放棄請求権又は権利の内容若しくは順位の変更請求権を保全するため，これを土地登記簿に登記することができる。仮登記は，将来の請求権又は条件付きの請求権を保全するためにも，これを登記することができる。
第2項：仮登記の後に土地又は権利についてされた処分は，これが前項の請求権の全部又は一部と抵触する限りで，その効力を有しない。強制執行若しくは仮差押えの手続においてされ，又は倒産管財人によってされた処分についても，同様とする。
第3項：請求権の目的が権利の承諾であるときは，その権利の順位は，仮登記によって，これを定める。
63) BGB § 888 (1)：Soweit der Erwerb eines eingetragenen Rechts oder eines Rechts an einem solchen Recht gegenüber demjenigen, zu dessen Gunsten die Vormerkung besteht, unwirksam ist, kann dieser von dem Erwerber die Zustimmung zu der Eintragung oder der Löschung verlangen, die zur Verwirklichung des durch die Vormerkung gesicherten Anspruchs erforderlich ist.
(2)：Das Gleiche gilt, wenn der Anspruch durch ein Veräußerungsverbot gesichert ist.
第888条第1項：仮登記によって利益を受ける者は，登記された権利又はその権利を目的とする権利の取得が自己に対して効力を有しないときは，その取得者に対して，仮登記によって保全される請求権を実現するのに必要な登記又は抹消に同意することを請求することができる。
第2項：請求権が譲渡の禁止によって保全されるときも，前項と同様とする。

る。このため，ius ad rem，あるいは，ius ad rem に類似した法的構成をとることの有用性がより顕著に認められるといえるだろう[64]。

3 小 括

　意思主義を採用した場合には，理論上，物権変動の効果発生は容易に認められやすくなる，とひとまずはいえる。これに対して，形式主義をとる場合には，登記などの方式が満たされない限り，物権変動の効果は発生しない。これらのことから，以下の帰結が導かれる。すなわち，意思主義においては，物権と方式の所在がずれることがあるため，方式を備えない物権取得者の絶対効が問題となる。また，形式主義においては，物権と方式の所在は一致するため，物権をいまだ取得していない者の保護が問題となる。

　ius ad rem 概念がとくに問題とされてきたのは，このうち後者を対象とするものではあった。いいかえれば，債権の絶対効を認めることが場合によって可能か，という問いである。形式主義を採用しているドイツ法は，まさにこの問題に直面する。

　これに対して，日本法は，立法においても，通説と判例においても，形式主義を採用していない。このため，方式を備えていない権利取得者の絶対効を認めることは比較的容易である。なぜならば，その者はすでに物権取得者だからである[65]。

　つまり，日本法においてもドイツ法においても，第三者が登場しうる状態を残しつつ，目的物を取得した者を保護する必要性が，共通して発生する。ここで機能する規範は，日本法では背信的悪意者排除論であり，ドイツ法では良俗違反の不法行為に基づく請求権などである。もしここで，不完全な権

---

64) 形式主義を採用しているドイツ法において，故意の良俗違反（BGB 826 条）や仮登記（BGB 883 条）以外の，ius ad rem と対比可能な制度の研究については，大場・前掲注3「ドイツ現行法における ius ad rem の法的位置づけ」・247 頁以下を参照。

65) とくに，二重譲渡の場面において，第三者が不動産登記や動産の引渡しなどの方式を先に備えたとしても，その第三者が背信的悪意者である場合には，方式を備えていない第一譲受人は，その第三者を排除することができる。これはまさに，方式を備えていない譲受人といえども，物権を有しているからにほかならない。ただし，この法状況を ius ad rem にひきつけてみると，第三者の悪意がみたされていることからして，日本法上の背信的悪意者排除論と ius ad rem 論とは，一定の類似性が認められる。

利者を保護する必要性，という観点から問題を一元化することが許されるとすれば，ius ad rem は，この問題を一元的に把握するためにきわめて有用な概念となるであろう[66]。

問題は，完全な物権を取得していない者も絶対効を有する権利をもつことがある，という法状況を，これまでの ius ad rem 概念と同一視してよいのかである。そもそも，完全な物権という概念自体，きわめて曖昧なものといえよう[67]。物権や債権の概念を明らかにしない限り，それらの狭間を埋めるために生み出された ius ad rem 概念もまた，明らかにされえない。

すくなくとも，これまでの ius ad rem 概念は，完全な物権を取得していない者はすべて債権者の地位にとどまる，ということを前提としていた。その上で，第三者の悪意性を足がかりに，本来であれば相対効しか有しないはずの債権者に対して，絶対効をもつ特殊な権利を付与したのであった。だからこそ，そこに，今日のドイツ法における物権概念との乖離が生まれ，物権債権峻別論の採用をおし進めたことから，ius ad rem は，原始的な形態としては，ドイツ法から姿を消したのであった[68]。

五　おわりに

1　結　論

本章では，物権行為と ius ad rem の理論的関係について，意思主義と形式主義を分析基軸にすえながら，ここまで検討を進めてきた。最後に，本章で得られた結論を提示しよう。

物権行為概念は，形式主義をとっているドイツ法に特有のものとよく評価

[66) ただし，ius ad rem の概念を日本法とドイツ法それぞれに当てはめて，問題を統一的に解決するためには，物権には絶対性があり，債権には相対性しかない，というこれまでの一般的な権利についての理解を根本的に検討しなおす必要がある。

67) 萌芽的物権として，加藤雅信『新民法大系Ⅱ・物権法（第2版）』（有斐閣・2005）76頁以下を参照。これに対する批判として，松岡久和『物権法』（成文堂・2017）91頁を参照。

68) 意思主義を採用する場合には，そもそも，物権と債権の概念が曖昧なものとなる。その限りにおいて，日本法が物権債権峻別論を前提としていると評価しうるかは，1つの大きな問題といえよう。すくなくとも，ドイツ法においていわれるような意味での物権債権峻別論と，日本法の法状況は，質的に異なると評価すべきではないだろうか。日本の判例と通説が物権行為概念を採用していないこともまた，日本法が物権債権峻別論を貫徹しえない根拠といえるだろう。

される。しかし，意思主義のもとでも，物権行為の存在を認めることは可能である。物権行為は法律行為であるから，たとえば所有権移転の効果を生じさせる法律行為を，債権的な行為に限定する必然性はない[69]。

　また，物権行為概念を認めているドイツ法が，物権の効果発生について形式主義をとっているため，物権行為と事実行為を結合させなければならない，あるいは，物権行為は事実行為の一部である，との理解も不可能ではない。しかし，物権行為はあくまで意思表示から成り立つ法律行為であって，事実行為とは質的に異なる。したがって，物権行為は，理論上は，登記や引渡しとは無関係に成立しうる。

　さらに，物権行為と債権行為の関係性について，ドイツ法は無因性を認めてはいるが，今日のドイツにおける判例や通説は，物権行為の無因性に対して，なんらかの方法で制限をかけている。つまり，物権行為概念を認めることと，物権行為の無因性をも認めることは，理論上の必然性はない。有因的物権行為を認めることは，理論上十分に可能である。

　これに対しては，それでは物権行為概念を認める意義がない，あるいは，むしろ有害ともいえる，との批判が予想される。しかし，物権行為の成立を実際の事案において認めるにあたっては，なんらかの事実の存在により，まさに事実認定により，物権行為の存在の当否が判断される。その事実認定のレベルにおいて，登記や引渡しといった事実が，物権行為の存在を立証するために用いられるのは，むしろ当然であろう。あくまで理論上は，これら事実行為がなくても，物権行為が成立しうる余地があるにすぎないのである[70]。

　そして，日本法における背信的悪意者排除論をより明確かつ機能的に把握するために，物権行為概念は役立つ。すなわち，第二譲受人である第三者の悪意対象事実を，第一譲受人による物権行為の成立と解するのである。ここに，日本法においても物権行為概念を認めることの，実質的意義を見出すこ

---

69) とりわけ，所有権の移転を直接の目的とする売買契約などとは異なり，抵当権の設定を目的とはしない消費貸借契約の場合には，その消費貸借契約から直接に抵当権設定を演繹することは不可能である。このため，抵当権設定を直接の目的とする法律行為について性質決定するならば，これは，物権行為と評価せざるをえないであろう。

70) いわゆる所有権の移転時期についての論点に関して，判例がとる契約時移転説ですら，理論的な指針にすぎない。実際に契約が成立しているかどうかは，結局のところ，そのような事実認定がなされるかどうかによるのである。

とができる。

　ius ad rem については，完全な物権を取得していない者をすべて債権者として位置づけることを前提とした上で，そのような債権者に絶対効のある権利を付与する概念として，まずは把握されるべきではある。

　そうすると，形式主義をとる場合には，たとえば売買契約の買主は，登記などの方式を備えなければ物権を取得できないのであるから，それまでの間は，まさに債権者にすぎない。このような債権者を保護するために，ドイツ法で用意されている良俗違反の不法行為に基づく請求権などは，まさに，ius ad rem と同視しうる概念といえよう[71]。

　これに対して，日本法のように意思主義をとる場合には，方式を備えなくても，第一買主は所有権を取得することができる。ここで，第二買主が背信的悪意者であるときに，第一買主が，第二買主を民法177条のいう第三者に該当しないとして排除することができるのは，第一買主のまさに所有権そのものに基づく請求権があるからこそといえる。そうだとすると，この請求権を従来の ius ad rem 概念と同視しながら分析することは難しい。両者をつなぐなんらかの道具概念が必要となろう。そのためには，物権所得者か債権者かの二者択一ではなく，完全な物権を取得していない者の法的地位を，ius ad rem となぞらえて，積極的に把握するべきではないか。これにより，日本法上の背信的悪意者排除論を，ius ad rem と対比しながら分析することが可能となる。

2　今後の課題

　本章の結論をふまえてもなお，課題は多く残されている。物権行為と ius ad rem の理論的関係を探るためには，物権概念と債権概念の正確な理解が必要不可欠である。したがって，まず，物権と債権の概念把握に正面から取り組み，その上で，物権行為と ius ad rem の関係を分析する試みが求められ

---

[71]　ドイツにおいては，良俗違反の不法行為に基づく請求権などの法的性質について，さまざまな見解が主張されている。ただし，ここでまず重要なのは，それぞれの請求権の法的性質が ius ad rem にあたるのかどうかではなく，むしろ，それぞれの請求権の要件と効果，さらには，その法的な趣旨に分解して，それらを検討することである。そうでなければ，ius ad rem との機能主義的な比較は，そもそも不可能であろう。

る。これにより，ドイツ法において従来考えられてきた ius ad rem 概念[72]と，現代の日本法とドイツ法に散見される絶対性のある諸権利とを，有機的に関連づけることが可能となろう。

つぎに，法的性質や要件の観点からだけではなく，効果の側面から物権行為と ius ad rem を検討することも重要である。権利者に与えられる効果は，第三者に対する金銭による賠償請求権なのか，それとも，履行請求権なのか。

---

72) ドイツ法上，ius ad rem が立法化された代表的なものとして，ALR（プロイセン一般ラント法）がある。そこでの ius ad rem に関連する条文は，以下の通りである。
ALR I 2 § 122：Persönliche Rechte und Verbindlichkeiten heißen diejenigen, wozu nur gewisse Personen, ohne Rücksicht auf den Besitz einer Sache, befugt, oder verpflichtet sind.
§ 123：Ein persönliches Recht enthält die Befugniß, von dem Verpflichteten zu fordern, daß er etwas geben, leisten, verstatten, oder unterlassen solle.
§ 124：In so fern dergleichen persönliches Recht das Geben, oder die Gewährung einer bestimmten Sache, zum Gegenstande hat, wird es ein Recht zur Sache genannt.
§ 125：Ein Recht ist dinglich, wenn die Befugniß zur Ausübung desselben mit einer Sache, ohne Rücksicht auf eine gewisse Person, verbunden ist.
§ 126：Auch solche Rechte heißen dinglich, deren Gegenstand eine Sache ist, ohne Rücksicht auf die Person, bey welcher diese Sache sich befindet.
§ 127：Dergleichen Rechte, die ihrem Gegenstande nach dinglich sind, heißen Rechte auf die Sache.
§ 128：Rechte, welche in Beziehung auf das Subjekt, dem sie zukommen, dinglich sind, können in Rücksicht auf ihren Gegenstand bloß persönlich, oder zugleich Rechte auf die Sache seyn.
§ 129：Eben so können Rechte, die in Ansehung ihres Gegenstandes dinglich sind, in Ansehung des Subjekts, welchem sie zukommen, zu den bloß persönlichen, oder auch zu den dinglichen Rechten gehören.
§ 130：Wenn die Gesetze von dinglichen Rechten ohne weitern Beysatz reden, so werden darunter solche, die in Ansehung ihres Gegenstandes dinglich, oder Rechte auf die Sache sind, verstanden.
§ 135：Wenn demjenigen, der ein persönliches Recht zu einer Sache hat, der Besitz derselben auf den Grund dieses Rechts eingeräumt wird, so entsteht dadurch ein dingliches Recht auf die Sache.
7 § 71：Auch alsdann ist die Uebergabe des Besitzes für vollzogen zu achten, wenn der bisherige Besitzer seinen Willen, die Sache nunmehr für einen andern in seiner Gewahrsam zu halten, rechtsgültig erklärt hat.
§ 74：Der, welchem eine Sache körperlich übergeben worden, hat, in Ansehung der aus dem Besitz entspringenden Rechte, den Vorzug vor dem, welchem die Uebergabe bloß durch Anweisung oder durch Zeichen geschehen ist.
9 § 3：Zur Erwerbung des Eigenthums wird die Besitznehmung erfordert.
10 § 20：Hat noch keiner unter ihnen die Eintragung erhalten, so kann derjenige, dessen Titel zuerst entstanden ist, dieselbe vorzüglich fordern.
§ 22：Haben die Prätendenten insgesammt ihren Titel von einer und eben derselben Person, so entscheidet, auch bey beweglichen Sachen, der Zeitpunkt der frühern Entstehung dieses Titels.

ius ad rem は，権利者が第三者に対して直接に履行請求することができる点に，その特徴を見出されてきた。しかし，従来の ius ad rem 概念との対比をするにあたって，権利者の第三者に対する直接の履行請求権に拘泥する必要がなく，第三者に対して金銭賠償を原則とした請求自体が認められればそれで許されるのならば，ius ad rem と現行法の関連性を見直す必要性がでてくるであろう。

以上の課題を検討していくにあたって，基底となる思考は，物権行為との関係で ius ad rem を分析する，というものである。物権行為と ius ad rem との間には，物権債権峻別論の導入を契機として，断絶があるとみるのが一般的であろう[73]。しかし，このことは，物権債権峻別論が，まさに峻別とは評価しえないほどに曖昧なものであることが論証されることによって，覆される。つまり，物権行為概念と ius ad rem 概念が，現行法上，日本法においてもドイツ法においても，実質的には並存していると評価しうる視座が提供されるのである。

---

73) Savigny は，ius ad rem を明確に否定している。この点につき，*von Savigny*, a.a.O. 43, S. 334 ff. を参照。

第二章　物権と債権

一　はじめに

1　問題の所在

　売買契約によって所有権が移転する，とよくいわれる。しかし，実際の取引過程においては，売買契約の成立だけではなく，代金の支払や，目的物の引渡し，目的物が不動産である場合には所有権移転の登記などが，当然に行われるし，売買契約の当事者もこれらの必要性を十分に認識している。

　日本の判例[1]と伝統的通説[2]は，売買契約を通じた所有権移転の効果発生時期について，いわゆる契約成立時説を採用している。これに対しては，外部的徴表説[3]が有力に主張されている。そもそも，民法555条は，「売買は，当事者の一方がある財産権を相手方に移転することを約し，相手方がこれに対してその代金を支払うことを約することによって，その効力を生ずる」と定めている。これをみると，売買契約の効果が発生してもなお，売主には財産権移転義務が残っているのであるから，売買契約の効果として所有権が移転するという見解を，すくなくとも原則論として維持するのは，文理解釈として困難である。

　しかし，ここで外部的徴表説をとるにしても，基準とされる行為は，代金の支払，目的物の引渡し，および，登記の移転などであり，いずれも法律行為ではなく事実行為である。所有権移転という法律効果を発生させるために

---

1) たとえば，大判大2・10・25民録19・857以下などを参照。
2) この点につき，我妻栄著・有泉亨補訂『新訂・物権法（民法講義Ⅱ）』（岩波書店・1982）59頁以下などを参照。
3) たとえば，川島武宜『新版・所有権法の理論』（岩波書店・1987）222頁以下などを参照。川島説は有償性説とも称されるが，同説は，代金の支払だけではなく，目的物の引渡しや登記の移転も所有権移転効果を発生させるという。

第二章　物権と債権　273

は，法律行為が必要なのではないか。また，抵当権設定の効果のように，その前提となる契約をそもそも想定しにくい物権変動もある[4]。

そこで，売買契約などとは異なる，物権変動それ自体を直接に導き出すことのできる法律行為を析出する素地が見出される。つまり，物権行為概念である。物権行為の独自性については，判例[5]も通説[6]もこれを否定している。しかし，前述した理由から，売買契約などの債権行為とは異なる法律行為概念を肯定しなければ，物権と債権を区別している日本の民法典の構造上，物権変動の効果発生を導くための根拠は薄弱であるといわざるをえない。

とはいえ，ドイツ法においても，物権行為の独自性と無因性が異論なく肯定されているわけではない。とくに無因性については，様々な解釈を通じてその効果を限定する方法が模索されている[7]。ドイツ法のそのような状況において，BGB（ドイツ民法典）が前提としている物権債権峻別論の根底を揺るがすような，物権と債権のいわば狭間にあるような，曖昧な権利あるいは法制度の存在が多くみられるようになってきた[8]。

しかし，ドイツ法においても，債権でありながら絶対効を有する権利が歴史上なかったわけではない。その代表例が，ius ad rem（物への権利）である。この権利は，とりわけ二重売買の場面において，第一買主が悪意の第二買主に対して，目的物を直接自己に引き渡すことを求めうる権利であった。ius ad rem は，ALR（プロイセン一般ラント法）で立法化[9]されたが，BGB には採用されず，すくなくとも現在のドイツ法においては，存在しないとされてい

---

4) 売買契約の終局的な目的は所有権の移転にあるため，売買契約と所有権の移転を要件と効果の関係として位置づけることは，論理的には可能であろう。しかし，消費貸借契約が締結されたからといって，その債権を担保するためにいつも抵当権が設定されるとは限らない。したがって，消費貸借契約から抵当権設定の効果を直接に導くことはできない。
5) 大判明28・11・7民録1・4・28以下などを参照。
6) 我妻・有泉・前掲注2・56頁以下を参照。
7) この点につき，大場浩之「不動産所有権の二重契約における生存利益の保護―ドイツ物権行為論の展開を手がかりとして―」浦川道太郎先生・内田勝一先生・鎌田薫先生古稀記念論文集編集委員会編『早稲田民法学の現在―浦川道太郎先生・内田勝一先生・鎌田薫先生古稀記念論文集―』（成文堂・2017）95頁以下を参照。
8) その典型例としてあげられるのが，仮登記，占有改定，期待権，譲渡禁止，先買権，不法行為に基づく請求権などである。くわしくは，大場浩之「ドイツ現行法における ius ad rem の法的位置づけ」道垣内弘人＝片山直也＝山口斉昭＝青木則幸編『社会の発展と民法学（上巻）―近江幸治先生古稀記念論文集―』（成文堂・2019）247頁以下を参照。

る。その理由は、物権債権峻別論を前提としたBGBの体系と整合しない、というものであった[10]。

けれども、実務の需要として、完全な物権を取得してはいない第一買主を、形式的には物権を取得してはいる第二買主との関係で、保護する必要性があることもたしかである。このため、現行法の解釈として、あるいは、実際上の機能として、ius ad remに類似する法現象が今日のドイツ法においても認められているのである。

---

9) ALR（プロイセン一般ラント法）におけるius ad remに関連する条文は、以下の通りである。
ALR I 2 § 122：Persönliche Rechte und Verbindlichkeiten heißen diejenigen, wozu nur gewisse Personen, ohne Rücksicht auf den Besitz einer Sache, befugt, oder verpflichtet sind.
　§ 123：Ein persönliches Recht enthält die Befugniß, von dem Verpflichteten zu fordern, daß er etwas geben, leisten, verstatten, oder unterlassen solle.
　§ 124：In so fern dergleichen persönliches Recht das Geben, oder die Gewährung einer bestimmten Sache, zum Gegenstande hat, wird es ein Recht zur Sache genannt.
　§ 125：Ein Recht ist dinglich, wenn die Befugniß zur Ausübung desselben mit einer Sache, ohne Rücksicht auf eine gewisse Person, verbunden ist.
　§ 126：Auch solche Rechte heißen dinglich, deren Gegenstand eine Sache ist, ohne Rücksicht auf die Person, bey welcher diese Sache sich befindet.
　§ 127：Dergleichen Rechte, die ihrem Gegenstande nach dinglich sind, heißen Rechte auf die Sache.
　§ 128：Rechte, welche in Beziehung auf das Subjekt, dem sie zukommen, dinglich sind, können in Rücksicht auf ihren Gegenstand bloß persönlich, oder zugleich Rechte auf die Sache seyn.
　§ 129：Eben so können Rechte, die in Ansehung ihres Gegenstandes dinglich sind, in Ansehung des Subjekts, welchem sie zukommen, zu den bloß persönlichen, oder auch zu den dinglichen Rechten gehören.
　§ 130：Wenn die Gesetze von dinglichen Rechten ohne weitern Beysatz reden, so werden darunter solche, die in Ansehung ihres Gegenstandes dinglich, oder Rechte auf die Sache sind, verstanden.
　§ 135：Wenn demjenigen, der ein persönliches Recht zu einer Sache hat, der Besitz derselben auf den Grund dieses Rechts eingeräumt wird, so entsteht dadurch ein dingliches Recht auf die Sache.
7 § 71：Auch alsdann ist die Uebergabe des Besitzes für vollzogen zu achten, wenn der bisherige Besitzer seinen Willen, die Sache nunmehr für einen andern in seiner Gewahrsam zu halten, rechtsgültig erklärt hat.
　§ 74：Der, welchem eine Sache körperlich übergeben worden, hat, in Ansehung der aus dem Besitz entspringenden Rechte, den Vorzug vor dem, welchem die Uebergabe bloß durch Anweisung oder durch Zeichen geschehen ist.
9 § 3：Zur Erwerbung des Eigenthums wird die Besitznehmung erfordert.
10 § 20：Hat noch keiner unter ihnen die Eintragung erhalten, so kann derjenige, dessen Titel zuerst entstanden ist, dieselbe vorzüglich fordern.
　§ 22：Haben die Prätendenten insgesammt ihren Titel von einer und eben derselben Person, so entscheidet, auch bey beweglichen Sachen, der Zeitpunkt der frühern Entstehung dieses Titels.

2 課題の設定

　以上のように，今日のドイツ法において，物権行為概念は認められているが，ius ad rem 概念は，立法上は否定されている。この関係は，まさに，物権債権峻別論という体系を重視した BGB が採用されたことによる。

　これに対して，日本法は，その体系についてドイツ法を継受したと評されつつも，判例と通説は物権行為概念を否定しているし，債権の絶対効を認めている例も多く見受けられる[11]。このため，むしろ，物権債権峻別論を採用していないのではないか，すくなくとも，物権と債権の区別がより曖昧にされているのではないか，との疑問が生じうる。

　すなわち，一方で，物権と債権の区別を厳格にすればするほど，物権行為の独自性は肯定されやすくなるとともに，ius ad rem 概念は否定されることになる。他方で，物権と債権の境界を曖昧にすればするほど，物権行為の独自性を認める根拠は乏しくなり，かつ，債権の絶対効は認めやすくなる。このような，物権行為と ius ad rem の対立関係は，まさに，物権債権峻別論を受け入れるかどうかによって，大きく左右されてきた。

　そこで，本章では，物権行為と ius ad rem の理論的関係について，物権債権峻別論を分析基軸にすえながら，検討をくわえる[12]。そもそも，物権と債権のそれぞれがもつ法的性質とはなにか。この点を明らかにしなければ，ius ad rem の法的性質を具体化することはできない[13]。一般的に，ius ad rem は，相手方の悪意を要件として絶対効を有する特定物債権，といわれる。そして，そのような権利は，日本法にもドイツ法にも多く散見される。しかし，それら権利のすべてが，現代の ius ad rem とまで評価しうるかについては，検討の余地がある。

---

10) ius ad rem の歴史的経緯については，大場浩之「ius ad rem の歴史的素描」松久三四彦＝後藤巻則＝金山直樹＝水野謙＝池田雅則＝新堂明子＝大島梨沙編『社会の変容と民法の課題（上巻）―瀬川信久先生・吉田克己先生古稀記念論文集―』（成文堂・2018）193 頁以下を参照。
11) 背信的悪意者排除論，仮登記された請求権，賃借権の物権化など，債権に絶対効を付与する理論および概念は，日本法上，数多くみられる。
12) 物権行為と ius ad rem の理論的関係について，意思主義と形式主義の観点から検討するものとして，本書第三部第一章を参照。
13) ius ad rem の法的性質について分析を試みるものとして，大場浩之「ius ad rem の法的性質」早法 94・4・63 以下（2019）を参照。

たしかに，物権行為に関する研究[14]についても，ius ad rem に関する研究[15]についても，日本において先行研究の蓄積がある。しかし，物権行為に関する研究は，日本において，かなり長い間停滞していたといわざるをえない。その間，ドイツにおいては，物権行為あるいは物権契約に関する研究が，継続的に展開されてきている[16]。このようなドイツ法の動きを的確にとらえる必要がある。また，ius ad rem についても，日本の研究状況はここのところ芳しくない。ドイツ法の新たな動き[17]を把握しながら，日本で最近なされた債権法改正をも横目ににらみつつ，物権と債権の狭間にある概念について，考察を深める必要がある。

したがって，まさに今，物権行為と ius ad rem の関係について研究を行うことには，大きな意義があるといわなければならない。

14) 物権行為概念に関する研究として，たとえば，岡松参太郎「物権契約論」法協 26・1・58 以下（1908），横田秀雄「物権契約ヲ論ス」法曹記事 22・11・1 以下（1912），吾妻光俊「独逸民法に於ける物権契約の抽象性」法協 51・5・43 以下（1933），田島順「物権契約の問題」論叢 44・2・1 以下（1941），山本進一「わが民法における物権行為の独自性と有因性（1〜2）」法協 29・1・1 以下，29・4＝5・43 以下（1955〜1956），石田喜久夫「引渡主義について—物権行為理解のために—」民商 39・1＝2＝3・183 以下（1959），原島重義「債権契約と物権契約」契約法大系刊行委員会編『契約法大系 II（贈与・売買）』（有斐閣・1962）102 頁以下，有川哲夫「物権契約理論の軌跡—サヴィニー以後一世紀間—」原島重義編『近代私法学の形成と現代法理論』（九州大学出版会・1988）303 頁以下，谷口貴都『ローマ所有権譲渡法の研究』（成文堂・1999），および，於保不二雄「物権行為について」同『民法著作集 I・財産法』（新青出版・2000）119 頁以下などがある。

15) ius ad rem に関する研究として，たとえば，好美清光「Jus ad rem とその発展的消滅—特定物債権の保護強化の一断面—」一橋大学法学研究 3・179 以下（1961），同「Jus ad rem とその発展的消滅—特定物債権の保護強化の一断面—」私法 23・77 以下（1961），小川浩三「ius ad rem 概念の起源について—中世教会法学の権利論の一断面—」中川良延＝平井宜雄＝野村豊弘＝加藤雅信＝瀬川信久＝広瀬久和＝内田貴編『日本民法学の形成と課題・星野英一先生古稀祝賀(上)』（有斐閣・1996）331 頁以下などを参照。

16) 物権行為概念に関する，ドイツにおける議論については，たとえば，*Dieter Haag Molkenteller*, Die These vom dinglichen Vertrag, -Zur formalen Struktur der Eigentumsübertragung nach § 929 Satz 1 BGB-, Frankfurt am Main 1991; *Astrid Stadler*, Gestaltungsfreiheit und Verkehrsschutz durch Abstraktion -Eine rechtsvergleichende Studie zur abstrakten und kausalen Gestaltung rechtsgeschäftlicher Zuwendungen anhand des deutschen, schweizerischen, österreichischen, französischen und US-amerikanischen Rechts-, Tübingen 1996; *Ulrich Huber*, Savigny und das sachenrechtliche Abstraktionsprinzip, FS Claus Wilhelm Canaris, Band I, München 2007, S. 471 ff.; *Christoph Alexander Kern*, Abschied vom dinglichen Vertrag?, FS Rolf Stürner, Tübingen 2013, S. 161 ff. などを参照。

17) 売買契約との関係で ius ad rem 概念にアプローチする研究として，*Ralf Michaels*, Sachzuordnung durch Kaufvertrag -Traditionsprinzip, Konsensprinzip, ius ad rem in Geschichte, Theorie und geltendem Recht-, Berlin 2002 を参照。

3　本章の構成

そこで，本章では，まず，物権と債権のそれぞれの法的性質について検討し，その法的内容を特定する。そうすることによって，物権と債権の狭間にある曖昧な概念，あるいは，物権と債権を架橋する概念を，正確に把握することができる。

そして，物権行為の法的性質について，物権と債権それぞれの観点から，分析を行う。物権行為は，まさに物権的な法律行為であるところに，その特質がある。しかし，理論上も実際上も，物権行為の内容には，債権行為あるいは債権的な行為の内容と重なる性質が，含まれてしまっているのではないか[18]。正確にいえば，物権行為と債権行為の区別がきちんとなされないままに，議論が展開されてしまっているのではないか。本章では，この区別を明確にしながら，物権行為概念の正確な理解を試みたい。

その上で，同じく物権と債権の観点から，ius ad rem の分析を行う。絶対効のある特定物債権であるという点に ius ad rem の特徴を見出し，その概念を認めるのであれば，債権は相対性しか有しておらず物権であればこそ絶対性が認められる，との一般的な理解はもはや成り立たなくなる。ius ad rem の法的性質と物権債権峻別論との関係は，緊張関係に立っているのである。

以上の分析においては，物権行為と ius ad rem の理論的関係について，歴史的観点，とりわけ，立法，判例および学説の展開に着目しながら，検討を進めていくこととする。

二　物権と債権

1　物　権

物権は物に対する権利である。正確にいうと，物についての権利である。たとえば所有権は，目的物を所有することによって生じる効果を束ねた権利，ということもできる。このような物権には直接性・絶対性・排他性があると，一般にいわれる。物権取得者は，他人を介することなく目的物を支配するこ

---

18) 物権行為について，物権契約という言葉を用いることがある。しかし，契約という言葉に，債権関係を意識させる内容が含まれていることもまた，事実である。

とができる。また，物権取得者は，目的物を侵害しまたは侵害しようとする者に対して，それが誰であっても，その者に対して物権を行使することができる。さらに，物権取得者は，侵害者を排除することができる。これらが，物権の典型的な特徴である。

ここで，売買契約の場面を念頭においてみよう。売買契約は，目的物の所有権の移転を最終的な目的としている。日本法は，所有権の移転について意思主義を採用しており（民法176条），判例はいわゆる契約成立時説をとっていることから，この見解によれば，買主は売主と売買契約を締結するだけで所有権を取得することが，理論上は可能である[19]。そうすると，買主は，目的物の引渡しを受ける前の段階で物権的請求権をもつということになる。

これに対して，ドイツ法のように形式主義をとった場合には，買主は登記（BGB 873条1項[20]）または引渡し（BGB 929条[21]）を得ることによってようや

---

[19] ただし，裁判例において，実際にどのような事実行為がなされれば売買契約の成立があったと事実認定されたかについては，注意を要する。この点につき，吉原節夫「『特定物売買における所有権移転の時期』に関する戦後の判例について―民法176条の研究(1)―」富大経済論集6・3＝4・540頁以下（1961），および，同「物権変動の時期に関する判例の再検討（1～2）―民法176条の研究(2)―」富大経済論集7・2・164頁以下・8・1・1以下（1961～1962）を参照。

[20] 以下，適宜，BGB（ドイツ民法典）の条文とその日本語訳を掲げる。なお，BGBの条文の日本語訳は，エルヴィン・ドイチュ＝ハンス・ユルゲン・アーレンス著・浦川道太郎訳『ドイツ不法行為法』（日本評論社・2008）328頁以下，ディーター・ライポルト著・円谷峻訳『ドイツ民法総論―設例・設問を通じて学ぶ―（第2版）』（成文堂・2015）550頁以下，および，マンフレート・ヴォルフ＝マリーナ・ヴェレンホーファー著・大場浩之＝水津太郎＝鳥山泰志＝根本尚徳訳『ドイツ物権法』（成文堂・2016）603頁以下による。

BGB § 873(1): Zur Übertragung des Eigentums an einem Grundstück, zur Belastung eines Grundstücks mit einem Recht sowie zur Übertragung oder Belastung eines solchen Rechts ist die Einigung des Berechtigten und des anderen Teils über den Eintritt der Rechtsänderung und die Eintragung der Rechtsänderung in das Grundbuch erforderlich, soweit nicht das Gesetz ein anderes vorschreibt.

(2): Vor der Eintragung sind die Beteiligten an die Einigung nur gebunden, wenn die Erklärungen notariell beurkundet oder vor dem Grundbuchamt abgegeben oder bei diesem eingereicht sind oder wenn der Berechtigte dem anderen Teil eine den Vorschriften der Grundbuchordnung entsprechende Eintragungsbewilligung ausgehändigt hat.

第873条第1項：土地を目的とする所有権の移転，土地を目的とする権利の設定又はその権利を目的とする権利の設定若しくは移転には，権利者と相手方との間で権利の変動に関する合意をし，かつ，権利の変動を土地登記簿に登記しなければならない。ただし，法律に別段の定めがあるときは，この限りでない。

第2項：前項の合意は，この意思表示が公証人の認証を受け，土地登記所において表明され，若しくは土地登記所に対して書面によって申請され，又は権利者が意思表示の相手方に土地登記法の定めるところによる登記許諾を与えたときは，登記がされる前においても，当事者を拘束する。

く所有権を取得することができる。これによれば，買主は，売買契約を締結しただけの段階においては，物権的請求権をもっていないということになる。

　ここで問題となるのは，日本法における買主の状況である。買主は，売買契約の成立のみでたしかに所有者になることができる。しかし，第三者に自らの所有権を対抗するためには，登記が必要とされる（民法177条）。この対抗の法的意義は，まさに，所有権の絶対性と排他性にほかならない。そうだとすると，買主の権利に付与される絶対性は，売買契約の成立に伴う所有権の移転ではなく，登記または引渡しを得たことに，その契機があるともいえる[22]。すなわち，物権を取得したことから演繹的に，絶対性などの物権に特有とされてきた効果を導き出すことはできないのではないか，との疑問が生じうる。

　ここで，物権の法的性質の典型例としてこれまであげられてきた直接性・絶対性・排他性が，物権であるということそれ自体からではなく，その他の要件に基づいて発生する，ということが認められるとすると，物権が物権であることの意義が，根本的に疑われることになる。もはや，物権の法的性質として異論なく受け入れられる内容は，物権は物を対象とする権利であるという点に，限定されてしまうかもしれない。

　とはいえ，物権には原則として直接性・絶対性・排他性が付与されると解して，債権との違いを維持することによって，概念整理に寄与するとして，物権と債権を区別する方針を維持することは，可能であろう。したがって，

---

21) BGB § 929：Zur Übertragung des Eigentums an einer beweglichen Sache ist erforderlich, dass der Eigentümer die Sache dem Erwerber übergibt und beide darüber einig sind, dass das Eigentum übergehen soll. Ist der Erwerber im Besitz der Sache, so genügt die Einigung über den Übergang des Eigentums.
　第929条：動産の所有権を譲渡するには，所有者が取得者に物を引き渡し，かつ，当事者双方が所有権の譲渡を合意しなければならない。取得者が物を占有するときは，所有権の譲渡に係る合意をすればたりる。

22) 債権の物権化とも称される問題である。もっとも，ここで問題とされるのは，債権への絶対性の付与であろう。この点につき，*Gerhard Dulckeit*, Die Verdinglichung obligatorischer Rechte, Tübingen 1951, S. 9 ff.; *Claus Wilhelm Canaris*, Die Verdinglichung obligatorischer Rechte, in: FS Flume, Köln 1978, S. 371 ff. を参照。Claus Wilhelm Canaris は，物権と債権のそれぞれの性質を明確には区別しない。その上で，分析対象となっている各権利の特徴に応じて，それらが物権と債権のいずれに近似するかを検討し，その上で，各権利に物権か債権のより近い方の性質をあてはめようとする。

物権の法的性質については，物を対象とする権利であり，原則として，直接性・絶対性・排他性を有するが，例外を排除するものではない，との内容と解するのが妥当といえる。ここに，物権であることと，直接性・絶対性・排他性の三要素とを，かならずしも結合させることはない，とする解釈論が生まれる。

2 債権

債権とは，特定人に対する権利のことをいう。債権者は，債務者の行為がなければ債権の実現を図ることはできない。また，債権者は債務者に対してのみ請求権を有する[23]。このため，第三者を排除する権利は債権者にはないとするのが，原則である[24]。これらのことから，債権に認められるのは間接性と相対性のみであり，排他性は認められない，とされている。

たとえば，売買契約が締結されると，売主は所有権移転義務を負い，買主は代金支払義務を負う（民法555条）。これらの権利義務は債権関係であり，売主は買主に対してのみ，買主は売主に対してのみ，それぞれの請求権を行使することができる[25]。ここで同じ目的物につき二重に売買契約が締結された場合においても，第一買主は第二買主に対してなんら請求権を有しないとするのが，原則である。第一買主は売主に対する債権しか有していないからである。

かりに意思主義を採用し，所有権の移転時期について契約成立時説をとると，売買契約の成立によって所有権が第一買主に移転することが，理論上は認められる。すると，第一買主は第二買主に対しても，自らの物権たる所有権に基づいて請求権をもつことになるが，日本法においては，対抗問題として処理され，登記や引渡しを得ていない第一買主は，それらを先に具備した第二買主に対して対抗することができない（民法177条）。

---

23) この点につき，*Walther Hadding*, Rechtsverhältnis zwischen Person und Sache?, JZ 1986, 926 ff., 1986 を参照。
24) だからこそ，同じ物を目的物とする売買契約を二重に締結することが許されるのである。
25) 売買契約における買主の売主に対する請求権は，売主に対してのみ向けられているのみならず，その対象は，所有権の移転，目的物の引渡し，場合によって登記の移転である。すなわち，目的物に関連するとはいえ，物それ自体を対象とするのではなく，移転や引渡しといった，売主の行為を対象としているのである。この点がまさに，特定人の行為を対象とする債権の特徴といえる。

このように，日本法においては，対抗力をもたない物権，つまり，絶対性のない物権を観念せざるをえない。しかし，ドイツ法においては，売買契約が締結されても，登記（BGB 873 条 1 項）や引渡し（BGB 929 条）がなされない限り，所有権の移転は認められないから，この場合に，絶対性のない物権について論じる必要はない。この局面においては，買主は債権者にすぎず，だからこそ，相対性しか有しないのは当然といえる。

ここで，特定物債権をどのようにとらえるべきか。すなわち，売買契約において，買主が売主に対して有する，目的物の引渡しを求める請求権である。この請求権は，日本法上は，対抗力のない物権であることも，たんなる特定物債権であることもある。これに対して，ドイツ法において問題となるのは，登記や引渡しを備えていない段階での，買主の債権者たる地位に基づく請求権にほかならない。

特定物債権は，まさに特定物の引渡しや登記の移転を目的とすることから，その限りでいえば，物が目的となってはいる。しかし，物の引渡しや登記移転をするためには，相手方である売主の行為が必要なため，この点をとらえて，特定物債権は特定人である売主を対象とした，相対性のみを有する権利であるとされる。しかし，金銭債権とは異なり，特定物債権は，その目的が特定物であることから，物を対象とした物権との違いが明確とはいい難い。その上，日本法においては，対抗力のない，絶対性のない物権が存在することから，それと特定物債権との違いは，ますます曖昧なものとなっている。

結局のところ，債権がもつ特徴は，それが特定人を対象とした権利である点に収斂される。たとえば，賃借権は日本法（民法 601 条）においてもドイツ法（BGB 535 条[26]）においても債権として構成されているところ，目的物は賃借物であるが，権利の対象は賃貸人に向けられている。しかし，日本においては特別法により賃借人の権利には絶対性が付与されうるし（借地借家法 10 条・31 条），ドイツ法においては，所有者たる賃貸人の変更があっても賃借人は新所有者に対抗できる旨，BGB に規定されている（BGB 566 条[27]）。ここでは，まさに，絶対性のある債権が問題となっているのである[28]。

3 小 括

　ここまでみてきたように，物権であれば絶対効が付与され，債権であれば相対効しか認められない，という関係は，もはや維持できない。日本法においては，対抗力のない物権や，第三者に対抗しうる債権たる賃借権が存在しているし，ドイツ法においても，債権でありながら絶対性を有する権利が多く存在しているからである[29]。このため，物権と債権の特徴は，それぞれの対象が物に向けられているか，あるいは，特定人に向けられているか，にすぎない。

　たしかに，物権であれば直接性・絶対性・排他性を有し，債権であれば間接性・相対性のみしか認められず，排他性を有しない，との原則は，物権と債権の概念を区別する以上，今後も維持されるべきであろう。しかし，これ

---

26) BGB § 535 (1)：Durch den Mietvertrag wird der Vermieter verpflichtet, dem Mieter den Gebrauch der Mietsache während der Mietzeit zu gewähren. Der Vermieter hat die Mietsache dem Mieter in einem zum vertragsgemäßen Gebrauch geeigneten Zustand zu überlassen und sie während der Mietzeit in diesem Zustand zu erhalten. Er hat die auf der Mietsache ruhenden Lasten zu tragen.
(2)：Der Mieter ist verpflichtet, dem Vermieter die vereinbarte Miete zu entrichten.
第535条第1項：使用賃貸借契約により，使用賃貸人は，使用賃借人に対し使用賃貸借の期間中，賃貸物の使用を認める義務を負う。使用賃貸人は，賃借物を使用賃借人に対し契約で定められた使用に適した状態で引き渡し，その状態を使用賃貸借の期間中維持しなければならない。使用賃貸人は，賃借物に基づく負担を負わなければならない。
第2項：使用賃借人は，使用賃貸人に対し合意された賃借料を支払う義務を負う。

27) BGB § 566 (1)：Wird der vermietete Wohnraum nach der Überlassung an den Mieter von dem Vermieter an einen Dritten veräußert, so tritt der Erwerber anstelle des Vermieters in die sich während der Dauer seines Eigentums aus dem Mietverhältnis ergebenden Rechte und Pflichten ein.
(2)：Erfüllt der Erwerber die Pflichten nicht, so haftet der Vermieter für den von dem Erwerber zu ersetzenden Schaden wie ein Bürge, der auf die Einrede der Vorausklage verzichtet hat. Erlangt der Mieter von dem Übergang des Eigentums durch Mitteilung des Vermieters Kenntnis, so wird der Vermieter von der Haftung befreit, wenn nicht der Mieter das Mietverhältnis zum ersten Termin kündigt, zu dem die Kündigung zulässig ist.
第566条第1項：使用賃貸された住居が使用賃借人に引き渡された後，使用賃貸人によって第三者に譲渡されるとき，取得者は，使用賃貸人に代わって，その所有権の存続する期間中使用賃貸借関係から生じる権利を有し，義務を負う。
第2項：取得者が義務を履行しないとき，使用賃貸人は，取得者が賠償すべき損害に対し，先訴の抗弁を放棄した保証人と同様の立場で責任を負う。使用賃借人が所有権の移転を使用賃貸人の通知により知らされたときは，使用賃貸人は，解約が許される最初の期日に使用賃借人が使用賃貸借関係を解約しないとき，責任を免れる。

28) Diederichsen は，相対権への絶対性の付与についてふれている。この点につき，*Uwe Diederichsen*, Das Recht zum Besitz aus Schuldverhältnissen, Hamburg 1965, S. 52 を参照。

らの関係は，けっして例外を許さないものではない。そうだとすると，一般によく使われる，債権の物権化，との表現は，かならずしも正しいとはいえない。ここで問題とされるべきなのは，もともと相対性しか有していない権利に対する絶対効の付与，である[30]。

ここまでの検討で得られた，物権と債権の定義を前提として，つぎに，物権行為と ius ad rem について，物権と債権の観点から分析を加えることにしよう。

三　物権行為

1　物　権

物権行為は，物権的意思表示から構成される。したがって，物権行為は物権法上の法律行為であって，売買契約などの債権行為とは区別される概念である。前述したように，日本の通説と判例は，物権行為概念の独自性を否定

---

29) たとえば，仮登記された特定物債権がその典型例である（BGB 883 条）。
　BGB § 883 (1)：Zur Sicherung des Anspruchs auf Einräumung oder Aufhebung eines Rechts an einem Grundstück oder an einem das Grundstück belastenden Recht oder auf Änderung des Inhalts oder des Ranges eines solchen Rechts kann eine Vormerkung in das Grundbuch eingetragen werden. Die Eintragung einer Vormerkung ist auch zur Sicherung eines künftigen oder eines bedingten Anspruchs zulässig.
　(2)：Eine Verfügung, die nach der Eintragung der Vormerkung über das Grundstück oder das Recht getroffen wird, ist insoweit unwirksam, als sie den Anspruch vereiteln oder beeinträchtigen würde. Dies gilt auch, wenn die Verfügung im Wege der Zwangsvollstreckung oder der Arrestvollziehung oder durch den Insolvenzverwalter erfolgt.
　(3)：Der Rang des Rechts, auf dessen Einräumung der Anspruch gerichtet ist, bestimmt sich nach der Eintragung der Vormerkung.
　第 883 条第 1 項：仮登記は，土地を目的とする権利若しくはその権利を目的とする権利の承諾請求権若しくは放棄請求権又は権利の内容若しくは順位の変更請求権を保全するため，これを土地登記簿に登記することができる。仮登記は，将来の請求権又は条件付きの請求権を保全するためにも，これを登記することができる。
　第 2 項：仮登記の後に土地又は権利についてされた処分は，これが前項の請求権の全部又は一部と抵触する限りで，その効力を有しない。強制執行若しくは仮差押えの手続においてされ，又は倒産管財人によってされた処分についても，同様とする。
　第 3 項：請求権の目的が権利の承諾であるときは，その権利の順位は，仮登記によって，これを定める。
30) 相対権への絶対効の付与については，*Heinrich Dörner*, Dynamische Relativität: der Übergang vertraglicher Rechte und Pflichten, München 1985, S. 82 も参照。

しており，このため，物権行為と債権行為の関係性をそもそも問題としない。

　これに対して，ドイツ法は物権行為の独自性を肯定し，かつ，それと債権行為との関係を遮断している。その理由として，取引の安全をより高めることがよくあげられる[31]。しかし，動的安全が静的安全よりも重視されるべきとの解釈は，ドイツにおいても完全に受け入れられているわけではない。そこで，ドイツの判例や通説は，さまざまな解釈論を通じて，物権行為の無因性を無力化しようとしている[32]。

　このように，日本法においてもドイツ法においても，物権行為の無因性を貫徹することに対しては，批判が強い。そうだとすると，物権行為の独自性を認める必要も存在しないのではないか，との疑問もでてくる。とはいえ，抵当権設定行為のように，物権行為ととらえるしかない法律行為があることには疑いがない。さらに，物権変動の原因である意思表示も，その根拠規定である民法176条が物権編に規定されていることから，これを物権的意思表示と理解するのが素直であろう[33]。物権と債権を区別する以上，物権変動の根拠は，物権的意思表示に求められるべきである。この点において，物権行為は，まさに物権法上の法律行為である。

　ここで，売買契約の当事者間で，重ねて物権行為がなされることを求めるのは，無意味であるとする反論がある。しかし，これに対しては，物権行為に事実行為を結合させることで，実務上の意義を物権行為に与えることができる[34]。日本法の議論でも，売買契約の履行過程において，代金支払・占有移転・登記移転などが行われることをもって物権行為がなされたと理解する見解が，以前から主張されてきた[35]。また，ドイツ法は，物権行為と事実行為を理論上は結合させることはないが，所有権移転に関して，目的物が土地であ

---

31) たとえば，Stadler, a.a.O. 16, S. 728 ff. を参照。物権行為の無因性の具体例として，つぎの事案がある。土地甲の所有者たる売主Aと買主Bの売買契約が詐欺を理由に取り消されたとしても，物権行為まで自動的に取り消されることにはならず，他の要件が充足されているのであれば，所有権はBにそのままとどまることになる。その後，Bが第三者Cに甲の所有権を譲渡すると，Cは有効にこれを取得することができる。ここでは，Cの善意は問題とならない。
32) 詐欺の同一性の理論など，ドイツ法における議論を検討したものとして，大場・前掲注7・95頁以下を参照。
33) また，他人物売買を説明する際にも，物権行為概念は有用である。
34) この点で，物権行為と事実行為は明確に区別されるべきである。物権行為は，法律行為であるからである。

る場合には登記を効力要件とし，動産である場合には引渡しを効力要件とすることで，物権行為と事実行為を有機的に関連づけている[36]。

---

35) たとえば，末川博「特定物の売買における所有権移転の時期」民商 2・4・549 以下（1935）などを参照。

36) ドイツ法は，土地所有権移転の場面に限定して，アウフラッスンク（Auflassung）と呼ばれる，特別な物権行為を定めている（BGB 925 条 1 項・925a 条・311b 条 1 項 1 文）。ただし，アウフラッスンク自体が公正証書を必要とするのではなく，売買契約が公正証書を要する。とはいえ，実務上は，アウフラッスンクの作成に公証人が関与することがほとんどである。

BGB § 925 (1)：Die zur Übertragung des Eigentums an einem Grundstück nach § 873 erforderliche Einigung des Veräußerers und des Erwerbers (Auflassung) muss bei gleichzeitiger Anwesenheit beider Teile vor einer zuständigen Stelle erklärt werden. Zur Entgegennahme der Auflassung ist, unbeschadet der Zuständigkeit weiterer Stellen, jeder Notar zuständig. Eine Auflassung kann auch in einem gerichtlichen Vergleich oder in einem rechtskräftig bestätigten Insolvenzplan erklärt werden.

(2)：Eine Auflassung, die unter einer Bedingung oder einer Zeitbestimmung erfolgt, ist unwirksam.

第 925 条第 1 項：第 873 条により土地所有権の譲渡に必要な譲渡人と譲受人との間の合意（アウフラッスンク）は，当事者双方が管轄官庁に同時に出頭して，これを表明しなければならない。いかなる公証人も，他の官庁の管轄にかかわらず，アウフラッスンクの受領につき管轄を有する。アウフラッスンクは，裁判上の和解又は確定力をもって認可された倒産処理計画においても，これを表明することができる。

第 2 項：条件又は期限を付けてしたアウフラッスンクは，これを無効とする。

BGB § 925a：Die Erklärung einer Auflassung soll nur entgegengenommen werden, wenn die nach § 311b Abs. 1 Satz 1 erforderliche Urkunde über den Vertrag vorgelegt oder gleichzeitig errichtet wird.

第 925a 条：アウフラッスンクの意思表示は，第 311b 条第 1 項第 1 文により必要な契約証書が呈示され，又は同時に作成されたときに限り，これを受領するものとする。

BGB § 311b (1)：Ein Vertrag, durch den sich der eine Teil verpflichtet, das Eigentum an einem Grundstück zu übertragen oder zu erwerben, bedarf der notariellen Beurkundung. Ein ohne Beachtung dieser Form geschlossener Vertrag wird seinem ganzen Inhalt nach gültig, wenn die Auflassung und die Eintragung in das Grundbuch erfolgen.

(2)：Ein Vertrag, durch den sich der eine Teil verpflichtet, sein künftiges Vermögen oder einen Bruchteil seines künftigen Vermögens zu übertragen oder mit einem Nießbrauch zu belasten, ist nichtig.

(3)：Ein Vertrag, durch den sich der eine Teil verpflichtet, sein gegenwärtiges Vermögen oder einen Bruchteil seines gegenwärtigen Vermögens zu übertragen oder mit einem Nießbrauch zu belasten, bedarf der notariellen Beurkundung.

(4)：Ein Vertrag über den Nachlass eines noch lebenden Dritten ist nichtig. Das Gleiche gilt von einem Vertrag über den Pflichtteil oder ein Vermächtnis aus dem Nachlass eines noch lebenden Dritten.

(5)：Absatz 4 gilt nicht für einen Vertrag, der unter künftigen gesetzlichen Erben über den gesetzlichen Erbteil oder den Pflichtteil eines von ihnen geschlossen wird. Ein solcher Vertrag bedarf der notariellen Beurkundung.

第 311b 条第 1 項：当事者の一方が不動産所有権を譲渡又は取得することを義務づけられる契約は，公正証書を必要とする。この方式をふまずに締結された契約は，所有権譲渡の合意及び登記

物権行為概念の創始者である Friedrich Carl von Savigny は，物権行為と債権行為の関係性を遮断した[37]。しかし，物権行為の無因性は，その独自性を認めるための必須の性質ではない。有因の物権行為を認めることも，理論上は可能である。上述のように，事実行為と物権行為を実質的に結合することで，物権行為の独自性を認める実用性も維持される。

以上のように，物権行為は，まさに物権法上の意思表示である。そして，物権行為は，債権行為との因果関係を認めなくても，理論上および実務上の意義を有する。このため，有因的物権行為概念を認めるべきであると考えられる。

2　債　権

物権行為は，これに独自性を認めても，売買契約に代表される債権行為と同じ当事者間でなされることから，法的な意味をもちえない，との批判については，すでにふれた。この点については，物権行為が物権契約とも称されることから，その債権的性質についても，検討しておく必要があるであろう。

そもそも，BGB 第一草案は，動産所有権の移転に関して，物権契約を要件とする旨，定めていた[38]。この内容が，目的物が土地である場合にも援用さ

が登記簿にされるとき，その内容全体として有効となる。
第 2 項：当事者の一方が，将来の財産又は将来の財産の一部分を譲渡又はそれらに用益権を設定することを義務づけられる契約は，無効である。
第 3 項：当事者の一方が，現在の財産又は財産の一部分を譲渡又はそれらに用益権の設定を義務づけられる契約については，公正証書を必要とする。
第 4 項：未だ生存する第三者の相続財産に関する契約は，無効である。未だ生存する第三者の相続財産の遺留分または同財産の遺贈に関する契約についても，同様である。
第 5 項：本条 4 項は，将来の法定相続のもとに，法定相続分又はそれらの遺留分に関して締結される契約には適用されない。その契約には公正証書を必要とする。

37) Friedrich Carl von Savigny の物権行為論については，*Friedrich Carl von Savigny*, System des heutigen Römischen Rechts, Band III, Berlin 1840, S. 312 ff.; *ders.*, Das Obligationenrecht als Theil des heutigen Römischen Rechts, Band II, Berlin 1853, S. 256 ff. を参照。また，*Wilhelm Felgentraeger*, Friedrich Carl v. Savignys Einfluß auf die Übereigunungslehre, Leipzig 1927, S. 31 ff. を参照。

38) BGB 第一草案の 874 条 1 項の条文は，つぎの通りである。
„Zur Übertragung des Eigenthumes an einer beweglichen Sache durch Rechtsgeschäft ist ein zwischen dem Eigenthümer und dem Erwerber unter Uebergabe der Sache zu schließender Vertrag erforderlich, welcher die Willenserklärungen der Vertragschließenden enthält, daß das Eigenthum auf den Erwerber übergehen soll. Die Vorschriften des § 829 finden entsprechende Anwendung."

れたと考えられる[39]。現行の BGB は，物権契約という文言は用いず，この概念を物権的な合意として条文に定めている（BGB 873 条 1 項・929 条）。契約と合意という異なる文言を使用しているからといって，その内容は，歴史的経緯からすると，変化していないといえる[40]。

たしかに，契約という文言は，日本法の観点からすると債権または債権法の領域に属する概念のように思われる。しかし，契約とは，当事者間の意思表示の合致によって成立する法的な概念であって，そこには，物権なのか債権なのかという問いは，本来存在しない。むしろ，物権行為に対しても，債権契約や民法総則に割り当てられている規範が適用されうる，ということを認めるために，物権契約という文言が用いられることがある，ととらえるべきであろう[41]。

ここで，当事者間を規律する規範であることを根拠に，物権行為を債権法の観点から理解することは，誤りであろう。物権行為が物権法の領域に属する概念であるのは，まさに，物権法上の効果をもたらすからこそである。物権法上の行為は絶対効をもち，債権法上の行為は相対効しか有しない，との演繹的な理解は，ここでもあてはまらないのである。したがって，当然のことながら，物権行為それ自体の拘束力は，当事者間にしか及ばない[42]。

「法律行為に基づく動産所有権の移転は，目的物の引渡しとともに，所有権を取得者に移転することを内容とする，所有者と取得者の間の意思表示からなる契約を要する。829 条の規定が準用される。」
この条文訳は筆者による。
39) 不動産所有権の移転に関する，物権行為の独自性と無因性については，*Stephan Buchholz*, Abstraktionsprinzip und Immobiliarrecht -Zur Geschichte der Auflassung und Grundschuld-, Frankfurt a.M. 1978, S. 7 ff. を参照。
40) この点については，*Molkenteller*, a.a.O. 16, S. 8 ff. を参照。
41) 抵当権設定契約が物権行為であることに異論はないところである。この抵当権設定契約に対しても，もちろん，意思表示に関連する諸規定の適用が認められる。
42) なお，債権譲渡における譲渡行為も処分行為であって，目的物が債権である場合の物権行為といえるだろう。筆者は，物権には絶対効が，債権には相対効が必ず認められるという関係を否定している。このため，物権行為という文言自体も誤解を招くおそれがあることから，原因行為（債権行為），処分行為（物権行為）という文言を用いるのが本来は正確であると考えている。
BGB § 398：Eine Forderung kann von dem Gläubiger durch Vertrag mit einem anderen auf diesen übertragen werden (Abtretung). Mit dem Abschluss des Vertrags tritt der neue Gläubiger an die Stelle des bisherigen Gläubigers.
第 398 条：債権は，契約により債権者から第三者に譲渡することができる（債権譲渡）。契約の締結により，新たな債権者は，従来の債権者と交代する。

3　小　括

　Friedrich Carl von Savigny の物権契約論を基礎として BGB に導入された物権的合意は，物権変動の効果を直接にもたらすという点で，物権法上の概念である。ただし，物権的合意である物権行為それ自体は，その当事者間においてのみ効力を有する。したがって，物権行為それ自体と物権行為の効果としての物権変動は，明確に区別して論じられるべきである。

　日本法においても物権行為概念をどのようにとらえるかは，原則としてドイツ法におけるそれと同じく考えることができる。というのは，日本法もドイツ法と同様に，物権と債権を区別する考え方を前提としているからである。また，物権行為概念を認めざるをえない法的な取引状況は，現実に存在する[43]。このため，すくなくとも，物権行為概念を完全に否定することはできないといえる。

　とはいえ，物権行為と債権行為の関係を遮断することまで，日本法において認める必要はない[44]。動的安全の保護は，民法94条2項の類推適用などの解釈論によって，十分に確保されていると評価できよう[45]。これに加えて，物権行為の無因性を承認することで，取引安全を強化する要求はないと考えられる。

四　ius ad rem

1　物　権

　ius ad rem は，絶対効を付与された特定物債権といわれる。しかし，先に

---

43) たとえば，抵当権設定行為を債権関係のみから説明することは，不可能である。
44) ドイツ法においてすら，物権行為の無因性を制限しようとする試みがみられる。もちろん，ドイツ法が物権行為の無因性を採用していることに異論の余地はない。しかし，とりわけ目的物が土地である場合に，物権行為の無因性を根拠に取引の安全を重視することに対しては，批判が強い。典型的な制限のための解釈論として，詐欺の同一性，条件による関連性，および，一体としての行為などがある。この点については，*Fritz Baur/Jürgen F. Baur/Rolf Stürner*, Sachenrecht, 18. Auflage, München 2009, S. 59 ff. を参照。
45) 目的物が不動産である場合に，民法94条2項の類推適用は，登記に公信力を認めない日本法において，動的安全を例外的に保護する道を示す。不動産という財産的価値が比較的高い目的物に関して，転得者の主観的要件だけではなく，真の権利者の帰責性をも考慮しながら，静的安全と動的安全のバランスをはかることは，むしろ，穏当な解釈論といえるだろう。

定義づけたように，物権とは物に対して向けられた権利であって，債権とは特定人に対して向けられた権利である。厳密にいうと，それ以上の法的性質は導かれない。すなわち，物権の特徴とされる直接性・絶対性・排他性と，債権の特徴とされる間接性・相対性・非排他性は，かならずしも硬直的な論理関係をもつものではない。そうだとすると，ius ad rem は絶対効をもつ債権との定義も，理論上成り立つことにはなる。とはいえ，これまで一般的には，物権と絶対性，債権と相対性の法的構造を前提として議論がなされてきた。そこで，ここでは，ひとまずこのような伝統的な理解に則して ius ad rem を分析しつつ，その理解の限界づけを試みることにしたい。

ius ad rem は，絶対効をもつ。典型的な事例は，売主 A が第一買主 B と特定物である動産甲について売買契約を締結し，B は代金を支払ったが，A は第二買主 C との間でも甲について売買契約を結び，C に甲の占有が移転されてしまった，というものである。ここで，一定の要件のもとで，B が C に対して直接，甲の引渡しを求めることができるとするのが，ius ad rem の理論である。

日本法においては，所有権移転時期の解釈論に関してさまざまな見解が対立しているが，判例の立場に従うと，特約のない限り特定物所有権は契約成立時に移転するとされる[46]。すると，B はすでに甲の所有者であるから，自らの物権に基づいて甲の引渡しを C に対して主張できる可能性がある[47]。この請求権の法的性質は，B のもつ権利が物権であることから導き出される，ともいえよう。

これに対して，ドイツ法においては，B はまだ引渡しを受けていなかったのであるから，甲の所有者にはなりえない（BGB 929 条）。したがって，この場合に，B の C に対する直接請求権を認めるためには，その前提として，そもそも物権を取得していない B になぜ絶対効のある権利を付与することが

---

46) たとえば，大判大 2・10・25・前掲注 1・857 以下などを参照。
47) C は引渡しを受けているため対抗要件を備えていることになり（民法 178 条），B は C に原則としてもはや対抗できない。また，かりに B が占有改定により引渡しを受けていたとしても，C が善意無過失であれば，C は即時取得の恩恵を受けることもできる（民法 192 条）。したがって，B が C に対抗しうるには，C が悪意または有過失である場合に限定されることになる。ただし，この場合にのみ，B は甲についての自らの所有権を主張できるとはいえ，ここで，B が C に対して直接請求することが許されるかは，また別の問題である。

許されるのかについて，根本的な疑問が投げかけられることになる。

　ius ad rem は物権なのか。Bが引渡しを受けずとも甲の所有者になりうる日本法の状況とは異なり，ドイツ法において，引渡しを受けていないBは所有者にはまだなっていないため，この段階で，BのCに対する直接請求権を認めるためには，物権以外の根拠を求めなければならない。ここでドイツ法において認められている解釈論は，Cが良俗違反の不法行為をなしたことを前提に（BGB 826 条[48]），特定物債権者BのCに対する直接請求権を肯定する，というものである[49]。この場合，Bは，自らの特定物債権が侵害されたことに基づいて，Cに対する請求権をもつ。すなわち，Cがその特定物に直接に影響を行使することで，Bの債権が侵害されたと構成するのである。けっして，Bの物権が侵害されたわけではない。この場面で侵害されたBの権利は，特定人であるAに対する特定物債権であって，甲に向けられたBの物権ではない[50]。

　この点，日本法においては，引渡しを受けていないBを所有者と認め，Bは所有権に基づいてCに対する直接請求権をもつと容易に構成することができる。ただし，ここで問題となるのが，Bが代金を支払っていない場合，つまり，Bが所有者であることを認定しにくい場合である。ここでは，日本法においても，特定物債権者Bによる第三者Cの排除が問題となる。それでもなお，Cが悪意または有過失の場合には，BはCを排除できるであろう[51]。

　結局のところ，ドイツ法においても，日本法においても，特定物債権者B

---

48) BGB § 826 : Wer in einer gegen die guten Sitten verstoßenden Weise einem anderen vorsätzlich Schaden zufügt, ist dem anderen zum Ersatz des Schadens verpflichtet.
　第826条：善良の風俗に反する方法で他人に対し故意に損害を加えた者は，その他人に対し損害を賠償する義務を負う。
49) BのCに対する直接請求権を認めた判例として，RG Gruch 50, 971 ff., 1906 を参照。
50) 債権の物権化ではなく，まさに，債権への絶対効の付与なのである。
51) ただし，売買契約の締結のみをもってBを所有者と認めた上で，所有権に基づく排除請求権をBに認めるのか，あるいは，Bを債権者と定めたままで，その債権の効力のCへの拡張を認めるのか，の違いはある。とはいえ，後者の構成を否定することはできまい。また，そもそも所有権の性質をどのように考えるか，という観点もありえよう。つまり，絶対性のない所有権を認めるのかどうか，という問いである。この論点は，対抗力のない所有権の問題でもある。所有権の法的性質をめぐる議論については，Hadding, a.a.O. 23, S. 926 ff.; Norbert Niehues, Rechtsverhältnis zwischen Person und Sache -eine Erwiderung auf Walther Hadding JZ 1986, 926-, JZ 1987, 453 f., 1987 を参照。

が第三者Cに対して直接の請求権をもつか，という問いが成り立つ。ドイツ法はBGB 826条の解釈論として，日本法は民法178条と192条の解釈論として，この問題を扱う。前者は債権の効力の拡張と，後者は対抗力のない物権の第三者効と近接する。

ここで，日本法における対抗力をもたない物権をどのように把握するか，が問題となる。対抗力をもたない，つまり，絶対効をもたない権利を物権と構成することができないのであれば，物権債権峻別論にたつ限り，この権利は債権と性質決定されよう。そうだとすると，特定物債権に絶対効を付与しうるか，というドイツ法上の分析視角と軌を一にする。しかし，日本法においては，対抗要件を備えない所有者の権利について，対抗力のない物権の問題としてとらえられることが多い[52]。この見解によれば，対抗力のない物権が例外的に絶対効を有する場合の問題として，検討される。

日本法上の一般的な見解にたつならば，上記事例のBがCに対してもつ権利は，まさに物権であり，物権の絶対効として把握される。むしろ，例外的に対抗力を備えない物権が存在しうることに，日本法の特徴がある。これは，当事者間の対内関係と第三者間の対外関係とで，1つの権利を別々の観点から分析し，それぞれで異なる性質を与えることに，依拠している。すなわち，当事者間では所有権の移転を認めつつも，その所有権の移転を第三者に対抗できない，という具合である。

以上の観点を前提とすると，日本法は，上記事例を物権法の問題として扱っている。民法178条と192条の枠内で解決が図られる。したがって，ここでのBのCに対する権利は，所有権であり，まさに物権なのである。

2　債　権

しかし，ドイツ法は，日本法と同じ論理構造をとるわけにはいかない。上記事例のBは，引渡しを受けていないので所有者ではないからである。したがって，この場合には，BのAに対する特定物債権がCにも効果を及ぼすのか，が正面から問題となる。

---

[52] 萌芽的物権という表現も，対抗力のない物権であることを前提としている。この点につき，加藤雅信『新民法大系Ⅱ・物権法（第2版）』（有斐閣・2005）96頁以下を参照。

本来であれば，Bは売主Aに対して自らの特定物債権を行使し，AがCから甲を取り戻し，AがCに甲を引き渡すというのが筋道としては正しい。しかし，BだけではなくCとの間でも売買契約を締結したAに対して，甲をCから取り戻すことを求めるのは，実際のところ空振りに終わる可能性がある。そこで，BのCに対する直接請求が認められれば，実務上きわめて便宜である。

そこで，ドイツの判例はBGB 826条を用いてこの事案の解決を図るわけだが，そもそも，BのCに対する直接請求権を同条から導き出すことは，当然の論理とはいえない。また，損害賠償の内容を定めるBGB 249条[53]から，BのCに対する直接請求権を演繹的に導き出すことも難しい。Bの特定物債権の対外効を認めることと，Bに直接請求権を付与することとは，別次元の問題である。

特定物債権は，債権であることから，原則として相対効のみを有する。このため，BのAに対する債権が第三者Cによって侵害されたからといって，直ちにBのCに対する請求権が発生するわけではない。CがAと売買契約を締結して，物権的合意も交わされ，さらに引渡しを受けても，Bの利益が実質的には害されるとはいえ，BのAに対する債権がすぐに侵害されたことにはならない。

そこで，BGB 826条は，CによるBの債権の侵害に基づく不法行為を認めるための要件として，故意と良俗違反を定める。これら要件が充足されてはじめて，第三者による債権侵害の一類型として，BはCに対して不法行為責任を追及できるようになる[54]。

---

53) BGB § 249(1): Wer zum Schadensersatz verpflichtet ist, hat den Zustand herzustellen, der bestehen würde, wenn der zum Ersatz verpflichtende Umstand nicht eingetreten wäre.
(2): Ist wegen Verletzung einer Person oder wegen Beschädigung einer Sache Schadensersatz zu leisten, so kann der Gläubiger statt der Herstellung den dazu erforderlichen Geldbetrag verlangen. Bei der Beschädigung einer Sache schließt der nach Satz 1 erforderliche Geldbetrag die Umsatzsteuer nur mit ein, wenn und soweit sie tatsächlich angefallen ist.
第249条第1項：損害賠償の義務を負う者は，賠償を義務づける事情が発生しなかったならば存したであろう状態を回復しなければならない。
第2項：人の侵害又は物の毀損に基づいて損害賠償がされなければならないとき，債権者は，原状回復に代えて，そのために必要な金額を請求することができる。物の毀損の場合，本条1文により必要な金額は，販売税が事実上発生するとき，そして，その限りで，販売税を含む。

本章との関連で重要なのは，Bは所有権，つまり物権をまだ取得していないということである。これは，Bが引渡しを受けていないことからも説明できるが（BGB 929条），BGB 823条[55]が適用されないことからも，明らかである。したがって，Bの権利は，ドイツ法においては債権に他ならないことになる[56]。

そこで，第三者による債権侵害の問題として，具体的にはBGB 826条を適用して，Bの特定物債権の保護が図られる。ただし，その保護の内容として，なぜBはCに対して甲を自らに引き渡すよう請求することができるのか。たしかに，CからAに甲をいったん返還したとしても，Cと二重に契約を進んで締結したAに，さらにBへと甲を交付しなおすことを求めるのは，現実的ではない。しかし，このことは手続法上の問題であって，BのCに対する直接請求権が実体法上認められることの根拠には，かならずしもならない[57]。

このため，かりにBの特定物債権が侵害されたとしても，その法的効果としては，CからAに甲を返還することのみ認められるとするのが，素直な解釈であろう。そうしなければ，Bは，二重売買が行われることによって，むしろそれ以上の有利な法的地位を享受できるようになってしまうからである[58]。このような状況は，たとえCに故意の良俗違反が認められたとしても，ただそれのみによって，是認されるものではないだろう。

---

54) 第一契約の不履行をただ誘発するだけでは，良俗違反とならない。この点につき，*Manfred Löwisch*, Der Deliktsschutz relativer Rechte, Berlin 1970, S. 138 ff. を参照。
55) BGB § 823 (1)：Wer vorsätzlich oder fahrlässig das Leben, den Körper, die Gesundheit, die Freiheit, das Eigentum oder ein sonstiges Recht eines anderen widerrechtlich verletzt, ist dem anderen zum Ersatz des daraus entstehenden Schadens verpflichtet.
(2)：Die gleiche Verpflichtung trifft denjenigen, welcher gegen ein den Schutz eines anderen bezweckendes Gesetz verstößt. Ist nach dem Inhalt des Gesetzes ein Verstoß gegen dieses auch ohne Verschulden möglich, so tritt die Ersatzpflicht nur im Falle des Verschuldens ein.
第823条第1項：故意又は過失により他人の生命，身体，健康，自由，所有権又はその他の権利を違法に侵害した者は，その他人に対し，これによって生じた損害を賠償する義務を負う。
第2項：他人の保護を目的とする法律に違反した者も，前項と同様である。法律の内容によれば有責性がなくても違反を生じる場合には，賠償義務は，有責性があるときに限り生じる。
56) もっとも，BGB 826条の要件は，日本法における背信的悪意者の要件と重なる部分がある。
57) しかも，BがAに代金を完済していない場合にまで，BのCに対する直接請求権を認めてしまうと，ABC間の代金支払関係について，困難が生じる。
58) この点につき，たとえば，*Roland Dubischar*, Doppelverkauf und „ius ad rem" -Zur dogmatischen Bewältigung eines zeit- und systemgebundenen Werturteils-, JuS 1970, 9, 1970 などを参照。

これに対して、Bからの求めに応じて、義務がないにもかかわらず、CがBに甲を返還してしまった場合には、Cは甲の処分について無権限であるにもかかわらず、甲を譲渡したことになる。ここで、AがCの譲渡行為を追認すれば、BGB185条2項[59]により、CのBへの譲渡は有効となる。しかし、このことは、BのCに対する直接請求権が認められたのとは異なる。

このように、BGB826条の適用に基づく、BのCに対する直接請求権の承認は、ius ad remの伝統的概念と近似する。つまり、債権への絶対効の例外的な付与である。このための要件として、ius ad remにおいてはCの悪意が求められるところ、BGB826条は故意の良俗違反を前提とする。

ドイツ法は、この事案の処理を債権法の枠組みで処理をする[60]。この思考様式は、Bを物権取得者と解することができないために生じる。この場面において、Bはドイツ法上、債権者にすぎない。これにもかかわらず、Bの債権に絶対効が付与されることを、どのように評価すべきか。もちろん、CからAへ甲が返還されうるとしても、Bの利益が実質的に確保されるまでの手法としては、迂遠である。とはいえ、この問題は手続法による解決を本来待つべきであるともいえるところ、実体法の射程を超えているともいえる。

---

59) BGB § 185(1)：Eine Verfügung, die ein Nichtberechtigter über einen Gegenstand trifft, ist wirksam, wenn sie mit Einwilligung des Berechtigten erfolgt.
(2)：Die Verfügung wird wirksam, wenn der Berechtigte sie genehmigt oder wenn der Verfügende den Gegenstand erwirbt oder wenn er von dem Berechtigten beerbt wird und dieser für die Nachlassverbindlichkeiten unbeschränkt haftet. In den beiden letzteren Fällen wird, wenn über den Gegenstand mehrere miteinander nicht in Einklang stehende Verfügungen getroffen worden sind, nur die frühere Verfügung wirksam.
第185条第1項：目的物に関する無権限者が行う処分は、それが権利者の事前同意で行われるときは、有効である。
第2項：その処分は、権利者がそれを追認するとき、又は、処分者がその目的物を取得するとき、又は、処分者が権利者によって相続され、かつ、権利者が遺産債務について無制限に責任を負うとき、有効となる。後に列挙した2つの場合において、目的物に関して相矛盾する複数の処分がされたときには、前の処分のみが有効となる。
60) 日本法においても、この事案でBへの甲の所有権移転を認めないのであれば、ドイツ法と同様に、Bがもつ債権の効力が問題となる。日本の判例の立場をとったとしても、Aに甲の所有権をとどめておく特約が存在していたりするときには、Bの債権への絶対効の付与が検討されることになる。本章の問題意識は、とくに、Bが本来有する権利の法的性質に向けられている。

3 小 括

　ここまで，ius ad rem について物権と債権の視点から分析を行った。典型的な二重売買の例をとりあげて，日本法とドイツ法のそれぞれの観点から検討してみると，日本法は民法178条と192条の問題として，ドイツ法はBGB 826条の問題として把握する。

　日本法においては，契約成立時説を前提とすると，上記事案のBは所有者になっているため，所有権の二重譲渡の場面となり，Cが悪意または有過失であれば，Cに即時取得が認められず，Bは自らの所有権に基づいて甲の返還をCに対して直接求めることができる。

　これに対して，ドイツ法においては，Bは効力要件を備えていないために甲の所有権をまだ有していない。Aに対する特定物債権者にすぎない。しかし，Cが故意の良俗違反行為によってBの債権を侵害した場合には，Bは直接Cに対して甲の返還請求をすることができる[61]。

　そして，目的物が不動産の場合には，日本法は背信的悪意者排除論，ドイツ法は故意の良俗違反の問題として，これを扱う。ここで，日本法上の背信的悪意者の範囲と，ドイツ法上の故意の良俗違反行為のそれとを比較すると，前者の方が後者よりも広いと考えられる[62]。これは，日本法はBを物権取得者とし，ドイツ法はBを特定物債権者と扱うこととも，平仄が合う。つまり，

---

61) ただし，良俗違反の行為の無効を定めるBGB 138条からも，BのCに対する直接請求権を認める根拠を見出すことはできない。
BGB § 138(1): Ein Rechtsgeschäft, das gegen die guten Sitten verstößt, ist nichtig.
(2): Nichtig ist insbesondere ein Rechtsgeschäft, durch das jemand unter Ausbeutung der Zwangslage, der Unerfahrenheit, des Mangels an Urteilsvermögen oder der erheblichen Willensschwäche eines anderen sich oder einem Dritten für eine Leistung Vermögensvorteile versprechen oder gewähren lässt, die in einem auffälligen Missverhältnis zu der Leistung stehen.
第138条第1項：善良な風俗に違反する法律行為は，無効である。
第2項：とくに，ある者が他人の急迫，無経験，判断能力の欠如又は意思の薄弱に乗じて自ら又は第三者に，給付と際だった不均衡にある財産的に有利な給付について約束又は保証させる法律行為は，無効である。

62) 日本法の背信的悪意者の類型として，不動産登記法5条1項および2項に定められた者に類似する者，譲渡人と親族関係がある者，第一契約者に対して私怨をもつ者などがよくあげられる。しかし，ドイツ法における故意の良俗違反とは，AのBに対する債務を不履行に陥らせるだけではなく，それに道徳的な非難がされるほどの行為であることが求められる。この点につき，たとえば，*Rudolf Kraßer*, Der Schutz vertraglicher Rechte gegen Eingriffe Dritter -Untersuchungen zum Delikts- und Wettbewerbsrecht Deutschlands, Frankreichs und Belgiens-, Köln 1971, S. 289 ff. などを参照。

物権を債権よりも保護する志向である。とはいえ，日本法は，特約の存在を認めてBがまだ債権者にすぎない場合であっても，背信的悪意者排除論を用いることが可能である。ここにも，日本法における物権と債権の区別が緩やかであることが確認されよう。

物権は物を対象とし，債権は相手方の行為を対象とすることのみ以外に，それぞれ特徴をもたない，ということを前提とすると，ius ad rem は，債権であるとともに絶対効を付与された権利である，と性質決定される。あるいは，ius ad rem を，本来であれば絶対効を有しないはずの権利者に，相手方の悪意を前提として，直接請求権を付与すること，と定義づけることも考えられる。いずれの定義によるとしても，ius ad rem を行使するための要件として，すくなくとも第三者の悪意が求められる。

以上の定義によれば，ドイツ法上のBGB 826条に基づくBのCに対する直接請求権は，ius ad rem の一類型として理解することができる。また，日本法においても，Bが対抗力を有しない権利者にすぎない場合に，Cが即時取得できないこと，または，背信的悪意者排除論によって，BがCに対して行使しうる権利は，ius ad rem として把握することが可能である。

五 おわりに

1 結論

ここまで，本章においては，物権行為と ius ad rem の理論的関係について，物権と債権の観点から分析を加えてきた。本章で得られた結論は，つぎの通りである。

まず，物権と債権の区別は，まさに相対的なものにすぎない。伝統的な理解によれば，物権は直接性・絶対性・排他性を有するのに対し，債権は間接性・相対性のみを有し，排他性を有しないとされてきた。しかし，日本法上，民法176条の解釈を通じて，対抗力のない物権が発生するのを避けることはできない。また，ドイツ法においても，特定物債権者が絶対効を有する権利をもつことが例外的に認められる場合がある。

これらの論拠から，物権と債権の特徴はつぎのようにまとめられる。すな

わち，物権は物を対象とする権利であり，債権は特定人を対象とする権利である。それぞれの権利がもつ法的性質は，物権であることや債権であることからかならず演繹的に導かれるものではない。

つづいて，物権行為の法的性質である。物権行為概念の創始者であるSavignyによれば，物権行為は，物権債権峻別論に依拠して，債権契約とは異なる法律行為として，物権的効果を直接導くための概念とされた。したがって，物権行為が物権法上の問題として位置づけられることに疑いの余地はない。

しかし，物権行為といえども，債権契約と同じく当事者間の合意に基づいて成立する。また，物権行為には総則の規定が原則として適用される[63]。ここに，債権法上の契約との類似性が認められる。

このように，物権と債権のそれぞれの性質の相違が，相対的なものにすぎないことが，物権行為の分析からも明らかとなる。すなわち，物権行為の目的は，物権法上の効果，つまり，物権変動の発生に限定される。そして，売買契約などの債権行為の目的もまた，債権の発生に収斂される。

そうだとすると，物権行為と債権行為の関係性は，むしろ密接なものといえる。とりわけ，物権行為の無因性に対しては，ドイツにおいても批判が強い。この点からしても，物権行為と債権行為の関係性を遮断することは許されないであろう。それにもまして，物権行為が，それと関係する債権行為と同一の当事者間でなされることにも鑑みれば，有因的物権行為論を提示するのが，日本法の解釈論としても優れていると考えられる。

最後に，ius ad rem の法的性質である。この概念になぞらえて検討することができる例として，日本法では背信的悪意者排除論（民法177条）が，ドイツ法では故意の良俗違反に基づく不法行為責任（BGB 826条）が，それぞれとくに対象となる。前者の典型例として，二重譲渡または二重売買における第一契約者が，対抗要件を備えた第三者が背信的悪意者である場合に，その第三者に対して直接請求を求める場面がある。後者の典型例としては，二重売買において，効力要件を備えた第三者が故意の良俗違反による行為に基づい

---

63) このため，ドイツ法においては，dinglicher Vertrag（物権契約）とも称される。これは，物権行為への総則規定の適用を明確にするため，とも評価できる。

て第一契約者の債権を侵害した場面が問題となる。

　日本法の背信的悪意者排除論は，物権法の領域で議論されている。判例と通説が物権変動の発生時期について契約成立時説を採用していることから，二重売買はすなわち二重譲渡の場面となるのが原則である。このため，第一契約者は物権取得者として，背信的悪意者に対して自らの物権に基づく物権的請求権を行使することになる。したがって，この論点は物権法の問題と位置づけられているのである。

　しかし，契約成立時説をとったとしても，特約がある場合には，契約の成立だけでは物権変動が生じていないケースもあるため，この場合には，あくまで二重売買の事案として，第一契約者の第三者に対する請求権は，債権として把握されざるをえない。そうだとすると，ここでもなお，第一契約者が第三者に対して直接請求権をもつことを認めるならば，債権の絶対性が問題となる。

　これに対して，ドイツ法は，効力要件を備えない限り，買主は所有権を取得できないのであるから（BGB 873条・929条），先ほどの典型例は，第一契約者がもつ債権の法的性質の問題としてのみ把握されうる。したがって，債権の絶対性が正面から問題とされる。

　以上のように，日本法においてもドイツ法においても，対抗力のない物権，あるいは，債権に対する絶対効の付与という点において，ius ad rem 概念との比較検討が可能となる。ここで留意すべきなのは，問題となっているのは債権の物権化ではなく，債権に対する絶対効の付与である，ということである。すでにみてきたように，物権と債権の概念の異同は曖昧である。このことは，日本法にもドイツ法にもみられる。したがって，物権や債権から，演繹的に法的性質や法律効果を導き出すことは，もはやできないといえる[64]。

　物権は物を対象とし，債権は特定人を対象とするということにのみ，物権と債権を区別する意義を見出す本章の立場にたつと，日本法上の背信的悪意者排除論の一部と，ドイツ法上の債権侵害の一部の議論は，ius ad rem 概念と平仄が合う。まさに，ius ad rem は，対抗力のない物権や特定物債権の絶

---

64) このため，物権債権峻別論は，その厳密な意味においては，日本法もドイツ法もこれを採用していないといえよう。

対効の問題だからである。

　ここまでの分析からすれば，現代法においても，ius ad rem の理論的視座はけっして失われてはおらず，その効果としても，実務の需要に対応するものと考えられる。

2　今後の課題

　本章との関連で残された課題は，まず，ius ad rem を有する権利者が，なぜ第三者に対して直接請求しうるのか，である。このこととの関連で，履行請求権と損害賠償請求権が問題となる。さらに，物権と債権の明確な区別を前提とする物権行為の存在と，それと矛盾する ius ad rem の存在との関係性をより明らかにする必要がある。

　物権行為と ius ad rem の関係は，複雑であり，かつ，緊張関係にある。前者が後者を否定するかたちで Savigny によって物権行為概念が生み出され，その後，実務の要求にこたえるために，ius ad rem が復活したとも評価できる。今日，現行法のいたるところに，あるいは，現行法の解釈を通じて，対抗力のない物権や特定物債権への絶対効の付与という法律効果が認められている[65]。この状況を ius ad rem の残滓としかみないのであれば，ius ad rem をいささか過小評価しているのではないか。

　そこで，物権と債権の区別を前提とする日本法とドイツ法において，物権行為概念と ius ad rem 概念の共存と両立が，歴史上どのように維持され，かつ，展開されてきたかを，ここで明らかにする必要性が出てくるだろう。こ

---

65) ius ad rem と比較できる概念として，本章でふれた不法行為や仮登記に基づく請求権のほかに，たとえば，占有改定（BGB 930 条）や返還請求権の譲渡による引渡し（BGB 931 条），期待権（BGB 160 条・161 条・162 条），譲渡禁止（BGB 135 条・136 条・137 条），先買権（BGB 463 条・464 条・1094 条・1098 条）などがある。
BGB § 930：Ist der Eigentümer im Besitz der Sache, so kann die Übergabe dadurch ersetzt werden, dass zwischen ihm und dem Erwerber ein Rechtsverhältnis vereinbart wird, vermöge dessen der Erwerber den mittelbaren Besitz erlangt.
第 930 条：所有者が物を占有するときは，その引渡しは，所有者及び取得者が取得者に間接占有を取得させる法律関係を合意することをもって代えることができる。
BGB § 931：Ist ein Dritter im Besitz der Sache, so kann die Übergabe dadurch ersetzt werden, dass der Eigentümer dem Erwerber den Anspruch auf Herausgabe der Sache abtritt.
第 931 条：第三者が物を占有するときは，その引渡しは，所有者が取得者に物の返還請求権を譲渡することをもって代えることができる。

BGB § 160 (1): Wer unter einer aufschiebenden Bedingung berechtigt ist, kann im Falle des Eintritts der Bedingung Schadensersatz von dem anderen Teil verlangen, wenn dieser während der Schwebezeit das von der Bedingung abhängige Recht durch sein Verschulden vereitelt oder beeinträchtigt.
(2): Den gleichen Anspruch hat unter denselben Voraussetzungen bei einem unter einer auflösenden Bedingung vorgenommenen Rechtsgeschäft derjenige, zu dessen Gunsten der frühere Rechtszustand wieder eintritt.
第160条第1項：停止条件付きで権利を有する者は、相手方が不確定な時期に条件にかかわる権利をその故意・過失で挫折させる場合、又は、侵害する場合において、条件が成就されたときには、相手方に損害賠償を請求することができる。
第2項：解除条件のもとにされた法律行為の場合、それ以前の法的状態が自らのために再び生じる者は、前項と同じ要件のもとに同様の請求権を有する。
BGB § 161 (1): Hat jemand unter einer aufschiebenden Bedingung über einen Gegenstand verfügt, so ist jede weitere Verfügung, die er während der Schwebezeit über den Gegenstand trifft, im Falle des Eintritts der Bedingung insoweit unwirksam, als sie die von der Bedingung abhängige Wirkung vereiteln oder beeinträchtigen würde. Einer solchen Verfügung steht eine Verfügung gleich, die während der Schwebezeit im Wege der Zwangsvollstreckung oder der Arrestvollziehung oder durch den Insolvenzverwalter erfolgt.
(2): Dasselbe gilt bei einer auflösenden Bedingung von den Verfügungen desjenigen, dessen Recht mit dem Eintritt der Bedingung endigt.
(3): Die Vorschriften zugunsten derjenigen, welche Rechte von einem Nichtberechtigten herleiten, finden entsprechende Anwendung.
第161条第1項：ある者が停止条件のもとに目的物を処分した場合には、その目的物について不確定な状態の間にされたすべての処分は、条件が成就したときにはその処分が条件に従属する効力を挫折させ、又は侵害するかぎりで、無効となる。不確定な状態が強制執行若しくは仮差押執行の方法により、又は、倒産管財人により生じる処分は、本項1文での処分と同じである。
第2項：その権利が条件の成就で終了する者による処分に関する解除条件の場合も同様である。
第3項：その権利が無権限者によって行われる者のための諸規定は、準用される。
BGB § 162 (1): Wird der Eintritt der Bedingung von der Partei, zu deren Nachteil er gereichen würde, wider Treu und Glauben verhindert, so gilt die Bedingung als eingetreten.
(2): Wird der Eintritt der Bedingung von der Partei, zu deren Vorteil er gereicht, wider Treu und Glauben herbeigeführt, so gilt der Eintritt als nicht erfolgt.
第162条第1項：条件の成就により不利となる当事者によって、信義及び誠実に反して条件の成就が妨げられるとき、条件は成就したものとみなされる。
第2項：条件の成就により有利となる当事者によって、信義及び誠実に反して条件の成就が招来されるとき、その成就は生じなかったものとみなされる。
BGB § 135 (1): Verstößt die Verfügung über einen Gegenstand gegen ein gesetzliches Veräußerungsverbot, das nur den Schutz bestimmter Personen bezweckt, so ist sie nur diesen Personen gegenüber unwirksam. Der rechtsgeschäftlichen Verfügung steht eine Verfügung gleich, die im Wege der Zwangsvollstreckung oder der Arrestvollziehung erfolgt.
(2): Die Vorschriften zugunsten derjenigen, welche Rechte von einem Nichtberechtigten herleiten, finden entsprechende Anwendung.
第135条第1項：目的物に関する処分が一定の者の保護のみを目的とする法律による譲渡禁止に違反するとき、その処分は、この者に対してのみ無効である。法律行為上の処分は、強制執行又は仮差押えの執行の方法で生じる処分と同じである。
第2項：無権利者から権利を導き出す者のための規定は、準用される。

BGB § 136：Ein Veräußerungsverbot, das von einem Gericht oder von einer anderen Behörde innerhalb ihrer Zuständigkeit erlassen wird, steht einem gesetzlichen Veräußerungsverbot der in § 135 bezeichneten Art gleich.
第136条：裁判所又はその他の官庁によってその管轄内で発せられた譲渡禁止は，135条で定められた種類の譲渡禁止と同じである。
BGB § 137：Die Befugnis zur Verfügung über ein veräußerliches Recht kann nicht durch Rechtsgeschäft ausgeschlossen oder beschränkt werden. Die Wirksamkeit einer Verpflichtung, über ein solches Recht nicht zu verfügen, wird durch diese Vorschrift nicht berührt.
第137条：譲渡される権利の処分権限は，法律行為によっては排除又は制限されえない。そのような権利を処分しないとの債務の有効性は，本規定によっては影響を受けない。
BGB § 463：Wer in Ansehung eines Gegenstandes zum Vorkauf berechtigt ist, kann das Vorkaufsrecht ausüben, sobald der Verpflichtete mit einem Dritten einen Kaufvertrag über den Gegenstand geschlossen hat.
第463条：目的物の先買権を有する者は，義務者がその目的物に関する売買契約を第三者と締結した場合に，先買権を行使することができる。
BGB § 464 (1)：Die Ausübung des Vorkaufsrechts erfolgt durch Erklärung gegenüber dem Verpflichteten. Die Erklärung bedarf nicht der für den Kaufvertrag bestimmten Form.
(2)：Mit der Ausübung des Vorkaufsrechts kommt der Kauf zwischen dem Berechtigten und dem Verpflichteten unter den Bestimmungen zustande, welche der Verpflichtete mit dem Dritten vereinbart hat.
第464条第1項：先買権の行使は，義務者に対する意思表示によって行う。この意思表示は，売買契約に関する特別な方式であることを要しない。
第2項：先買権の行使により，先買権者と義務者の間に，義務者が第三者と合意した内容の売買契約が成立する。
BGB § 1094 (1)：Ein Grundstück kann in der Weise belastet werden, dass derjenige, zu dessen Gunsten die Belastung erfolgt, dem Eigentümer gegenüber zum Vorkauf berechtigt ist.
(2)：Das Vorkaufsrecht kann auch zugunsten des jeweiligen Eigentümers eines anderen Grundstücks bestellt werden.
第1094条第1項：土地は，先買権の目的とすることができる。先買権者は，所有者に対して先買することができる。
第2項：先買権は，他の土地の所有者のためにも，これを設定することができる。
BGB § 1098 (1)：Das Rechtsverhältnis zwischen dem Berechtigten und dem Verpflichteten bestimmt sich nach den Vorschriften der §§ 463 bis 473. Das Vorkaufsrecht kann auch dann ausgeübt werden, wenn das Grundstück von dem Insolvenzverwalter aus freier Hand verkauft wird.
(2)：Dritten gegenüber hat das Vorkaufsrecht die Wirkung einer Vormerkung zur Sicherung des durch die Ausübung des Rechts entstehenden Anspruchs auf Übertragung des Eigentums.
(3)：Steht eine nach § 1094 Abs. 1 begründetes Vorkaufsrecht einer juristischen Person oder einer rechtsfähigen Personengesellschaft zu, so gelten, wenn seine Übertragbarkeit nicht vereinbart ist, für die Übertragung des Rechts die Vorschriften der §§ 1059a bis 1059d entsprechend.
第1098条第1項：先買権者と義務者との間の法律関係は，第463条から第473条までの規定により，これを定める。先買権は，倒産管財人が土地を任意に売却したときも，これを行使することができる。
第2項：先買権は，第三者に対しては，権利の行使によって発生する所有権移転請求権を保全するための仮登記の効力を有する。

の両概念の関係性を明らかにする分析基軸として，履行請求権と損害賠償請求権を用いることにしたい。

第3項：第1094条第1項により設定された先買権が法人又は権利能力を有する人的会社に帰属する場合において，その譲渡が可能なことが合意されていないときは，その権利の譲渡について第1059a条から第1059d条までの規定を準用する。

第三章　履行請求権と損害賠償請求権

一　はじめに

1　問題の所在

　物権と債権の違いはなにか。物権は物を対象とする権利であるが，債権は特定人を対象とする権利である，といわれる。また，物権には直接性・絶対性・排他性が認められるが，債権にはそれらが認められない，とされる。

　しかし，物権と債権の違いは，実はそれほど明確ではない。たとえば，特定物債権に順位保全効を与える仮登記は，2つの権利の境界線を曖昧にする[1]。借地借家法の適用を受ける賃借権も，債権であるにもかかわらず絶対効を備えている。

　さらに，日本法においては，売買契約の成立によって所有権の移転効が直接発生すると解するのが判例[2]・伝統的通説[3]である。この解釈は，たしかに民法176条の文言と整合性をもつ。しかし，売買契約が諾成契約であることを考慮すると，売買契約のみで所有権が移転するとの理解は，原則論としてではあっても，実務の理解を得られないのではないか。

　また，売買契約は債権法の領域であるところ，所有権の移転は物権法の領域であるといえる。債権契約の効果として，なぜ物権法上の効果が直接発生するのか。そこには，論理の飛躍があるのではないか。

　そこで検討の対象とされるのが，物権行為の存在である。物権変動の効果

---

[1] 仮登記制度については，大場浩之『不動産公示制度論』（成文堂・2010）261頁以下，および，同「仮登記制度と不動産物権変動論―物権債権峻別論を基軸として―」私法76・139以下（2014）などを参照。

[2] たとえば，大判大2・10・25民録19・857以下などを参照。

[3] たとえば，我妻栄著・有泉亨補訂『新訂・物権法（民法講義Ⅱ）』（岩波書店・1982）59頁以下などを参照。

を発生させる直接の根拠は，物権法上の意思表示に求められなければならない。物権行為の独自性に対しては，この概念を認めても，売買契約の当事者と同一人物間で物権行為を見出すことは無用である，との批判がなされてきた[4]。しかし，抵当権設定行為のように，物権行為概念を認めざるをえない状況が存在する。それにもかかわらず，所有権移転の場面に限って物権行為の存在を認めないと解するのは，論理的に整合性がない。

それでは，物権と債権を明確に区別しているとされるドイツ法はどうか。ドイツ法は，物権行為の独自性を肯定する。しかも，債権契約との関係性を遮断する。その上で，物権変動に関して，目的物が土地の場合には登記を（BGB（ドイツ民法典）873条1項[5]，動産の場合には引渡しを（BGB 929条[6]），それぞれ効力要件とする。

しかし，ドイツ法は同時に，仮登記制度（BGB 883条[7]以下）をはじめとして，債権者を保護するための様々な制度を用意している[8]。つまり，物権と債

---

4) たとえば，川島武宜『新版・所有権法の理論』（岩波書店・1987）222頁以下は，所有権移転の効果発生のための要件として，代金の支払，目的物の引渡し，登記の移転をあげるが，物権行為の独自性については否定している。

5) 以下，適宜，BGB（ドイツ民法典）の条文とその日本語訳を掲げる。なお，BGBの条文の日本語訳は，エルヴィン・ドイチュ＝ハンス・ユルゲン・アーレンス著・浦川道太郎訳『ドイツ不法行為法』（日本評論社・2008）328頁以下，ディーター・ライポルト著・円谷峻訳『ドイツ民法総論―設例・設問を通じて学ぶ―（第2版）』（成文堂・2015）550頁以下，および，マンフレート・ヴォルフ＝マリーナ・ヴェレンホーファー著・大場浩之＝水津太郎＝鳥山泰志＝根本尚徳訳『ドイツ物権法』（成文堂・2016）603頁以下による。

BGB § 873 (1): Zur Übertragung des Eigentums an einem Grundstück, zur Belastung eines Grundstücks mit einem Recht sowie zur Übertragung oder Belastung eines solchen Rechts ist die Einigung des Berechtigten und des anderen Teils über den Eintritt der Rechtsänderung und die Eintragung der Rechtsänderung in das Grundbuch erforderlich, soweit nicht das Gesetz ein anderes vorschreibt.

(2): Vor der Eintragung sind die Beteiligten an die Einigung nur gebunden, wenn die Erklärungen notariell beurkundet oder vor dem Grundbuchamt abgegeben oder bei diesem eingereicht sind oder wenn der Berechtigte dem anderen Teil eine den Vorschriften der Grundbuchordnung entsprechende Eintragungsbewilligung ausgehändigt hat.

第873条第1項：土地を目的とする所有権の移転，土地を目的とする権利の設定又はその権利を目的とする権利の設定若しくは移転には，権利者と相手方との間で権利の変動に関する合意をし，かつ，権利の変動を土地登記簿に登記しなければならない。ただし，法律に別段の定めがあるときは，この限りでない。

第2項：前項の合意は，この意思表示が公証人の認証を受け，土地登記所において表明され，若しくは土地登記所に対して書面によって申請され，又は権利者が意思表示の相手方に土地登記法の定めるところによる登記許諾を与えたときは，登記がされる前においても，当事者を拘束する。

権が完全に峻別されているわけではないのである。

　そこで問題となるのが，ius ad rem（物への権利）である[9]。ius ad rem は，特定物債権者を悪意の第三者との関係で保護する制度であった。しかし，この制度は，債権に絶対効を付与する制度であったため，BGB を制定するにあたって，物権債権峻別論を前提とするその体系との整合性の観点から，採用されることはなかったとされている。

　物権行為の独自性と無因性を認めるにいたった前提には，物権と債権の区

---

6) BGB § 929：Zur Übertragung des Eigentums an einer beweglichen Sache ist erforderlich, dass der Eigentümer die Sache dem Erwerber übergibt und beide darüber einig sind, dass das Eigentum übergehen soll. Ist der Erwerber im Besitz der Sache, so genügt die Einigung über den Übergang des Eigentums.
第 929 条：動産の所有権を譲渡するには，所有者が取得者に物を引き渡し，かつ，当事者双方が所有権の譲渡を合意しなければならない。取得者が物を占有するときは，所有権の譲渡に係る合意をすればたりる。

7) BGB § 883(1)：Zur Sicherung des Anspruchs auf Einräumung oder Aufhebung eines Rechts an einem Grundstück oder an einem das Grundstück belastenden Recht oder auf Änderung des Inhalts oder des Ranges eines solchen Rechts kann eine Vormerkung in das Grundbuch eingetragen werden. Die Eintragung einer Vormerkung ist auch zur Sicherung eines künftigen oder eines bedingten Anspruchs zulässig.
(2)：Eine Verfügung, die nach der Eintragung der Vormerkung über das Grundstück oder das Recht getroffen wird, ist insoweit unwirksam, als sie den Anspruch vereiteln oder beeinträchtigen würde. Dies gilt auch, wenn die Verfügung im Wege der Zwangsvollstreckung oder der Arrestvollziehung oder durch den Insolvenzverwalter erfolgt.
(3)：Der Rang des Rechts, auf dessen Einräumung der Anspruch gerichtet ist, bestimmt sich nach der Eintragung der Vormerkung.
第 883 条第 1 項：仮登記は，土地を目的とする権利若しくはその権利を目的とする権利の承諾請求権若しくは放棄請求権又は権利の内容若しくは順位の変更請求権を保全するため，これを土地登記簿に登記することができる。仮登記は，将来の請求権又は条件付きの請求権を保全するためにも，これを登記することができる。
第 2 項：仮登記の後に土地又は権利についてされた処分は，これが前項の請求権の全部又は一部と抵触する限りで，その効力を有しない。強制執行若しくは仮差押えの手続においてされ，又は倒産管財人によってされた処分についても，同様とする。
第 3 項：請求権の目的が権利の承諾であるときは，その権利の順位は，仮登記によって，これを定める。

8) ドイツ法上の債権者保護を目的とする諸制度については，大場浩之「ドイツ現行法における ius ad rem の法的位置づけ」道垣内弘人＝片山直也＝山口斉昭＝青木則幸編『社会の発展と民法学（上巻）―近江幸治先生古稀記念論文集―』（成文堂・2019）247 頁以下を参照。

9) ius ad rem に関する筆者の一連の研究として，大場浩之「ius ad rem の歴史的素描」松久三四彦＝後藤巻則＝金山直樹＝水野謙＝池田雅則＝新堂明子＝大島梨沙編『社会の変容と民法の課題（上巻）―瀬川信久先生・吉田克己先生古稀記念論文集―』（成文堂・2018）193 頁以下，同「ius ad rem の法的性質」早法 94・4・63 以下（2019），および，同・前掲注 8・247 頁以下を参照。

別がある。この区別に，ius ad rem は矛盾した。だから，ius ad rem の衰退と排除に代わって，物権行為の存在が認められることになった，ともいえる。

2　課題の設定

　筆者はこれまで，物権行為と ius ad rem の関係について研究を進めてきた。まず，それぞれの概念の歴史的生成過程を検討し，その上で，現行法との位置づけを確認した[10]。さらには，意思主義と形式主義，および，物権と債権の観点から，物権行為と ius ad rem の理論的関係について，分析を加えた[11]。

　そこで，本章においては，物権行為と ius ad rem の理論的関係を分析する最後の視点として，履行請求権と金銭賠償請求権を提示する[12]。また，具体例として，土地甲の所有者 A が B と甲に関する売買契約を締結し，B は代金を完済したところ，A は C に対しても甲を売却し，C が B よりも先に甲所有権の登記を経由し，占有を開始したとする。ここで，B は C に対してなんらかの請求をすることができるか。

　B が C に対して，一定の要件のもとでなんらかの請求権を有するとしても，その請求権の内容として，甲の明渡しや登記移転まで求めることができるのか，それとも，金銭賠償請求にとどまるのかは，大きな違いである。B に甲所有権の帰属が認められるのであれば，B は所有権に基づく返還請求権を

---

[10] 物権行為に関する筆者の一連の研究として，大場浩之「物権行為に関する序論的考察―不動産物権変動の場面を基軸として―」早法 84・3・325 以下（2009），同「物権行為概念の起源―Savigny の法理論を中心に―」早法 89・3・1 以下（2014），同「BGB への物権行為概念の受容」五十嵐敬喜＝近江幸治＝樹澤能生編『民事法学の歴史と未来―田山輝明先生古稀記念論文集―』（成文堂・2014）161 頁以下，および，同「不動産所有権の二重契約における生存利益の保護―ドイツ物権行為論の展開を手がかりとして―」浦川道太郎先生・内田勝一先生・鎌田薫先生古稀記念論文集編集委員会編『早稲田民法学の現在―浦川道太郎先生・内田勝一先生・鎌田薫先生古稀記念論文集―』（成文堂・2017）95 頁以下を参照。ius ad rem（物への権利）については，前掲注 9 にあげた文献を参照。

[11] 本書第三部第一章と第二章を参照。

[12] ドイツでは，すでに，意思主義と形式主義，物権と債権，履行請求権と損害賠償請求権の 3 つの視点から ius ad rem の法的性質に迫ろうとする研究が存在する。この点につき，*Ralf Michaels*, Sachzuordnung durch Kaufvertrag -Traditionsprinzip, Konsensprinzip, ius ad rem in Geschichte, Theorie und geltendem Recht-, Berlin 2002, S. 35 ff. を参照。このように，上記三点の視点からの ius ad rem の分析は，すでに一定の評価を得た有益な手法であると考えられる。

行使することができるだろう。この所有権の帰属については，物権行為の問題が絡んでくる。また，Bに甲所有権が認められないとしても，それ以外の権利に基づく明渡請求が認められる余地はBにはないか。ここで問題となるのが，ius ad rem にほかならない。

　このように，Bがいかなる内容の請求権を有するかという観点は，物権行為と ius ad rem の理論的関係を解明する上で，有益な視座を与える。いずれの概念も，Bの利益保護に直接関係してくるからである。そこで，本章においては，つぎの二点を課題として設定する。すなわち，まず，物権行為と所有権移転の関係に焦点を当てながら，Bが履行請求権を有する場合と，損害賠償請求権をもつにすぎない場合とで，物権行為の法的性質にどのような違いがあるかを検討する。さらに，BがCに対して履行請求権をもつ場合と損害賠償請求権だけをもつ場合とで，ius ad rem の法的性質がどのような変化を遂げるのかを探る。

3　本章の構成

　以上の問題意識と課題の設定に基づき，本章は下記の構成をとる。まず，履行請求権と損害賠償請求権の，それぞれが有する要件と効果について，日本法とドイツ法を参照しながら検討する。つづいて，物権行為の法的性質論として，履行請求権と損害賠償請求権との関係を探る。さらに，ius ad rem の法的性質論について，同じく履行請求権と損害賠償請求権を分析基軸として用いつつ，検討を進める。

二　履行請求権と損害賠償請求権

1　履行請求権

　買主は売主に対して，目的物である土地の引渡しを請求することができる。これは，売買契約に基づく請求権である（民法555条・BGB 433条1項[13]）。したがって，当事者関係，つまり，対内関係においては，履行請求権が認められることに異論はない。

　これに対して，対外関係において履行請求権が成立するためには，請求権

者がもつ権利の性質や，請求の相手方となる第三者の態様が問題となる。請求権者が物権を取得していた場合には，物権の絶対性に基づいて，第三者に対する履行請求権が認められる。しかし，請求権者が債権者にすぎない場合には，第三者に対する履行請求権を根拠づけることは直接にはできない。

　ここで，第三者による債権侵害があった場合に，債権者が第三者に対して不法行為に基づく損害賠償請求権を行使できるかということと，債権者が第三者に対して目的物の引渡しを直接求めることができるかということとは，明確に区別されなければならない。前者に関しては，日本法上，債権も保護法益であることに疑問の余地はないのであり，一定の要件のもとで肯定される（民法709条[14]）。しかし，後者に関しては，債権が保護されるべきこととは別の考慮要素が存在する。

　上記の二重売買事例において，Cの所有権取得がなんらかの理由により認められなかった場合，Bは甲の登記や引渡しをCに対して直接請求することができるか。登記手続の観点からすれば，C名義の所有権登記を抹消して，

---

13) BGB § 433(1): Durch den Kaufvertrag wird der Verkäufer einer Sache verpflichtet, dem Käufer die Sache zu übergeben und das Eigentum an der Sache zu verschaffen. Der Verkäufer hat dem Käufer die Sache frei von Sach- und Rechtsmängeln zu verschaffen.
(2): Der Käufer ist verpflichtet, dem Verkäufer den vereinbarten Kaufpreis zu zahlen und die gekaufte Sache abzunehmen.
　第433条第1項：売買契約により，物の売主は，買主に物を引き渡し，所有権を取得させる義務を負う。売主は，買主に物の瑕疵または権利の瑕疵のない物を取得させる義務を負う。
　第2項：買主は，合意された売買代金を支払い，買い受けた物を引き取る義務を負う。
14) これに対して，ドイツ法は，一般不法行為法における保護法益として，債権を認めていない（BGB 823条1項）。同条同項の「その他の権利」に債権は含まれないとされている。この点につき，RGZ 57, 353 ff.; BGHZ 12, 308 ff.; *Rudolf Kraßer*, Der Schutz vertraglicher Rechte gegen Eingriffe Dritter -Untersuchungen zum Delikts- und Wettbewerbsrecht Deutschlands, Frankreichs und Belgiens-, Köln 1971, S. 200 などを参照。
BGB § 823(1): Wer vorsätzlich oder fahrlässig das Leben, den Körper, die Gesundheit, die Freiheit, das Eigentum oder ein sonstiges Recht eines anderen widerrechtlich verletzt, ist dem anderen zum Ersatz des daraus entstehenden Schadens verpflichtet.
(2): Die gleiche Verpflichtung trifft denjenigen, welcher gegen ein den Schutz eines anderen bezweckendes Gesetz verstößt. Ist nach dem Inhalt des Gesetzes ein Verstoß gegen dieses auch ohne Verschulden möglich, so tritt die Ersatzpflicht nur im Falle des Verschuldens ein.
　第823条第1項：故意又は過失により他人の生命，身体，健康，自由，所有権又はその他の権利を違法に侵害した者は，その他人に対し，これによって生じた損害を賠償する義務を負う。
　第2項：他人の保護を目的とする法律に違反した者も，前項と同様である。法律の内容によれば有責性がなくても違反を生じる場合には，賠償義務は，有責性があるときに限り生じる。

第三章 履行請求権と損害賠償請求権　309

あらためて，BはAに対して所有権移転登記を求めるのが正しい筋合いとなろう。また，甲の引渡しについても同様の論理が成り立つはずである。なぜならば，日本法の立場にたてば，Bは債権者であるか，すくなくとも，対抗要件を備えていない物権取得者だからである。また，ドイツ法によれば，Bはまだ債権者にすぎないからである。

とはいえ，登記手続にしても，甲の引渡しにしても，CからAを経由してBになされるというのは，迂遠であるといえる。このことは，BがAに対する代金支払債務などをすでに履行している場合には，とくにあてはまる。そこで，ドイツ法は，一定の要件に基づいて，BGB 826条[15]の解釈論の帰結として，BのCに対する直接請求権を認めている[16]。

2　損害賠償請求権

日本法は，債務不履行があった場合の損害賠償の内容として，金銭賠償の原則をとる（民法415条および417条）。これに対して，ドイツ法は，原則として，原状回復を債務者に求めている（BGB 280条1項[17]・249条1項[18]）。このため，日本法とドイツ法とでは，損害賠償の内容についての理解が異なっている。つまり，日本法においては，損害賠償というと金銭賠償がまず念頭にお

---

15) BGB § 826：Wer in einer gegen die guten Sitten verstoßenden Weise einem anderen vorsätzlich Schaden zufügt, ist dem anderen zum Ersatz des Schadens verpflichtet.
　第826条：善良の風俗に反する方法で他人に対し故意に損害を加えた者は，その他人に対し損害を賠償する義務を負う。
16) この点につき，とくに，RG Gruch 50, 971 ff., 1906を参照。
17) BGB § 280 (1)：Verletzt der Schuldner eine Pflicht aus dem Schuldverhältnis, so kann der Gläubiger Ersatz des hierdurch entstehenden Schadens verlangen. Dies gilt nicht, wenn der Schuldner die Pflichtverletzung nicht zu vertreten hat.
　(2)：Schadensersatz wegen Verzögerung der Leistung kann der Gläubiger nur unter der zusätzlichen Voraussetzung des § 286 verlangen.
　(3)：Schadensersatz statt der Leistung kann der Gläubiger nur unter den zusätzlichen Voraussetzungen des § 281, des § 282 oder des § 283 verlangen.
　第280条第1項：債務者が債務関係に基づく義務に違反するとき，債権者は，これにより生じる損害の賠償を請求することができる。前文の定めは，債務者が義務違反について責任を負わないとき，適用されない。
　第2項：債権者は，給付の遅滞に基づく損害賠償を286条の定める追加的要件のもとにのみ請求することができる。
　第3項：履行に代わる損害賠償を債権者は281条，282条又は283条の諸要件のもとにのみ請求することができる。

かれるが，ドイツ法においては，原状回復が不可能な場合（BGB 251条1項[19]），原状回復に不相当な費用がかかる場合（BGB 251条2項1文），あるいは，債権者が金銭賠償を求めた場合にはじめて，金銭賠償が問題となるのである[20]。

したがって，ドイツ法によれば，債務者が債権者に対して履行に代わる金銭を支払ったとしても，このことが直ちに履行に該当するわけではなく，また，損害賠償義務を果たしたことにもならない[21]。さらに，債務者に原状回復義務があるということは，同時に，債権者に原状回復請求権がある，ということにもなる。これが，ドイツ法が採用する原則なのである。

---

18) BGB § 249 (1)：Wer zum Schadensersatz verpflichtet ist, hat den Zustand herzustellen, der bestehen würde, wenn der zum Ersatz verpflichtende Umstand nicht eingetreten wäre.
(2)：Ist wegen Verletzung einer Person oder wegen Beschädigung einer Sache Schadensersatz zu leisten, so kann der Gläubiger statt der Herstellung den dazu erforderlichen Geldbetrag verlangen. Bei der Beschädigung einer Sache schließt der nach Satz 1 erforderliche Geldbetrag die Umsatzsteuer nur mit ein, wenn und soweit sie tatsächlich angefallen ist.
第249条第1項：損害賠償の義務を負う者は，賠償を義務づける事情が発生しなかったならば存したであろう状態を回復しなければならない。
第2項：人の侵害又は物の毀損に基づいて損害賠償がされなければならないとき，債権者は，原状回復に代えて，そのために必要な金額を請求することができる。物の毀損の場合，本条1文により必要な金額は，販売税が事実上発生するとき，そして，その限りで，販売税を含む。

19) BGB § 251 (1)：Soweit die Herstellung nicht möglich oder zur Entschädigung des Gläubigers nicht genügend ist, hat der Ersatzpflichtige den Gläubiger in Geld zu entschädigen.
(2)：Der Ersatzpflichtige kann den Gläubiger in Geld entschädigen, wenn die Herstellung nur mit unverhältnismäßigen Aufwendungen möglich ist. Die aus der Heilbehandlung eines verletzten Tieres entstandenen Aufwendungen sind nicht bereits dann unverhältnismäßig, wenn sie dessen Wert erheblich übersteigen.
第251条第1項：原状回復が不能であるとき，又は債権者に対し賠償が不十分であるときは，賠償義務者は金銭をもって賠償しなければならない。
第2項：原状回復が不相当な費用を要するときは，賠償義務者は金銭をもって賠償することができる。侵害を受けた動物の治療のために要した費用は，それが動物の価値を著しく超えたとしても，不相当になるものではない。

20) ドイツ法における原状回復の原則については，Thomas Riehm, Der Grundsatz der Naturalerfüllung, Tübingen 2015, S. 217 ff. が詳しい。

21) BGB 241条1項にいう，債権関係から生じる権利も，履行請求権を指している。
BGB § 241 (1)：Kraft des Schuldverhältnisses ist der Gläubiger berechtigt, von dem Schuldner eine Leistung zu fordern. Die Leistung kann auch in einem Unterlassen bestehen.
(2)：Das Schuldverhältnis kann nach seinem Inhalt jeden Teil zur Rücksicht auf die Rechte, Rechtsgüter und Interessen des anderen Teils verpflichten.
第241条第1項：債権関係により，債権者は，債務者から給付を求める権利を有する。給付は，不作為においても存する。
第2項：債務関係は，その内容に従い，相手方の諸権利，法益及び利益を考慮することを各当事者に義務づける。

上述の事例において，日本法によれば，Bが最終的に甲の所有権を取得することができなかった場合には，BはAに対して損害賠償請求権を行使することが可能である（民法415条）。これは，Cが甲の所有権を確定的に取得したことにより，AのBに対する債務が法的な評価として履行不能になったことを理由とする。ドイツ法においても，Aの債務が履行不能に陥ったことにより，BがAに対して損害賠償請求権の行使として金銭賠償を求めることができる（BGB 280条1項・251条1項）。

すなわち，損害賠償請求権の内容について，原則論をどのようにとらえるとしても，債務の内容が履行不能になってしまった場合には，日本法とドイツ法いずれにおいても，金銭による損害賠償を求めるしかない[22]。

3 小 括

以上のように，Bの立場からすれば，自らが履行請求権を有するのか，それとも，損害賠償請求のみが許されるのかは，大きな影響をもつ。また，いずれかの請求権の存在が認められるとして，その相手方が誰になるのかもまた，重要な点である。

これらの問題点を明らかにするためには，Bがもつ権利が物権なのか債権なのか，その権利はなにを根拠として発生したのか，について検討するのが有益である。すなわち，Bが物権を取得していれば，AやCに対する履行請求権を根拠づけることも容易になる[23]。これに対して，Bがもつ権利が債権だとすると，Aに対する損害賠償請求権以外の権限をBに与えるには，別の

---

[22] もっとも，日本法とドイツ法とでは，金銭による損害賠償の意味づけは大きく異なる。すでに述べた通り，日本法は金銭賠償を原則とし，ドイツ法は原状回復を原則とする。この違いは，BがAに対してのみならずCに対しても請求権を有するか，そして，有するとして，その権利の内容は履行請求権なのか，それとも，損害賠償請求権なのか，という問題にも影響を与える。さらに，ドイツ法における原状回復の原則と完全賠償の原則は，密接に関係している。相当因果関係の理論の発展は，ドイツ法上の完全賠償の原則に起因する，との理解は，すでによく知られているところである。この点につき，平井宜雄『損害賠償法の理論』（東京大学出版会・1971）23頁以下を参照。

[23] 物権的請求権については，*Eduard Picker*, Zur Beseitigungshaftung nach § 1004 BGB -eine Apologie. Zugleich ein Beitrag zur bürgerlich-rechtlichen Haftungsdogmatik, FS Joachim Gernhuber, Tübingen 1993, S. 315 ff.; *ders.*, Der „dingliche" Anspruch, FS Franz Bydlinski, Wien, New York 2002, S. 269 ff. などを参照。

論理を要する[24]。

　また，BがCに対して損害賠償請求権を行使できるとしても，その内容が金銭賠償に限定されるのか，それとも，甲の引渡しや登記まで含まれるのか，については，別の考慮要素が関係してくる。したがって，問題は，Bが有する権利の性質と，その権利に基づく請求権の具体的内容にある。この問題を明らかにするためには，物権行為と ius ad rem の理論的関係を分析することが必要不可欠と考えられる[25]。

　日本の判例[26]と通説[27]は，物権行為の独自性を認めていない。しかし，売買契約と所有権移転の関係とは異なり，消費貸借契約と抵当権設定の関係は，不可分ではない。すなわち，消費貸借契約から直接に抵当権設定という効果を導き出すことはできない。このため，抵当権を設定するための法律行為が必要となる。物権である抵当権を設定する法律行為である以上，それは物権行為であると解さざるをえない。したがって，物権行為を完全に否定することは，不可能である。そうであるならば，物権行為の存在を認めた上で，所有権移転のためにも物権行為を要すると解する方が，整合的であろう。そして，債権行為である売買契約と物権行為を区別するためには，事実行為である代金支払・占有移転・登記移転を関係づけるのが有益である。

　これに対して，物権と債権の区別を明確にしているドイツ法は，物権行為の独自性を認める反面，ius ad rem の存在をできる限り排除しようとする。

---

24) なお，特定物が債権の目的となっている場合，一般に，履行請求権とは特定物引渡請求権を，損害賠償請求権とは金銭賠償請求権を指すことが多い。しかし，履行に代わる損害賠償や，損害賠償請求の内容として原状回復を求めることなどもありうる。すなわち，概念の混同がみられる。本章において，履行請求権は特定物引渡請求権を，損害賠償請求権は金銭賠償請求権を，それぞれ念頭においている。

25) この点に関して，興味深い素材を提供してくれるのが，債権者取消権である（民法424条）。二重譲渡の場面においても，債権者取消権の要件，とりわけAの無資力要件とCの悪意要件が充足されていれば，日本の判例はBによる債権者取消権の行使を認める（最判昭36・7・19民集15・7・1875以下）。ただし，目的物が不動産である場合に，CからBへの登記名義の移転までは，認められていない（最判昭53・10・5民集32・7・1332以下）。しかし，目的物が金銭または動産である場合には，Aが目的物の受領を拒絶する可能性を考慮して，BのCに対する直接請求権が認められている（大判昭10・6・18民録27・1168以下，および，最判昭39・1・23民集18・1・76以下）。

26) 古くは，大判明28・11・7民録1・4・28以下が，物権行為の独自性を否定する示唆を示している。

27) たとえば，我妻・有泉・前掲注3・56頁以下などを参照。

それでもなお，仮登記制度（BGB 883条以下）のように，絶対効をもつ債権の存在を事実上認めざるをえない。

そこで，物権債権峻別論をめぐって対立しているように見える日本法とドイツ法について，物権行為と ius ad rem の関係をにらみつつ，上述の事例におけるBの請求権の内容として，履行請求権と損害賠償請求権を検討することによって，二重譲渡という古典的な法律問題に対する新たな視点を提示することができるだろう。

三　物権行為

1　履行請求権

物権行為の存在を肯定することは，履行請求権の成否に影響を与えるか。物権行為の存在を肯定し，かつ，物権行為がなされると，所有権移転の効果が発生したことを説明しやすい[28]。そうすると，前述した具体例におけるBが所有権を取得した場合には，BはCに対する履行請求権をもつことになる。この請求権は，まさに物権的請求権に位置づけられる。これに対して，物権行為の存在は認めつつも，事実認定において物権行為がなされていないとされた場合には，Bがもつ権利は債権となり，演繹的に考えれば，BはCに対して直接請求権をもたないことになろう。

それでは，物権行為の存在をそもそも認めない場合にはどうか。この場合，所有権移転の効果発生は売買契約などの債権契約の影響を直接受ける。たしかに，所有権移転の効果発生時期を，代金支払・占有移転・登記移転などの外部的徴表と関連づけることはできる。しかし，それでもなお，債権契約を根拠としてなぜ物権変動の効果が発生するのか，という疑問は残る。いずれにしても，物権行為の存在とは無関係に，むしろ，物権行為を考慮要素とは

---

[28] もっとも，所有権移転の原因と時期の問題は，区別されるべきである。この点につき，川島・前掲注4・222頁以下を参照。つまり，物権行為がなされただけで所有権移転の効果が発生するとはいえない。物権行為の存在が原因論であることを前提とした上で，所有権が移転する時期については，代金支払・占有移転・登記移転と関連づけることもできる。また，ドイツ法は，目的物が土地である場合には登記を（BGB 873条1項），動産である場合には引渡しを効力発生要件と明確に定めている（BGB 929条）。

せずに，Bの物権取得を認めることが可能となる。すなわち，BがCに対して履行請求権を有するかどうかは，物権行為以外の要件によって決まってくる。

　日本法は，物権行為の存在については解釈論に委ねている[29]。これに対して，ドイツ法においては，物権行為の独自性と無因性が肯定されているために，物権行為の存在は物権変動の発生要件である[30]。たしかに，物権行為の存在を認めるかどうかにかかわらず，BをAによる第二譲渡から保護する必要性は，検討されなければならない。しかし，物権行為の存在を認めることにより，Bの保護要件と権利内容を明確化することができる[31]。

　物権行為の存在を認めて，実際の事案において物権行為があったと認定されれば，所有権移転の効果も認められやすくなる。つまり，物権行為の存在と物権の帰属は密接に関係している。すると，所有者は物権的請求権を第三者に対しても行使することができる。

　Bがもつ権利に絶対効を付与するために，まずもってもっとも簡便な方法は，Bの権利が物権であることである。物権行為の概念は，Bに物権が帰属しているかどうかを判断するにあたって，きわめて有益な要素を提供する。この点において，売買契約と所有権移転の関係について，日本法の判例・通説が物権行為の独自性を肯定することなく，契約の成立または代金支払・占

---

29) とくに，売買契約と所有権移転の関係については，そこに物権行為を介在させるかどうか，議論の余地がある。物権行為について論じる代表的な文献として，岡松参太郎「物権契約論」法協26・1・58以下（1908），横田秀雄「物権契約ヲ論ス」法曹記事22・11・1以下（1912），吾妻光俊「独逸民法に於ける物権契約の抽象性」法協51・5・43以下（1933），田島順「物権契約の問題」論叢44・2・1以下（1941），山本進一「わが民法における物権行為の独自性と有因性（1〜2）」法論29・1・1以下，29・4＝5・43以下（1955〜1956），石田喜久夫「引渡主義について—物権行為理解のために—」民商39・1＝2＝3・183以下（1959），原島重義「債権契約と物権契約」契約法大系刊行委員会編『契約法大系Ⅱ（贈与・売買）』102頁以下（有斐閣・1962），有川哲次「物権契約理論の軌跡—サヴィニー以後一世紀間—」原島重義編『近代私法学の形成と現代法理論』303頁以下（九州大学出版会・1988），および，於保不二雄「物権行為について」同『民法著作集Ⅰ・財産法』119頁以下（新青出版・2000）などを参照。

30) BGB 873条1項や929条における Einigung は，物権的合意を指している。

31) 土地所有権の譲渡の場面において，ドイツ法が第一買主の保護をどのように図っているかについては，Astrid Stadler, Gestaltungsfreiheit und Verkehrsschutz durch Abstraktion -Eine rechtsvergleichende Studie zur abstrakten und kausalen Gestaltung rechtsgeschäftlicher Zuwendungen anhand des deutschen, schweizerischen, österreichischen, französischen und US-amerikanischen Rechts-, Tübingen 1996, S. 488 ff. が，簡潔にまとめている。

有移転・登記移転などの外部的徴表のみをもって効果発生の要件としている[32]ことは，理論的な観点からしてあいまいさが残る。

つぎに，問題の焦点は，Ｂが物権を取得していなくても，Ｃに対して直接請求権を有することが認められるか，に移る。一般的に，債権しか有していない権利者は対外的に自らの権利を主張することができない。しかし，債権者の中には，契約を締結したにすぎない者から，契約の履行過程の最終段階までいたっている者まで，多様である。とくに目的物が不動産である場合，その所有権に関する売買契約の成立段階から，目的物の利用をすでに開始している段階まで，債権者の目的物への依存度は大きく異なる。

そこで，AB間で売買契約が成立しているだけではなく，物権行為までもがなされている場合には，Ｂがもつ権利がたとえ債権と位置づけられるとしても，その権利に対外効を認めてはどうか。このことは，同時に，Ｂの権利に対外効を認めてもよいほどに，Ｂの甲の利用状況が進んでいるのであれば，帰納的に考察して，AB間で物権行為がなされたとみることもできる。

とりわけ不動産の二重売買において，二重譲渡までもが自由競争の範囲内として許容されているとの認識に対して，様々な観点からこれまで批判的な検討がなされてきている[33]。そこでの規範は，Ｂの静的利益をいかなる範囲でどの程度保護すべきか，というものであった。そこに，物権行為の概念を用いることで，自由競争論，債権侵害論を理論的な観点から補強することもできるだろう。

ドイツ法は，物権行為の独自性のみならず無因性をも認めている。物権行為がなされ，さらに，目的物が土地である場合には登記，動産である場合に

---

32) 判例は契約成立時説を採用してはいるが，契約成立の認定については，代金支払・占有移転・登記移転などの事実行為の存在を重視している。この点につき，吉原節夫「『特定物売買における所有権移転の時期』に関する戦後の判例について―民法176条の研究(1)―」富大経済論集6・3＝4・540以下（1961），同「物権変動の時期に関する判例の再検討（1～2）―民法176条の研究(2)―」富大経済論集7・2・164以下，8・1・1以下（1961～1962）を参照。したがって，判例がとる契約成立時説も，通説がとる外部的徴表説も，上述した3つの事実行為のうちすくなくとも1つが行われたことが物権変動の効果発生にとって決定的な基準になるという点につき，軌を一にする。すなわち，対象となる問題が，事実認定の場面なのか，それとも，法解釈の場面なのかの違いにすぎない。

33) 磯村保「二重売買と債権侵害（1～3・完）―『自由競争』論の神話―」神戸35・2・385以下，36・1・25以下，36・2・289以下（1985～1986）などを参照。

は引渡しがなされてはじめて，所有権が移転する。ここで，債権行為である売買契約などが取り消されたとしても，所有権の移転が遡及的に無効となるわけではない。すなわち，所有権はいぜんとして譲受人に帰属したままである。このため，譲受人は物権取得者であるから，売買契約が遡及的に無効になったにもかかわらず，さらに第三者に有効に譲渡することもできるし，また，第三者に対して物権的請求権を行使することもできる[34]。

2 損害賠償請求権

物権行為の独自性を認めると，譲受人が物権をすでに取得しているかどうかが明確になる。このため，物権行為がなされるまでの間は，譲受人は債権法上の請求権しか有しない。したがって，譲受人はいまだ債権者である以上，債務者である譲渡人に対してのみ，請求権を行使することができる。

日本法においては，その判例と通説によれば，物権行為の独自性が認められていないので，債権法上の契約の成立を前提に，事実行為の成否も絡んで，物権変動の効果発生が認められるかどうかが決まる。もっとも，前述したように，判例と同じ立場をとって契約成立を認定するにあたっても，実際には事実行為の存否が決定的な基準となっている。そうすると，譲受人による物権取得の基準は，代金支払・占有移転・登記移転のいずれかがなされることに収斂される。

しかし，日本法の特徴は，対抗要件主義の採用にある（民法177条・178条）。上記基準である三要素のうち，目的物が動産である場合には占有が，不動産である場合には登記が，すでに移転されているのであれば問題はない。しかし，Bが代金を支払ったにすぎない場合には，Bは完全な所有権を取得したことにはならない[35]。

この場合，判例の見解によれば，Bは，Aと売買契約を有効に締結したCに対して，自らの所有権を主張することができない[36]。Cもまた，不完全ながらも所有者だからである。したがって，Bが自らの所有権を主張できるのは，契約当事者であるAと，不完全な所有権すら有していない第三者に対してのみ，ということになる。

さらに，Cが対抗要件を備えた場合には，Cが確定的な所有者となり，B

は不完全ながらも有していた所有権を失う。すると，Bはもはや債権者としてのみ，Aに対して債務不履行責任（民法415条）または不法行為責任（民法709条）を問うことができるにとどまる。

　これに対して，物権行為の独自性を認め，さらに，いわゆる形式主義をとっているドイツ法は，すくなくとも物権変動の効果発生については明確な規範

---

34) ドイツ法は，目的物が動産である場合に占有に公信力を認めている（BGB 932条1項）。さらに，目的物が土地である場合にも，登記に公信力を認めている（BGB 892条1項）。このように，すでに登記の公信力によって土地取引における動的安全の保護が図られているにもかかわらず，ドイツ法は，さらに物権行為の無因性をも認めることで，取引安全を強化している。前主に所有権が帰属していれば，その者からの転得者は悪意であっても保護される点に，その特徴がある。
BGB § 892(1): Zugunsten desjenigen, welcher ein Recht an einem Grundstück oder ein Recht an einem solchen Recht durch Rechtsgeschäft erwirbt, gilt der Inhalt des Grundbuchs als richtig, es sei denn, dass ein Widerspruch gegen die Richtigkeit eingetragen oder die Unrichtigkeit dem Erwerber bekannt ist. Ist der Berechtigte in der Verfügung über ein im Grundbuch eingetragenes Recht zugunsten einer bestimmten Person beschränkt, so ist die Beschränkung dem Erwerber gegenüber nur wirksam, wenn sie aus dem Grundbuch ersichtlich oder dem Erwerber bekannt ist.
(2): Ist zu dem Erwerb des Rechts die Eintragung erforderlich, so ist für die Kenntnis des Erwerbers die Zeit der Stellung des Antrags auf Eintragung oder, wenn die nach § 873 erforderliche Einigung erst später zustande kommt, die Zeit der Einigung maßgebend.
第892条第1項：土地登記簿の内容は，土地を目的とする権利又はその権利を目的とする権利を法律行為によって取得した者の利益のために，これを真正なものとみなす。ただし，その真正に対して異議が登記され，又はその不真正を取得者が知るときは，この限りでない。権利者が土地登記簿に登記された権利の処分につき，特定の者のために制限を受けたときは，この制限は，これが土地登記簿から明らかであり，又は取得者がそれを知るときに限り，取得者に対して，その効力を有する。
第2項：取得者による前項の事実の了知は，権利の取得に登記を要する場合においては，登記の申請をした時を基準とする。その場合において，第873条により必要となる合意が登記よりも後に成立したときは，合意をした時を基準とする。
BGB § 932(1): Durch eine nach § 929 erfolgte Veräußerung wird der Erwerber auch dann Eigentümer, wenn die Sache nicht dem Veräußerer gehört, es sei denn, dass er zu der Zeit, zu der er nach diesen Vorschriften das Eigentum erwerben würde, nicht in gutem Glauben ist. In dem Falle des § 929 Satz 2 gilt dies jedoch nur dann, wenn der Erwerber den Besitz von dem Veräußerer erlangt hatte.
(2): Der Erwerber ist nicht in gutem Glauben, wenn ihm bekannt oder infolge grober Fahrlässigkeit unbekannt ist, dass die Sache nicht dem Veräußerer gehört.
第932条第1項：物が譲渡人に帰属しない場合においても，譲受人は，第929条に従ってされた譲渡によって，その所有者となるものとする。ただし，この規定により譲受人が所有権を取得する時に善意でなかったときは，この限りでない。第929条第2文に規定する場合において，本条は，譲受人が譲渡人から占有を取得したときに限り，これを適用する。
第2項：譲受人は，物が譲渡人に帰属しないことを知り，又は重大な過失によって知らなかったときは，善意でないものとする。

を提示する。物権行為の存在は物権変動の効果発生要件であるから，物権行為がなされない限り，物権変動は発生しない。したがって，AB 間で売買契約が締結されたにすぎない間は，所有者はいまだ A であって，B は特定物債権者にとどまる。ここで AC 間において売買契約が締結されただけではなく物権行為もなされ，かつ，登記（BGB 873 条 1 項）または引渡し（BGB 929 条）も行われると，A から C に所有権が移転する。B は A に損害賠償請求することができるにとどまる。

もともと，物権行為の概念は，物権と債権の峻別を前提に，物権の帰属状態を明確化するために導入された。物権行為概念の創始者である Friedrich Carl von Savigny は，意思理論の内部においても物権と債権を明確に区別することを企図して，この概念の必要性を見出したのである[37]。この趣旨にならうのであれば，物権行為の存在が物権の帰属を根拠づけ，そして，物権取得者に絶対効をもたらすことを説明しやすくなる。

さらに，Savigny は，物権行為の独自性だけではなく無因性まで認めて，結果として取引の安全がさらに図られることになった。物権と債権を明確に区別する前提をとれば，物権行為と債権行為の関係も遮断されるべきことになる。このため，体系を重視する考え方からすれば，物権行為の無因性は論理的に必然のことといえよう[38]。

---

35) 判例の見解によれば，B は不完全な所有権を取得しているにとどまる。また，外部的徴表説によれば，B の所有権は，C の対抗要件の具備と同時に認められる所有権によって覆されるおそれがあるという意味で，不完全な所有権といえよう。このような物権を萌芽的物権と称する見解として，加藤雅信『新民法大系Ⅱ・物権法（第 2 版）』（有斐閣・2005）76 頁以下を参照。
36) C もまた，登記を経由していない間は，B に対抗することができない。つまり，BC ともに敗訴することになる。この点につき，大判昭 9・5・1 民集 13・734 以下などを参照。
37) Friedrich Carl von Savigny の見解を検討するにあたっては，*Wilhelm Felgentraeger*, Friedrich Carl v. Savignys Einfluß auf die Übereigunungslehre, Leipzig 1927 がきわめて重要である。とりわけ，その S. 41 ff. を参照。Savigny の理論に対する批判については，*Filippo Ranieri*, Die Lehre der abstrakten Übereignung in der deutschen Zivilrechtswissenschaft des 19. Jahrhunderts, in: Coing/Wilhelm, Wissenschaft und Kodifikation des Privatrechts im 19. Jahrhundert, Bd. II, Frankfurt am Main 1970, S. 90 ff. を参照。また，最近の文献として，*Ulrich Huber*, Savigny und das sachenrechtliche Abstraktionsprinzip, FS Claus Wilhelm Canaris, Band I, S. 471 ff., 2007 も有益である。なお，Savigny の意思理論については，とくに，*Friedrich Carl von Savigny*, Obligationenrecht als Theil des heutigen Römischen Rechts, Bd. II, Berlin 1853, S. 256 ff. を参照。
38) Savigny の見解について，さらに，*Friedrich Carl von Savigny*, System des heutigen Römischen Rechts, Bd. III, Berlin 1840, S. 312 ff. を参照。

3 小　括

　物権行為の概念は，物権の帰属状態を確定するにあたって有効な基準となる。物権行為の独自性を認めることによって，物権と債権の区別が明確になり，かつ，買主がすでに物権を取得したのか，それとも特定物債権を有するにすぎないのかが，明らかになる。そうすると，買主の権利内容についても，それが第三者に対する直接の履行請求権なのか，それとも，たんなる損害賠償請求権にすぎないのかが決まる。

　もっとも，物権行為の概念を認めて，物権行為がなされたとしても，物権変動の効果がいつ発生するのかについてはさまざまな立法例があり，また，解釈論がありうる。日本法は，先に述べたように，判例も通説も代金支払・占有移転・登記移転を重要な基準としている。また，ドイツ法は，目的物が土地である場合には登記を（BGB 873条1項），動産である場合には引渡しを（BGB 929条），効力要件として位置づけている。これら要件が充足されない限り，物権行為がなされていたとしても，物権変動の効果は原則として発生しない[39]。

　このように，物権行為の概念は，物権と債権を区別する有効な基準として機能する。しかし，物権取得者が第三者に対して履行請求権をもつことは，物権の性質から導かれるが，債権者が債務者に対する損害賠償請求権のみを有するにすぎないということは，債権の性質から当然に導かれるわけではない。というのは，債権であっても，相手方を第三者とし，また，請求権の内容として履行請求が認められるべき場面も考えられるからである[40]。

　したがって，債権であるにもかかわらず，第三者に対する直接の履行請求権を認めることができるか，という問いについては，物権行為概念を分析す

---

39) ドイツ法は登記や引渡しを効力要件として定めているが，日本法は物権変動の原因について意思主義を採用し（民法176条），かつ，当事者間の特約を広く認めているため，上述の3つの事実行為がなされていなくても物権変動の効果を認めることが可能である。この点につき，最判38・5・31民集17・4・588以下を参照。

40) もちろん，債権は原則として相対効しか有しない。しかし，日本法においては，第三者による債権侵害が生じた場合に，一定の要件のもとでその第三者に不法行為責任が発生することが，判例によって認められている。この点につき，大判大4・3・10刑録21・279以下などを参照。ドイツ法は，不法行為法における権利侵害を限定的に解し，その権利の中に債権は含まれないとされている（BGB 823条1項）。

るだけでは足りない。そこで，つづいて，ius ad rem 概念を，履行請求権と損害賠償請求権の観点から分析することにする。ドイツ法において，物権行為概念が導入される前に，すなわち，物権債権峻別論が採用される前の段階において，ius ad rem 概念は存在していた。ius ad rem は具体的な事案において，どのような機能を有していたのであろうか。

四 ius ad rem

1 履行請求権

　ius ad rem はどのように定義されるか[41]。一般に，二重売買のケースが念頭におかれ，第一買主の保護を悪意の第二買主との関係でどのように図るか，というかたちで議論される。いいかえれば，特定物債権者の絶対効の問題でもあり，物権と債権の区別や曖昧さをめぐる問題でもある。さらには，売主と第一買主の当事者関係と，第一買主と第二買主の第三者関係を，それぞれ

---

41) ドイツ法における ius ad rem の立法例としては，ALR（プロイセン一般ラント法）がよく知られている。ALR における ius ad rem に関連する条文は，下記の通りである。
ALR I 2 § 122：Persönliche Rechte und Verbindlichkeiten heißen diejenigen, wozu nur gewisse Personen, ohne Rücksicht auf den Besitz einer Sache, befugt, oder verpflichtet sind.
　§ 123：Ein persönliches Recht enthält die Befugniß, von dem Verpflichteten zu fordern, daß er etwas geben, leisten, verstatten, oder unterlassen solle.
　§ 124：In so fern dergleichen persönliches Recht das Geben, oder die Gewährung einer bestimmten Sache, zum Gegenstande hat, wird es ein Recht zur Sache genannt.
　§ 125：Ein Recht ist dinglich, wenn die Befugniß zur Ausübung desselben mit einer Sache, ohne Rücksicht auf eine gewisse Person, verbunden ist.
　§ 126：Auch solche Rechte heißen dinglich, deren Gegenstand eine Sache ist, ohne Rücksicht auf die Person, bey welcher diese Sache sich befindet.
　§ 127：Dergleichen Rechte, die ihrem Gegenstande nach dinglich sind, heißen Rechte auf die Sache.
　§ 128：Rechte, welche in Beziehung auf das Subjekt, dem sie zukommen, dinglich sind, können in Rücksicht auf ihren Gegenstand bloß persönlich, oder zugleich Rechte auf die Sache seyn.
　§ 129：Eben so können Rechte, die in Ansehung ihres Gegenstandes dinglich sind, in Ansehung des Subjekts, welchem sie zukommen, zu den bloß persönlichen, oder auch zu den dinglichen Rechten gehören.
　§ 130：Wenn die Gesetze von dinglichen Rechten ohne weitern Beysatz reden, so werden darunter solche, die in Ansehung ihres Gegenstandes dinglich, oder Rechte auf die Sache sind, verstanden.
　§ 135：Wenn demjenigen, der ein persönliches Recht zu einer Sache hat, der Besitz derselben

第一買主の権利の性質という観点からどのように位置づけるか，という問題にもつらなる。

　二重売買における第一買主が目的物の所有権をすでに取得しているのであれば，第一買主が第三者である第二買主に対しても目的物を引き渡すよう直接請求することは，まったく問題とならない。第一買主は物権的請求権を行使しているにすぎないからである。問題は，第一買主が物権をまだ取得していない段階においてさえ，一定の要件に基づいて，第二買主に特定物引渡請求権を直接行使しうるかというものである。

　日本法は，まず，債権者取消権の効果の問題としてこれを扱う。すなわち，判例は，目的物が金銭または動産である場合[42]には，取消しの相手方から取消債権者への直接の引渡しを認めてきた。これに対して，目的物が不動産である場合には，登記名義を売主に戻すことのみが認められてきた[43]。それぞれの効果の違いは，民法が2017年に改正されるまでは，売主にそもそも受領権限がない[44]とか，あるいは，売主が引き取りを事実上拒むことができるかどうか[45]による，と説明されてきた[46]。

---

　　auf den Grund dieses Rechts eingeräumt wird, so entsteht dadurch ein dingliches Recht auf die Sache.
　7 § 71：Auch alsdann ist die Uebergabe des Besitzes für vollzogen zu achten, wenn der bisherige Besitzer seinen Willen, die Sache nunmehr für einen andern in seiner Gewahrsam zu halten, rechtsgültig erklärt hat.
　　§ 74：Der, welchem eine Sache körperlich übergeben worden, hat, in Ansehung der aus dem Besitz entspringenden Rechte, den Vorzug vor dem, welchem die Uebergabe bloß durch Anweisung oder durch Zeichen geschehen ist.
　9 § 3：Zur Erwerbung des Eigenthums wird die Besitznehmung erfordert.
　10 § 20：Hat noch keiner unter ihnen die Eintragung erhalten, so kann derjenige, dessen Titel zuerst entstanden ist, dieselbe vorzüglich fordern.
　　§ 22：Haben die Prätendenten insgesammt ihren Titel von einer und eben derselben Person, so entscheidet, auch bey beweglichen Sachen, der Zeitpunkt der frühern Entstehung dieses Titels.
42) 大判大10・6・18民録27・1168以下などを参照。
43) 最判昭53・10・5民集32・7・1332以下を参照。
44) 民法が2017年に改正される以前は，債権者取消権の効果は相対効であると解されていたため，売主には債権者取消権の効果が及ばないこととなり，売主にはもはや受領権限がないものと考えられたのである。
45) とりわけ目的物が金銭または動産である場合に，売主が現実的に受領を拒む可能性がある。売主はすでに債務不履行に陥っているからである。
46) 民法が2017年に改正された現在においては，目的物が金銭または動産である場合には，直接自己への引渡しを求める請求権が，取消債権者に明文で認められている（民法424条の9）。

さらに，特定物債権が仮登記されている場合にも（不動産登記法105条2号），仮登記の順位保全効の結果として（不動産登記法106条），第一買主が第二買主に事実上優先して物権を取得し，それから物権的請求権を行使することで，第二買主から第一買主に直接引渡しがなされることも認められる[47]。

もっとも，日本法は，物権変動の原因について意思主義を採用していることから（民法176条），当事者間の意思のみで買主に所有権を移転することができる。このため，第一買主よりも先に第二買主が引渡しや登記の移転を受けたりしたとしても，第一買主に所有権がすでに移転していたと解することによって，物権的請求権の行使による第二買主から直接第一買主への目的物の移転を認めることが，比較的しやすいといえよう。

これに対して，ドイツ法は，物権変動の効果発生について形式主義をとっているために（BGB 873条1項・929条），第二買主が所有権移転のための要件を先に備えると，第一買主が第二買主に対して自らの権利取得を認めるよう求めること，または，自らへの目的物の引渡しを求めることは，理論上，いずれも困難となる。

しかしながら，ドイツ法においても，特定物債権者に事実上の絶対効を付与しているようにみられる場面がある。前述したように，ドイツ法は第三者による債権侵害を不法行為としては原則として認めない（BGB 823条1項）。しかし，その債権侵害が良俗違反の不法行為と認められる場合には（BGB 826条），BはCに対して直接自己への引渡しを求めることができる[48]。Bは債権者のままで，当初の売買契約の売主であるAに対してではなく，不法行為の加害者であるCに対して，直接の履行請求権を行使できるとした点に，きわめて重要な特徴がある。ここで，Cの不法行為責任を認めるためには，Cの行為が故意による良俗違反とされる必要がある[49]。その内容は，日本法にい

---

47) もっとも，ここでのBからCに対する請求権の内容は，もはやBの所有権に基づくものである。仮登記された特定物債権に端を発する結果ではあるが，仮登記された状態のままで，BがCに対して直接請求権を有するわけではないのである。
48) RGZ 108, 58 f. を参照。
49) この点については，とりわけ，*Manfred Löwisch*, Der Deliktsschutz relativer Rechte, Berlin 1970, S. 138 ff., *Rudolf Kraßer*, Der Schutz vertraglicher Rechte gegen Eingriffe Dritter -Untersuchungen zum Delikts- und Wettbewerbsrecht Deutschlands, Frankreichs und Belgiens-, Köln 1971, S. 289 ff. などを参照。

う背信的悪意者排除論と比較することも可能であろう。

　また，日本法と同じくドイツ法にも仮登記制度があり（BGB 883 条以下），Bは自らの特定物債権を仮登記することで，Cとの関係で事実上の優先権を主張することができる（BGB 888 条 1 項[50]）。ただし，ここでのBのCに対する請求権の内容は，Cの本登記の抹消請求であって，Cを排除して，目的物を自己に明け渡すように求めることができる根拠は，Bの本登記後によるその所有権取得をもって説明しうることになる。

2　損害賠償請求権

　ドイツ法は，物権変動について効力要件主義を採用しているため，物権の帰属状態を確定することは容易である。これは，物権と債権を明確に区別するとともに，それぞれの法的性質を明確に整理することにも役立つ。すなわち，物権には絶対性があり，債権には相対性しか認められない，という点である。また，物権取得者には直接自らに対して目的物の引渡しなどを求める権利があり，債権者には損害賠償請求権しか認められない，というのが原則である。

　したがって，第一買主Bは，登記を備えない限りドイツ法上は債権者にすぎない。Bは債務者である売主Aに対してのみ，損害賠償請求権を有するにとどまる（BGB 433 条 1 項・275 条 1 項[51]・283 条 1 文[52]・280 条 1 項）。しかし，ドイツ法は，Cが故意の良俗違反に基づく不法行為にあたる態様でBのAに対する特定物債権を侵害した場合には，BのCに対する損害賠償請求権をただ認めるだけではなく（BGB 826 条），直接Bに対する甲の明渡しまでも許容している。ここに，物権と債権の峻別を前提にしているはずの，ドイツ法

---

50) BGB § 888(1)：Soweit der Erwerb eines eingetragenen Rechts oder eines Rechts an einem solchen Recht gegenüber demjenigen, zu dessen Gunsten die Vormerkung besteht, unwirksam ist, kann dieser von dem Erwerber die Zustimmung zu der Eintragung oder der Löschung verlangen, die zur Verwirklichung des durch die Vormerkung gesicherten Anspruchs erforderlich ist.

(2)：Das Gleiche gilt, wenn der Anspruch durch ein Veräußerungsverbot gesichert ist.
　第 888 条第 1 項：仮登記によって利益を受ける者は，登記された権利又はその権利を目的とする権利の取得が自己に対して効力を有しないときは，その取得者に対して，仮登記によって保全される請求権を実現するのに必要な登記又は抹消に同意することを請求することができる。
　第 2 項：請求権が譲渡の禁止によって保全されるときも，前項と同様とする。

の例外がみられる。

　ただし，BGB 826 条は，故意の良俗違反行為を対象としている。このため，同条の要件を充足することは容易ではない。しかし，日本法における背信的悪意者排除論との比較は，許されるであろう。日本法上の背信的悪意者となる第二買主と，ドイツ法上の故意に良俗違反行為を行った第二買主とは，要件が完全に重なるわけではないが，類似している。もちろん，日本法の背信的悪意者性は，悪意者が背信性を帯びる場合であるから，かならずしも故意である必要はない。とはいえ，ドイツ法も，重過失であっても例外的に BGB 826 条の故意要件を充足する場合があることを認めている[53]。すると，日本法の背信的悪意者排除論（民法 177 条）とドイツ法の故意の良俗違反の要件は，近接してくる（BGB 826 条）。

---

51) BGB § 275 (1)：Der Anspruch auf Leistung ist ausgeschlossen, soweit diese für den Schuldner oder für jedermann unmöglich ist.
(2)：Der Schuldner kann die Leistung verweigern, soweit diese einen Aufwand erfordert, der unter Beachtung des Inhalts des Schuldverhältnisses und der Gebote von Treu und Glauben in einem groben Missverhältnis zu dem Leistungsinteresse des Gläubigers steht. Bei der Bestimmung der dem Schuldner zuzumutenden Anstrengungen ist auch zu berücksichtigen, ob der Schuldner das Leistungshindernis zu vertreten hat.
(3)：Der Schuldner kann die Leistung ferner verweigern, wenn er die Leistung persönlich zu erbringen hat und sie ihm unter Abwägung des seiner Leistung entgegenstehenden Hindernisses mit dem Leistungsinteresse des Gläubigers nicht zugemutet werden kann.
(4)：Die Rechte des Gläubigers bestimmen sich nach den §§ 280, 283 bis 285, 311a und 326.
　第 275 条第 1 項：給付に対する請求権は，給付が債務者またはすべての者にとり不能である限りで，排除される。
　第 2 項：債務者は，給付が債務関係の内容と信義および誠実の要請を考慮して債権者の給付利益と著しい不均衡にある出費を必要とする限りで，給付を拒否することができる。債務者に期待すべき努力を決定するに際しては，債務者が給付障害事由に責めを負うか否かも考慮されなければならない。
　第 3 項：債務者が給付を個人的に提供しなければならず，かつ，給付を妨げる事由と債権者の給付利益を衡量して給付が期待されえないとき，債務者は，給付をさらに拒否することができる。
　第 4 項：債権者の諸権利は，280 条，283 条から 285 条まで，311a 条及び 326 条によって定められる。
52) BGB § 283：Braucht der Schuldner nach § 275 Abs. 1 bis 3 nicht zu leisten, kann der Gläubiger unter den Voraussetzungen des § 280 Abs. 1 Schadensersatz statt der Leistung verlangen. § 281 Abs. 1 Satz 2 und 3 und Abs. 5 findet entsprechende Anwendung.
　第 283 条：債務者が 275 条 1 項から 3 項までにより給付をする必要がないとき，債権者は，280 条 1 項所定の要件のもとに給付に代わる損害賠償を請求することができる。281 条 1 項 2 文，3 文及び 5 項が準用される。
53) この点については，BGH GRUR 1974, 97 ff. を参照。

しかしながら，やはり，BがCに対して請求権を有することと，その請求権の内容がいかなるものかは，別問題である。BGB 826条は，不法行為に基づく請求権をBに付与するのであるから，その内容は，損害賠償請求権であるはずである。たしかに，ドイツ法における損害賠償請求権は，日本法（民法417条）とは異なり，原状回復を原則とする（BGB 249条1項）。しかし，ドイツ法によれば，登記を備えていないBは，そもそもまだ所有権を取得していなかったのである。このため，Cが甲を直接Bに明け渡すということは，Bの原状回復がなされたというよりも，それを超えて，二重売買がなされなかった場合以上の利益をBに与えることにもなる[54]。

そうだとすると，ドイツ法の議論を前提としたとしても，二重売買におけるBの不法行為に基づく請求権は債権であり，かつ，その内容は金銭賠償としての損害賠償請求権にとどまるはずである。CからBへの甲の明渡しは，Bに対して原状回復以上の利益を与えることになるからである。また，Bの請求権の内容を損害賠償とすることによって，債権の相対性という原則も，より維持されるはずであった。

これに対して，目的物が動産である場合には，状況は異なってくる。日本法は動産物権の譲渡の対抗要件として引渡しを（民法178条），ドイツ法は動産所有権の譲渡の効力要件として引渡しを（BGB 929条），それぞれ位置づけている[55]。このため，動産の二重譲渡がなされ，占有改定が第一買主のためになされると，目的物の直接占有が売主にあるままで，第一買主は所有者となる。この帰結は，日本法においてもドイツ法においても変わらない。この点が，目的物が不動産である場合との違いである。

そこで問題となるのが，第二買主の善意取得の可能性である。日本法（民法192条）もドイツ法（BGB 932条）も，直接占有に公信力を認め，動産取引の安全を図っている[56]。ここで第二買主が悪意であれば，たとえ第二買主が目的物の直接占有を取得していたとしても，その善意取得は認められず，第

---

54) AがCとの間で二重に売買契約を結んでいなかったとしても，つまり，AB間の売買契約しか存在していなかったとしても，AがBに債務を履行しないことも考えられる。そうすると，AC間で売買契約が締結されたことを契機として，Bはより優遇された法的地位を得られるようになってしまう。この点を考慮すると，CからAに所有権を復帰させて，Aがあらためて Bに給付する，という流れが，原則といえよう。

一買主は自らへの直接の引渡しを第二買主に対して求めることができる。しかし，この帰結は，第一買主が占有改定によってすでに所有者になっていたからこそ認められるのであって，第二買主による善意取得が認められなかったことは，そのきっかけにすぎない。問題は，債権者としての第一買主がなぜ第二買主に対して直接請求権を有するか，なのである。もっとも，ここで，第一買主の占有改定に基づく所有権を，対抗力のない不完全な所有権としてみれば，この権利を ius ad rem となぞらえて検討することも許されよう。

---

55) もっとも，引渡しの概念については，日本法とドイツ法とで異なる理解がされているので，注意が必要である。日本法は，民法178条の引渡しとして，現実の引渡し（民法182条1項）・簡易の引渡し（民法182条2項）・占有改定（民法183条）・指図による占有移転（民法184条）の四種類を認めている。しかし，ドイツ法は，このうち占有改定（BGB 930条）と返還請求権の譲渡（BGB 931条）を代替的引渡しとして，引渡しそのものとはいちおう区別している。
BGB § 930：Ist der Eigentümer im Besitz der Sache, so kann die Übergabe dadurch ersetzt werden, dass zwischen ihm und der Erwerber ein Rechtsverhältnis vereinbart wird, vermöge dessen der Erwerber den mittelbaren Besitz erlangt.
第930条：所有者が物を占有するときは，その引渡しは，所有者及び取得者が取得者に間接占有を取得させる法律関係を合意することをもって代えることができる。
BGB § 931：Ist ein Dritter im Besitz der Sache, so kann die Übergabe dadurch ersetzt werden, dass der Eigentümer dem Erwerber den Anspruch auf Herausgabe der Sache abtritt.
第931条：第三者が物を占有するときは，その引渡しは，所有者が取得者に物の返還請求権を譲渡することをもって代えることができる。
56) ただし，占有改定と指図による占有移転または返還請求権の譲渡が善意取得の要件を満たすかについては，注意を要する。日本法において，判例は占有改定による要件充足を否定し，指図による占有移転の場合には，事例に応じた判断をしている。この点につき，最判昭 32・12・27 民集 11・14・2485 以下（占有改定），最判昭 57・9・7 民集 36・8・1527 以下（指図による占有移転の肯定例），および，大判昭 8・2・13 新聞 3250・11 以下（指図による占有移転の否定例）などを参照。また，ドイツ法は，それぞれについて明文で規定している（BGB 933 条・934 条）。
BGB § 933：Gehört eine nach § 930 veräußerte Sache nicht dem Veräußerer, so wird der Erwerber Eigentümer, wenn ihm die Sache von dem Veräußerer übergeben wird, es sei denn, dass er zu dieser Zeit nicht in gutem Glauben ist.
第933条：第930条により譲渡された物が譲渡人に帰属しない場合において，譲受人が譲渡人から物の引渡しを受けたときは，譲受人がその所有者となるものとする。ただし，譲受人が引渡しの時に善意でなかったときは，この限りでない。
BGB § 934：Gehört eine nach § 931 veräußerte Sache nicht dem Veräußerer, so wird der Erwerber, wenn der Veräußerer mittelbarer Besitzer der Sache ist, mit der Abtretung des Anspruchs, anderenfalls dann Eigentümer, wenn er den Besitz der Sache von dem Dritten erlangt, es sei denn, dass er zur Zeit der Abtretung oder des Besitzerwerbs nicht in gutem Glauben ist.
第934条：第931条により譲渡された物が譲渡人に帰属しない場合においては，譲受人は，譲渡人がその物の間接占有者であるときは請求権の譲渡時に，それ以外のときは譲受人が第三者から物の占有を取得した時に，その所有者となるものとする。ただし，譲受人が請求権の譲渡又は占有取得の時に善意でなかったときは，この限りでない。

3　小　括

　これまで検討してきた通り，典型的な二重売買または二重譲渡のケースにおいて，日本法は背信的悪意者排除論を用いて，ドイツ法は故意の良俗違反による不法行為に基づく請求権（BGB 826 条）を用いて，それぞれBのCに対する直接請求権を根拠づける。もっとも，日本法上の意思主義・対抗要件主義によれば，Bは登記などを備えなくても甲の所有権を取得することができる。このため，Cが背信的悪意者と認定された場合には，Bは所有者として，物権的請求権を行使することで，自らへの直接請求権をCに対して行使することができる。これに対して，ドイツ法は，BのCに対する請求権を不法行為に基づくものとしつつも，同法が前提とする原状回復の原則（BGB 249 条1項）を根拠に，BのCに対する直接請求権を是認する。

　日本法とドイツ法は，二重売買ないし二重譲渡の処理について，その要件と効果の点でかなり近接した法律構成を提供している。しかし，そこでのBの権利の性質は，日本法では物権であり，ドイツ法では債権である。したがって，債権の絶対効を正面から認めているのは，むしろ，物権債権峻別論を前提としているはずのドイツ法なのである。

　また，この問題は，日本法に対しても，異なった観点からの論点を提起する。すなわち，対抗要件を備えていない物権の性質および効力である。これについては，対抗要件，すなわち公示を備えることは，第三者を悪意たらしめる，という点を強調することによって，背信的悪意者排除論や，ドイツ法上の故意の良俗違反行為との関連性を見出すことが許されるであろう。

　ius ad rem と履行請求権および損害賠償請求権との関係の観点からすると，とりわけ，ドイツ法における故意の良俗違反に基づく不法行為（BGB 826 条）を理由とした請求権は，まさに ius ad rem が現代法において承認されたと評価しうる性質をもつ。これに対して，日本法における背信的悪意者排除論に基づいて，BがCに対して有する直接請求権は，物権と債権の区別を曖昧にし，かつ，意思主義・対抗要件主義を採用していることによって，ius ad rem との緊張関係を考慮することなく認められる。

　ius ad rem は，第二買主の悪意を根拠として第一買主の優先効を認める制度である，と伝統的に考えられてきた。しかし，ここで留意すべきは，第二

買主の占有を解くことで，第一買主の保護はひとまず図られるのであって，第二買主から直接第一買主に目的物の引渡しが認められるべきかどうかは，さらなる検討を要することがらである，という点である。ius ad rem の法的性質を検討するにあたっては，複眼的な分析が不可決であった。

五　おわりに

1　結　論

　本章においては，ここまで，物権行為と ius ad rem の関係性について，履行請求権と損害賠償請求権の観点から検討を進めてきた。本章で得られた結論は，つぎの通りである。

　まず，BのCに対する請求権について，その内容が履行請求となるか損害賠償となるかは，Bのもつ権利が物権であるか債権であるかによって判断することができる。しかし，その前提として，Bがどのような要件に基づいて物権を取得できるかについて，確認する必要がある。この点につき，日本法は曖昧である。このことは，意思主義の採用により，対抗要件を備えない物権，つまり，絶対効をもたない物権が存在することからも，明らかであろう。

　このような日本法の状況において，いくらかでも物権の帰属状態を明らかにするために有用な概念が物権行為である。物権行為を，代金支払・占有移転・登記移転などの事実行為と関連させることによって，物権の帰属状態を理論上も明確化することができる。その上で，Cの背信的悪意者性を認定する際にも，AB間の物権行為の存在を有益な指標として用いることができるであろう。

　日本法と比較すると，効力要件主義を採用しているドイツ法は，理論上も事実上も，物権の帰属状態がより明らかであり，同時に，物権と債権の区別も明確化されている。しかしながら，故意の良俗違反による不法行為に基づく請求権（BGB 826 条）に代表されるように，債権者にすぎないBが絶対効をもつ請求権を有することが認められている。ius ad rem を，第三者の悪意を要件とした，絶対効のある請求権と位置づけるのであれば，この効果はまさにそれと類似するものである[57]。

とはいえ，特定物債権に対する第三者による侵害により，債権者に第三者への損害賠償請求権が認められることと，その損害賠償請求権の内容が特定物明渡請求権とされることは，かならずしも一致しない。ドイツ法は，原則として損害賠償請求権の内容を原状回復と定めていることから（BGB 249 条1 項），BのCに対する直接明渡しを求める請求権を根拠づけている[58]。

2　今後の課題

第一部における物権行為概念の考察と，第二部における ius ad rem 概念

---

[57]　CがBGB 826条の要件を満たしている場合，必然的にCはBの存在について悪意である。このため，同条に基づくBのCに対する請求権をius ad remと解することは，十分可能であろう。

[58]　ドイツ法における，ius ad remとの関係で論じられるべき制度として，本章でふれた以外にも，期待権（BGB 160条・161条・162条）・譲渡禁止（BGB 135条・136条・137条）・先買権（BGB 463条・464条・1094条・1098条）などがある。
BGB § 160 (1): Wer unter einer aufschiebenden Bedingung berechtigt ist, kann im Falle des Eintritts der Bedingung Schadensersatz von dem anderen Teil verlangen, wenn dieser während der Schwebezeit das von der Bedingung abhängige Recht durch sein Verschulden vereitelt oder beeinträchtigt.
(2): Den gleichen Anspruch hat unter denselben Voraussetzungen bei einem unter einer auflösenden Bedingung vorgenommenen Rechtsgeschäft derjenige, zu dessen Gunsten der frühere Rechtszustand wieder eintritt.
第160条第1項：停止条件付きで権利を有する者は，相手方が不確定な時期に条件にかかわる権利をその故意・過失で挫折させる場合，又は，侵害する場合において，条件が成就されたときには，相手方に損害賠償を請求することができる。
第2項：解除条件のもとにされた法律行為の場合，それ以前の法的状態が自らのために再び生じる者は，前項と同じ要件のもとに同様の請求権を有する。
BGB § 161 (1): Hat jemand unter einer aufschiebenden Bedingung über einen Gegenstand verfügt, so ist jede weitere Verfügung, die er während der Schwebezeit über den Gegenstand trifft, im Falle des Eintritts der Bedingung insoweit unwirksam, als sie die von der Bedingung abhängige Wirkung vereiteln oder beeinträchtigen würde. Einer solchen Verfügung steht eine Verfügung gleich, die während der Schwebezeit im Wege der Zwangsvollstreckung oder der Arrestvollziehung oder durch den Insolvenzverwalter erfolgt.
(2): Dasselbe gilt bei einer auflösenden Bedingung von den Verfügungen desjenigen, dessen Recht mit dem Eintritt der Bedingung endigt.
(3): Die Vorschriften zugunsten derjenigen, welche Rechte von einem Nichtberechtigten herleiten, finden entsprechende Anwendung.
第161条第1項：ある者が停止条件のもとに目的物を処分した場合には，その目的物について不確定な状態の間にされたすべての処分は，条件が成就したときにはその処分が条件に従属する効力を挫折させ，又は侵害する限りで，無効となる。不確定な状態が強制執行若しくは仮差押執行の方法により，又は，倒産管財人により生じる処分は，本項1文での処分と同じである。
第2項：その権利が条件の成就で終了する者による処分に関する解除条件の場合も同様である。
第3項：その権利が無権限者によって行われる者のための諸規定は，準用される。

330　第三部　物権行為と ius ad rem の理論的関係

の考察を前提として，第三部における両概念の理論的関係を分析した結果，それぞれの概念には，二重譲渡または二重売買における第一譲受人または第一買主の保護という点で，共通性があることがわかった。

そこで，さらに考察を深めるべき点は，物権と債権の区別それ自体にある，ということになる。いわゆる物権債権峻別論の批判的考察である。ドイツ法に由来するとされるこの理論は，現在のドイツ法においてさえ，自明のことなのであろうか。また，日本法もドイツ法と同じく，物権と債権の区別を前提として法典化されていることから，物権債権峻別論を採用している，との

BGB § 162(1)：Wird der Eintritt der Bedingung von der Partei, zu deren Nachteil er gereichen würde, wider Treu und Glauben verhindert, so gilt die Bedingung als eingetreten.

(2)：Wird der Eintritt der Bedingung von der Partei, zu deren Vorteil er gereicht, wider Treu und Glauben herbeigeführt, so gilt der Eintritt als nicht erfolgt.

第162条第1項：条件の成就により不利となる当事者によって，信義及び誠実に反して条件の成就が妨げられるとき，条件は成就したものとみなされる。

第2項：条件の成就により有利となる当事者によって，信義及び誠実に反して条件の成就が招来されるとき，その成就は生じなかったものとみなされる。

BGB § 135 (1)：Verstößt die Verfügung über einen Gegenstand gegen ein gesetzliches Veräußerungsverbot, das nur den Schutz bestimmter Personen bezweckt, so ist sie nur diesen Personen gegenüber unwirksam. Der rechtsgeschäftlichen Verfügung steht die Verfügung gleich, die im Wege der Zwangsvollstreckung oder der Arrestvollziehung erfolgt.

(2)：Die Vorschriften zugunsten derjenigen, welche Rechte von einem Nichtberechtigten herleiten, finden entsprechende Anwendung.

第135条第1項：目的物に関する処分が一定の者の保護のみを目的とする法律による譲渡禁止に違反するとき，その処分は，この者に対してのみ無効である。法律行為上の処分は，強制執行又は仮差押えの執行の方法で生じる処分と同じである。

第2項：無権利者から権利を導き出す者のための規定は，準用される。

BGB § 136：Ein Veräußerungsverbot, das von einem Gericht oder von einer anderen Behörde innerhalb ihrer Zuständigkeit erlassen wird, steht einem gesetzlichen Veräußerungsverbot der in § 135 bezeichneten Art gleich.

第136条：裁判所又はその他の官庁によってその管轄内で発せられた譲渡禁止は，135条で定められた種類の譲渡禁止と同じである。

BGB § 137：Die Befugnis zur Verfügung über ein veräußerliches Recht kann nicht durch Rechtsgeschäft ausgeschlossen oder beschränkt werden. Die Wirksamkeit einer Verpflichtung, über ein solches Recht nicht zu verfügen, wird durch diese Vorschrift nicht berührt.

第137条：譲渡される権利の処分権限は，法律行為によっては排除または制限されない。そのような権利を処分しないとの債務の有効性は，本規定によっては影響を受けない。

BGB § 463：Wer in Ansehung eines Gegenstandes zum Vorkauf berechtigt ist, kann das Vorkaufsrecht ausüben, sobald der Verpflichtete mit einem Dritten einen Kaufvertrag über den Gegenstand geschlossen hat.

第463条：目的物の先買権を有する者は，義務者がその目的物に関する売買契約を第三者と締結した場合に，先買権を行使することができる。

評価がなされることもあるが,本当にそのようにいえるのであろうか。

これまでの検討から明らかなように,ドイツ法にも ius ad rem に相当する制度あるいは解釈論が存在する。また,日本法における物権と債権の区別が曖昧であることは,もはや疑いの余地がない。

そこで,今後の課題として,物権債権峻別論の歴史的生成過程,物権債権峻別論の現代における意義,さらには,物権債権峻別論が今後の民法解釈論または立法論においてはたして必要とされ続けるのか,の三点を提示して,本書の考察を締めくくることとする。

BGB § 464 (1): Die Ausübung des Vorkaufsrechts erfolgt durch Erklärung gegenüber dem Verpflichteten. Die Erklärung bedarf nicht der für den Kaufvertrag bestimmten Form.
(2): Mit der Ausübung des Vorkaufsrechts kommt der Kauf zwischen dem Berechtigten und dem Verpflichteten unter den Bestimmungen zustande, welche der Verpflichtete mit dem Dritten vereinbart hat.
第464条第1項:先買権の行使は,義務者に対する意思表示によって行う。この意思表示は,売買契約に関する特別な方式であることを要しない。
BGB § 1094 (1): Ein Grundstück kann in der Weise belastet werden, dass derjenige, zu dessen Gunsten die Belastung erfolgt, dem Eigentümer gegenüber zum Vorkauf berechtigt ist.
(2): Das Vorkaufsrecht kann auch zugunsten des jeweiligen Eigentümers eines anderen Grundstücks bestellt werden.
第1094条第1項:土地は,先買権の目的とすることができる。先買権者は,所有者に対して先買することができる。
第2項:先買権は,他の土地の所有者のためにも,これを設定することができる。
BGB § 1098 (1): Das Rechtsverhältnis zwischen dem Berechtigten und dem Verpflichteten bestimmt sich nach den Vorschriften der §§ 463 bis 473. Das Vorkaufsrecht kann auch dann ausgeübt werden, wenn das Grundstück von dem Insolvenzverwalter aus freier Hand verkauft wird.
(2): Dritten gegenüber hat das Vorkaufsrecht die Wirkung einer Vormerkung zur Sicherung des durch die Ausübung des Rechts entstehenden Anspruchs auf Übertragung des Eigentums.
(3): Steht ein nach § 1094 Abs. 1 begründetes Vorkaufsrecht einer juristischen Person oder einer rechtsfähigen Personengesellschaft zu, so gelten, wenn seine Übertragbarkeit nicht vereinbart ist, für die Übertragung des Rechts die Vorschriften der §§ 1059a bis 1059d entsprechend.
第1098条第1項:先買権者と義務者との間の法律関係は,第463条から第473条までの規定により,これを定める。先買権は,倒産管財人が土地を任意に売却したときも,これを行使することができる。
第2項:先買権は,第三者に対しては,権利の行使によって発生する所有権移転請求権を保全するための仮登記の効力を有する。
第3項:第1094条第1項により設定された先買権が法人又は権利能力を有する人的会社に帰属する場合において,その譲渡が可能なことが合意されていないときは,その権利の譲渡について第1059a条から第1059d条までの規定を準用する。

あとがき

　私は，物権行為と ius ad rem（物への権利）を検討対象としながら，日本とドイツにおける物権変動の法的構造に分析を加え，日本の物権変動論に対して学問上の寄与をすべく，本書を執筆した。

　具体的な解釈論としての帰結は，とくにつぎの二点にまとめることができる。すなわち，①有因的物権行為概念の存在を認めて，二重譲渡における第二譲受人の背信的悪意認定の判断要素とすること。②ius ad rem を，本来であれば相対効しかないはずの請求権を有する者が，第三者の悪意が存在することを前提として，特定物の譲渡・引渡し・登記移転を第三者に直接求められる権利，と定義づけることである。その結果，二重譲渡または二重売買における第一譲受人または第一買主の保護という点において，物権行為概念と ius ad rem 概念には共通性があることが判明した。

　研究生活を開始して以来，私の研究の根本にあったテーマは，実体法と手続法の交錯と，物権と債権の関係性であった。その格好の素材を提供してくれたのが，物権変動論である。そこで，まず，前著『不動産公示制度論』（成文堂・2010）において，実体法と手続法の交錯について分析を行った。そして，本書において，前著を引き継ぎつつ，物権と債権の関係性について考察した。これらをふまえ，物権債権峻別論を批判的に検討することが，つぎの課題となろう。

　民法の主要な点が改正されてきている今日において，実務の動向や国際情勢を十分に咀嚼することは，もちろん重要である。しかし，理論上の観点，とりわけ体系上の観点は，これまでそれほど盛んに議論されてこなかったのではないか。むしろ，民法の体系については，現在の状況を黙認することで，改正の議論においては距離がおかれてきたのではないか。物権債権峻別論を批判的に検討することは，学界におけるこれまでの傾向をあらためることにもつながる。

　日本の民法典の体系について，それを正面から論じる機運は，高まってい

るものと私は確信している。ここでも，ドイツ法が多くの点で示唆を与えてくれる。ドイツにおいても債務法改正がすでになされているところ，民法の体系をめぐる議論が最近になってますます盛んになされてきているのである。

　以上の点から，今後は，ドイツ法を比較対象とした物権債権峻別論の批判的検討を主たるテーマとして，研究にさらに邁進していきたいと思う。

　なお，本書のもととなった原稿に対して，梶谷康久氏（朝日大学法学部講師）と李采雨氏（帝京大学法学部助教）から，貴重なご意見をいただいた。ここに，心から感謝申し上げたい。お二人とも私の研究室の出身であり，すでに立派な研究者として活躍されている。もっとも，両氏からのご指摘をいかすことができなかったとすれば，その責任はもちろん私にある。

　そして，本書を完成させるにあたっては，2016年度科学研究費助成事業・基盤研究(C)・16K03418の助成を受けたことをここに記す。この三年間の助成がなければ，本研究を実施し，その成果を一書にまとめることは，不可能であった。

2019年9月吉日

夕刻の神楽坂界隈にて

大　場　浩　之

事項索引

あ 行

アウフラッスンク（Auflassung）
　…………………………… 31, 76, 253
悪意 ……………………… 194, 259
意思主義 ……… 175, 245, 249, 258
石田喜久夫 ………………………17
意思理論 …………………………52
一体としての行為（Geschäftseinheit）
　………………………… 97, 101, 113

か 行

外的無因性 ………………………63
外部的徴表 ……………… 25, 127, 186
瑕疵の同一性（Fehleridentität）
　………………………… 97, 98, 109
仮登記 …………………… 165, 264
川島武宜 …………………………15
間接性 ………………………… 280
帰責事由 ………………… 195, 198
期待権 ………………………… 218
既登記所有者 ………………… 182
教会法 ………………………… 151
金銭賠償 ………………… 309, 310
形式主義 ……… 176, 245, 247, 251, 263
契約 …………………………… 184
契約成立時説 ……………………8
ゲルマン法 …………………… 147
原始的無効 …………………… 109
原状回復 ……………………… 309
原状回復義務 ………………… 310
権利外観法理 ………………… 126

さ 行

故意 …………………………… 233
故意の良俗違反 ………… 295, 297
合意主義 ……………………… 153
後期 …………………………… 143
公示制度 ……………………… 189
公示力 ………………………… 189
公信力 ………………………… 325
公信力説 ……………………… 261
効力要件 ……………………… 248
古典期 ………………………… 142
債権 ……………… 277, 286, 291
債権行為 …………………………5
債権侵害論 …………………… 315
債権的意思表示 ……………… 246
債権的先買権 ………………… 227
債務不履行責任 ………… 231, 317
詐欺または強迫による取消し ……99
事実行為 ……………………… 246
事実認定 …………………………8
自然法 ………………………… 153
自由競争論 …………………… 315
順位保全効 …………………… 322
条件による関連性（Bedingungszu-
　sammenhang）……… 97, 100, 112
譲渡禁止 ……………………… 222
消費貸借契約 ………………… 312
職権による譲渡禁止 ………… 222
所有権 ………………………… 178
所有権移転時期 ……………… 184
所有権の移転方法 …………… 175

所有権留保……………………219
信義則違反……………………259
末川博…………………………13
末弘厳太郎……………………13
性状の錯誤……………………98
生存利益………………………123
絶対効……………………235, 282
絶対性…………………………277
絶対性のない物権……………281
善意……………………………194
善意取得………………………325
前期……………………………140
先買権…………………………227
占有移転…………………127, 316
占有改定…………………177, 212
占有権…………………………178
占有利用事実…………………256
占有利用利益…………………256
相対効……………………235, 282
相対性…………………………280
遡及的無効………………109, 111
即時取得………………………126
損害賠償………………………309
損害賠償義務…………………310
損害賠償請求権……307, 309, 316, 323

た 行

第一委員会……………………77
第一草案………………………77
第一譲受人……………………194
代金支払…………………127, 316
対抗力をもたない物権………281
第三者に対抗しうる債権……282
第三草案………………………86
対人訴権……………………141, 142
代替的引渡し…………………177
第二委員会……………………82

第二草案………………………82
第二譲受人……………………197
対物訴権……………………141, 142
直接性…………………………277
直接請求………………………297
直接請求権………………293, 327
抵当権設定……………………312
抵当権設定行為………………304
登記………………176, 184, 189, 247
登記移転…………………127, 316
登記時…………………………246
当事者の意思…………………25
独自性……………93, 102, 106, 114
特定物債権者……………263, 305

な 行

内的無因性……………………59
二重契約………………………123
二重譲渡…………………256, 297
二重売買…………………258, 297

は 行

背信性…………………………259
背信的悪意……………………259
背信的悪意者排除論
　………………124, 256, 261, 295, 297
排他性…………………………277
引渡し……………176, 184, 191, 247
引渡主義…………………156, 158
非排他性………………………289
普通法…………………………156
物権………………………277, 283, 288
物権契約………………………286
物権行為……………………249, 283, 313
物権行為の独自性………30, 247, 249
物権行為の無因性………33, 59, 250, 286
物権債権峻別論……………291, 305, 330

物権的意思表示·················· 246, 283	causa（原因）····························59
物権的合意······························· 292	Das Recht des Besitzes ···············52
物権的先買権···························· 227	Dethard Horst ···························50
物権と債権の峻別·························44	Dieter Haag Molkenteller··············64
物権法部分草案····························75	dinglicher Vertrag（物権契約）······94
浮動的無効·························· 109, 110	Dolusklage（詐害的請求）···········46
不法行為責任···························· 317	EEG（プロイセン所有権取得法）
不法行為に基づく請求権··············· 231	···························· 74, 160, 162
返還請求権の譲渡······················· 177	Einigung（合意）·······················92
法律行為に基づく譲渡禁止············ 222	Friedrich Carl von Savigny
法律に基づく譲渡禁止·················· 222	············· 6, 40, 47, 74, 160, 241, 286

ま 行

未登記占有者···························· 182	Gewere（ゲヴェーレ）················ 147
民法総則································ 287	Gustave Émile Boissonade············10
民法の体系································21	Hugo Donellus··························66
無因性················ 97, 103, 108, 116, 249	Hugo Grotius····························50
	Immanuel Kant·························53
	in iure cessio（法廷譲渡）··········· 144

や 行

有因的物権行為························· 126	investitur（インヴェスティトゥール）
ユスティニアヌス法······················ 144	··· 147
要式行為······························· 253	ius ad rem（物への権利）······ 45, 136, 179,
	214, 219, 223, 228, 232, 258, 288, 320

ら 行

履行請求権················· 307, 313, 320	ius in re（物における権利）······· 45, 156
良俗違反······························· 233	iusta causa（正当な原因）····· 43, 55, 56, 75
良俗違反による不法行為··············· 235	Johannes Apel ··························49
良俗違反による無効····················· 100	Johannes Oldendorp ···················50
良俗違反の行為··················· 181, 232	Leopold August Warnkönig············64
ロマニステン······························67	mancipatio（握取行為）············· 141
ローマ法································ 140	modus（方式）······················· 156
	Motive··································71

A-Z

ALR（プロイセン一般ラント法）	obligatio dandi（与える債務）······· 45, 145
···························· 43, 44, 158	obligatio faciendi（なす債務）···········48
BGB（ドイツ民法典）····················74	Protokolle ······························71
BGH（連邦通常裁判所）················96	rei vindicatio utilis（所有権返還請求訴訟に
	準ずるもの）························· 145
	Reinhold Johow················ 71, 74, 75
	RG（ライヒ裁判所）·····················93
	sala（サラ）··························· 147

Titel（権原）……………………………46
titulus et modus acquirendi（獲得の権原と
　方式）………………………… 42, 45, 49, 156

titulus（権原）……………………………156
traditio（引渡し）…………… 43, 55, 56, 142

著者紹介

大場 浩之（おおば・ひろゆき）
1977年：鹿児島県生まれ・千葉県育ち
1996年：早稲田大学高等学院卒業
2000年：早稲田大学法学部卒業
2002年：早稲田大学大学院法学研究科修士課程修了
2003年：フライブルク大学（ドイツ）留学（2004年まで）
2004年：早稲田大学法学学術院助手
2007年：早稲田大学大学院法学研究科博士後期課程研究指導終了・
　　　　博士（法学・早稲田大学）
2007年：早稲田大学法学学術院専任講師
2009年：早稲田大学法学学術院准教授
2011年：マックス・プランク外国私法国際私法研究所
　　　　（ドイツ・ハンブルク）客員研究員（2013年まで）
2014年：早稲田大学法学学術院教授（現在にいたる）

【主要業績】
『不動産公示制度論』（成文堂・2010）
『物権法講義案』（成文堂・2010（初版）・2013（第2版）・2015（第3版））
『物権法』（共著・日本評論社・2015（初版）・2019（第2版））
『取得時効の裁判と登記―事例を通じて探る実務指針―』
（共著・民事法研究会・2015）
『ドイツ物権法』（共訳・成文堂・2016）

物権変動の法的構造

2019年9月30日　初　版第1刷発行

著　者　大　場　浩　之
発行者　阿　部　成　一

〒162-0041　東京都新宿区早稲田鶴巻町514番地
発行所　株式会社　成　文　堂

電話03(3203)9201(代)　Fax(3203)9206
http://www.seibundoh.co.jp

製版・印刷　三報社印刷　　　　　製本　弘仲製本
☆乱丁・落丁本はおとりかえいたします☆　検印省略
© 2019 H. Oba　　Printed in Japan
ISBN 978-4-7923-2742-2 C3032

定価（本体7000円＋税）